OS ELEMENTOS DA ESCOLHA

1

ERIC J. JOHNSON

OS ELEMENTOS DA ESCOLHA

POR QUE A MANEIRA COMO TOMAMOS DECISÕES IMPORTA?

Tradução
Cristina Yamagami

Benvirá

Copyright © 2021 by Eric J. Johnson. ALL RIGHTS RESERVED.
Copyright © Saraiva Educação, 2024
Título original: *The Elements of Choice: Why the Way We Decide Matters*

Direção executiva Flávia Alves Bravin
Direção editorial Ana Paula Santos Matos
Gerência editorial e de produção Fernando Penteado
Gerenciamento de catálogo Isabela Ferreira de Sá Borrelli
Edição Estela Janiski Zumbano
Design e produção Jeferson Costa da Silva (coord.)
Camilla Félix Cianelli Chaves
Rosana Peroni Fazolari
Tradução Cristina Yamagami
Preparação Leila Rodrigues
Revisão Paula Hercy Cardoso Craveiro
Diagramação HiDesign Estúdio
Capa Lais Soriano
Impressão e acabamento Edições Loyola

Dados Internacionais de Catalogação na Publicação (CIP)
Vagner Rodolfo da Silva - CRB-8/9410

J66e   Johnson, Eric J.
Os elementos da escolha: por que a maneira como tomamos decisão importa? / Eric J. Johnson ; traduzido por Cristina Yamagami. - São Paulo : Benvirá, 2024.

400 p.

Tradução de: *The Elements of Choice: Why the Way We Decide Matters*

ISBN 978-65-5810-032-4 (Impresso)

1. Administração. 2. Tomada de decisão. I. Yamagami, Cristina. II. Título.

	CDD 658
2023-1266	CDU 65

Índices para catálogo sistemático:
1. Administração   658
2. Administração   65

1ª edição, janeiro de 2024

Nenhuma parte desta publicação poderá ser reproduzida por qualquer meio ou forma sem a prévia autorização da Saraiva Educação. A violação dos direitos autorais é crime estabelecido na Lei n. 9.610/98 e punido pelo art. 184 do Código Penal.

Todos os direitos reservados à Benvirá, um selo da Saraiva Educação.
Av. Paulista, 901, Edifício CYK, 4º andar
Bela Vista - São Paulo - SP - CEP: 01311-100

SAC: sac.sets@saraivaeducacao.com.br

CÓD. OBRA 708652   CL 671049   CAE 800417

*Para Elke Weber, minha família
e todos os designers, de hoje e do futuro.*

Sumário

Moldando escolhas 1
Caminhos plausíveis 19
Preferências compostas 49
Objetivos da arquitetura da escolha 75
Decisões por opção-padrão 97
Quantas opções? 145
Colocando as coisas em ordem 167
Descrevendo opções 201
Construindo mecanismos de escolha 241
Tornando-nos melhores arquitetos da escolha 271
Agradecimentos 295
Referências 299
Índice remissivo 327
Notas 353

Para eventuais atualizações e outros materiais, visite a página do livro no Saraiva Conecta: https://somos.in/OEE1

1
Moldando escolhas

É uma ilusão, na verdade, pensar que somos os únicos que determinamos o que escolhemos.

Você entra em uma lanchonete e pede um sanduíche. Seu cônjuge pergunta que filme você quer ver. Seu médico pergunta se você deseja experimentar um novo medicamento para controlar o colesterol. Você procura um voo para voltar para casa nas férias. *Você* seleciona um fundo de investimento no plano de aposentadoria do seu empregador. Talvez você não perceba, mas a cada escolha há um parceiro oculto.

Você escolhe algo, mas a lanchonete, seu cônjuge, o médico, o site da companhia aérea e seu empregador tomaram decisões sobre como apresentar essas escolhas a você. Essas decisões de design *deles* influenciarão, intencionalmente ou não, a sua escolha. O restaurante organizou as opções de sanduíche que você viu, talvez colocando os vegetarianos à direita e os de carne à esquerda. Seu cônjuge sugeriu alguns filmes, mas deixou de apresentar outras alternativas. O médico decidiu como descrever as consequências, os efeitos colaterais e os benefícios dos medicamentos que você poderia tomar para controlar o colesterol. O site da companhia aérea decidiu como classificar os voos e se apresentaria determinadas informações, como a pontualidade deles e as taxas de bagagem. E, por fim, seu empregador teria um fundo que usaria para sua conta de aposentadoria caso você não fizesse uma escolha.

Podemos concordar, sem muita convicção, que fatores externos influenciam nossas escolhas, mas não entendemos que existem maneiras importantes e sistemáticas em que a apresentação pode mudar nossas escolhas. Anos de pesquisa mostraram, repetidas vezes, que a maneira como as escolhas são apresentadas afeta nossas ações. É muito mais provável que escolhamos um fundo de aposentadoria se o site do empregador pré-selecionar essa opção para nós. Fazemos escolhas diferentes se nosso médico disser que efeitos colaterais graves ocorrem em 1% dos casos, em vez de dizer que não há efeitos colaterais em 99% dos casos. E, embora você possa estar convencido de que está escolhendo o sanduíche, muitas coisas sobre o cardápio, como a ordem dos itens e os títulos das categorias, o ajudaram a fazer essa escolha.

Todos esses detalhes fazem parte de algo chamado *arquitetura da escolha*, que seriam os muitos aspectos de como uma escolha apresentada podem ser manipulados, intencional ou inadvertidamente, para influenciar as decisões que tomamos. As opções podem ser as mesmas, mas a apresentação delas pode mudar a sua escolha.

Antes de tomar uma decisão, alguém moldou muitas das características dessa escolha, e essas decisões de design afetarão, de alguma forma, a sua escolha. Este livro analisa, em detalhes, exatamente como a maneira em que as escolhas são apresentadas pode mudar o processo de tomada de decisão. Quer percebam ou não, quem apresenta as escolhas – o dono do restaurante, seu cônjuge, seu médico, seu empregador – é um *arquiteto da escolha*. Dito de forma mais simples, os arquitetos da escolha são os designers das decisões que você toma, assim como você é o designer de inúmeras escolhas para outras pessoas e para si mesmo. Para simplificar, chamarei os arquitetos da escolha de designers e as pessoas que tomam decisões de *escolhedores*.

A arquitetura da escolha pode ser explorada de maneiras admiráveis e surpreendentemente poderosas, com resultados positivos tanto para o designer quanto para o escolhedor. Mas, para chegar a esse ponto, precisamos examinar atentamente cada detalhe do design de uma escolha, incluindo elementos que normalmente costumamos desprezar. Afinal, quando nos deparamos com uma escolha, estamos ocupados demais com ela para considerarmos como a apresentação de opções nos afeta. Mas se esses detalhes estiverem corretos, decisões melhores poderão ser tomadas.

Fiquei interessado em tomada de decisões e design de decisão enquanto escolhia as faculdades em que estudaria. Por ser originário de um bairro de classe trabalhadora, semelhante a Levittown,* em Nova Jersey, percebi que muitos de meus colegas estavam considerando opções muito diferentes para suas vidas. Na minha escola de Ensino Médio, havia muitos alunos academicamente talentosos, mas alguns ficaram bastante satisfeitos em ir para a faculdade comunitária local, e outros, igualmente qualificados, estavam se candidatando a faculdades da Ivy League.** O que os fez considerar opções diferentes? Percebi, nos anos seguintes, que a escolha do que considerar determinou, em grande parte, o futuro deles.

Por ter sido sortudo (e tolo) o suficiente para conseguir ter sido aceito em lugares onde trabalhos pioneiros sobre tomada de decisões estavam sendo feitos, acabei fazendo um curso de pós-graduação na Universidade Carnegie Mellon e um pós-doutorado em Stanford, lugares centrais para o início de uma revolução na pesquisa sobre tomada de decisões e economia comportamental. Essa revolução foi baseada na ideia de que todos nós usamos regras práticas simplificadas, ou heurísticas, para tomarmos decisões. A demonstração clássica envolvia pessoas fazendo escolhas inconsistentes, causadas por coisas que não deveriam importar. Descrever as mesmas opções como ganhos

---

* Os Levittowns, que aparecem logo após a Segunda Guerra Mundial, foram os primeiros subúrbios planejados dos Estados Unidos. (N.T.)

** Grupo de oito universidades prestigiosas e tradicionais do Nordeste dos Estados Unidos. (N.T.)

ou perdas pode mudar as escolhas. Informar as pessoas sobre números irrelevantes pode mudar a quantia que estão dispostas a desembolsar. Elas estão muito mais dispostas a pagar por um seguro contra um risco claro, como o câncer, do que por um seguro que cubra todas as doenças. Logo surgiu uma lista desses efeitos, os quais, às vezes, eram chamados de "truques estúpidos", por causa dos vídeos engraçados mostrados no *talk show* de David Letterman.

Em geral, esses resultados mostravam como somos irracionais e, muitas vezes, não somos bons em tomar decisões. Sempre me interessei por políticas públicas e pela melhoria das decisões, e percebi que poderíamos inverter essa caracterização para fins positivos: em vez de expor as pessoas como más decisoras, mostrando que eram inconsistentes, talvez pudéssemos torná-las decisoras mais bem capacitadas ao explorarmos essas inconsistências. Ao mudar a forma como suas escolhas eram feitas, poderíamos ajudá-las a tomar decisões melhores.

Nessa época, eu estava na Wharton School da Universidade da Pensilvânia, organizando uma equipe que analisava decisões para escolha de seguros. Soubemos que os estados da Pensilvânia e de Nova Jersey estavam prestes a introduzir novos tipos mais baratos de seguro de automóveis. Cada estado exigia que as seguradoras usassem uma arquitetura da escolha diferente para apresentar as opções de seguro de automóveis. Previmos corretamente que, dependendo da forma como as escolhas fossem apresentadas, a nova política seria mais popular em Nova Jersey do que na Pensilvânia. Entramos em contato com os governadores e responsáveis pela regulamentação das seguradoras de ambos os estados e até escrevemos um artigo de opinião em um jornal da Filadélfia.* Fomos ignorados por todos, mas o impacto da arquitetura da escolha foi enorme: a nova política foi três vezes mais popular em Nova Jersey. Por causa de suas escolhas, os habitantes da Pensilvânia pagaram bilhões de dólares a mais pelo seguro de seus

---

* Filadélfia é a capital do estado da Pensilvânia. (N.T.)

automóveis. Anos mais tarde, meu amigo Dan Goldstein e eu usamos a mesma ideia para mostrar que a arquitetura da escolha fazia uma grande diferença na hora de as pessoas concordarem, ou não, em ser doadoras de órgãos.

Alguns anos depois, eu estava trabalhando com uma montadora de automóveis alemã, prestando consultoria em arquitetura da escolha para o seu site. Nele, era possível escolher motores, itens do interior do veículo, cores e muitas outras coisas na hora de comprar um carro. Mas a montadora estava apresentando essas opções aos compradores de uma forma que era prejudicial para todos os envolvidos: a empresa estava perdendo receita potencial ao orientar os compradores para as opções mais baratas, e estas não atendiam exatamente às necessidades ou aos desejos deles. Com algumas mudanças simples, conseguimos aumentar o lucro da empresa e melhorar a satisfação dos clientes com os veículos que acabavam comprando.

Mais recentemente, fui pesquisador sênior visitante na recém--formada Agência de Proteção das Finanças dos Consumidores, dos Estados Unidos, dando consultoria em muitas questões relacionadas à arquitetura da escolha. Como redigir os documentos informativos sobre empréstimos e hipotecas? Como exibir informações sobre um produto complexo, como um cartão de crédito pré-pago com várias taxas diferentes, levando em consideração que ele precisa caber em uma carteira? Como você pode incentivar as pessoas a comparar preços? E a minha pergunta favorita: como você pode garantir que as pessoas saibam que estão contratando a cobertura de um cheque especial, um serviço bancário que paga suas despesas quando você estoura o saldo de sua conta-corrente? Os bancos costumam cobrar em torno de 35 dólares por cada saque usando o cheque especial. Algumas pessoas querem essa cobertura, mas outras ficam furiosas quando uma xícara de café acaba custando 38 dólares pelo uso do cheque especial. Como você pode ter certeza de que todos os que optaram pelo produto tomaram uma decisão boa e bem-informada?

A arquitetura da escolha não aborda apenas a maneira como sites são projetados ou como políticas são implementadas. Não se trata apenas de profissionais e pesquisadores. Todos fazemos o papel de designers diariamente ao apresentarmos escolhas para nossos amigos, colegas e familiares. Meu amigo também é um designer de decisão quando, em vez de perguntar à filha de três anos se ela está pronta para ir dormir, ele pergunta se ela prefere voar para a cama ou pular nela. Ele relatou que a hora de dormir tornou-se muito menos estressante para todos os envolvidos quando ele começou a apresentar opções em vez de uma escolha entre sim ou não.

A arquitetura da escolha tem muito em comum com a arquitetura real. Winston Churchill sabia disso ao dizer: "Nós moldamos os edifícios e, depois, os edifícios nos moldam". Ele falava sobre a Câmara dos Comuns britânica, que havia sido recentemente destruída por bombas incendiárias alemãs durante os últimos ataques do Blitz.[*]

O prédio era um retângulo alongado, inspirado no desenho da Capela de Santo Estêvão, local onde a Câmara dos Comuns se reunia anteriormente. Os membros ficavam sentados em lados opostos da câmara. Alguns deles defenderam mudar para um arranjo semicircular, como os anfiteatros usados no Senado e na Câmara dos Representantes dos Estados Unidos. Outros chamaram atenção para o fato de que o salão antigo não tinha assentos suficientes para todos.

Churchill, primeiro-ministro da Grã-Bretanha na época, não estava disposto a aceitar nada daquilo. Em um de seus melhores discursos, ele defendeu a preservação de "todas as características essenciais do edifício antigo". Embora politicamente conservador, ele não era sentimental ou tradicionalista. O político acreditava fortemente que a forma

---

[*] Campanha de bombardeio aéreo alemã ao Reino Unido na Segunda Guerra Mundial. (N.T.)

do edifício influenciava seus ocupantes, e que a natureza do discurso político dependia de duas características essenciais da antiga Câmara dos Comuns.

A primeira era a configuração alongada, que dividia a sala em duas metades, uma para o partido governante e outra para a oposição, com os dois partidos de frente um para o outro. Churchill afirmou que essa configuração era essencial para o sistema bipartidário que dominava a política britânica. Olhar diretamente para a oposição facilitava o debate, concentrava a atenção no lado contrário e a desviava de quaisquer mudanças nas alianças dentro do próprio partido. Seus correligionários viam o inimigo comum. A distância entre as duas metades era, por tradição, o comprimento de duas espadas. Churchill comparou essa disposição a um semicírculo em que o orador ficava na frente, dirigindo-se à câmara como um todo, olhando tanto para seus apoiadores quanto para a oposição.

A segunda característica era o tamanho do prédio, que era pequeno demais para acomodar todos os 650 membros da Câmara dos Comuns. Isso facilitava um estilo de debate conversacional, e uma casa lotada dava aos procedimentos um cunho de importância e urgência.

Churchill saiu vitorioso, e qualquer um pode testemunhar o impacto da arquitetura assistindo às Perguntas ao Primeiro-ministro, famoso confronto que ocorre toda quarta-feira ao meio-dia, quando o Parlamento está em sessão. As questões, muitas vezes ataques mal disfarçados, são feitas ao primeiro-ministro e apoiadas por gracejos e gargalhadas da oposição. É a política como teatro por excelência.[1]

Assim como a forma alongada da Câmara dos Comuns concentra a atenção na oposição e faz com que os membros reflitam sobre suas reações e respostas, a arquitetura da escolha concentra nossa atenção e nosso pensamento em opções específicas, enquanto despreza outras. A arquitetura física e a arquitetura da escolha estão sempre presentes e sempre influenciam, mesmo quando não as percebemos. Embora um edifício possa não ter um arquiteto, ele possui janelas e portas. Alguém decidiu a colocação das portas, e isso determina por onde entramos e saímos. Da mesma forma, intencionalmente ou não, os arquitetos da escolha apresentam seleções que farão diferença sobre quais informações examinamos e quais ignoramos. Desconhecer a arquitetura da escolha pode resultar em designs que orientam as pessoas de maneiras que nem nós nem eles imaginamos.

Os médicos são decisores ocupados. Na sala de exames, eles realizam, em média, dez tarefas diferentes por hora, incluindo anotar o histórico do paciente, discutir sintomas e realizar um exame físico. Mas eles têm um novo companheiro: o prontuário eletrônico do paciente. Cada consulta envolve o uso do sistema para registrar fatos como pressão sanguínea, diagnósticos e decisões de tratamento. Quando pesquisadores observam como médicos gastam seu tempo, eles veem que o prontuário eletrônico é a segunda coisa mais importante na sala. Metade do tempo é gasto na comunicação com o paciente e no seu exame, mas impressionantes 37% são gastos trabalhando no prontuário. O antigo bloco de receitas e a caneta do médico foram substituídos por uma tela, um teclado e um mouse. Isso pode melhorar a manutenção de registros, mas um prontuário eletrônico é uma arquitetura da escolha que pode afetar a forma como os médicos tratam seus pacientes.

Os medicamentos genéricos são quimicamente equivalentes aos de marca, mas muito mais baratos. Um medicamento de marca, como o anti-histamínico Allegra, pode custar cinco vezes mais do que seu equivalente genérico, o cloridrato de fexofenadina. Os genéricos não apenas são mais baratos, mas também podem resultar em pacientes mais saudáveis. Quando os remédios custam menos, os pacientes os tomam com mais regularidade justamente por serem mais acessíveis.

Os hospitais tentaram de muitas maneiras incentivar os médicos a receitar genéricos, bombardeando-os com e-mails, realizando seminários e fazendo outras intervenções que se mostraram igualmente ineficazes. Os prontuários eletrônicos, em geral, têm janelas *pop-ups* que incentivam os médicos a receitar genéricos. Elas são rapidamente descartadas e ignoradas. O uso excessivo de *pop-ups* faz com que os médicos descartem rapidamente todos os alertas sem lê-los, algo conhecido como *fadiga de alerta*. Um estudo até tentou remunerar médicos para que receitassem genéricos, mas isso também falhou. Mudar o comportamento do médico é tão difícil que alguns estados simplesmente permitem que os farmacêuticos substituam os medicamentos de marca receitados por genéricos.[2]

Pagar médicos para receitar genéricos não funciona porque lida com o problema errado. Uma simples mudança na interface, desenvolvida por pesquisadores do Weill Cornell Medical College, provou ser muito mais eficaz. Ela se baseia na forma como os médicos se lembram dos remédios. Eles simplesmente se lembram com mais facilidade dos medicamentos de marca. Afinal, *Allegra* vem à mente com muito mais facilidade do que *cloridrato de fexofenadina*. Medicamentos de marca também são objetos de grandes campanhas publicitárias. Quando as empresas farmacêuticas dão aos médicos amostras grátis, bem como blocos de anotações e canetas com o nome do medicamento, isso consolida aquele nome em suas mentes.

Tudo isso leva os médicos ocupados a adquirir um hábito. Quando precisam receitar um anti-histamínico, eles começam a digitar "All" no prontuário eletrônico, e o sistema preenche automaticamente o campo com "Allegra". Os designers achavam que estavam ajudando os médicos ao instalarem essa função, e digitar aquela sequência de letras se tornou habitual.

A equipe de Weill Cornell mudou a interface para que o prontuário eletrônico substituísse, automaticamente, o nome de marca pelo nome do medicamento genérico quando um médico começasse a digitá-lo. Por exemplo, quando alguém digita "Alle", o sistema oferece imediatamente "cloridrato de fexofenadina". Os médicos poderiam voltar ao medicamento de marca ao selecionar uma caixa que dizia "Receitar conforme escrito". Mas eles raramente o faziam. Os médicos quase sempre aceitavam a opção genérica. O conhecimento perfeito dos equivalentes genéricos, que estavam no prontuário eletrônico, substituiu a memória imperfeita ou inexistente dos médicos.[3]

Essa mudança mais que dobrou a proporção de receitas de genéricos e, como eles são, em média, 80% mais baratos do que os medicamentos de marca, houve grande economia de custos, tanto para o hospital quanto para os pacientes.

Como exatamente o prontuário eletrônico mudou as escolhas dos médicos? Os médicos, como todos aqueles que escolhem, são sensíveis à quantidade de esforço necessária para fazer uma escolha. Pequenas mudanças, como a substituição automática do nome do medicamento de marca pelo genérico, afetam suas decisões. Eles poderiam ter receitado com facilidade o medicamento de marca, da mesma forma que antes, mas ter que clicar uma única vez no mouse mudou o que eles faziam. Eles escolheram o *caminho mais plausível*, uma forma de navegar pelas informações à sua frente. O caminho plausível de um escolhedor determinará quais informações ele considera e quais ele ignora. E, como todos os que escolhem, os médicos dependem da memória. Eles nem sempre se lembram de tudo o que poderiam lembrar com relação às opções; em vez disso, usam *preferências compostas* com base no subconjunto de coisas de que se lembram. Para os médicos, era mais fácil lembrar o nome de marca, mas mais difícil, senão impossível, lembrar o do genérico. Mudar o que as pessoas lembram com mais facilidade é outra maneira importante de os designers mudarem as escolhas.

O termo *arquitetura da escolha* foi cunhado por meus amigos Richard Thaler e Cass Sunstein em seu livro *Nudge*. O campo tem esse nome há pouco mais de uma década, mas a ideia da arquitetura da escolha já existe há algum tempo. Na Antiguidade, os comerciantes devem ter tomado decisões deliberadas sobre como apresentar seus produtos no mercado e os ajustaram com base em tentativa e erro. O que eles colocavam na parte da frente de seus tapetes? Eles organizavam as mercadorias da melhor para a pior, ou da mais cara para a mais barata? Nos últimos 30 anos ou mais, os acadêmicos ficaram obcecados por demonstrar que mudar a apresentação das opções afeta a escolha, em parte porque essas demonstrações são muito incoerentes com a economia tradicional.

A Comissão de Táxis e Limosines da Cidade de Nova York demonstrou esse fenômeno sem querer quando, acidentalmente, realizou um experimento de arquitetura da escolha. A Comissão estava tentando modernizar a famosa frota de táxis amarelos da cidade, instalando uma tela de vídeo, GPS e leitores de cartão de crédito nos táxis existentes. As duas empresas que fizeram o trabalho escolheram uma maneira diferente de apresentar aos passageiros a forma de dar gorjeta. Uma forneceu opções de 15, 20 e 25%; a outra forneceu opções de 20, 25 e 30%. Em qualquer um dos leitores de cartão de crédito, o passageiro poderia pressionar o botão "Outro" e inserir qualquer valor que desejasse. Na teoria econômica convencional, deveríamos simplesmente digitar o valor que desejávamos dar de gorjeta, independentemente das categorias fornecidas; mas, nesse caso, os conjuntos de escolhas diferentes resultavam em gorjetas diferentes. Havia cerca de seis vezes mais chances de a gorjeta ser de 15% quando essa era uma opção. No geral, os taxistas ganhavam 5% a mais quando dirigiam táxis com sugestões de gorjetas mais altas. Uma mudança acidental na arquitetura da escolha melhorou a situação dos taxistas.[4]

Este livro vai muito além da simples ideia de que as opções-padrão e outras ferramentas da arquitetura da escolha podem influenciar as pessoas a terem os comportamentos desejados. É muito mais importante entender *como* a arquitetura da escolha altera as decisões. Ao compreendermos as razões pelas quais as opções-padrão mudaram os hábitos de dar gorjeta dos passageiros de táxi, podemos usar a arquitetura da escolha de forma mais eficaz e responsável. Você entenderá quando essa estratégia funcionará bem e quando o tiro poderá sair pela culatra.

Devo também mencionar outra revolução que ocorreu nas ciências comportamentais nos últimos dez anos. Uma série de falhas notáveis na reprodução de estudos famosos trouxe foco intenso para a importância da replicabilidade. Uma descoberta feita em um estudo não significa grande coisa até que outros cientistas sejam capazes de demonstrar os mesmos resultados. Embora, em algum momento, eu fale sobre um estudo específico, na maioria das vezes usarei descobertas individuais para resumir um conjunto maior de pesquisas. A metanálise tornou-se uma ferramenta fundamental para extrair resultados significativos de muitos estudos, e examinaremos esse método em detalhes no Capítulo 5. Compreender a importância de estudos individuais e as maneiras pelas quais os cientistas podem avaliar grandes conjuntos de pesquisas pode torná-lo um consumidor melhor daquilo que você lê, aqui e em outros lugares.

As opções-padrão podem ser o elemento mais conhecido da arquitetura da escolha, mas existem muitas outras ferramentas de design de decisão. Para ilustrar esse ponto, imagine que você tem um novo emprego, em que lhe pediram para liderar uma equipe, a qual está construindo um novo site que permite a escolha de um plano de saúde.

Imagine-se em pé, diante de um grande quadro branco, desenhando uma imagem da possível aparência da página inicial do site. Na linguagem de webdesign, essa maquete é chamada de *wireframe*. Esse é o primeiro passo no design de um site.

Você, o designer, pondera sobre as questões que você e sua equipe precisam resolver:

- Quantos planos de saúde você deve apresentar no site?[5]

- Se apenas alguns planos serão apresentados, como selecionar quais aparecerão?
- Como ordená-los? Em ordem alfabética? Caso faça dessa forma, isso dará aos planos cujos nomes estão no começo do alfabeto uma vantagem injusta?
- Como descrevê-los? Até informar o custo é complicado. Existem mensalidades, coparticipações e franquias. Você nem mesmo tem certeza se as pessoas entendem esses termos.

Você dá um passo para trás e olha o que você e sua equipe escreveram no quadro branco. Você tem a sensação desconfortável de que suas escolhas afetarão o plano que será escolhido, mas não tem certeza de como isso se dará.

Fica evidente que o trabalho de um designer é bastante desafiador. Um site de plano de saúde não é um exemplo qualquer, é claro. De outubro de 2013 em diante, oito milhões de estadunidenses escolheram um plano de saúde pela primeira vez como parte da Lei de Proteção e Cuidado Acessível ao Paciente, também conhecida como Obamacare. Ignore, se puder, o fato de que o lançamento foi um desastre tecnológico ou de que o tópico continua sendo politicamente controverso. Liderei uma equipe que pesquisou o que, para mim, era o verdadeiro desafio: apresentar propostas às pessoas de forma que elas pudessem adquirir um plano que atendesse às suas necessidades pelo melhor preço possível. Reunimo-nos com funcionários do Departamento de Saúde e Serviços Humanos, líderes de diferentes bolsas estaduais[*] e seguradoras. Dizer que eles estavam, inicialmente, céticos quanto à arquitetura da escolha não seria nenhum exagero, mas como você verá mais adiante neste livro, nosso trabalho surtiu efeito.

---

[*] No programa Obamacare, os planos de saúde são comercializados em bolsas estaduais. (N.T.)

Um designer precisa selecionar o que chamarei de *ferramentas da arquitetura da escolha* ou, para abreviar, *ferramentas*. No caso das bolsas de saúde, uma ferramenta é selecionar o número certo de opções. A segunda é decidir qual será a opção-padrão se as pessoas não fizerem uma escolha. Essas ferramentas provavelmente influenciarão umas às outras: ter mais opções pode tornar mais atraente a escolha da opção-padrão.

Existem outras ferramentas. O designer precisará decidir quais atributos apresentar e como apresentá-los. O preço pode ser óbvio, mas outros atributos nem tanto. Usamos números, notas com letras ou estrelas quando falamos sobre a satisfação do paciente? Como descrevemos o tamanho da rede de médicos credenciados?

Por fim, como se trata de um site, podemos usar a natureza interativa da internet para personalizar as ferramentas, fazer cálculos e até mesmo ajudar as pessoas a compreenderem melhor o plano de saúde. Eu chamo a esses ambientes interativos potencialmente poderosos de *mecanismos de escolha*. Assim como um mecanismo de pesquisa o ajuda a encontrar informações, um mecanismo de escolha o ajuda a escolher algo.

Já falei sobre designers que selecionam erroneamente ferramentas que podem levar a decisões ruins, como no site da montadora de automóveis alemã e na função de preenchimento automático do prontuário médico eletrônico para prescrição de medicamentos de marca. Mas nem toda arquitetura da escolha ruim acontece por acaso. Os designers, em geral, priorizam seus próprios interesses, e não os de quem escolhe. Há muitas maneiras pelas quais um designer pode se comportar maliciosamente. Eles podem escolher opções-padrão que aumentam o lucro sem atender às necessidades do cliente ou usar a ordenação para aumentar o consumo de alimentos que possuem menor custo de produção, mas são menos saudáveis para o escolhedor.

Quando a Apple lançou uma nova versão de seu sistema operacional para o iPhone, o iOS 6, em setembro de 2012, ela incluiu uma nova tecnologia para rastrear usuários, o "identificador de publicidade". O rastreador, de acordo com a Apple, era "um identificador de dispositivos não permanente e não pessoal, que será usado pelas redes de publicidade para dar a você mais controle sobre a capacidade dos anunciantes de usarem métodos de rastreamento. Se você optar por limitar o rastreamento de anúncios, as redes de publicidade que usam o identificador de publicidade não poderão mais coletar informações para veicular anúncios direcionados a você".[6]

Isso soa bastante justo, se for capaz de entender. Você tem a opção de não ter seu comportamento on-line rastreado por anunciantes. Mas, como aponta o cientista cognitivo britânico Harry Brignull, não é tão fácil assim exercer essa escolha.

Primeiro, a configuração-padrão – o que acontece se você não fizer uma escolha ativa – era manter o rastreamento ativado. Era isso que a maioria das pessoas queria? Se não quisesse, você teria que procurar a opção e clicar nela para tentar alterar a configuração. Você pode ter começado sua procura em "Privacidade", mas a opção não estava lá. Em vez disso, você tinha que selecionar o menu inutilmente denominado "Geral" e depois o igualmente vago "Sobre". Ao rolar a tela até o sexto item desse submenu, você encontrará outro menu, "Publicidade". Dentro dele, você finalmente encontra o lugar certo e um botão chamado "Limitar rastreamento de anúncios", definido como "Desativado". Mas isso significa que limitar o rastreamento de anúncios está ativado ou desativado? Ao lembrar que duas afirmações negativas formam uma positiva, você idealmente perceberia que "Desativado", nesse caso, significava que o rastreamento de anúncios estava ativado. A Apple acabou deslocando a configuração para onde se poderia esperar que estivesse, dentro de "Privacidade", mas as palavras confusas permaneceram.

Essa arquitetura da escolha engana ou confunde as pessoas? Cerca de 30% dos entrevistados que acreditavam ter limitado o rastreamento, quando examinavam seus telefones, na verdade não o tinham feito.[7]

Essa questão vai além do rastreamento de anúncios. As pessoas parecem não entender muito sobre as decisões de privacidade que tomam, e 59% dizem que entendem muito pouco ou nada sobre o que as empresas fazem com os dados que coletam. Apenas um em cada cinco estadunidenses costuma ler ou sempre lê as políticas de privacidade quando solicitado. Os demais dizem que raramente ou nunca as leem. É difícil tomar uma decisão bem-informada quando você não lê o que está em jogo.[8]

No entanto, decisões sobre seu telefone afetam muito a maneira como as empresas ganham dinheiro. Além de vender a você o telefone, a Apple recebe pagamentos consideráveis do Google para garantir que seu mecanismo de busca venha pré-instalado no iPhone. Inicialmente, em 2014, os pagamentos foram de 1 bilhão de dólares, mas se acredita que até 2020 eles tenham subido para 12 bilhões.[9] Isso é gigantesco. A receita de publicidade nas pesquisas do Google nos Estados Unidos é de 40 bilhões de dólares. Para a Apple, os pagamentos do Google representam de 14 a 21% de seus lucros.

O poder dessa opção-padrão é tão grande que, em outubro de 2020, o Departamento de Justiça, juntamente com 11 estados, instaurou um dos maiores processos antitruste em décadas. O acordo entre a Apple e o Google estava no cerne do caso. O jornal *The New York Times* chamou aquilo de "um acordo que controla a internet". O Google pode ser um mecanismo de busca muito bom, mas sua participação no mercado seria significativamente menor se outro mecanismo, como o Bing da Microsoft, estivesse pré-instalado. O que pode parecer uma escolha, na verdade, reflete suas preferências e a arquitetura da escolha.

Sou um otimista, portanto, neste livro, em geral, presumirei que o designer tem sempre os interesses do escolhedor em mente e seleciona as ferramentas de maneira a melhorar o bem-estar dele. No entanto, conforme anteriormente mencionado, a arquitetura da escolha pode ser usada de forma maliciosa. Se o designer e o escolhedor tiverem objetivos diferentes, sempre haverá a tentação de fazer um projeto que promova os interesses do designer em detrimento de quem escolhe. Esse é um problema sério porque, como veremos mais adiante neste livro, os escolhedores muitas vezes não percebem o efeito da arquitetura da escolha. Quase todas as ferramentas que discuto aqui podem ser usadas para beneficiá-los ou prejudicá-los.

Surgiram dois termos para descrever a arquitetura da escolha que prejudica o escolhedor. O primeiro é *sludge*, cujo significado é facilmente resumido como o uso de uma arquitetura da escolha que torna mais difícil para quem escolhe fazer aquilo que é de seu interesse. Se alguém quiser optar por não ser rastreado pelos anunciantes, dificultar isso seria *sludge*.

Uma tradição intelectual diferente, a pesquisa de experiência do usuário, deu origem ao termo *padrões obscuros*. Cunhado por Harry Brignull em 2010, os padrões obscuros são elementos de design que levam as pessoas a selecionar opções que a princípio não pretendiam – por exemplo, inscrever-se em uma lista de e-mail de *spam* ou comprar algo por acidente. Essa pesquisa é, sobretudo, focada nos efeitos negativos do design na internet, mas os padrões obscuros muitas vezes descrevem casos em que um designer facilita ao escolhedor fazer algo que não é do seu interesse. Se for fácil para você selecionar um teste gratuito de um produto on-line sem perceber que isso implica um compromisso de um ano, você pode ter sido alvo de um padrão obscuro.

O *sludge* e os padrões obscuros podem ter origens diferentes, mas estão intimamente relacionados. Ambos dizem respeito ao impacto enorme do esforço que o escolhedor percebe que precisa fazer para selecionar uma forma de realizar determinada tarefa. Um benefício da leitura deste livro, tanto para designers quanto para escolhedores, pode ser entender melhor quando a arquitetura da escolha se torna algo pernicioso.

A arquitetura da escolha, seja boa ou ruim, faz as mesmas coisas: muda a informação que vemos e o que lembramos de memória. Embora pareça envolver aspectos como tipos de letras, cores e formas de exibição, a razão pela qual a arquitetura da escolha é importante é: ela muda o que se passa em nossas cabeças. Este livro examina as diferentes ferramentas que os designers têm à disposição, como elas funcionam e de que maneira trabalham em conjunto. Sem entender os processos subjacentes à arquitetura da escolha, não podemos ser designers responsáveis. Saber como funciona a arquitetura da escolha nos permitirá inventar ferramentas novas e mais eficazes.

2
Caminhos plausíveis

Na tarde de 15 de janeiro de 2009, minha esposa e eu estávamos no Aeroporto LaGuardia. Caminhamos pelo saguão do terminal da US Airways para embarcar em um voo tranquilo para Denver. Perto do portão de embarque, outro voo, o US 1549, partiu para Charlotte, na Carolina do Norte, meia hora depois. Quando pousamos, quatro horas mais tarde, e nos dirigimos até o portão de desembarque, ouvimos bipes e sons habituais de celulares sendo ligados. Os bipes foram seguidos por exclamações de surpresa, enquanto os passageiros liam os alertas em seus telefones. Uma pessoa ao meu lado exclamou: "Ai, meu Deus! Um avião da US Airways caiu no rio Hudson!". Todos ficaram abalados. Nós todos tivemos a sensação de que poderia ter sido o nosso avião.

Enquanto saíamos, atordoados, da ponte de embarque, não havia a correria usual para pegar malas e táxis. As pessoas paravam para observar as telas onipresentes, penduradas no alto, que exibiam a cobertura da CNN. Milagrosamente, o avião não se despedaçou e afundou. Assistimos a reprises intermináveis que mostravam passageiros quase ilesos e barcos de combate a incêndios, rebocadores e barcaças. O voo 1549 durou seis minutos e meio e terminou com um pouso de emergência bem-sucedido no rio. Para um nova-iorquino, isso era especialmente impressionante. Se eu estivesse em casa, poderia ter visto a aeronave pousar no Hudson da janela da minha sala.

A arquitetura da escolha está ao nosso redor, influenciando até mesmo os pilotos em quem confiamos para nos transportar com segurança aos nossos destinos. Eles são treinados para fazer escolhas e, como disse o presidente de um programa de treinamento de voo: "Não estamos formando pilotos. Gosto de dizer aos nossos alunos que os estamos treinando para serem decisores que sabem como pilotar um avião".[1] A decisão do capitão Chesley "Sully" Sullenberger sobre onde pousar o avião foi feita de forma simples e rápida. Passaram-se apenas 208 segundos, pouco mais de três minutos, entre o momento em que as pás de ambos os motores foram paralisadas ao atingir um bando errante de gansos canadenses e o momento em que o avião pousou. Sully relatou que não teve tempo de fazer uma análise cuidadosa de suas três opções: voltar para LaGuardia, um aeródromo cujas pistas são notoriamente curtas, sobretudo para um pouso de emergência; voar sobre uma área densamente povoada do outro lado do rio até o aeródromo de aviação geral menor em Teterboro; ou pousar nas águas do Hudson.

A primeira coisa que Sullenberger teve que fazer foi decidir como ele decidiria. Ele fez isso de forma rápida e automática, e, de acordo com as transcrições do relatório do acidente, estava muito ciente da decisão que havia tomado, mas não tão ciente de como escolheu tomá-la. Simplesmente não havia tempo. Ele tinha total controle, mas sua mente funcionava automaticamente, como se estivesse no piloto automático.

Anteriormente, chamei essa escolha de *como* decidir de *caminho plausível*, ou seja, a estratégia que usamos para tomar uma decisão. Em qualquer situação, existem várias maneiras diferentes de fazer uma escolha. Desde o início, precisamos decidir em quais opções e informações focar e como combinar as informações diante de nós. Mais importante, precisamos decidir o que ignorar. Podemos mudar de ideia, mas, de início, devemos nos comprometer parcialmente com uma estratégia para fazer uma escolha. Sully teve que decidir quais informações examinar, quais ignorar e como interpretar aquelas que considerava. Em questão de segundos, ele se comprometeu com um caminho plausível para decidir como pousar o avião. Como veremos, a arquitetura da escolha funciona ao influenciar os caminhos plausíveis usados pelo escolhedor. Em outras palavras, a arquitetura da escolha dos controles da cabine de comando levou Sully a um caminho plausível que gerou bom resultado.

Sullenberger, ao falar sobre sua decisão, revelou que determinou de imediato o que era importante:

> Então, rapidamente estabeleci prioridades, cortei a carga – reduzi o problema a seus elementos essenciais –, fiz tudo que precisava ser feito, fiz tudo muito bem e estava disposto a sacrificar um dos objetivos. Eu sabia que a maior prioridade era salvar vidas e estava mais do que disposto, desde o início, a desistir de tentar salvar o avião para fazer isso. E essa foi uma escolha fácil para mim, embora, como o [copiloto] Jeff Skiles me diria mais tarde: "Você pousa um avião de 62 milhões de dólares em um rio, e eles o chamam de herói. Este é ou não é um grande país?".[2]

Sullenberger pegou emprestado o termo *cortar a carga* das concessionárias de energia elétrica: quando a demanda excede a capacidade, uma concessionária pode desligar partes de sua rede – digamos, a energia de uma fábrica – para fornecer recursos a outro local mais importante, como um hospital. Os pilotos usam essa frase quando estão sobrecarregados e decidem ignorar o que esperam ser partes não essenciais do problema. Escolher um caminho plausível é uma forma de cortar a carga: envolve a tomada de decisões sobre quais informações cruciais devem ser consideradas para atingir as metas e quais informações não são essenciais e podem ser descartadas.

A forma como a informação é exibida para o escolhedor influencia a opção por um caminho plausível. Perdido na discussão sobre a coragem de Sullenberger, do copiloto Skiles e dos três comissários de bordo, estava o papel dos mostradores da cabine de comando. O avião em que

voavam, um Airbus A320, é pilotado com um único mostrador eletrônico principal, que fica bem na frente do piloto. Sem essa tela, o voo 1549 poderia ter tido um resultado muito diferente. Ela desempenhou um papel essencial no pouso (mas não recebeu, como a tripulação do voo 1549, a chave da cidade de Nova York das mãos do prefeito).

O projeto de instrumentação das cabines de comando evoluiu para se transformar em uma ciência precisa, baseada em um entendimento profundo dos fatores humanos e em repetidos experimentos em simuladores de voo. Os designers de mostradores de aviões realizam muitos testes para avaliar suas decisões. O objetivo é incluir as informações mais pertinentes no mostrador, minimizando a complexidade desnecessária. Uma grande empresa do ramo sugere fazer as seguintes perguntas sobre qualquer informação na cabine de comando: "O mostrador dá ao piloto o que ele precisa, apenas o que ele precisa e somente quando ele precisa? E dá-lhe a informação de forma intuitiva, inequívoca e fácil de compreender? Se não, é excesso de informação".[3]

Sully não tinha muito tempo, mas estabeleceu uma meta simples. Ele queria planar o avião, com segurança e sem energia, à distância necessária para fazer um pouso seguro. Manter o avião no ar expandia suas opções de pouso. Vejamos a principal tela que confrontava Sullenberger, o mostrador de velocidade apresentado na Figura 2.1.

Para voar mais longe, Sullenberger tinha que monitorar duas variáveis: a velocidade e o ângulo de voo. Se mantivesse o ângulo de voo e a velocidade dentro de determinados parâmetros, ele conseguiria manter o avião no ar o maior tempo possível, o que lhe daria mais tempo para tomar uma decisão. Embora um piloto extremamente experiente como Sully possa determinar esses parâmetros por conta própria, o mostrador de velocidade o ajuda, fornecendo a "velocidade do ponto verde", aquela que fornece a melhor taxa de sustentação sobre arrasto aerodinâmico para permitir ao avião ir mais longe. Sully também precisava garantir que o avião não desacelerasse até atingir a velocidade de estol, o que faria com que ele caísse imediatamente.

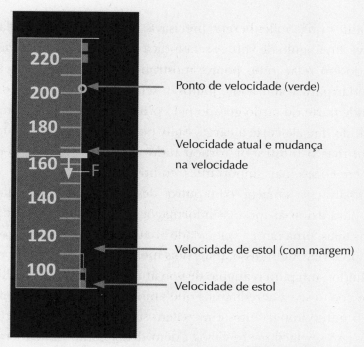

FIGURA 2.1 Arquitetura da escolha do mostrador de velocidade.[4]

Na Figura 2.1, o ponto redondo está a cerca de 200 milhas por hora e é verde na exibição real. Esse círculo faz as contas para o piloto: ele calcula a velocidade ideal para ir o mais longe possível. O piloto simplesmente precisa se certificar de que a velocidade do avião é a igual à do ponto verde. Outro indicador importante também ajuda: a barra branca indica a velocidade atual – nesse caso, 160 milhas por hora. A seta ligada à barra branca mostra a mudança na velocidade e qual será a velocidade em dez segundos. Nesse caso, o avião está desacelerando e estará a 150 milhas por hora em dez segundos, a menos que o piloto mude o ângulo de voo. Para aumentar a distância a que o avião poderia voar, Sully poderia alterar a taxa de descida dele de modo que a barra se movesse em direção ao ponto verde.[5]

A tela do mostrador de velocidade leva o piloto a analisar informações específicas. Ela reúne, no mesmo medidor, as duas coisas mais importantes que Sullenberger precisava monitorar: a velocidade da aeronave e o ângulo de voo. A seta indica qual velocidade o avião está atingindo em relação ao ponto, mostrando ao piloto o que ele precisa mudar para voltar a ele. Juntos, a seta e o ponto aliviam o piloto de grande parte do fardo gerado pelo processamento de informações, permitindo que ele corte a carga. Sully poderia ter calculado tudo isso sozinho, mas o mostrador tornou tudo mais fácil, liberando-o para pensar em coisas mais importantes, como onde pousar.

Compare essa situação com outros designs possíveis e menos úteis usados para exibir as mesmas informações. O designer poderia fornecer duas telas, uma para a velocidade atual e outra para a melhor velocidade possível. Além disso, mais dois mostradores também poderiam ser incluídos, um para o ângulo de voo atual e outro para o melhor ângulo de voo. Talvez acreditemos que ambos os conjuntos de informações são muito importantes e merecem seus próprios medidores para que possam ser facilmente vistos. Além disso, como Sullenberger era um especialista, tendo passado cerca de 5 mil horas nos controles do Airbus A320, você pode acreditar que ele poderia facilmente estimar a velocidade do ponto e saber intuitivamente com que rapidez o avião estava acelerando ou desacelerando. Mas, ao fazer os cálculos para ele, o mostrador de velocidade concedeu a Sullenberger um valioso tempo adicional para pensar em outros fatores.

Sullenberger conhecia intimamente o mostrador de velocidade do A320 e relatou que costumava usá-lo durante o pouso.[6] Ele sabia que esse medidor era importante. O A320 é uma aeronave com "cabine de vidro": ao contrário dos medidores mecânicos dos aviões mais antigos, os mostradores eletrônicos, como o da Figura 2.1, dependem da energia que é normalmente fornecida pelos motores do avião. Dois segundos depois de os gansos atingirem os motores do voo 1549, Sullenberger acionou as unidades auxiliares de energia, mantendo os indicadores vitais funcionando. Isso é extraordinário: ele fez tudo sozinho, sem receber qualquer alerta, quebrando o protocolo. O copiloto Skiles estava percorrendo uma lista de verificação de procedimentos para casos de falha nos dois motores, mas a lista de três páginas presumia que tal falha ocorreria acima de 20 mil pés, o que forneceria tempo suficiente para percorrer todos os itens e instruiria os pilotos a ligar a fonte de energia auxiliar. Skiles sequer teve tempo de acabar de ler a primeira página antes do pouso!

O que o mostrador permitiu que Sullenberger levasse em consideração e o que permitiu que ele ignorasse? Como isso o ajudou a cortar a carga? Ele diz que, no meio daquilo tudo, considerou a possibilidade de pousar na água dada a sua localização. O Hudson é frio em meados de janeiro. A temperatura da água era de 5°C e o ar estava a gélidos -7°C. A hipotermia era um risco real. Mesmo que o pouso fosse bem-sucedido, o avião talvez boiasse apenas durante um curto período. Sullenberger sabia que havia muitos barcos ao longo do lado oeste de Manhattan e um terminal de balsas nas proximidades. Como foi capaz de cortar a carga, ele considerou não apenas onde poderia pousar o avião com segurança, mas também as possibilidades de resgate, pensando no que aconteceria a seguir. O mostrador permitiu que ele escolhesse um local que maximizasse a chance de uma evacuação e um resgate rápidos e bem-sucedidos.

Os controles da cabine de comando são o resultado de um design e de uma experimentação cuidadosos, destinados a ajudar os pilotos a ter o melhor desempenho possível. Isso não é verdade para todas as nossas decisões. Muitas vezes, nossas escolhas são feitas em ambientes que não são projetados propositadamente. As informações que vemos na vida cotidiana não são o resultado de testes repetidos em experimentos equivalentes aos que são feitos em simuladores de voo. Um amigo que sugere restaurantes para o almoço provavelmente está apenas lhe apresentando aqueles de que consegue lembrar, incluindo comidas que você odeia. Um médico que sugere tratamentos alternativos pode citar cirurgias que não são apropriadas para você, mas que ele costuma realizar, e pode entrar em um excesso de detalhes ou usar termos esotéricos (para você). Você visita um site de plano de saúde fornecido pelo seu empregador e se depara com muitas opções, incluindo planos para filhos (você talvez não tenha nenhum) e muitas informações sobre cobertura para gravidez (você é solteiro).

Com frequência, as arquiteturas da escolha que encontramos carecem de qualquer consideração séria sobre como exibir as informações. Em vez disso, a exibição é aleatória, baseada em intuições aproximadas daquilo que parece bom. Em geral, ela é projetada sem a percepção de que a arquitetura da escolha pode influenciar como e o que escolhemos. Mas uma boa arquitetura da escolha, como um mostrador de cabine de comando bem projetado, permite ao decisor observar rapidamente o que é importante, ignorar o que não é e combinar as informações relevantes.

Compare o mostrador da cabine de comando do Airbus A320 com uma típica página da internet que você vê ao comprar algo on-line, mesmo a de um varejista grande e conceituado como a Amazon. Se eu procurar por sabão em pó, sou apresentado a 20 páginas de resultados, cada uma contendo 15 opções. Cada uma também tem 12 anúncios (incluindo um de desodorante masculino e outro de sacos de lixo!). Pergunte-se se essa página segue o conselho que o designer do mostrador da cabine de comando acabou de nos dar: a página contém apenas as informações de que preciso, apresentadas de maneira fácil de entender, intuitiva e inequívoca, ou tem informações demais? É claro que a Amazon e muitos outros arquitetos da escolha têm outros motivos além de garantir que os consumidores façam as melhores escolhas possíveis. No entanto, o contraste é muito informativo. Ele também sugere como coisas sutis, como quantas alternativas o site é capaz de mostrar, podem mudar as escolhas do cliente.

Caminhos plausíveis

O termo *caminho plausível* é inspirado nos tipos de decisões iniciais que tomamos enquanto caminhamos pelo mundo real. Imagine que somos amigos e estamos conversando em um parque, então decidimos atravessá-lo para tomar um sorvete.[7] Há muitas maneiras de chegar lá: podemos sair para a rua e fazer o caminho mais longo, podemos cortar caminho passando pelo carrossel, talvez até subindo nele para pegar um atalho. Mas se estivermos andando em um parque e houver um bom caminho de cascalho, nós o pegamos; não pulamos as cercas vivas de 30 centímetros de altura, mesmo que isso tornasse nosso caminho mais rápido. Essas decisões são julgamentos instantâneos. Nós as tomamos rapidamente e sem muito raciocínio no início, mas elas acabam moldando o restante de nossa jornada. Na verdade, se alguém lhe perguntar por que escolheu aquele caminho, pode ser difícil explicar. Da mesma forma que Sully, você escolheu seu caminho plausível no piloto automático.

Quando caminhamos, também não reavaliamos continuamente nossa escolha de caminho. Fazemos outras coisas, como conversar com um amigo ou pensar em uma reunião que acabou de acontecer. Isso significa que nossa escolha inicial de um caminho plausível é "persistente": podemos mudar de caminho, mas nossa primeira escolha contém inércia. Pense em como você obtém direções usando o aplicativo de mapas do seu celular. Você escolhe uma rota no início da viagem. Você até pode mudá-la, mas muitas vezes (espero) você está muito ocupado prestando atenção na direção do veículo para reconsiderar e escolher outra rota.

Se alguma vez você estiver passando pelo Aeroporto de Copenhague, se deparará com uma escolha semelhante. Depois de recolher as malas na esteira de bagagens, você pode seguir para a esquerda para sair pela alfândega, o que deve fazer se precisa pagar algum imposto, ou pode ir para a direita e sair logo (conforme mostrado na parte "antes" da Figura 2.2). Os caminhos percorridos por quem se desloca pelo aeroporto podem economizar tempo ou causar congestionamentos. Quase 90% dos viajantes passavam pela porta da direita, porque não tinham nada a declarar e queriam evitar o setor de declaração de mercadorias, localizado à esquerda. Essa escolha precoce de um caminho plausível tornou-se um problema. Quem ia para a direita, para evitar a alfândega, se aglomerava do lado direito do corredor, resultando em uma fila para sair e atrasos gerais. A porta da esquerda estava disponível para todos, mas as pessoas raramente escolhiam o caminho da esquerda e, em vez disso, ficavam frustradas na fila da porta à direita.

Então, como você induz as pessoas a considerarem um caminho plausível diferente? Uma empresa de consultoria especializada em ciência comportamental gerou uma solução, mostrada na parte "depois" da figura. Os consultores colocaram faixas verdes opacas e acrescentaram sinais que pediam aos viajantes que usassem as faixas da direita e da esquerda. O tráfego pela porta da esquerda aumentou 54%. Quando eles mudaram a cor das faixas e dos sinais para um verde neon brilhante, o tráfego pela porta esquerda aumentou ainda mais, um incremento de 128% em relação à configuração original na parte "antes".[8]

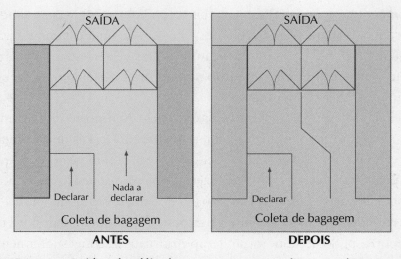

FIGURA 2.2 Saídas da alfândega no Aeroporto de Copenhague, antes (esquerda) e depois (direita) de uma intervenção.[9]

Essa enorme mudança não foi incentivada por custos ou informações. Se as pessoas estivessem suficientemente preocupadas com o custo do tempo adicional que gastavam esperando na fila para sair, a intervenção seria desnecessária. A maioria delas estava tomando sua decisão sobre qual porta escolher sem pensar muito, mas, após a intervenção, a fita neon brilhante sugeriu outro caminho plausível, igualmente atraente. Aquela simples faixa verde vibrante revela algumas propriedades que os caminhos físicos e os caminhos plausíveis de tomada de decisão possuem em comum.

Escolhas aparentemente insignificantes feitas pelo designer fazem diferença na forma como os caminhos plausíveis físicos e mentais são selecionados. A faixa verde no Aeroporto de Copenhague parece quase trivial; as pessoas poderiam facilmente passar por cima dela se quisessem. No entanto, mesmo assim, ela orientou fortemente quais caminhos físicos elas seguiram. O mesmo pode ser dito sobre as escolhas insignificantemente menores que os arquitetos fazem ao projetar edifícios. Muitas vezes, usamos as escadas ou o elevador dependendo de qual deles esteja mais próximo – locais escolhidos anos atrás pelo arquiteto que planejou o edifício. Da mesma forma, a lista de seleções feitas pelo arquiteto da escolha é enorme e, embora muitas dessas seleções pareçam não ter importância, elas influenciam as escolhas.

Essas influências físicas e mentais terão mais impacto quanto mais cedo ocorrerem no processo de tomada de decisão do usuário. Escolher um caminho plausível assemelha-se a uma escolha do tipo "definir e esquecer", a qual, uma vez feita, não é revisitada (a menos que surjam dificuldades significativas). Caminhos plausíveis, uma vez selecionados, tendem a permanecer selecionados. Não pretendo sugerir que, uma vez definido, um caminho plausível não possa ser alterado. Certamente existem processos de monitoramento que podem tentar corrigir erros iniciais. Mas essas influências, como a ordenação das opções, os tamanhos ou o formato das letras usados e tudo o que determina uma sensação inicial de facilidade, terão um peso desproporcional.

Muitas dessas influências ocorrem sem percebermos. A maioria das arquiteturas da escolha funciona sem o conhecimento do escolhedor. Isso tem implicações óbvias para a ética da arquitetura da escolha, como discutirei no último capítulo deste livro.

Uma vez que muitas das coisas que determinam caminhos plausíveis ocorrem sem percebermos, muitas das técnicas comuns para avaliar formulários e outras interfaces de escolha são menos úteis quando você está projetando caminhos plausíveis. Perguntar às pessoas o quanto gostam de um site ou dar-lhes um conjunto de opções em uma amostra fará com que elas falem, mas suas respostas podem ter pouco a ver com o que realmente está influenciando suas escolhas.

Caminhos para a paciência

Quando escolhemos um caminho plausível, o arquiteto da escolha já exerceu influência sobre nossas ações. Ele influenciou quais informações consideraremos e quais ignoraremos, e isso interferirá na nossa escolha.

Quando somos confrontados com uma escolha, enfrentamos automaticamente uma série de decisões relacionadas a como escolher. Instantaneamente, nosso cérebro começa a avaliar o problema a partir de várias perspectivas ao mesmo tempo. O escolhedor tem rapidamente uma impressão global da escolha. Se for uma página da internet, notamos automaticamente a cor, se a fonte é fácil ou difícil de ler e a quantidade (ou a falta) de espaço em branco. Se for um amigo listando possíveis lugares onde poderíamos nos encontrar para jantar, ouvimos não apenas o conteúdo das opções, mas também as sutilezas inerentes à maneira como ele está falando: ele hesita ao descrever aquele novo restaurante de sushi? Ele está insinuando que gostaria de ir a algum lugar mais próximo? Formamos uma impressão geral da complexidade da escolha à nossa frente: existem muitas opções? Existem muitos atributos? Os rótulos e as unidades do produto são fáceis de entender?

Essa impressão global serve para influenciar nossa escolha de um caminho plausível.

Vamos considerar uma escolha simples entre apenas duas opções, cada uma com duas características. A Figura 2.3 apresenta uma escolha entre dois vales-presente da Amazon: um de valor mais baixo, que você recebe logo, ou outro mais valioso, que você recebe quatro semanas depois. Em estudos sobre a tomada de decisão, essas duas opções são chamadas *resultado menor e mais rápido* e *resultado maior e mais demorado*.

O resultado menor e mais rápido é tentador, e a maioria das pessoas – mais de 60% – escolhe essa opção. Pesquisadores usam escolhas como essa em muitos estudos de autocontrole. Para garantir que os participantes levem a decisão a sério, alguns recebem o vale-presente por e-mail na data indicada.

Embora essa seja uma configuração simples, existem vários caminhos plausíveis. Você ainda precisa tomar decisões sobre como vai analisar e combinar as informações. Mesmo no caso desse problema simples, caminhos plausíveis diferentes farão diferença em sua escolha.

Você poderia, por exemplo, examinar cada montante e tentar ajustar seu valor considerando quanto tempo precisaria esperar, perguntando-se como seria receber os 44,80 dólares em duas semanas. Chamamos isso de *integração* de caminhos. Outro caminho, escolhido por cerca de metade dos participantes em nossos estudos, é descobrir a diferença nos valores – 6,70 dólares, neste exemplo – e ver se vale a pena esperar mais quatro semanas para receber a opção maior depois. Chamamos isso de *comparação* de caminhos.

Com Crystal Reeck, agora professora da Universidade Temple, e Dan Wall, aluno de pós-graduação da Carnegie Mellon, estudei esses caminhos plausíveis. Rastreamos a ordem em que as pessoas examinam as informações quando fazem essa escolha. Usamos *rastreamento ocular*. Rastrear os movimentos dos olhos é mais fácil do que parece. As pessoas sentam-se diante de uma tela de computador e, em cima dessa tela, está o que parece ser uma câmera, parecida com aquelas usadas

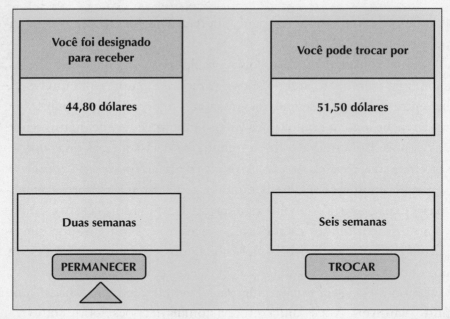

FIGURA 2.3 Uma escolha simples entre 2 vales-presente disponíveis em datas diferentes.

em videoconferências. A câmera focaliza apenas a pupila e a íris de cada olho, e usa luz infravermelha para rastrear discretamente os movimentos oculares. A Figura 2.4 mostra trilhas típicas para integração (superior) e comparação (inferior).

Ao rastrear onde o olho para, um pesquisador pode ter uma boa ideia do que você está examinando. Surpreendentemente, não vemos nada quando os olhos estão se movendo, apenas quando estão parados. Em essência, o olho está tirando uma série de instantâneos que o cérebro combina em um todo. O rastreamento ocular nos permite saber o que você examinou e se você olhou primeiro para o montante menor e mais rápido ou para o tempo que demoraria para obter o vale-presente maior e mais demorado. Embora não possamos ter certeza se você está lutando para resistir à tentação, podemos ver se você

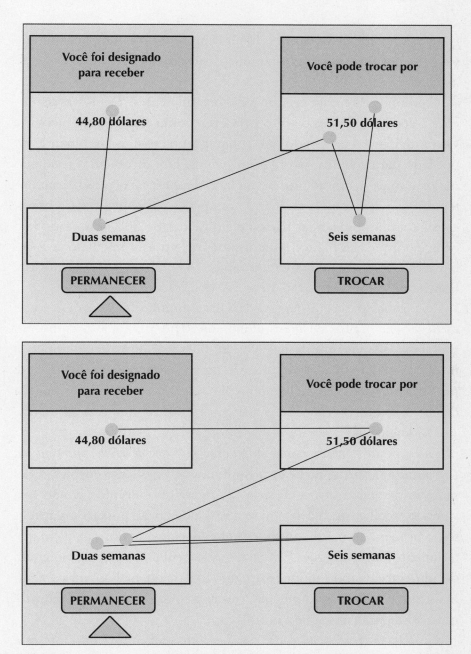

FIGURA 2.4 Rastreamentos oculares representando dois caminhos plausíveis para fazer a escolha.

compara ou integra as opções. Identificamos o caminho plausível que você usa porque vemos os instantâneos que seu olho está apresentando ao cérebro.

Caminhos diferentes geram escolhas diferentes. Demos essas opções a centenas de pessoas e observamos como elas fizeram escolhas. Os participantes do estudo que comparam os resultados, olhando de um lado para o outro, são mais pacientes. Eles escolhem o resultado maior e mais demorado quase metade das vezes. As pessoas que integram os resultados, examinando as opções para cima e para baixo, escolheram a opção mais paciente em menos de 30% das vezes. Isso ocorre porque eles parecem ser atraídos pelo prazer imediato de receber o vale-presente menor e mais rápido. A comparação, ao contrário, indica que a pessoa renunciará a 6,70 dólares se não esperar.

As pessoas parecem persistir em um caminho ou outro em todas as decisões. (Alguns de meus alunos de MBA tratam isso como um problema de matemática, calculando a taxa de juros anual implícita na opção maior e mais demorada. Pegar sua calculadora ou abrir uma planilha é certamente um caminho plausível nesse caso, mas a maioria das pessoas não o segue. Se o fizesse, descobriria que está ganhando 110% de juros ao esperar.)[10]

Esse tipo de decisão, conhecido como *problema de escolha intertemporal*, tem atraído enorme atenção nos últimos 50 anos. Ele envolve o desafio fundamental que a maioria dos decisores enfrenta quando está fazendo escolhas que envolvem tempo. Cada opção possui dois atributos: o primeiro, um montante em dinheiro, e o segundo, a data em que o dinheiro será entregue. Para fazer essa escolha, as pessoas precisam decidir entre tempo e dinheiro: quanto mais cedo, melhor, mas quanto mais dinheiro melhor também. Nessas escolhas, é preciso desistir de uma coisa para conseguir a outra.

Uma das razões pelas quais essas escolhas atraíram tanto interesse é que estamos cercados de decisões intertemporais. Em algumas delas, a conexão entre as questões experimentais e as decisões da vida real parece óbvia. Podemos decidir gastar dinheiro hoje ou economizá-lo para a aposentadoria. Mas existem outros problemas importantes de escolhas intertemporais no mundo real. Decidir fumar cigarros hoje dá prazer, mas tem consequências postergadas para a saúde no longo prazo. Como lembro aos meus alunos, eles podem decidir sair e festejar esta noite ou ficar em casa e estudar. Ao estudar, espero, eles obtêm uma recompensa futura: melhores notas, o que levará, em tese, a melhores empregos e salários mais altos.

O estudo dos problemas intertemporais mostrou que a disponibilidade imediata de custos e benefícios tem impacto descomunal nas decisões. Se a opção menor e mais rápida estiver disponível no momento presente, ela será muito mais atraente. Os psicólogos chamam esse peso desproporcional das consequências imediatas de *viés do presente*. Esse viés explica por que as pessoas podem gostar de promoções introdutórias, aquelas que oferecem um ótimo negócio de saída, mas que têm custos mais altos depois. Muitos exemplos podem ser encontrados na maioria das ofertas de empresas de telefonia e de televisão a cabo. Recentemente, minha empresa de TV a cabo me ofereceu um serviço de internet mais rápido por 49 dólares pelos primeiros seis meses. Era quase impossível descobrir quanto custaria depois desse prazo.

O ato de tomar qualquer decisão pode ser afetado pelo viés do presente. A cada decisão, devemos investir esforços no presente para colher recompensas no futuro por termos escolhido as melhores opções. Podemos escolher um cartão de crédito ruim porque gostamos de sua taxa promocional, mas estou falando de outro motivo pelo qual podemos fazer uma escolha ruim: podemos simplesmente decidir que as economias não valem a pena dado o esforço necessário para avaliar o montante economizado.

Na verdade, por vezes fazemos um esforço desproporcional para tomar uma decisão. Podemos ficar obcecados pela escolha do melhor carro novo ou investir esforços imensos na compra de uma nova jaqueta ou mochila. Mas isso acontece, em geral, porque gostamos de pensar no produto em questão. Ele é inerentemente algo de que gostamos. Na maioria dos casos, a decisão em si não é divertida e tentamos evitar os custos imediatos.

A decisão do vale-presente ilustra por que os caminhos plausíveis são importantes. Se pudermos mudar o caminho usado pelas pessoas para tomar uma decisão, poderemos ajudá-las a escolher opções melhores. Mudar de caminho pode realmente mudar a escolha, sem alterar a quantidade de dinheiro ou o tempo envolvido para tomá-la?

Influenciar caminhos plausíveis é muito fácil. Refizemos o estudo, mas tornamos um pouco mais difícil para os participantes, escolhidos aleatoriamente, integrar ou comparar. Fizemos isso atrasando brevemente o aparecimento de cada item da informação. Para metade das pessoas, atrasávamos a informação se tentassem comparar; para as demais, o atraso acontecia quando tentavam integrar. Esse pequeno atraso foi suficiente para mudar os caminhos plausíveis que elas usavam. E essa pequena mudança tornou-as mais ou menos pacientes.[11]

Este é apenas um exemplo de como um caminho plausível pode ser influenciado. Ainda nem começamos a esgotar os tipos de seleção que um arquiteto da escolha poderia fazer para resolver até mesmo esse problema intertemporal bastante simples.

Na maioria das vezes, enfrentamos problemas de escolha muito mais complexos do que duas opções com dois atributos. Pense em escolher um restaurante nos sites OpenTable ou Yelp: há muito mais restaurantes e muito mais informações – a classificação por estrelas, o preço médio dos pratos principais, o cardápio, a distância até o restaurante, as avaliações e as listas dos melhores pratos. Se caminhos plausíveis podem afetar escolhas em uma decisão simples, imagine só como poderiam influenciar os tipos de decisões complexas que tomamos ao usar o Yelp. E o mundo em que vivemos costuma ser muito complicado: os corredores de cereais dos supermercados têm centenas de opções; nossos sites de relacionamento têm milhares de possíveis pares românticos; nossas universidades têm centenas, se não milhares, de cursos. Nesses casos, escolher quais informações analisar e como simplificar a decisão torna-se ainda mais importante e tem uma influência ainda maior no que é escolhido. Isso torna a arquitetura da escolha ainda mais essencial. Veremos em breve as muitas seleções que um arquiteto da escolha deve fazer nas escolhas complexas, mas primeiro é importante entender como os escolhedores selecionam caminhos plausíveis.

Como encontrar fluência

Idealmente, poderíamos achar que os escolhedores avaliam cuidadosamente quanto esforço é necessário durante todo o processo de tomada de decisão em que selecionamos um caminho plausível. Mas isso não é realista. Foi constatado que as pessoas tendem para o presente quando se trata de investir esforços, mais ainda do que quando se trata de dinheiro. Essa predisposição significa que a percepção do esforço envolvido no início do processo de tomada de decisão é muito importante.[12]

Essa tendência ajuda a explicar como poderíamos mudar a escolha de vales-presente. Ao dificultar um pouco mais o acesso a certas informações, mudamos os caminhos plausíveis. Essa estratégia tornou um caminho um pouco mais fácil do que o outro, e a escolha dele aconteceu nos primeiros momentos da decisão.

Mas há muitas maneiras de fazer um caminho parecer mais fácil. Vou tomar emprestado um termo dos psicólogos, que chamam isso de *fluência*. A fluência é o sentimento inicial e subjetivo que temos sobre a facilidade de seguir determinado caminho plausível.[13] É semelhante à experiência de ser fluente em um idioma. Nada atrapalha a tarefa em mãos: entendemos o significado do que está sendo dito e não nos distraímos tentando descobrir o significado de determinado verbo em um novo idioma ou como ele é conjugado.

Subjetivo é a palavra-chave aqui. Ninguém está parado com um cronômetro na mão tentando calcular quanto tempo a tarefa realmente leva; trata-se da dificuldade aparente do caminho. Quando entendemos a fala fluentemente, é muito fácil ouvir rádio ou uma conversa. No entanto, objetivamente, é muito difícil para outras inteligências não humanas. Nos primórdios da inteligência artificial (IA), sentei-me em uma sala sem janelas com 100 outras pessoas que assistiam a uma demonstração do Hearsay, um dos primeiros sistemas de reconhecimento de voz. O grupo ficou maravilhado quando o sistema entendeu, depois de vários minutos, as palavras "Torre para o Cavalo 4 do Rei", uma frase da notação enxadrística, domínio muito limitado que o sistema reconhecia. A Agência de Projetos de Pesquisa Avançada de Defesa (DARPA, na sigla em inglês) do Departamento de Defesa estadunidense deu milhões de dólares em contratos à Carnegie Mellon para fazer isso acontecer. Para nós, entender algo falado é fluente, mas para as máquinas é muito difícil. Da mesma forma, multiplicar dois números de dez dígitos é fluente até mesmo para o computador menos poderoso, mas não para a maioria das pessoas, que considera árduos esses tipos de cálculos aritméticos. A fluência não é uma medida objetiva do grau de dificuldade de uma tomada de decisão, mas sim uma medida subjetiva de como nos sentimos ao tomá-la.

A sensação de fluência pode derivar dos muitos aspectos da forma como as escolhas são apresentadas, e ela é facilmente manipulada. Pense na faixa verde brilhante no Aeroporto de Copenhague, que alterou as escolhas de caminhos físicos por parte dos viajantes, e em como atrasar a exibição de informações pode alterar o nível de paciência das pessoas. Outro exemplo muito interessante é a fonte usada em um livro. Felizmente, você está lendo isso em uma fonte que parece fluente para que possa se concentrar no significado das palavras e não no processo de leitura. Mas nem todas as fontes são fluentes. Eu poderia escrever uma frase em uma destas duas fontes: **Helvetica**, que costuma ser usada e se mostrou fácil de ler, e **Haettenschweiler**, que é raramente usada e se mostrou difícil de ler (e talvez de pronunciar).

Exibir as opções de escolha em **Helvetica** ou em **Haettenschweiler** não altera as informações apresentadas ao escolhedor, apenas muda o grau de dificuldade de leitura. Alterar a fluência das opções pode alterar o caminho plausível usado para fazer a escolha. Podemos também trocar por outras fontes difíceis de ler, como **Impact** e *Bradley Hand*.

Os psicólogos Adam Alter e Danny Oppenheimer nos deram uma boa lista do que afeta a fluência. Por exemplo, alterar o contraste de uma fonte, tornando-a mais parecida com o fundo branco, torna a leitura mais difícil e menos fluente. A conversão de números em palavras os torna menos fluentes. A maioria das pessoas tem muito mais facilidade em ler *12%* do que *doze por cento*. Alguns nomes são mais fáceis de pronunciar: estudos que comparam *Barnings* e *Yoalumnix* como nomes de produtos mostram que os falantes de inglês preferem o primeiro, que é mais fácil de pronunciar.

A fluência também pode nos enganar, fazendo-nos pensar que algo é mais fácil quando na verdade não é. Um conjunto de estudos psicológicos pede aos participantes que se lembrem de palavras que são apresentadas em um tamanho de fonte menor, como esta, ou em uma fonte muito maior, como esta.

Em seguida, os pesquisadores então perguntam se eles acham que conseguem se lembrar da lista antes de realmente serem solicitados a dizê-la. Os participantes acreditam que são mais propensos a lembrar as palavras impressas em fonte grande. Acontece que, embora as fontes grandes pareçam mais fáceis de ler, a vantagem é bem diminuta.[14]

Quando precisamos escolher um caminho plausível, nossa percepção do esforço inicial desempenha um papel descomunal. A fluência talvez não seja perfeita para selecionar caminhos, mas é importante. Se o designer facilitou os caminhos plausíveis corretos, como na cabine de comando do Airbus A320, então podemos – para usar o termo do capitão Sullenberger – cortar a carga. Mas nem sempre as coisas saem tão bem. Às vezes, os designers são ingênuos com relação a quais caminhos plausíveis *devem* ser usados. Às vezes, eles querem que usemos caminhos plausíveis que não são do nosso interesse. E, às vezes, como veremos, acrescentar tecnologia a uma das atividades humanas mais antigas pode produzir caminhos plausíveis piores e encontros amorosos ruins.

Encontros amorosos que não estão à altura

Minha esposa, Elke Weber, é uma conhecida psicóloga matemática, e nos conhecemos à moda antiga: não on-line, mas pessoalmente, durante uma conferência. Seus interesses de pesquisa e sua produção escrita são direcionados para entender outro tipo de decisão, a que envolve o tema incrivelmente importante da mudança climática. Como você pode imaginar, temos muitas conversas sérias, mas ela tem um hábito mais frívolo: ler a seção "Matrimônios" no *The New York Times* dominical toda semana. Comecei a compartilhar desse pequeno vício. É fascinante descobrir como pessoas tão diferentes se conheceram, namoraram e se casaram. E, claro, em "Matrimônios", toda história de namoro tem um final feliz.

Certo domingo, fiquei fascinado por um casal específico: a mulher era uma afro-americana deslumbrante, Erika Woods, cuja família tinha nível superior e era de Birmingham, no Alabama. Ela trabalhava na indústria da moda, tinha 1,65 metro de altura e adorava usar saltos de 10 centímetros. Seu novo marido, Assaf Kedem, era um israelense atraente, mas magro, com 1,57 metro de altura, 10 anos mais velho e autor de *The investment writing handbook*. Como um casal tão diferente, que se descrevia como vindo de "mundos distantes", se encontrou?

A resposta está, em parte, nos caminhos plausíveis e em como eles são influenciados pela arquitetura da escolha dos sites de relacionamento – e, em particular, pelas decisões tomadas pelos designers de um desses sites, o Coffee Meets Bagel.

A procura on-line por amor é uma indústria imensa. Quarenta milhões de pessoas, quase um terço dos solteiros nos Estados Unidos, usam sites de relacionamento on-line. A indústria tem uma receita anual de 2,5 bilhões de dólares, e o Match Group, proprietário do

Tinder, do Match.com, do OkCupid e de outros, está avaliado em 21,8 bilhões de dólares. O relacionamento on-line é agora a forma mais comum pela qual casais heterossexuais em um relacionamento de longo prazo dizem que se conheceram, com 39% tendo se encontrado on-line, em contraste com 20% por meio de amigos e 27% em um bar ou restaurante.[15]

Embora exista um punhado de sites de relacionamento de grande porte nos Estados Unidos, existem mais de 5 mil espalhados pelo mundo inteiro, muitos dirigidos a públicos bastante específicos. Por exemplo, existem sites para fãs da Disney (Mouse Mingle), palhaços (Clown Dating), fazendeiros (Farmers Only) e fãs de *hip-hop* (Bound 2). Durante a eleição de 2016, havia até um site de relacionamento dedicado aos seguidores de Bernie Sanders.[16] O BernieSingles tinha cerca de 13.500 membros e afirmava "ajudar a conectar progressistas além das mídias sociais para inspirar a conexão entre pessoas que compartilham perspectivas semelhantes de futuro". Além disso, o site alegava – ironicamente talvez, em retrospecto – que "os 1% mais ricos não são os únicos se ferrando nesta temporada eleitoral".

Contudo, a maioria das pessoas não tem objetivos tão seletivos para encontrar um parceiro, e o papel da maioria dos sites é ajudar o escolhedor a decidir com quem se relacionar. Os designers de sites de relacionamento são arquitetos da escolha. Eles fazem muitas seleções que influenciam quem envia mensagens para quem, quem namora quem e, por fim, quem se torna parceiro de quem. Mesmo algo tão pequeno quanto o número de possíveis encontros amorosos apresentado pelo site pode mudar a vida de alguém que procura romance on-line.

O OkCupid apresenta 12 possíveis pretendentes em cada tela, mas permite que você pesquise vários deles. De forma mais explícita, o Tinder permite que você veja um conjunto inesgotável de possíveis pares românticos, tantos quantos você conseguir deslizando a tela. Isso pode ser exaustivo. O Urban Dictionary tem, inclusive, uma definição para o *Polegar de Tinder*: "Dor localizada resultante do uso excessivo do aplicativo de relacionamento [...] Tinder, que faz com que os usuários deslizem a tela para a esquerda ou direita para 'curtir' ou 'rejeitar' outros usuários com base nas suas imagens e curtas biografias (muitas vezes inúteis). O que começa como uma experiência divertida, semelhante a um jogo, muitas vezes resulta em cãibras violentas nas mãos e na constatação de que todos morremos sozinhos".

Erika e Assaf, nosso casal improvável, eram usuários do então relativamente novo site de relacionamento Coffee Meets Bagel. Ele foi fundado por 3 irmãs que estavam determinadas a reformatar o cenário de relacionamentos on-line. No início, elas, como designers, fizeram uma seleção importante. De acordo com Arum Kang, uma das fundadoras, "Não inundamos nossos membros com candidatos de baixa qualidade. Fazemos o trabalho por eles e limitamos a sua parte a 1 minuto por dia".[17] Parte do motivo pelo qual as fundadoras começaram o site foi que elas acreditavam que as mulheres desejassem ter uma maneira diferente de avaliar os relacionamentos. Os homens costumam passar o dobro do tempo nesses sites do que as mulheres, e é muito mais provável que eles enviem mensagens (e menos provável que recebam respostas). O objetivo do Coffee Meets Bagel era superar essa mentalidade de envio de mensagens em massa, fazendo com que os usuários contemplassem cada opção com mais seriedade. Arum Kang e suas irmãs conseguiram isso ao selecionar um recurso importante para a arquitetura da escolha do site: você via apenas um possível par romântico por dia.

O Coffee Meets Bagel criou com sucesso um site de relacionamento mais amigável para as mulheres. Ao mudar a arquitetura da escolha, ele quase inverteu a proporção usual de gêneros, que é de 65% de homens para 35% de mulheres.

Imagine Erika ou Assaf (ou você mesmo, se preferir) usando o Tinder. Eles se deparam com centenas de opções. Como as analisariam? Considerariam cada uma com cuidado, lendo os detalhes de cada perfil, ou, em vez disso, fariam um julgamento rápido com base em uma ou duas características, como foto, idade ou altura (declarada)? No Tinder, parece possível descartar candidatos a encontros rapidamente, com uma sucessão de cliques, cada decisão baseada em uma ou duas coisas importantes sobre a pessoa. Em vez disso, Erika e Assaf foram forçados, pelo design do Coffee Meets Bagel, a examinar com mais cuidado. Eles ficaram intrigados, examinaram com mais cuidado o único perfil apresentado naquele dia e descobriram coisas inesperadas que tinham em comum. Acontece que Assaf, assim como Erika, adorava R&B e Motown e tinha uma enorme coleção de discos desse tipo.

A avaliação rápida, incentivada por uma quantidade grande de opções, é chamada *filtragem*. Por parecer tão fluente, é um caminho plausível muito comum para lidar com grandes variedades de alternativas. É fácil dar uma olhada rápida em uma foto, e muito mais difícil ler um texto sobre o que alguém gosta e deseja. Mas essa facilidade não leva necessariamente os usuários a selecionarem a melhor opção.

Imagine, por exemplo, uma mulher de 1,70 metro de altura que descarta qualquer possível par romântico que seja menos de 13 centímetros mais alto do que ela. George Clooney está usando o mesmo site de relacionamento, mas como tem "apenas" 1,80 metro de altura, ele é sempre descartado durante o processo de filtragem inicial dessa mulher e eles nunca se conectam. Imagine, em vez disso, que essa mulher seja apresentada a George como seu perfil do dia no Coffee Meets Bagel. Ela pode decidir que seu charme e histórico interessante são mais importantes que os critérios de seleção dela, dizendo a si mesma que o sorriso cativante dele vale a pena e que ela pode usar saltos mais baixos.

Nesse cenário, a escolha da arquitetura de determinado site de relacionamento – e não os desejos do usuário – determina as chances de George. Ele seria considerado e receberia mensagens no Coffee Meets Bagel, mas não no OkCupid. Da mesma forma, Erika ou Assaf poderiam passar rapidamente para outros pares românticos em potencial, mais semelhantes, sem perder tempo examinando em mais detalhes o perfil um do outro.

A filtragem é explicitamente incorporada a alguns sites, como o Tinder. Lá, o usuário especifica a faixa etária e a distância que está disposto a percorrer para se encontrar com o possível par romântico. Automatizar essa filtragem pode piorar o problema, eliminando qualquer chance de que o escolhedor perceba algo mais sobre o perfil. Se você estivesse fazendo uma filtragem manual, poderia notar o sorriso cativante de George, mas a filtragem automática nem mesmo o mostraria se ele estivesse apenas 3 metros além da distância máxima que você especificou.

Existem poucas escolhas na vida mais importantes do que a de um par romântico, então, parece estranho que a escolha da pessoa que desejamos seja influenciada, em parte, pelo número de opções que nos são apresentadas. Esse é o poder da arquitetura da escolha: pequenos ajustes, que influenciam nossos caminhos plausíveis, podem mudar escolhas significativas.

Podemos entender muito sobre o processo de uso de um site de relacionamento porque eles coletam informações sobre cada visita. Esse fluxo de dados, derivado de cliques, nos permite observar o que as pessoas estão procurando em possíveis pares românticos sem precisar perguntar aos usuários o que buscam ou por quê. Pode não parecer assim, mas usar um site de relacionamento é como navegar na internet com uma pequena câmera de vídeo presa à testa. Pesquisadores interessados em como as pessoas escolhem um par romântico podem ver como elas pesquisam e para quem enviam mensagens. Eles podem ver quais perfis os usuários estão considerando, mesmo quando optam por não examinar com mais profundidade. Em um supermercado, os compradores podem examinar, por exemplo, o pote de sorvete de pistache, mas não o colocar no carrinho de compras. Da mesma forma, os aplicativos podem ver quando as pessoas analisam um possível par romântico, mas não lhe enviam uma mensagem. Isso significa que havia algo de atraente no sorvete ou no candidato, uma vez que chamou a atenção daquela pessoa, mas também tinha alguma coisa errada, pois ela não o escolheu. Se eles eliminarem potenciais pares românticos com base na presença de uma característica indesejável, podemos chamar a isso de um *impeditivo*; se eles insistem em uma característica desejável, isso é um *facilitador*.

Ao observar alguém procurar por um sorvete ou por amor, aprendemos como esse alguém está pensando. A análise desses dados revela os caminhos plausíveis que os pesquisadores estão usando ao escolher (e rejeitar) pares românticos e permite entender como a pesquisa funciona e como ela responde a uma mudança no número de opções.

O que vemos quando observamos pessoas procurando por amor? Na Universidade de Michigan, Elizabeth E. Bruch, socióloga, e Fred Feinberg e Kee Yeun Lee, especialistas em Estatística e Marketing, analisaram 1,1 milhão de escolhas, procurando ver o que determinava se os membros de um conhecido site de relacionamento decidiam examinar em detalhes o perfil de alguém ou enviar uma mensagem. O que eles aprenderam foi que a filtragem era comum.[18]

Como usuário desse site, você se depararia com uma página contendo, pelo menos, 12 possíveis pares românticos (você poderia solicitar mais alguns), e quase todos (90%) exibiam uma foto e alguns fatos, como altura, idade e peso. Bruch e sua equipe salvaram essa página e documentaram as características de cada um dos 12 possíveis pares românticos que um usuário viu. Em seguida, eles examinaram o que determinou a análise mais cuidadosa dos pares românticos em potencial. Clicar para ver mais informações é chamado *navegação* e, se você gostar do que vê, pode enviar uma mensagem para a pessoa. Ao analisar os perfis que foram ou não navegados e receberam mensagens, Bruch e seus colegas puderam modelar o que estimula a decisão de ir mais longe. Literalmente, eles conseguiram ver o que o usuário médio procurava em um parceiro.

Quais são os impeditivos e os facilitadores nesse site de relacionamento? Sem dúvida, as pessoas diferem em seus gostos, então a equipe de Michigan examinou diferentes segmentos de mercado, dividindo todos os candidatos em grupos de homens ou mulheres com gostos semelhantes. Um segmento grande de homens mostrou um padrão claro. Sua idade média era de 39 anos, mas raramente escreviam para mulheres dessa idade. Em vez disso, era muito mais provável que contatassem mulheres 10 anos mais jovens. A chance de escreverem para alguém 4 anos mais velha que eles era quase nula. Esses homens usaram o caminho plausível da filtragem por idade.

Da mesma forma, havia um grupo substancial de mulheres que fazia filtragem por altura. Quase todas elas preferiam enviar mensagens para homens mais altos, e houve um aumento acentuado à medida que a diferença crescia de 5 para 15 centímetros. Essas mulheres tinham 8 vezes mais chances de enviar mensagens para homens 15 centímetros mais altos do que elas, e as probabilidades de enviarem mensagens para alguém da mesma altura ou mais baixo eram praticamente zero. Bruch e seus colegas sugerem que esse é um *efeito do salto*: as mulheres querem namorar homens que são mais altos do que elas, mesmo quando elas estão usando salto. Ter a mesma altura de uma dessas mulheres é um impeditivo.

A filtragem torna a tomada de decisão mais fluida, uma vez que você precisa observar apenas uma única característica do par romântico em potencial, como foto, altura ou idade, para decidir quem procurar. Mas esse caminho plausível tem defeitos, os quais ficam bastante aparentes durante o encontro amoroso.

Imagine, se possível, que alguns homens mentem sobre sua altura. Em contraste com esses homens desonestos, os honestos relatam sua altura com precisão. Existe agora uma relação entre altura alegada e desonestidade. Quanto maior for a altura alegada, maior será a probabilidade de o homem ser desonesto. A filtragem por altura tem uma consequência terrível, levando a mais encontros amorosos com mentirosos. Isso cria mais primeiros encontros constrangedores, em que o sujeito não está à altura do que informou!

A filtragem é um grande problema sempre que duas características importantes guardam uma relação negativa entre si. Isso acontece o tempo inteiro: mensalidades de planos de saúde baratos significam franquias mais altas, investimentos com retorno elevado são mais arriscados, e produtos baratos costumam ser... baratos. É bastante provável que a filtragem elimine opções que equilibram bem dois atributos importantes, mas que estão negativamente relacionados. Assim, mais opções podem levar à triagem, o que pode levar a encontros amorosos com homens desonestos, à compra de um plano com franquia alta e à escolha de investimentos arriscados.

Esse é o aspecto perturbador da arquitetura da escolha. Seus efeitos podem ser enormes e, potencialmente, até mesmo determinar seus parceiros românticos, mas esses efeitos muitas vezes não são compreendidos, seja por designers da internet ou por escolhedores. A fluência pode ser uma falsa amiga, levando-nos a caminhos plausíveis que supervalorizam certas opções e negligenciam outras potencialmente perfeitas. A filtragem de candidatos potenciais por altura ou idade é fácil e torna a tomada de decisão mais simples, mas, ao mesmo tempo, nos impede de considerar opções de que poderíamos gostar.

Como ver com clareza

Compreender os caminhos plausíveis é importante: eles determinam quais informações examinamos e quais são ignoradas. Quando caminhos plausíveis concentram nossa atenção nas informações corretas e nos liberam para pensar em coisas importantes, podemos tomar decisões melhores. Fazemos nossa escolha de caminhos plausíveis no início de uma decisão, com base naquilo que parece fácil, e essas avaliações iniciais parecem ter um impacto desproporcional.

Na maioria das vezes, não pensamos nos caminhos plausíveis que usamos. Ao contrário dos pesquisadores, carecemos de rastreamento ocular ou dos registros de cliques do mouse. Contudo, caminhos plausíveis têm consequências. Ir a um supermercado envolve, literalmente, a escolha de um caminho plausível. Se você não for ao corredor dos produtos para lavar roupas, não o verá e, portanto, não comprará sabão em pó. Na verdade, as empresas agora colocam dispositivos de rastreamento nos carrinhos de supermercado para entender os caminhos dos compradores. Mas o que acontece quando você vê uma marca? Muitas vezes, você não pausa para ler o pacote; você se lembra do que sabe e pensa sobre a marca. Trata-se de aquisição de informações, não do mundo exterior, mas da memória. O que lembramos também é influenciado pela arquitetura da escolha e, para entender isso, passemos para o mundo da memória.

3

Preferências compostas

Derren Brown, um carismático artista britânico, tem sido espetacularmente bem-sucedido. Por meio de seus programas de longa duração e especiais extremamente populares para a TV, ele restabeleceu sozinho o ofício de "mentalista" – o suposto leitor de mentes.[1] Brown, no entanto, é diferente de outros médiuns ou telepatas. Ele não afirma ter quaisquer poderes psíquicos. No entanto, ele parece ser capaz de registrar, antes da ocorrência do fato e com incrível precisão, o que alguém pensará e fará mais tarde.

Em uma demonstração, Brown pede a dois publicitários, Tony e Martin, que peguem um táxi para encontrá-lo em um escritório de aparência corriqueira. Após a troca de gentilezas iniciais, ele pede que desenvolvam um anúncio impresso para um negócio novo e inusitado, uma rede de lojas de taxidermia animal. O anúncio deveria conter um logotipo, um nome e um lema para a empresa. Eles têm meia hora para fazer tudo isso. Brown explica que é fascinado por taxidermia desde menino e mostra a Tony e Martin alguns "bichos empalhados" como exemplos. Pouco antes de sair da sala, ele informa que colocou algumas de suas próprias ideias para o anúncio de uma loja de taxidermia animal em um envelope lacrado. Teatralmente, ele coloca o envelope embaixo de um gato empalhado que está em cima da mesa, para que ninguém possa tocá-lo, e sai.

Meia hora depois, ele retorna. Tony e Martin compartilham os resultados de seu trabalho. O anúncio tem o logotipo de um grande urso sentado em uma nuvem em frente a um portão de ferro, tocando uma harpa. Eles batizaram o negócio de "Paraíso dos Animais" e adotaram o lema "O melhor lugar para animais mortos".

Brown pede a Martin que pegue o envelope debaixo do gato taxidermizado, rompa o lacre e desdobre o papel com o esboço. Este é notavelmente semelhante ao que Tony e Martin acabaram de produzir. O nome da empresa de Brown era "Paraíso das Criaturas", o logotipo era quase idêntico ao dos publicitários, e o lema diferia apenas em duas palavras.

Tanto os participantes quanto os espectadores incrédulos se perguntaram como Brown conseguiu realizar essa pequena demonstração de ilusionismo. Prestidigitação parece ser impossível: não houve comunicação entre Brown e os executivos durante meia hora, e ele não tocou no envelope depois de o ter colocado embaixo do gato taxidermizado. Como pode ter influenciado o processo criativo de Tony e Martin? Ao contrário de outros mentalistas, que deixam seu público perplexo, uma das marcas registradas de Brown é supostamente expor (ou talvez alegar expor) seus segredos, revelando como o truque foi executado.

Nesse caso, ele mostrou como sua equipe expôs Tony e Martin a muitos dos elementos de design que mais tarde apareceriam no anúncio. O táxi que os levou ao encontro de Brown passou em frente aos imponentes portões de ferro fundido do Zoológico de Londres, onde o automóvel parou para deixar um grupo de estudantes atravessar a rua. Na camiseta azul-celeste de cada aluno havia uma imagem dos portões do zoológico. Durante o trajeto, eles passaram por um bar com várias placas afixadas, e cada uma dizia "O LUGAR PARA ONDE VÃO OS MELHORES ANIMAIS MORTOS". Mais tarde, passaram lentamente por uma cafeteria que tinha um quadro-negro com asas de anjo desenhadas nele e as palavras *Paraíso das Criaturas*. E um dos "bichos empalhados" que Brown compartilhou com eles quando chegaram para encontrá-lo era um urso taxidermizado. O passeio sutilmente implantou cada um dos conceitos na mente dos dois executivos, tornando muito provável que eles se lembrassem deles mais tarde. Os elementos que surgiram em seu design eram tão fáceis de lembrar que eram quase irresistíveis.

Quando Brown descreveu como o truque funcionava, ficou claro que ele não havia previsto o futuro; ele o havia controlado. Derren Brown é menos um leitor de mentes e mais um *escritor de mentes*. Ele aumenta a probabilidade de que certos conceitos já conhecidos venham à mente de uma pessoa. Os psicólogos chamam a facilidade com que as coisas vêm à mente de *acessibilidade*. Na demonstração de Brown, ele aumentou a acessibilidade de portões de ferro, anjos, nuvens e animais mortos felizes.

Às vezes, quando nos fazem uma pergunta, sabemos imediatamente a resposta. Existem alimentos que sabemos que não gostamos – pergunte-me se gosto de fígado e a resposta será um "não" muito rápido. Mas se me perguntarem sobre sushi, minha resposta pode depender do que vem à minha mente. Se eu pensar em um pedaço de salmão fresco e bem-cortado, posso dizer "sim". Se, em vez disso, eu imaginar um pedaço velho de uni, ovas de ouriço-do-mar, minha resposta será a mesma que eu daria para o fígado e com a mesma rapidez.

O que dizemos que preferimos depende daquilo de que nos lembramos. Às vezes, pensamos que sabemos o que queremos, mas muitas vezes nos deparamos com uma situação que não é exatamente igual a qualquer coisa com a qual já lidamos no passado. Nesses casos, consultamos nossa memória para ver como poderíamos nos sentir em relação às opções com base em nossas experiências mais relevantes. Chamo a essas memórias e aos sentimentos que elas evocam de *preferências compostas*. Você pode achar que a escolha é saber o que é desejável e depois localizar isso. Na verdade, muitas vezes, a parte difícil é decidir *o que* queremos. Para fazer isso, reviramos nossas experiências para recuperar memórias relevantes.

Isso significa que nossas preferências nem sempre são estáveis e fixas, mas sim improvisadas, construídas ao acaso a partir de um conjunto grande de memórias relevantes. Embora às vezes elas sejam constantes, como minha eterna aversão por fígado, outras vezes refletem o que vem à mente, o que pode mudar dependendo da situação e da acessibilidade de memórias diferentes. Na ausência de influências externas, nossas escolhas não variam muito. Da mesma forma que Derren Brown, os arquitetos da escolha são escritores mentais – eles tomam decisões de design que mudam a acessibilidade de conceitos diferentes e, por sua vez, mudam o que nós, como público ou consumidores, escolhemos.

Para entender melhor essa capacidade, vamos visitar uma equipe de pesquisadores em Iowa City, Iowa, que mudou a acessibilidade do tradicional hambúrguer estadunidense.

Como lembrar o que queremos

Se você tivesse entrado nos laboratórios de psicologia da Universidade de Iowa no final dos anos 1980, talvez tivesse notado que eles cheiravam mais a uma lanchonete ou a um *drive-in* do que a um centro de pesquisa e ensino. O aroma de carne moída em uma grelha aberta frequentemente enchia os corredores. O cheiro em si não era o foco do estudo em andamento, mas sim um subproduto da pesquisa sobre os efeitos que os rótulos têm na percepção das pessoas sobre a qualidade e o sabor da carne. O aroma de carne era tão forte que Irwin Levin, o professor que conduzia a pesquisa, chegou a temer que seus colegas pensassem que ele estava administrando um McDonald's no porão do prédio.

Os experimentos de Levin eram bastante simples. No primeiro, ele pediu a dois grupos de graduandos que avaliassem como se sentiam em relação a uma amostra de carne moída crua. Para um grupo, ele apresentou carne rotulada como "25% gorda" e, para o outro, "75% magra". Levin descobriu que o segundo grupo tinha uma percepção mais positiva da carne que lhes era mostrada. Eles a julgaram como sendo de melhor qualidade, menos gordurosa e com melhor sabor do que a amostra que o outro grupo considerou – a qual, é claro, era a mesma carne bovina: as proporções de gordura e de magreza precisavam somar 100%. No entanto, o simples uso das palavras *gorda* e *magra* causou um efeito sobre o que os grupos pensavam sobre os hambúrgueres.

Em seguida, Levin testou como os rótulos poderiam mudar a experiência real de comer carne. Levin e sua equipe vestiram aventais e grelharam a carne na frente dos indivíduos envolvidos no estudo. Metade dos "clientes" foi informada de que a carne de seu hambúrguer era 75% magra, e a outra metade de que ela era 25% gorda. Os participantes que foram informados de que a carne era 25% gorda antes de comê-la acharam seus hambúrgueres mais oleosos, de qualidade inferior e mais gordurosos. Mesmo aqueles que viram os rótulos *depois* de provar a carne exibiram mudanças de percepção semelhantes, embora pequenas.

Levin, que teve a ideia do estudo enquanto almoçava com um colega que dava aulas de marketing, me disse que os rótulos tornaram mais ou menos acessíveis diferentes aspectos do conhecimento dos alunos sobre hambúrgueres, mudando a forma como compunham suas preferências. Rotular a carne como 75% magra pode fazer com que os alunos pensem sobre o sabor delicioso do hambúrguer suculento e bem temperado. Uma imagem vívida de um hambúrguer com alface fresca e um tomate vermelho, talvez acompanhado por uma salada, pode vir à mente. É possível que eles se lembrassem daquele hambúrguer feito com carne orgânica, gostoso, suculento e de alta qualidade que comeram no mês anterior.

Com o rótulo de 25% gorda, é mais provável que pensem na palavra *gordura* e em todas as suas conotações negativas – a gordura em si, talvez o cheiro rançoso, as calorias do queijo, montes de batatas fritas moles aquecidas sob uma lâmpada de calor, e uma vaca de criação industrial em um curral, pronta para o abate. Resumindo, os dois grupos acabam pensando em hambúrgueres diferentes e em diferentes aspectos desses hambúrgueres, com base apenas no rótulo que lhes foi mostrado.[2]

As associações que as pessoas fazem com hambúrgueres são abundantes e complexas, e contêm memórias e imagens boas e ruins. Basta verificar as definições do *Small World of Words* (esse site coletou quase 90 mil respostas sobre as primeiras 3 palavras que vêm à mente quando as pessoas leem outra palavra específica). Para *hambúrguer*, as pessoas deram respostas com palavras positivas, incluindo *saboroso, suculento, delicioso* e *gostoso*, além de associações mais negativas, como *gorduroso, oleoso, eca e nojento*.[3]

Essas associações de palavras podem variar dependendo da arquitetura da escolha. Não consideramos tudo o que sabemos de uma só vez; recordamos apenas parte do que sabemos e usamos esse subconjunto de informações para fundamentar nossas decisões. Nossas preferências compostas refletem as escolhas que fazemos de acordo com o que absorvemos naquele momento, mesmo que seja algo tão simples quanto o rótulo de uma embalagem de carne moída.

Da mesma forma que os ursos taxidermizados, as asas de anjo e os portões do zoológico de Brown, os rótulos tornam algumas memórias mais acessíveis, e rótulos diferentes geram associações diferentes. Levin e seus pesquisadores em Iowa podem não ter percebido isso, mas ao expor os alunos a rótulos diferentes estavam projetando, ou escrevendo, as respostas dos alunos naquele momento. Quando fazemos uma escolha, nem sempre relatamos uma opinião fortemente sustentada; inventamos uma parte dessa opinião naquele momento. Assim como o capitão Sullenberger enfrentava muitas informações e precisava cortar a carga – para se concentrar em partes específicas do problema –, os participantes dos experimentos com hambúrgueres tinham muitos aspectos a considerar, então eles precisavam se concentrar em tudo o que pudessem recuperar da memória, naquele momento e em outros, e focar em determinadas memórias e não em outras.

Quando descrevi de que maneira as pessoas escolhem caminhos plausíveis, falei muito sobre fluência e como as decisões parecem fáceis de início. Normalmente, as pessoas escolhem um caminho que esperam não trazer chateação. Mas a memória é diferente. Na maioria das vezes, não sentimos que estamos no controle do que vem à mente. O processo é mais automático. Se você vir o rótulo "25% gorda" afixado a uma carne de hambúrguer, seus atributos negativos associados simplesmente aparecerão – é difícil não pensar neles. Suas associações, em qualquer momento específico, são determinadas por uma série de fatores – o quão faminto você está, qualquer cheiro no ar, o quão gordurosa a embalagem do hambúrguer parece e assim por diante.

O apelo da carne de hambúrguer em Iowa parece totalmente incompatível com a teoria econômica padrão, de acordo com a qual as pessoas sabem o que querem e simplesmente precisam explorar o ambiente externo para encontrá-lo. Na verdade, a teoria econômica padrão postula que temos um chamado *preço de reserva* para esse hambúrguer. Quando olhamos para o cardápio, verificamos se o preço listado é menor do que o máximo que estaríamos dispostos a pagar. Se for menor, compramos o hambúrguer. Na teoria econômica padrão, as pessoas podem ter dificuldade em localizar aquilo que desejam, mas sabem aquilo que querem. Em contraste, os psicólogos acreditam que muitas vezes as pessoas podem se deparar com muitas opções, mas têm mais dificuldade em descobrir o que realmente querem.

As preferências compostas podem ser uma das razões pelas quais a arquitetura da escolha é difícil de explicar nos termos da teoria econômica padrão. Na psicologia, o cerne da tomada de muitas decisões é identificar o que é uma boa escolha. A psicologia tende a pensar nas escolhas como previsões sobre o que gostaremos, e fazer essas previsões requer que usemos a memória.

Quando nossas preferências são fixas, a acessibilidade desempenha um papel pequeno ou irrisório. Quando vejo *fígado*, lembro-me imediatamente que odeio seu gosto. Quando nossas preferências são compostas na hora de tomarmos uma decisão, no entanto, a acessibilidade é importante, porque nossas escolhas podem ser influenciadas por diversos fatores, como os rótulos de embalagens. Existem muitas lembranças, tanto boas quanto ruins, que podemos recuperar ao fazer uma escolha com base na qualidade e no sabor da carne moída, o que significa que podemos fazer escolhas inconsistentes determinadas pelo que recuperamos naquele momento. Walt Whitman expressou isso bem em seu poema "Canção de mim mesmo":

> Eu me contradigo?
> Muito bem então, eu me contradigo,
> (Sou grande, contenho multidões.)

Acessibilidade

Quase todas as vezes em que visitamos o site de uma empresa somos recebidos com uma bela e artística fotografia de fundo de alguma forma – em geral, tangencialmente – relacionada ao produto ou ao serviço prestado pela empresa. No caso do serviço de *streaming* de música Qobuz, por exemplo, alguns visitantes encontram um ouvinte sério e barbudo usando fones de ouvido caros, compenetrado na música, ou um cantor jovem e franzino segurando um antigo violão de madeira, de olhos fechados na frente de um microfone que parece ter saído de um estúdio de rádio dos anos 1940. As imagens mais parecem capas de revistas do que páginas da internet. Por que as empresas gastam tempo e incorrem em despesas adicionais para licenciar ou produzir imagens de alta qualidade, mesmo que não sejam diretamente relacionadas ao produto?

Uma resposta é fornecida pela empresa dinamarquesa Arono, que desenvolveu um plano de dieta para perda de peso e um aplicativo de exercícios bem-sucedidos. Os clientes da Arono são, em geral, recrutados por meio do boletim informativo da empresa e pela oferta de um período gratuito de avaliação por 14 dias, após o qual eles podem comprar uma assinatura mensal, trimestral ou anual. Originalmente, a página de inscrição do cliente apresentava uma foto aparentemente relevante de uma modelo em boa forma física, alongando-se contra um fundo cinza indefinido. Hoje, porém, em vez da modelo, a foto é de uma refeição saudável e de aparência deliciosa, com muito abacate, verduras exuberantes e um saboroso pedaço de queijo, acompanhada de um texto que nos pergunta se queremos receber uma dieta personalizada. Por que a mudança? Acontece que a imagem da refeição foi 53% mais eficaz na produção de inscrições que a foto da modelo.

A Arono realizou um teste A/B comparando as duas imagens, aleatoriamente expondo metade dos potenciais clientes à modelo e a outra metade à comida. Mas por que uma imagem foi mais eficaz do que a outra? Uma possibilidade é que cada imagem faça com que memórias diferentes sejam mais ou menos acessíveis e, portanto, que seja mais ou menos possível recuperá-las. Quando vemos essas imagens, reunimos nossas preferências em planos de perda de peso e em experiências que tivemos com o controle de nosso peso. As duas imagens tornam acessíveis diferentes aspectos: a modelo como potencial benefício a longo prazo, e a refeição como uma deliciosa recompensa imediata. Conforme anteriormente discutido, é mais provável que recuperemos a memória mais acessível no momento – aqui, sentimos que a refeição está ao nosso alcance, enquanto a imagem glamourizada provavelmente não está. Se nunca estivemos em tão boa forma antes – a maioria de nós não é modelo –, não somos capazes de acessar essas memórias, pois elas simplesmente não existem. Mas quase todos nós já comemos uma salada deliciosa e podemos facilmente evocar o crocante da alface, a doçura do abacate e o sabor marcante do queijo – memórias acessíveis que dizem: "Sim, eu quero *isso*!". O próximo passo é termos mais um aplicativo em nosso telefone.[4] Ao alterar a acessibilidade de memórias diferentes, o plano de fundo de um site pode afetar nossas decisões.

No início dos anos 2000, a internet tinha acabado de se tornar um espaço comercial, com lojas começando a vender todo tipo de produto por meio de sites que não pareciam muito atraentes. Na época, uma aluna de pós-graduação, Naomi Mandel, agora professora da Universidade Estadual do Arizona, me procurou com uma ideia que, admito, parecia improvável para mim na época. A ideia maluca de Naomi: ela poderia mudar as escolhas das pessoas ao alterar a aparência de um site e afetar as memórias que estariam acessíveis a elas. Certos papéis de parede podem ser associados a diferentes aspectos dos produtos, portanto, tornar esses recursos mais acessíveis tornava-os mais propensos a ser lembrados, enfatizando sua importância.

Por exemplo, para um site de móveis, Naomi acreditava que quem visse um fundo cheio de nuvens fofas estaria mais propenso a achar que o conforto era uma característica importante dos sofás vendidos. Seu palpite era que mudar a aparência de um site poderia mudar o tipo de sofá que os clientes decidissem comprar. Sendo a estudante de doutorado criativa e dinâmica que era, Naomi decidiu tentar refutar meu ceticismo.

Ela elaborou várias versões do mesmo site com fundos diferentes: uma com nuvens fofas, outra com cédulas de dinheiro e assim por diante. Em um estudo separado, Naomi demonstrou que as nuvens tornam a ideia de conforto mais acessível, enquanto o dinheiro torna a ideia de custos mais acessível e assim por diante.

Então, chegou a hora de deixar os participantes da pesquisa irem às compras. Em um site, ela pediu a eles que escolhessem entre dois sofás: um caro e luxuoso, outro mais barato e menos confortável. Em outras palavras, foi um teste A/B. Para aqueles que viram as nuvens, se o conforto se tornasse mais acessível, eles passariam mais tempo pensando em como é bom se sentar em um sofá realmente confortável? Estariam então dispostos a pagar mais por esse conforto?[5]

O palpite de Naomi estava correto. As pessoas que viram as nuvens escolheram os sofás mais caros e confortáveis em 61% das vezes. Quando elas viram as cédulas de dólar, em contraste, essa escolha caiu para 52%, uma mudança notável no comportamento do cliente causada por um pequeno ajuste no site, que não trazia qualquer informação sobre o produto ou sua aparência.

Perguntamos aos participantes do estudo que compraram os sofás mais caros e confortáveis se a aparência do site influenciara suas escolhas. Embora soubéssemos que sim, eles nos disseram que não. Da mesma forma que em muitas decisões tomadas por causa da arquitetura da escolha, as aparências do site mudavam o comportamento das pessoas, mas elas não perceberiam o efeito. Elas nunca se dariam conta de que haviam sido influenciadas. Mudar a acessibilidade mudou a forma como compunham preferências, levando a escolhas diferentes.

É claro que, desde essa ideia de Naomi, os testes A/B tornaram-se fundamentais para a forma como as empresas projetam seus sites. Mas esse tipo de questão não acontece apenas on-line. Coisas que são costumeiras em nosso cotidiano podem afetar nossa acessibilidade. Pense no clima: ele pode não apenas alterar nossa acessibilidade, mas o fazer até mesmo em relação a crenças arraigadas, como a mudança climática. Em 5 e 6 de fevereiro de 2010, uma nevasca atingiu a Costa Leste da América do Norte, tendo caído de 50 a 90 centímetros de neve na Virgínia, em Maryland e em Washington, D.C. A mídia chamou essa tempestade de "apocalipse de neve", a qual foi seguida 4 dias depois por outra tempestade, apelidada de "overdose de neve".

Juntos, o apocalipse de neve e a overdose de neve fecharam negócios e repartições municipais e estaduais por dias. As pessoas foram forçadas a ficar em casa e lidar com os inconvenientes habituais da forte nevasca. Alguns meios de comunicação sugeriram que o aquecimento global havia acabado, ou que esse golpe duplo de nevascas provava que a mudança climática era uma fraude. O senador James Inhofe, um conhecido cético em relação à mudança climática, construiu um iglu completo em frente ao Capitólio dos Estados Unidos, com uma placa escrita à mão onde se lia A NOVA CASA DE AL GORE.* Negacionistas da mudança climática se deleitaram com o adiamento de uma conferência sobre a crise climática por causa da tempestade.[6]

Apesar da ausência de quaisquer evidências científicas, algo parecia compreensível na afirmação de Inhofe. Olhando pela janela para os 100 centímetros de neve, pude entender que talvez fosse um pouco mais difícil que certas pessoas acreditassem no aquecimento global. Fiz uma rápida pesquisa on-line com Ye Li, agora na Universidade de Califórnia-Riverside, e Lisa Zaval, de Columbia, composta por duas perguntas: "Você acredita no aquecimento global?" e "A temperatura de hoje está acima ou abaixo do normal?". Usamos os códigos postais dos participantes para verificar a temperatura real de sua localização quando eles responderam.

Encontramos uma correlação significativa entre a temperatura relativa (o quanto mais quente e mais frio aquele dia foi em comparação com a média) e as preocupações com a mudança climática. Chamamos a isso de *aquecimento local*, em contraste com o aquecimento global, pois a correlação mostrou que a temperatura naquele local e horário específicos se comportava como um fator importante na decisão de acreditar ou não na mudança climática. Já que o clima atual é facilmente visto e acessível em nossa memória, ele recebe um peso desproporcional, muito embora no quadro mais amplo o clima de qualquer dia isolado desempenhe um papel muito pequeno na crise climática mais abrangente que enfrentamos.

Esse resultado foi o mesmo em muitos outros experimentos, inclusive em estudos de laboratório em que os pesquisadores sorrateiramente alteraram a temperatura da sala para ficar mais quente ou mais fria do que o normal, enquanto perguntavam aos participantes suas

---

* Al Gore foi vice-presidente dos EUA de 1993 a 2001 e tornou-se um ativista ambiental desde então. (N.T.)

opiniões sobre a mudança climática.[7] Aumentar o termostato aumentou a crença na mudança climática, enquanto diminuir o termostato diminuiu a crença. Essa temperatura ambiente afetou até as ações dos participantes. No final de um estudo semelhante, perguntamos aos envolvidos se eles gostariam de doar parte do dinheiro que ganharam por participar da pesquisa para combater as mudanças climáticas provocadas pelo homem. Quando sentiram temperaturas muito mais frias do que o normal na sala, doaram apenas cerca de 75 centavos de dólar, mas quando estava muito mais quente do que o normal, doaram cerca de 3 vezes mais, 2,25 dólares.

O clima também altera muitos tipos de comportamento do consumidor de maneiras que parecem consistentes com a acessibilidade. Os arquitetos da escolha podem não ser capazes de mudar o clima, mas certamente podem mudar a acessibilidade. Usando um banco de dados contendo mais de 40 milhões de vendas de carros nos Estados Unidos, um grupo de economistas e estudiosos de marketing, incluindo Meghan Busse, Devin Pope, Jaren Pope e Jorge Silva-Risso, comparou as vendas de conversíveis e veículos com tração nas 4 rodas em dias ensolarados e em dias nublados. Assim como o aquecimento local, o clima do dia específico exerceu influência: houve aumento de 12,6% na probabilidade de comprar um conversível em um dia claro. Busse et al. descobriram o efeito oposto no caso dos veículos com tração nas 4 rodas: havia mais chances de eles serem vendidos quando o tempo estava ruim. Na verdade, uma queda de neve de 25 centímetros estimulou aumento de cerca de 6% nas vendas de veículos com tração nas 4 rodas nas 2 a 3 semanas seguintes.[8]

Resultados semelhantes foram encontrados em outros tipos de compras. Os economistas Michael Conlin, Ted O'Donoghue e Timothy Vogelsang descobriram que itens de clima frio, como casacos pesados, eram mais comprados em dias particularmente frios. No entanto, ao contrário dos carros, podemos facilmente consertar esse erro – basta devolver a compra. Não surpreende que os pesquisadores tenham encontrado um aumento significativo nas devoluções desses itens nos dias seguintes. Em média, houve aumento de 4% nas devoluções quando a temperatura no dia da compra tinha sido 18 graus mais baixa.[9]

Inibição

Existe mais um aspecto a ser considerado para que possamos compreender a relação entre a memória e a composição de preferências. Quando recuperamos uma memória porque ela é acessível, algo surpreendente acontece: outras memórias afins tornam-se mais difíceis de recordar, mesmo que sejam úteis. Os psicólogos chamam a esse bloqueio de *inibição*; a acessibilidade torna algumas memórias mais fáceis de lembrar, mas o próprio processo de recordar esses pensamentos ou essas experiências bloqueia ou reduz nossa capacidade de lembrar de outras memórias que estejam relacionadas.

A inibição acontece o tempo todo. Digamos que você entre em uma lavanderia um dia depois de receber um número de telefone novo. A lavanderia pede o número e você faz um esforço para lembrá-lo. Assim que sente que ele está na ponta da língua, a assistente da lavanderia, tentando ser útil, olha para o seu último pedido e diz: "É (21) 9...?" E, assim que ela fala o último dígito, o novo número desaparece completamente, e você não consegue pensar em nenhum outro além do antigo. Ouvir o número antigo parece acabar com qualquer esperança de recuperar o novo – a maior acessibilidade de seus dígitos antigos inibiu a acessibilidade dos novos. Você desiste e puxa timidamente o pedaço de papel onde anotou o número novo. Esse tipo de experiência ocorre, sobretudo, quando as duas informações que estão sendo consideradas são semelhantes. O novo número de telefone não inibe memórias não relacionadas. Se a lavanderia pedisse a data do seu aniversário de casamento, por exemplo, provavelmente você não teria problema em informá-la imediatamente.

O icônico game show *Jeopardy!** fornece mais informações sobre a inibição. O ponto alto do programa é o *Final Jeopardy*, em que os competidores devem escrever a resposta para a mesma pergunta, a qual é com frequência difícil. Em 2020, *Jeopardy*! realizou o torneio dos torneios, "*Jeopardy*!: o melhor de todos", em que 3 dos maiores vencedores de todos os tempos se enfrentaram para provar quem era o melhor dos melhores. Esse programa ocorreu logo após o Natal e o Ano Novo, recebeu ampla cobertura dos meios de comunicação e teve uma audiência enorme, com milhões de espectadores sintonizados para assistir aos momentos dramáticos pelos quais *Jeopardy*! é conhecido. O vencedor foi Ken Jennings, que ganhou mais de 4,5 milhões de dólares ao longo de suas aparições no programa e detinha o recorde de mais vitórias, com 74 vitórias consecutivas em 2004. Mas estou interessado no que aconteceu em sua 75ª aparição, quando ele perdeu ao responder o que parecia ser uma pergunta simples.

No *Final Jeopardy*, os competidores receberam esta pista: "A maioria dos 70 mil funcionários colarinho-branco sazonais desta empresa trabalha apenas 4 meses por ano". Quando confrontadas com essa pista, muitas pessoas pensariam naturalmente em períodos de trabalho sazonal óbvios, como as férias de inverno ou de verão, quando os estudantes geralmente aceitam empregos temporários. Foi também o que primeiro veio à mente de Jennings: "Achei que a resposta teria algo a ver com o verão ou as festas de fim de ano". Nossa mente, como a dele, tenta pensar em empresas que precisam contratar funcionários para atender a essa demanda sazonal. Talvez uma loja de departamentos? A Amazon? Os Correios? Poderíamos eliminá-las rapidamente, uma vez que a maioria das posições que essas empresas procuram preencher não é para trabalhadores colarinho-branco. E quanto a outros empregadores semelhantes? Jennings sugeriu "O que é, a FedEx?".

---

* *Jeopardy*! foi exibido na televisão brasileira com o nome *Arrisca Tudo*. (N.T.)

Quando ele revelou a resposta, houve uma manifestação de surpresa audível da plateia. Muitos sabiam que ele havia errado e que, depois de 74 jogos, estava prestes a ser derrotado. Você pode achar que a resposta correta, H&R Block,* seria fácil. Mas Jennings afirma que nunca considerou a temporada de entrega de declarações de imposto de renda e, embora conhecesse essa empresa, ela nunca passou por sua cabeça. Como ele cometeu esse erro?

Pensar na temporada de férias tornou os empregadores da época de férias mais acessíveis: Amazon, varejistas de tijolos e argamassa e o Exército de Salvação provavelmente vieram à mente dele, assim como é possível que viessem à nossa. Mas, ao mesmo tempo, a inibição torna mais difícil pensar sobre a temporada de preparação para a declaração de imposto de renda, recenseamento e outros tipos de empregos temporários. Inconscientemente, suprimimos algumas memórias para nos concentrarmos na tarefa em mãos. No caso de Jennings, as temporadas de férias funcionaram como um inibidor, fazendo com que a temporada de declaração de imposto de renda desaparecesse de sua mente.

Os arquitetos da escolha, conscientemente ou não, muitas vezes conduzem a atenção e, por sua vez, a memória para uma direção à custa de outra. Ao escrever esta seção do livro, tentei desviar sua atenção ao dizer que o torneio foi realizado logo após o Natal e o Ano Novo. Esse comentário tornou as férias mais acessíveis e presumivelmente levou você a inibir a temporada de declaração de imposto de renda, assim como aconteceu com Jennings. Se, em vez disso, eu tivesse lhe dito que a perda de Jennings havia ocorrido no dia 15 de abril, data final para a entrega das declarações de imposto de renda nos Estados Unidos, você poderia ter se concentrado na temporada de impostos e inibido as épocas de férias. Assim, vemos aqui como o ambiente pode afetar não apenas o que vem à mente, mas também o que não vem.

---

* A H&R Block é uma empresa que presta serviços de assessoria na preparação de declarações de imposto de renda. (N.T.)

Se eu lhe pedisse para escrever os nomes de todas as capitais ou todos os estados brasileiros, como você acha que se sairia? Nos Estados Unidos, em estudo similar, foi perguntado aos alunos de graduação da Universidade Emory que escrevessem os nomes de todos os 50 estados do país. Em média, conseguiram listar apenas 40. Agora imagine que eu oferecesse a esses estudantes uma pequena ajuda, fornecendo uma lista de 25 estados para estudarem 5 minutos antes da prova. Você acha que eles usariam a lista? Certamente o desempenho deles seria melhor do que se não a lessem; afinal, teriam recebido metade das respostas e estariam com metade do problema resolvido.

Mas minha ajuda, na verdade, não ajuda em nada. Embora se lembrem dos estados listados, eles se lembrarão de menos estados no cômputo geral. Revisar os 25 estados que foram dados torna-os mais acessíveis, mas também torna os estados que não estão na lista mais difíceis de lembrar. Normalmente, quando as pessoas recebem essa lista, elas "perdem" de 3 a 5 estados, lembrando-se de cerca de 36, em vez de 40. A inibição reduz a capacidade de recordar estados não incluídos na lista,[10] mesmo quando aqueles da lista são mais fáceis de lembrar.

Sempre que temos problemas para lembrar de algo, somos tentados a anotá-lo. Esse processo pode ser útil. Benjamin Franklin – editor, inventor, ensaísta e diplomata – ficou famoso por sugerir um sistema de tomada de decisões que envolvia papel e caneta (de pena). Ele foi um dos primeiros arquitetos da escolha e antecipou o papel que a inibição desempenha na composição de preferências.

Joseph Priestley, o químico inglês que identificou o oxigênio e inventou a água gaseificada, pediu conselhos a Franklin sobre uma escolha importante que precisava fazer: ele deveria aceitar um emprego como tutor e assistente de um aristocrata rico? A posição proporcionaria uma renda estável, algo que Priestley desejava desesperadamente, mas talvez reduzisse o tempo disponível para suas pesquisas. É sabido que Franklin disse a Priestley para escrever uma lista de prós e contras. O que muitas vezes é deixado de fora da história é algo crucial para esta discussão: Franklin temia que os prós de Priestley pudessem inibir seus contras, e vice-versa:

> Quando esses casos difíceis ocorrem, eles são difíceis sobretudo porque, enquanto refletimos sobre eles, todas as razões a favor e contra não estão presentes na mente ao mesmo tempo; mas algumas vezes um conjunto se apresenta e, em outras vezes, um outro, estando o primeiro inacessível. Daí os vários propósitos ou inclinações que prevalecem alternadamente e a incerteza que nos deixa perplexos.[11]

Franklin tinha uma solução para resolver esse problema:

> [Durante] 3 ou 4 dias de reflexão, coloquei sob os diferentes cabeçalhos breves sugestões dos diferentes motivos que, em diferentes momentos, me ocorrem a favor ou contra a medida.

Franklin chamou esse processo de tomada de decisão de sua "álgebra moral", em parte porque ele somava os prós e os contras, ponderando-os por importância para tomar uma decisão.

Por que anotar as coisas ao longo de 3 ou 4 dias em vez de fazer a lista enquanto os prós e os contras estão frescos em nossas mentes? Parece que Franklin estava preocupado com a inibição. Ele realmente considerou o ato de lembrar a parte mais árdua quando se tem de tomar decisões difíceis. A folha de papel era importante porque, ao contrário da memória humana, ela superava os efeitos da acessibilidade e da inibição. A memória humana exibe um fluxo e um refluxo, com algumas coisas vindo à mente e depois desaparecendo, sendo rapidamente substituídas por outras. Quando determinadas memórias se tornam acessíveis, elas inibem outras. Portanto, se sempre tomarmos nossas decisões de imediato, sem uma lista para nos orientar, o que primeiro vier à mente prevalecerá.

A lista de prós e contras de Franklin minimiza essa preocupação. Ele percebeu não apenas que as preferências são compostas, mas também que recuperar memórias é complicado. Quando a maioria das pessoas comenta sobre o conselho de Franklin, elas negligenciam o papel da memória, muitas vezes omitindo-o, e se concentram na avaliação que ele faz dos prós e contras. Quando isso acontece, perdemos de vista o que realmente significa a folha de papel: uma arquitetura da escolha para melhorar as decisões, removendo de nossas preferências compostas os pontos fracos da memória. Com o tempo, a acessibilidade se esvai, deixando que outros motivos, inicialmente inibidos, venham à tona.

A inibição não é permanente. Por fim, você sairia da lavanderia e se lembraria do seu número novo de telefone. Como sugeriu Franklin, ao longo de alguns dias, as opções que estavam "a princípio fora da visão" reaparecerão. Em nosso exemplo de relembrar os 50 estados, Dakota do Norte não se afasta permanentemente de nosso mapa mental – depois de algum tempo, esse estado do Meio-Oeste retornará, confortavelmente cercado por Minnesota, Dakota do Sul, Montana e nossos amigos do Norte, o Canadá. Se Ken Jennings tivesse mais tempo para considerar sua resposta no *Final Jeopardy*, em algum momento ele teria dito: "Ah!" e depois: "Claro, a H&R Block". Se você gosta de fazer palavras cruzadas, provavelmente já experimentou o mesmo sentimento. Você não consegue encontrar o que parece ser uma boa resposta para uma pista e continua apresentando respostas que não se encaixam no número de espaços fornecido. Mas, se voltar à pista meia hora depois, de repente a resposta parece óbvia.

A natureza temporária da inibição sugere que as pessoas podem mudar de ideia dependendo da memória ou do atributo em que pensam primeiro: pense primeiramente na gordura de um hambúrguer e você acreditará que ele é menos saudável. Pense na carne magra e você se sentirá melhor com o mesmo hambúrguer no pão. Elke Weber e eu, com um conjunto variado de excelentes coautores, tentamos colocar essa ideia em um modelo de como as preferências são compostas, algo que chamamos *teoria da consulta*.[12]

A ideia básica da teoria da consulta é que, quando fazemos uma escolha, compomos nossas preferências ao pensar nos diferentes aspectos das opções potenciais. Primeiro, consideramos um conjunto de aspectos, depois o outro, o que Weber e eu consideramos ser consultas à memória – daí o nome. Por causa da acessibilidade, a primeira consulta gerará um conjunto mais rico de razões do que a segunda. Ao direcionar nossa atenção para uma consulta, mudamos a forma como nossas preferências são compostas, o que afeta a escolha final. No exemplo do hambúrguer, o rótulo de porcentagem de gordura torna os aspectos não saudáveis mais acessíveis, enquanto a inibição torna os aspectos saudáveis menos acessíveis. O rótulo de porcentagem da carne magra faz exatamente o oposto. Nesse caso simples, consideramos as duas opções, mas o rótulo dado ao atributo muda a ordem das consultas, e essa mudança na ordem pode afetar nossa decisão. A teoria da consulta é uma maneira específica de aplicar acessibilidade e inibição na arquitetura da escolha.

Sem exagerar seu poder, a teoria da consulta pode acrescentar anos à sua vida, ou, pelo menos, fazer você *acreditar* que viverá mais. O iminente fim da existência de alguém não é necessariamente um assunto agradável, então não o consideramos com frequência, sobretudo quando somos jovens. Mas "Quanto tempo vou viver?" é um bom exemplo de uma pergunta em que nos lembramos de um conjunto de fatos que surgem com uma resposta composta.

A expectativa de vida é um dos fatores mais importantes a ser considerado quando tomamos decisões financeiras de longo prazo. Estimar quanto tempo você viverá o ajudará a escolher a taxa de juros de sua hipoteca, quando se aposentar e como investir, e quando sacar e gastar suas economias de aposentadoria. Se alguém espera ter uma vida longa, pode planejar economizar durante os anos de trabalho. Mas uma vez que compomos respostas espontaneamente, mesmo quando se trata de nossa longevidade, elas serão influenciadas pela forma como a pergunta é feita. Inconscientemente, essas preferências compostas podem ter uma influência descomunal em suas escolhas financeiras.

Existem duas maneiras diferentes de pensar sobre a longevidade. Digamos que você queira saber se ainda estará vivo e ativo aos 85 anos. Você poderia perguntar:

> Qual é a probabilidade de eu viver até os 85 anos?
> ou
> Qual é a probabilidade de eu morrer antes dos 85 anos?

Obviamente, as respostas estão relacionadas. Ou você está vivo aos 85 ou está morto aos 85. Se você acha que há 70% de chance de estar vivo aos 85 anos, há 30% de chance de estar morto aos 85.

Mas você pode lembrar de coisas, atributos ou até mesmo de eventos diferentes quando questionado sobre sua expectativa de vida de maneiras distintas. Imagine que eu lhe perguntei a probabilidade de você viver até os 85. Você pode muito bem pensar primeiro nas razões pelas quais pode chegar lá. Por exemplo, você pode se lembrar de algum parente que chegou a uma idade bem avançada, digamos sua tia Betsy que viveu até os 103 anos. Talvez você pense que se exercita ocasionalmente ou que parou de fumar anos atrás. Talvez a velocidade estonteante dos avanços médicos e científicos do século XXI surja em sua mente. Essas ideias tornaram-se acessíveis, enquanto suas contrapartes, que respondem por que você talvez não viva tanto tempo, foram inibidas.

Agora, imagine que eu lhe perguntei sobre a probabilidade de você morrer antes dos 85. Os mesmos pensamentos viriam à mente? Provavelmente não. Em vez disso, as razões pelas quais você talvez não chegue aos 85 tornam-se as primeiras coisas em que pensa. Você esquece tudo sobre a querida tia Betsy e se concentra em seu tio Mort, que teve um ataque cardíaco fulminante aos 53 anos. Sua rotina ocasional de exercícios e o orgulho de haver parado de fumar são substituídos pelo fato de que você está 10 kg acima do peso e seus níveis de colesterol vêm subindo nos últimos anos. É mais provável que se lembre de um artigo que leu sobre o aumento da resistência aos antibióticos, ou talvez da percepção de que o mundo está se tornando cada vez mais violento. Pode ser difícil recordar todos os pensamentos otimistas que teve quando respondeu à pergunta sobre "viver até os 85 anos" – eles foram inibidos.

As palavras da pergunta alteram a ordem na qual você pensa sobre as razões pelas quais talvez você viva até os 85 anos *versus* porque talvez morra antes disso. A expressão "viver até" incentiva a acessibilidade a razões positivas, porque essas são as que você lembrará primeiro, e inibe as razões negativas. O oposto pode ser verdadeiro quando questionado sobre "morrer antes de", com os pensamentos negativos prevalecendo.

Com um grupo de pesquisadores, perguntei a milhares de estadunidenses com mais de 45 anos sobre sua expectativa de vida. Para simplificar, converti as respostas deles para a mesma escala e analisei como eles responderam a perguntas sobre uma probabilidade de 50% de viver até determinada idade. Quando perguntamos até que idade *viveriam*, os participantes acreditavam que havia 50% de chance de estarem vivos aos 85 anos. Quando perguntados *até* quando estariam vivos, eles relataram uma chance de 50% de estarem vivos aos 75. A mesma pergunta com formulação ligeiramente diferente resultou em uma diferença de 10 anos.[13]

Para garantir que esse resultado se devia a diferenças no que eles lembravam em resposta às diferentes perguntas, também perguntamos no que eles pensaram ao fazer a estimativa. Na questão "viver até", as pessoas pensaram mais em pais, tias e tios que viveram muito tempo; como a saúde deles era boa; e nas descobertas feitas pela medicina moderna. Na questão "morrer antes de", as memórias acessíveis eram bem diferentes: lembravam de mortes precoces e de outros infortúnios de suas famílias, além de perigos aleatórios, como o terrorismo, que poderiam resultar na morte de pessoas mais jovens. Todos digitaram esses pensamentos, um por linha, mudando de linha depois que achassem que haviam terminado um pensamento, para que pudéssemos contar o que estavam pensando. Cada pensamento adicional lembrado sobre viver mais aumentou sua expectativa de vida estimada em 4,6 anos.

Essas descobertas levantam outro ponto importante sobre a arquitetura da escolha, algo que todos devemos fazer questão de lembrar. Nem todo designer se preocupa com o que é melhor para nós. Saber como os participantes da pesquisa respondem às perguntas "viver até" *versus* "morrer antes de" significa que as pessoas que vendem produtos ou serviços que dependem da longevidade podem usar a mesma acessibilidade e inibição para comercializá-los e vendê-los. Considere a anuidade fixa.* Na verdade, ela deveria ser chamada *seguro de longevidade*: as anuidades fixas são planos de previdência que fornecem uma renda garantida, não importa quanto tempo se viva. Eles protegem você de viver mais do que seu dinheiro. A ideia básica é que você entrega à seguradora um montante em dinheiro agora, e ela lhe devolverá pagamentos mensais enquanto estiver vivo.

Se você acha que vai ter uma vida longa e saudável, esse negócio é claramente bom para você. As anuidades fixas, no entanto, são difíceis de vender, pois muitos clientes em potencial são céticos em relação ao modelo. Alguns vendedores inteligentes parecem pensar que ideias como a teoria da consulta podem ajudá-los a mudar essa opinião. Um site para vendedores de serviços financeiros apresenta o seguinte conselho:

---

* A anuidade fixa é um contrato com uma seguradora que garante que o cliente vai ganhar uma taxa de juros sobre o dinheiro depositado na sua contratação. (N.T.)

> Com que frequência você procura uma maneira de levar a conversa com um cliente em potencial na direção certa, sobretudo levando a discussão para o território do planejamento da aposentadoria? Você pode usar as frases a seguir [...] para ajudar a preparar uma conversa instigante e incentivar seus clientes a passar alguns minutos "prevendo" quanto tempo eles podem viver e o que uma vida potencialmente longa pode significar [...] Por que não se armar com algumas declarações instigantes que você pode usar enquanto olha seu cliente potencial nos olhos naquela célebre mesa de cozinha? Declarações como:
>
>> "Deixa eu perguntar uma coisa. Você vem de uma família que tem um histórico de viver até os 80 ou 90 anos, ou mais?"
>>
>> "Alguém na sua família já viveu até os 100 anos ou mais?"
>>
>> "Você espera ser o membro vivo mais velho da sua família?"
>>
>> "Se eu perguntasse quantos anos você acha que vai viver de aposentadoria, o que diria?"

Essas não são consultas na teoria, são consultas *na prática*. Essa publicação aconselha os representantes de vendas a substituírem qualquer ordem natural que os clientes em potencial possam usar para responder a essas perguntas por aquela que os vendedores desejam que eles usem. Manipular a recuperação da memória dessa maneira não apenas torna mais fácil pensar em viver muito tempo, mas também inibe nossa capacidade de pensar por que talvez não vivamos tanto. Quando usada para vender anuidades fixas ao cliente errado, essa estratégia é o equivalente a um padrão sombrio por parte do vendedor.

Enquanto a teoria da consulta analisa como nos convencemos, esse conselho de vendas de previdência sugere que os vendedores podem usar a mesma teoria para persuadir outras pessoas – incluindo fazer um conjunto de perguntas que reúnem memórias e crenças para indicar que elas viverão muito tempo – e, sem dúvida, para lhes vender uma anuidade fixa.

Preferências como memórias

Nem todas as nossas preferências são compostas. Nenhum arquiteto da escolha no mundo jamais conseguirá me fazer gostar de comer fígado. Mas estamos ocupados, e muitas das situações em que precisamos tomar uma decisão são únicas. Ou os detalhes diferem (como enfrentar opções de um cardápio em um restaurante desconhecido) ou a situação é algo em que não pensamos com frequência (como longevidade ou mudança de emprego). Chamar nossa atenção para um ou outro aspecto de nossa memória pode influenciar nossas escolhas. Essa direção pretendida seria boa, exceto pelo fato de que nem sempre sabemos quando estamos sendo influenciados. Os decisores quase sempre negam que o clima, a maneira como uma pergunta é formulada ou uma aparência sutil de um site na internet podem afetar suas escolhas. Essa crença ocorre porque, em parte, temos uma compreensão terrivelmente ingênua de como a memória funciona e como ela influencia o processo de tomada de decisão. Talvez a melhor contribuição que este livro possa fazer é desvelar, pelo menos um pouco, a forma como designers e arquitetos da escolha manipulam a memória em benefício próprio. Se entendermos a escrita da mente, podemos estar um passo à frente.

4

Objetivos da arquitetura da escolha

No início de 2020, todos queriam falar com seus médicos. A Covid-19 mudou muitas coisas, mas, naquele momento, muitas pessoas – pessoas demais – tinham uma única pergunta a fazer: "Acho que estou com sintomas de Covid. O que devo fazer?" Implícita na pergunta estava uma escolha entre várias opções: não fazer nada, isolar-se (inclusive da família), tentar fazer um teste ou ir ao hospital.

Não faltava informação. De fato, houve um tsunami de histórias, teorias, informações, fatos e fantasias. No início da crise da Covid-19, tudo era nebuloso, e a tomada de decisões não foi nada fluente. Descobrir quais informações procurar era desanimador. Ao mesmo tempo, escolher o curso certo de ação – o que chamaremos de *opção precisa* – parecia essencial. Todo mundo sentia que precisava de uma conversa esclarecedora.

Toda arquitetura da escolha é uma conversa entre o designer e o escolhedor. Às vezes, como quando estamos conversando com um vendedor de carros, a conversa é cara a cara na vida real. Outras vezes, como quando usamos um site, a conversa é virtual. As pessoas do outro lado da conversa estão distantes, talvez nem estejam mais trabalhando naquele projeto. Os sites conversam com centenas, milhares ou até milhões de escolhedores, enquanto o vendedor de carros conversa com um apenas. Mas o vendedor de carros e os sites têm algo em comum: eles precisam saber algo sobre nós para fornecer informações e opções.

As conversas, em geral, envolvem a troca de conhecimentos entre os participantes e, em uma boa conversa, um pode aprender com o outro. Todos nós conhecemos as características dos bons e dos maus conversadores. Se o seu companheiro é um bom conversador, ele pode dizer algo como "A mercearia local está mudando de horário e tem horários especiais para pessoas mais velhas", e você pode contar a ele um truque que aprendeu para comprar alimentos pela Amazon. Um mau conversador, no entanto, parece não entender você e fornece toneladas de informações chatas e irrelevantes que parecem não ter nada a ver com o assunto em pauta. Um mau conversador discorre longamente sobre como o vírus arruinou sua viagem de férias para algum lugar com o qual você não se importa. As conversas sobre a Covid-19 – e as conversas em geral – compartilham dois objetivos importantes que também são centrais para a arquitetura da escolha:

- **Fluência.** Uma boa conversa é fluida e permite que nos concentremos no conteúdo do que está sendo dito. Aliás, costumamos dizer que uma conversa *flui* quando é boa. Em última análise, a sensação de fluência ajuda a determinar se vamos nos envolver em uma conversa e por quanto tempo. Se o médico é difícil de entender, usa um vocabulário que você não compreende, isso é desagradável. Até agora, você consegue ver a analogia entre uma boa conversa e a arquitetura da escolha. Tanto em conversas quanto em decisões, podemos acabar nos desligando e evitando situações que carecem de fluência. Mais importante, a fluência pode ser usada para nos guiar para o caminho certo e plausível, que pode nos levar a tomar uma decisão melhor. Mas o que exatamente significa uma boa decisão?

- **Precisão.** Uma boa conversa nos ajuda a selecionar as opções que são melhores para nós e mais precisas para aquela situação específica. A conversa sobre a Covid-19 com nosso médico nos ajuda a descobrir se nossos sintomas sugerem um curso de ação. Nosso médico deve nos ajudar a encontrar as opções que nos fazem sentir melhor, tanto no presente quanto no futuro. Uma ida desnecessária ao hospital pode nos expor a infecções e consumir recursos que poderiam ser usados para atender pessoas realmente doentes. Esse não seria um resultado ideal ou "preciso". Veremos que a precisão nem sempre é fácil de definir, mas ela é essencial para entendermos se uma arquitetura da escolha está funcionando bem.

Às vezes, há tensão entre esses dois objetivos: uma discussão muito detalhada pode ser menos fluida, mas também pode levar a uma escolha mais precisa. Discutiremos essa tensão ao longo deste livro, mas, primeiramente, precisamos entender melhor a fluência e a precisão.

Para entender os dois objetivos, podemos pensar em como seria uma conversa boa com um médico. Para isso, podemos querer saber o que tanto o paciente-escolhedor quanto o médico-designer sabem. O escolhedor pode relatar quaisquer sintomas, como febre ou tosse. Ele também pode contar ao médico sobre seus dados demográficos pessoais, viagens recentes e contatos próximos com outras pessoas. O médico sabe que tipos de pessoas estão em risco, quais sintomas demandam a realização de exames adicionais e quais decisões os especialistas consideram melhores para cada situação. Além disso, um bom médico também pode nos fazer sentir um pouco melhor emocionalmente.

Com a pandemia, há muitos pacientes e poucos médicos, por isso essa conversa entre médico e paciente talvez aconteça por meio de um aplicativo. Em 27 de março de 2020, a Apple lançou um aplicativo desse tipo, o aplicativo COVID-19, projetado justamente para facilitar essa conversa. Ele faz ao usuário uma série de perguntas e apresenta um curso de ação. Eu morava em Nova York durante esse período de grande estresse e, naturalmente, queria "bater um papo" com o aplicativo. Ele é um retrato da fluência: apenas o texto relevante aparece em cada página. Comparei-o a um site administrado pelo estado de Nova York que desempenha uma função semelhante. Além de me fazer perguntas sobre meus sintomas, a página do estado me deu muitas informações desnecessárias. Com cada pergunta, o site apresentava – na verdade, em todas as *páginas* – os nomes do governador e do comissário estadual de Saúde, bem como uma lista de formatos de arquivo usados. Certamente aquele não era um momento para as sutilezas dos sites, mas ter que ignorar ativamente essas informações não o tornava mais fluente. Se o aplicativo da Apple parece com um médico que ouve com atenção e dá apenas informações relevantes, o site do estado de Nova York parece mais com uma pessoa que não para de falar sobre trivialidades irrelevantes.

O aplicativo da Apple não informa o nome do presidente da Apple. Ele vai direto ao assunto, primeiramente identificando os sintomas que justificam uma visita imediata ao hospital. Em seguida, vem a entrevista real. Ela começa por perguntar a sua idade, mas a forma como o faz é esclarecedora. Você pode imaginar o surgimento de uma daquelas terríveis janelas suspensas, listando cada ano, desde 2020 até o início do século passado. Isso exige que você percorra dezenas de opções para localizar seu ano de nascimento. Nada fluente. Em vez disso, o aplicativo da Apple apresenta 3 categorias: "menores de 18 anos", "entre 18 e 64 anos" e "65 anos ou mais", pois essas são todas as informações necessárias. O bloco subsequente lista 7 perguntas simples, cada uma com uma resposta simples de sim ou não. Em seguida, o aplicativo faz mais 3 perguntas e sugere quais escolhas você deve fazer. Ele teve bastante sucesso; no lançamento, foi o aplicativo número

1 na categoria de saúde e condicionamento físico por uma semana e o número 4 na classificação geral.[1] Um aplicativo semelhante, o Rastreador de Sintomas de Covid, desenvolvido pelos hospitais King's College London, Guy's e St. Thomas' e pelo ZOE Global Limited, tornou-se o aplicativo médico número 1 no Reino Unido e foi acessado por mais de 2,6 milhões de pessoas lá e nos Estados Unidos. Esse aplicativo solicitava que você relatasse seus sintomas todos os dias e foi usado para melhorar nossa compreensão de quais deles eram relevantes para o diagnóstico da doença.[2]

Ambos os aplicativos proporcionaram boas conversas. Recebi uma série de perguntas simples e fáceis de responder, o que as tornou fluidas, e recebi informações úteis e – segundo os Centros de Controle e Prevenção de Doenças – precisas.

Meus dois tios

Há outra decisão que está longe de ser tão fluida quanto deveria, e é enfrentada por quase todos os estadunidenses de certa idade: quando começar a receber o benefício da Previdência Social. Pode parecer mundano, mas acaba sendo uma das questões mais importantes sobre finanças que os estadunidenses enfrentam à medida que envelhecem. Para ajudar a explicar por que esse é um desafio tão grande, gosto de comparar dois dos meus tios favoritos.

Vou chamá-los de tio Don e tio John. Nenhum dos dois era o que comumente se chama de um "tio rico". Tio Don era irmão da minha mãe. Ele era sociável, solteiro e vinha de uma família numerosa. Os pais dele não viveram muito – nem passaram dos 70 e poucos anos. Tio John era irmão de meu pai. Era um pouco mais calado, até taciturno, e solteiro. Esse lado da família é muito menos numeroso, mas tende à longevidade. Ambos os genitores de John (meus avós) viveram até os 90 anos, permanecendo lúcidos e ativos o tempo todo. Embora eu espere ter herdado os genes da família do tio John, muitas vezes me diverti mais saindo com o tio Don. Ele dava festas melhores!

Meus tios, assim como todas as outras pessoas prestes a solicitar a aposentadoria da Previdência Social, enfrentaram uma escolha. Don e John poderiam solicitá-la já ao completar 62 anos e receber cerca de 1.334 dólares ao mês. Eles também poderiam esperar o benefício aumentar, cerca de 8% ao ano, até chegar a 2.347 dólares por mês aos 70 anos. Apesar de ser uma questão tão importante para o futuro e para a aposentadoria, muitos estadunidenses tomam essa decisão de forma surpreendentemente ruim.

Vamos supor que, como a família estadunidense média, nenhum de meus tios tivesse uma quantia grande na 401(k)* ou em outra conta escondida para usufruir na aposentadoria. A família mediana tem cerca de 76 mil dólares em suas contas de aposentadoria, e essa quantia precisa durar 18 anos. Isso corresponde a 350 dólares por mês – o que está longe de ser uma quantia principesca onde quer que você viva. Isso significa que, tanto para meus tios quanto para a família estadunidense mediana, os benefícios da Previdência Social serão importantes. Para a maioria dos estadunidenses, a maior parte da renda pós-aposentadoria virá na forma de seu benefício da Previdência Social. Suas economias de aposentadoria são apenas um complemento.

Essa escolha tem sérias consequências econômicas. Se Don e John solicitassem suas aposentadorias antecipadamente, seus benefícios anuais seriam menores – se eles o fizessem aos 62 anos, receberiam cerca de 16 mil dólares ao ano. Se esperassem para começar a receber aos 70, arrecadariam mais, cerca de 28 mil dólares. Então, eles deveriam esperar? Essa é uma questão surpreendentemente complexa, que tem gerado muitas páginas em trabalhos acadêmicos.

---

* 401(k) é uma conta de investimento para aposentadoria que goza de certos benefícios fiscais. (N.T.)

Ao decidirem se deveriam solicitar a aposentadoria mais cedo ou mais tarde, tio Don e tio John talvez tenham visitado o site da Previdência, o que não teria sido de grande ajuda. Lá, eles seriam confrontados com termos estranhos e desconhecidos (como *ganhos em excesso e créditos por aposentadoria atrasada*), bem como informações que não se aplicavam a eles. Um dos termos mais estranhos é a *idade de aposentadoria plena*, que descreve uma idade específica e foi assim rotulada pelo governo com base em dados históricos, mas ela não é nada especial. O benefício crescerá 8% tanto antes quanto depois dessa idade, a qual depende do ano de nascimento. Idade de aposentadoria plena é um termo arbitrário.

Há um fator obviamente importante: quanto tempo você vai viver? Quanto mais você vive, melhor é esperar. Se soubesse que viveria apenas até os 75 anos, solicitar a aposentadoria aos 62 seria uma boa ideia: você receberia um total de 208 mil dólares. Isso representa um aumento de quase 50% em relação aos 140 mil dólares que receberia se começasse a receber aos 70 anos. Esperar significa que os benefícios são maiores, mas você os recebe por um prazo menor – neste caso, apenas 5 anos.

A maioria das pessoas nos Estados Unidos vive mais. Se você viver até os 85 anos, uma expectativa razoável, receberá cerca de 368 mil dólares se tiver solicitado sua aposentadoria aos 62 anos. Contudo, se você tivesse esperado para solicitar o benefício aos 70, receberia 420 mil dólares no total. Lembre-se de que tio Don e tio John, com base na longevidade de seus pais e na própria saúde deles, sabiam algo sobre suas respectivas perspectivas de vida longa. Como resultado, meus tios podem ter precisado tomar decisões muito diferentes.

Os 31 milhões de estadunidenses que devem se aposentar na próxima década enfrentam uma decisão semelhante.[3] Essa decisão é mais importante do que nunca por dois motivos. Os planos de previdência das empresas, conhecidos tecnicamente como *planos de benefícios definidos*, estão perdendo importância à medida que cada vez menos empresas oferecem tais programas. E os estadunidenses estão vivendo mais. O estadunidense médio agora passa cerca de 19 anos na aposentadoria, aproximadamente 60% a mais do que na década de 1950.[4] Isso pode custar dinheiro para alguns, mas muitos solicitam o benefício tão cedo quanto possível. Cerca de metade deles o solicita aos 64 anos.

Eles estão cometendo um erro? Suas escolhas são precisas – e por *precisão* queremos dizer: "O escolhedor opta pelo que é melhor para ele?". Definir "melhor para ele" não é simples, uma vez que pessoas diferentes podem querer ou precisar de coisas diferentes. Você pode ficar tentado a sugerir que todas elas esperem para receber o benefício da Previdência Social, porque receberão valores maiores. Mas isso pode não ser uma boa ideia.

Para o tio Don, que dificilmente viveria tanto quanto o tio John, é provável que a solicitação antecipada *não* fosse um erro. Se tivesse consultado as calculadoras de longevidade (programas on-line que fazem perguntas para determinar a expectativa de vida), poderia ter descoberto que sua expectativa de vida era de até os 75 anos. Ele receberia, ao longo do período de sua expectativa de vida, cerca de 68 mil dólares a mais se solicitasse o benefício aos 62 do que se esperasse até os 70.

Mas a longevidade não era o único fator a considerar. Como não era casado, não precisava se preocupar com o benefício de sua companheira. Ele não amava seu trabalho e sonhava em pedir demissão. Com base nesses fatores, pedir aposentadoria antecipadamente pode fazer ainda mais sentido. Depois de levar tudo isso em consideração, tio Don pôde concluir sabiamente que adiar o recebimento da aposentadoria não era vantagem.

Tio John, por outro lado, provavelmente se beneficiaria com um adiamento. Ele poderia usar suas economias de aposentadoria para complementar qualquer salário que estivesse ganhando e esperar o máximo de tempo possível. Seria como se ele fizesse um investimento de baixíssimo risco com um retorno de 8%.

O exemplo de meus dois tios ilustra que a conversa sobre quando solicitar aposentadoria deve ser personalizada para quem precisa tomar a decisão. Para identificar uma decisão precisa, a resposta dependerá de fatores, como longevidade, que serão diferentes para cada pessoa. Para algumas pessoas, como meu tio John, solicitar o benefício aos 62 anos seria um erro. Sem mais informações sobre as pessoas que solicitam benefícios, não podemos saber quem está cometendo erros e quem não está. Quando soube pela primeira vez quantas pessoas solicitavam aposentadoria antecipadamente, pensei que sabia como consertar isso: deixar como procedimento-padrão fazê-lo mais tarde – por exemplo, aos 70. Mas a lição que aprendi com meus tios é simples. Fazer todo mundo pedir aposentadoria mais tarde poderia beneficiar alguns, mas certamente prejudicaria outros. Essa é apenas uma demonstração da razão pela qual a arquitetura da escolha deve refletir as diferenças nas circunstâncias.

Como encontrar a caixa certa

A história do tio Don e do tio John reflete um tema importante deste livro. O objetivo da arquitetura da escolha não é fazer com que as pessoas escolham um resultado específico, como todos solicitarem a aposentadoria aos 70 anos. Em vez disso, ele visa estimulá-las a escolher a opção certa para elas. Podemos elaborar uma tabela simples para ilustrar essa questão. No topo dela estão duas opções, solicitar a aposentadoria aos 62 ou aos 70, e nas linhas abaixo estão meus dois tios. O objetivo da arquitetura da escolha é fazer com que cada tio tome a decisão certa para ele – colocá-lo na caixa certa.

TABELA 4.1   Resultados de decisões boas e ruins ao solicitar a aposentadoria.

	Solicitar mais cedo (62)	Solicitar mais tarde (70)
Expectativa de vida curta (tio Don)	Boa decisão	Erro
Expectativa de vida longa (tio John)	Erro	Boa decisão

Poderíamos elaborar uma tabela semelhante para a maioria das escolhas. Ela pode ter mais opções, como as diferentes alternativas apresentadas pelo aplicativo COVID-19 de que falamos anteriormente (autoisolamento, busca de tratamento e assim por diante). Para cada pessoa, haverá um resultado melhor, e o trabalho do aplicativo é, repito, colocar essa pessoa na caixa certa.

Às vezes, é fácil saber qual caixa é a melhor. Quando se trata de poupar para a aposentadoria, podemos imaginar que a maioria dos estadunidenses deve fazer uma escolha entre poupar mais ou poupar menos. Lembre-se de que o estadunidense médio tem apenas cerca de 76 mil dólares em poupança para a aposentadoria aos 65 anos. Para a maioria das pessoas, isso não é suficiente – 64% dos trabalhadores dizem que não estão poupando o suficiente para a aposentadoria. Portanto, para a maioria das pessoas a caixa certa é economizar mais. Muitos dos primeiros sucessos da arquitetura da escolha ocorreram em casos nos quais a maioria das pessoas cometeu o mesmo erro ao ir na mesma direção, ou seja, muitas delas foram colocadas na mesma caixa (errada). Aumentar a poupança para a aposentadoria, no cômputo geral, ajudaria a maioria, embora possamos estar cometendo um pequeno erro no caso de algumas. Embora essa opção para aqueles que já pouparam o suficiente não seja a ideal, ela provavelmente não é muito prejudicial. Há uma análise de custo-benefício implícita na decisão de empurrar todos na mesma direção: os benefícios de colocar a maioria das pessoas em uma caixa (tornando-as mais propensas a poupar, por exemplo) aumentam o bem-estar de muitas delas. Fazer com que algumas economizem um pouco demais é um preço pequeno a pagar.[5]

Em outras situações, intervenções idênticas para todos podem fazer mais mal do que bem. *Heterogeneidade*, um termo usado por cientistas comportamentais, reflete o fato de que pessoas diferentes têm necessidades diferentes. Para melhorar as decisões sobre a solicitação da aposentadoria, poderíamos ter tentado aumentar a idade de todos para que recebessem o benefício, mas isso criaria outro problema. Tal empurrão pode ajudar o tio John, que poderia receber mais dinheiro, mas pode tirar o tio Don da caixa correta (aposentadoria antecipada) e colocá-lo na errada (aposentadoria adiada). Isso seria um erro que lhe custaria 50 mil dólares se ele vivesse até os 75 anos. Para colocar essa situação em contexto, lembre-se de que ele economizou apenas cerca de 76 mil dólares para sua aposentadoria, e isso incluiria 8 anos (dos 62 aos 70 anos) sem receber qualquer benefício.[6] Se não continuasse a trabalhar depois de aposentado, ele teria menos de 800 dólares por mês para viver se tentasse esperar até os 70 anos para solicitar o benefício.

Essa necessidade de ajuda personalizada vai contra o modo como a maioria das pessoas usa o termo *nudging*, ou empurrão, como sinônimo de arquitetura da escolha. Muitas vezes, os *nudges* são interpretados como a mudança do comportamento de todos em uma única direção. No entanto, podemos personalizar a arquitetura da escolha. Richard Thaler e Cass Sunstein chamam isso de *nudging personalizado* – isto é, aplicar diferentes arquiteturas a diferentes pessoas, de forma que cada uma seja incentivada a fazer a escolha certa. Há casos, como no exemplo de meus dois tios e suas opções de aposentadoria, em que as pessoas diferem mais dramaticamente em suas preferências e necessidades, e a arquitetura da escolha idêntica para todos será prejudicial para alguns deles. Se pudermos, devemos usar uma abordagem mais personalizada que coloque todos na caixa certa.

A realidade: uma decisão importante que deu errado

Voltemos ao que meus tios teriam visto se fossem ao site da Previdência Social para pedir ajuda:

> *Quem pode usar o simulador de aposentadoria?*
> Você pode usar o Simulador de Aposentadoria se:
>
> - Tem créditos da Previdência Social suficientes neste momento para fazer jus a benefícios **e não**:
> - estiver recebendo benefícios atualmente em seu próprio registro de Previdência Social;
> - estiver aguardando uma decisão sobre sua solicitação de benefícios ou de Medicare;
> - tiver 62 anos ou mais e receber benefícios em outro registro da Previdência Social; **ou**
> - tiver direito a uma pensão em função de ter emprego que não é coberto pela Previdência Social.

Em seguida, você veria o seguinte em "Como explorar mais esse formulário":

> Os botões "Avançar" e "Retornar" estão na parte superior e inferior de cada página para avançar e retroceder página por página. O botão "Avançar" leva a todas as páginas onde pode ser preciso inserir informações.
>
> Você também pode usar as abas na parte superior da página para se deslocar entre as seções.
>
> **Importante:**
> *Não* use a tecla "Enter" do teclado para navegar o aplicativo ou fazer uma seleção nas listas suspensas.
> *Não* use o botão "Voltar" do seu navegador para navegar pelo aplicativo.
> *Não* feche o navegador nem use o botão "X" para sair do aplicativo.

Nada fluido, não é? Em vez de me concentrar na decisão em mãos, preciso entender termos como *registro da Previdência Social* e *créditos da Previdência Social* (e preciso clicar em outra página para entender isso!). Também tenho que me lembrar de não usar o botão "Voltar" do meu navegador ou a tecla "Enter", coisas que costumo fazer em outros sites. Claramente, o site da Previdência Social está me fazendo pensar em muitas coisas além do que é importante para o meu processo de tomada de decisão.[7]

A fluência determina caminhos plausíveis, mas não falamos sobre um caminho plausível específico: evitar a decisão por completo. A ausência de fluência pode aumentar a tendência a evitar ou a adiar uma escolha.[8] Em outras palavras, dificultar uma decisão pode fazer com que ela *não* seja tomada. Tornar as decisões mais fluidas pode ajudar as pessoas a tomar essa decisão para início de conversa.

As decisões sobre a aposentadoria são adiadas (se não forem evitadas por completo) porque são desnecessariamente desagradáveis. Todos sabem que a aposentadoria existe, mas não querem enfrentar seu planejamento. As pesquisas costumam perguntar às pessoas que se aposentaram recentemente quando realmente começaram a pensar sobre esse assunto. Cerca de 22% delas começam a pensar sobre essa decisão um ano antes de se aposentarem, enquanto outros 22% pensam sobre isso apenas 6 meses antes de fazê-lo.[9] Obviamente algumas decisões, como a quantia que você economiza para a aposentadoria, precisam ser tomadas cedo, e poupar é mais eficaz (graças à magia dos juros compostos) quando estamos longe da aposentadoria.

Pensar na aposentadoria é difícil. Ela parece estar em um futuro distante, e as pessoas não gostam de pensar no próprio envelhecimento. Mas a tendência para evitar pensar na aposentadoria é estimulada quando as próprias ferramentas que se deve usar para tomar essas decisões, na verdade, são horríveis. Dada a importância das decisões sobre aposentadoria, esse é um problema que vale a pena resolver.

O que é precisão?

As decisões do tio John e do tio Don tinham uma definição bastante clara de *precisão*: eles queriam ter conforto durante sua aposentadoria.

Mas nem sempre isso é tão fácil. Se presumirmos que mais dinheiro coletado ao longo da vida é melhor, podemos facilmente identificar erros na idade de solicitação que uma pessoa seleciona. Mas a Previdência Social tem outro benefício. Ela continua pagando enquanto você estiver vivo, então é uma forma de seguro. Se você viver mais do que o esperado, terá cobertura.[10]

Como um arquiteto da escolha pode identificar quando as pessoas cometem um erro? Como podemos dizer que uma arquitetura da escolha fornece escolhas mais precisas do que outras? Os pesquisadores tendem a usar 3 abordagens diferentes: *dominância, consistência* e o que chamarei de *técnica do simulador de decisão*.

A dominância simplesmente diz que uma opção é melhor do que outra em todos os sentidos (ou pelo menos empata). Essa é a maneira mais fácil de identificar erros. Imagine que você visita um site de viagens para comprar voos. Há dois voos para escolher: o primeiro é direto e não está muito lotado. Tem poltronas espaçosas e custa 450 dólares. Outro voo leva mais tempo porque faz escalas. Ele também é mais caro, tem assentos com menos espaço para as pernas e está lotado. Escolher o primeiro voo é a coisa certa a fazer porque é melhor em todos os sentidos. Escolher o segundo é um erro porque é pior em todos os sentidos. Dizemos que o primeiro voo é uma opção *dominante*, e o segundo voo é uma opção *dominada*.

Se estivéssemos testando uma arquitetura da escolha para essa decisão, como saberíamos se ela está desempenhando seu papel de ajudar as pessoas a escolher os melhores voos? Imagine que o site apresentasse 10 voos. Queremos garantir que os escolhedores optem pelas opções dominantes e evitem os voos que são dominados. Se houvesse uma opção melhor do que todas as outras, não escolher a opção superior seria um erro claro, e poderíamos concluir com bastante confiança que o usuário que não a escolheu cometeu um equívoco. Escolher as opções dominantes e evitar as dominadas é uma maneira clara de avaliar a precisão de uma escolha. Esse é um ótimo critério de precisão, mas, como você verá nos capítulos posteriores, perder a melhor opção dominante e escolher as piores opções dominadas acontece no mundo real. Além disso, nem todos os conjuntos de escolhas têm opções dominantes e dominadas. Para esses casos, precisamos de outras formas de julgar a precisão.

Uma segunda maneira de identificar erros é a consistência. Se mudarmos a arquitetura da escolha, isso mudará sua decisão? Se assim for, pelo menos uma dessas escolhas está errada. Na verdade, essa é uma maneira de sabermos que a arquitetura da escolha é importante: damos às pessoas exatamente a mesma informação, mudamos a forma como ela é apresentada e, se elas escolherem coisas diferentes, a arquitetura da escolha está influenciando a decisão delas. O problema de examinar a consistência é que não sabemos qual escolha está errada.

Vamos voltar ao exemplo do voo. Imagine que você acessa um site conhecido, como o Expedia, e escolhe um voo da American Airlines. Mas imagine um universo paralelo em que você acessou outro site – digamos, o Google Flights – e escolheu um voo da United. Vamos supor que esses voos estejam disponíveis em algum lugar de cada um dos sites. Eles são diferentes. Um custa mais ou tem um tempo de voo mais curto ou assentos melhores. Como são diferentes, os dois não podem ser sua melhor opção. Idealmente, você seria consistente e escolheria o mesmo voo nos dois sites, mas não o fez. Por quê? Deve ser porque os sites usaram arquiteturas da escolha diferentes. Não podemos dizer qual voo é um erro, mas podemos dizer que um erro *está* sendo cometido, mesmo que não saibamos qual é. Claramente, algo sobre a arquitetura da escolha de um dos sites o induziu ao erro.

A demonstração de inconsistências tem estado no centro das pesquisas sobre tomada de decisão nos últimos 40 anos e tem sido uma importante força motriz na economia comportamental.

Uma das primeiras e mais influentes demonstrações de que as pessoas têm preferências inconsistentes envolve a avaliação de apostas. Imagine que lhe foi dada a escolha entre fazer uma destas duas apostas:

- Aposta A: 75% de chance de ganhar 14 dólares.
- Aposta B: 25% de chance de ganhar 41 dólares.

Qual você selecionou? Se for como a maioria das pessoas, provavelmente escolheu a primeira, a aposta A. Afinal, é uma boa chance de ganhar algum dinheiro.

Agora, imagine que, andando pela rua, você entre no Paul's Gambling Place, que vende jogos de azar. Na vida real, isso é chamado de cassino, onde você pode apostar diferentes montantes de dinheiro em uma roleta, por exemplo. Nesse cenário hipotético, Paul vende apenas a aposta B e pergunta quanto você pagará por ela. Você olha para ele e compõe sua preferência: 41 dólares é uma boa quantia para ganhar, e você não pensa muito sobre a chance de 75% de obter o resultado zero, então você diz 11 dólares. Continuando o passeio, você entra no Sarah's House of Gambles, que vende apenas a aposta A. Você dá uma olhada e Sarah pergunta quanto pagaria pela aposta A. Ele paga apenas 14 dólares, mas as probabilidades são boas, então você diz 9 dólares.

Dá para ver a incoerência? Inicialmente, você escolheu A em vez de B. Quando foi ao Paul's, você disse que pagaria 11 dólares pela aposta B. E depois, no Sarah's, você disse que pagaria menos, 9 dólares, pela A. Isso significa que você prefere a aposta B do Paul's a aposta A do Sarah's. Mas quando escolheu entre eles, você disse que preferiria a aposta A! Só pode haver uma aposta melhor, mas parece que você não sabe qual é.

A arquitetura da escolha aqui está em como eu, Paul e Sarah pedimos para você expressar essa preferência. Em um caso, pedi que escolhesse e, em outro caso, Paul e Sarah pediram que você precificasse as apostas. Seu favorito *deveria* ser o mesmo, mas para a maioria das pessoas não é.[11]

Essa pesquisa foi feita por Sarah Lichtenstein e Paul Slovic. Ela já foi replicada várias vezes e é tão confiável que eu a uso em sala de aula, certo de que ela sempre funcionará. Lichtenstein e Slovic até replicaram seus experimentos no salão do Four Queens, um cassino em Reno. Isso deixou os economistas absolutamente malucos, porque, afinal, as preferências deveriam ser consistentes, quer você esteja escolhendo ou precificando. É claro que a própria arquitetura da escolha é bastante irritante para os economistas exatamente por este motivo: muitas coisas que não deveriam importar acabam mudando as escolhas. Essas inconsistências são importantes para testar teorias, mas são menos importantes para melhorar as escolhas das pessoas. Por quê? Porque elas nos dizem que algo está errado, mas não podem nos dizer qual seria a opção certa. É difícil consertar uma arquitetura da escolha quando não sabemos qual opção é a certa. A arquitetura da escolha pode se beneficiar se for além da inconsistência, identificando qual opção é melhor que outra.

Existe uma terceira via; usando uma analogia com os simuladores de voo, a chamarei de *simulador de decisão*. Um simulador de voo é usado no design das cabines de comando. Elas, sobre as quais falamos no Capítulo 2, são frutos de centenas de horas de simulação, usadas para identificar um bom posicionamento e design para controles e mostradores. Pilotos profissionais, como nosso amigo capitão Sullenberger, podem passar horas pilotando um simulador do Airbus A320 antes de se qualificarem para voar de verdade. Um simulador mostra como a aeronave responde às decisões do piloto. Na maioria das vezes, os pilotos recebem uma tarefa específica para praticar, como simular a decolagem de um A320 da pista 09R de Heathrow ou pousar um Cessna Citation CJ4 na pista 19 de Teterboro. Decisões ruins geram resultados ruins, como um acidente, mas por ser um simulador isso acontece sem o custo associado.

Assim como um simulador de voo pode testar sua capacidade de voar do aeroporto Newark Liberty para o de Des Moines International, os simuladores de decisão testam sua capacidade de atingir determinada meta de decisão: comprar a opção mais barata, tentar obter o melhor equilíbrio entre preço e qualidade ou, de forma mais ampla, encontrar a opção mais adequada. É como comprar presentes para um amigo: você não está comprando para si mesmo, mas tentando escolher a opção que mais agradaria ao seu amigo.

Vamos tentar usar um simulador de decisão para avaliar um site de relacionamento. Imagine que você é um cliente de um desses sites e que os designers estão tentando avaliar o desempenho dele. Eles podem dizer para você imaginar seu "tipo" ideal de par romântico e pedir que encontre a pessoa que mais se aproxima do perfil desejado. Por exemplo, você pode estar procurando um par de certa altura, aparência e personalidade. Talvez sejam homens altos e loiros, interessados em esportes radicais, ioga e ópera. O objetivo é ver o quão perto você chega de encontrar essa combinação "ideal". Quanto mais próxima for a correspondência, melhor será a arquitetura da escolha. A esperança é que ela permita que você encontre alguém o mais próximo possível desse ideal.

Dar às pessoas uma meta pode parecer irreal, mas nos permite ver se a arquitetura da escolha ajuda a encontrar a opção certa. Se um simulador de voo mostra que um design de cabine de comando permite ao piloto fazer um pouso suave e outro é confuso e quase causa um acidente, então podemos dizer que o primeiro design é melhor. Da mesma forma, se uma arquitetura da escolha produz escolhas melhores, acreditamos que seja um design melhor. Os simuladores de escolha são particularmente úteis para mostrar que uma arquitetura da escolha é melhor que outra, porque podemos ver se as pessoas encontram o que estão procurando. Para usar nosso exemplo de encontro amoroso do Capítulo 2, queremos ter certeza de que ele permite que Erika encontre Assaf e vice-versa. Obviamente, antes de concluirmos que qualquer arquitetura da escolha específica é a melhor, gostaríamos de ver se ela atende a um amplo conjunto de objetivos. Assim como gostaríamos que um simulador de voo nos mostrasse que determinado design de cabine de comando é melhor para voos curtos e longos, gostaríamos que nosso simulador de encontros encontrasse a melhor correspondência entre pares românticos com objetivos diferentes.[12]

Um grande exemplo da técnica do simulador de decisão é o trabalho dos economistas Sendhil Mullainathan, Markus Noeth e Antoinette Schoar. Os consultores financeiros, pessoas que sugerem investimentos, vivem e respiram arquitetura da escolha. Os pesquisadores queriam verificar o desempenho dos consultores financeiros em relação aos seus clientes. Para isso, contrataram atores para fazer o papel de "clientes misteriosos" e visitarem os consultores. Pense nestes como se fossem um site. Eles devem, em teoria, conversar para discernir suas necessidades e ajudá-lo a escolher as opções de investimento certas. Mas os consultores ajudam os investidores?[13]

Os economistas queriam ter certeza de que sua avaliação dos consultores não se devia a um tipo específico de cliente. Eles tinham atores interpretando diversos tipos. Por exemplo, um cliente cometeu um erro clássico: continuou investindo nas ações que estiveram em alta no ano anterior. O problema é que, embora essas ações tenham se saído bem e recebido críticas positivas no ano anterior, elas tenderam a se sair pior do que a média no ano seguinte. Existe até um nome para essa estratégia – "*correr atrás*" *de retornos* –, e um bom consultor deve dizer ao cliente para parar de fazer isso. O segundo tipo de investidor estava realmente fazendo a coisa certa, de acordo com o conselho de especialistas: mantinha um amplo conjunto de ações em fundos mútuos de baixo custo. Nesse caso, o consultor poderia ter feito alguns pequenos ajustes, mas deveria ter dito que o cliente estava no caminho certo. Ajuda se a teoria financeira contemporânea tiver uma ideia bastante clara do que a maioria das pessoas deveria fazer, dependendo de suas circunstâncias.

Cada ator visitou diversos bancos, firmas de investimento de varejo ou consultores independentes, todos os quais trabalhavam com a extremidade inferior do espectro de riqueza. Em cada visita, eles seguiam um roteiro detalhado, desempenhando seu papel.

Como correram as conversas? Bem, se a visita fosse um simulador de voo, a maioria dos aviões teria caído. Disseram à nossa investidora "boa" que ela estava indo mal; apenas 2,4% dos consultores financeiros apoiaram sua estratégia. Por outro lado, o investidor que estava cometendo o erro de "correr atrás" de retornos foi informado de que estava indo bem cerca de 20% das vezes.

Do ponto de vista do investidor, as conversas não resultaram em recomendações precisas. Os consultores sugeriram opções que eram objetivamente mais caras: elas pagavam honorários mais altos à empresa e ao consultor. Por exemplo, a atriz que fez a coisa certa foi instruída a vender todos os seus fundos de índice de baixo custo e investir mais de 60% de seu dinheiro em fundos mais caros, ativamente administrados. Os economistas acham que esses são erros caros porque essas taxas aumentariam o valor que o investidor paga à empresa em 500 a 1.000 dólares por ano.

Esse cálculo ilustra uma vantagem real dos simuladores de decisão: se souber o que deveria ter sido escolhido, você pode identificar o tamanho do erro cometido. No caso desses consultores, essas acabaram sendo conversas caras.

Como falar sobre decisões

Se uma conversa é difícil, tendemos a evitá-la. Só porque estamos tendo uma conversa que flui, no entanto, não significa que estejamos recebendo informações úteis. Da mesma forma, a arquitetura da escolha não diz respeito apenas a escolhas fluentes. Poderíamos tornar fluente a escolha do tio Don, mostrando a ele uma tela com uma solicitação de aposentadoria aos 70 anos já marcada. Isso poderia levá-lo a fazer uma escolha imprecisa.

Mais uma vez, a analogia entre as observações de Churchill sobre a Câmara dos Comuns e a arquitetura da escolha é apropriada. Alguém que projeta edifícios luta com dois objetivos: tornar um edifício atraente e funcional. Um arquiteto da escolha deve lutar com dois objetivos: tornar seu produto fluente e preciso. Nos melhores edifícios, esses objetivos se complementam: um edifício atraente convida ao uso ao acolher o visitante, e um edifício funcional torna mais fácil para o visitante realizar seu propósito uma vez lá. As melhores arquiteturas da escolha serão atraentes para o decisor, mas também produzirão decisões que são de seu interesse.

5

Decisões por opção-padrão

Por que mais pessoas não doam seus órgãos? Fiquei interessado por essa questão há 20 anos durante uma viagem de metrô, muito abaixo das ruas de Manhattan. Eu estava a caminho do centro da cidade, indo para o Hospital Presbiteriano de Nova York. Havia sido diagnosticado com a doença de Hodgkin em estágio avançado IV, um câncer do sistema linfático. Agora, graças a dois transplantes de células-tronco, me recuperei.

Felizmente, eu poderia ser meu próprio doador de células-tronco. Elas amadurecem até se tornarem as células que compõem o sangue e o sistema imunológico. Ter essas células é importante durante o tratamento da doença de Hodgkin. Quando o procedimento começa, poderosos agentes quimioterápicos são injetados em seu sistema. Essas drogas, com sorte, matam as células cancerígenas. Mas, como danos colaterais, elas destroem sua própria medula óssea e seu sistema imunológico. Portanto, os médicos coletam células-tronco dos pacientes de Hodgkin antes da quimioterapia. Após terem feito seu trabalho, essas células-tronco são transfundidas em seu braço para criar um sistema imunológico. Elas circulam por alguns dias e, em seguida, como um bando de pássaros migratórios, encontram o caminho de volta para as cavidades ósseas vazias e reproduzem sua medula óssea.

Estava a caminho de uma consulta médica inicial para coleta de minhas células-tronco quando fiz algo que nunca faço: conversei com um estranho no metrô. Uma jovem quebrou o silêncio e me fez uma pergunta (ela obviamente não vivia de acordo com a minha regra): "A 168th Street é a parada do Hospital Presbiteriano de Nova York?". Eu disse que sim e, como estava descendo naquela estação, ofereci-me para indicar a direção certa.

Quando saímos do metrô, perguntei para onde ela ia naquele enorme complexo médico. Ela mencionou um andar e um prédio que eu sabia que era usado para transplantes de órgãos. Enquanto conversávamos, ela explicou que estava sendo avaliada como doadora de rim para sua irmã.

Mais tarde, durante o processo de coleta de minhas células-tronco, tive bastante tempo para refletir. O processo é demorado: você fica sentado por horas depois que uma abertura de uns 7 centímetros é feita em uma grande veia do pescoço. O sangue passa por uma grande máquina que separa as células-tronco do restante do seu sangue. Você fica deitado, coberto por um cobertor, enquanto o sangue sai de seu corpo e retorna. Não há muito para fazer, e eu estava nervoso demais para tirar uma soneca. Fiquei pensando na decisão que aquela mulher tomou de doar um rim para a irmã. Esse ato generoso salvaria a irmã de longas e frequentes sessões de diálise, provavelmente prolongando a vida dela. Pensei que esta deve ser uma das decisões mais difíceis que alguém poderia tomar. Existe uma razão pela qual nascemos com dois rins. Doar um, mesmo para um ente querido, é um risco e exige coragem. Você está fazendo uma troca difícil: está ajudando alguém enormemente, mas se sujeitando à ansiedade e ao desconforto de uma cirurgia de grande porte, tornando-se um pouco menos robusto, com potenciais consequências a longo prazo. Como as pessoas tomam essa decisão? O que as influencia?

Isso me lembrou de uma conversa que tive com alguns amigos acadêmicos meses antes. Durante essa discussão, aprendi 3 fatos cruciais sobre a doação de órgãos. Primeiro, cerca de 20 estadunidenses morrem todo dia porque não conseguem encontrar um doador; a lista de espera tem 107 mil pessoas. Em segundo lugar, a maioria das pessoas (as pesquisas indicam 85%) concorda que a doação é uma coisa boa e que todos deveriam doar seus órgãos. Mas há uma enorme desconexão entre a aprovação da ideia em uma pesquisa e a ação que salva vidas. Na época, menos de 28% declararam sua intenção de ser doadores. Isso é surpreendente porque é fácil fazê-lo. Na maioria dos estados, basta marcar uma caixa no formulário de renovação de sua carteira de habilitação.[1] A terceira coisa que aprendi foi que os números de doadores cadastrados diferem entre os países. O Gráfico 5.1, a seguir, conta essa história visualmente.

Algumas pessoas, como os dinamarqueses, parecem menos abertas a isso: apenas cerca de 4% concordam em ser doadores quando morrerem. Compare-os com os suecos – quase 86% deles concordam em ser doadores. Os alemães concordam em ser doadores apenas 12% das vezes, mas os austríacos, que são vizinhos, quase universalmente concordam em ser doadores.

Mais tarde, enquanto me recuperava do transplante de células-tronco, me perguntei o que impedia mais estadunidenses de ser doadores e por que pessoas aparentemente semelhantes, como dinamarqueses e suecos ou alemães e austríacos, tomavam decisões tão diferentes. Ser um doador vivo, como minha amiga do metrô, era bastante dramático, mas concordar em ser um doador depois da morte parecia ser muito benéfico para outras pessoas e não tão difícil.

Como salvar vidas com um clique de cada vez?

Nos meses que se seguiram, tive bastante tempo para pensar no assunto. Após o transplante, você passa semanas em um quarto estéril de hospital. A sala tem pressão negativa – é cuidadosamente ventilada para que o ar apenas saia, para evitar infecções. Com tanto

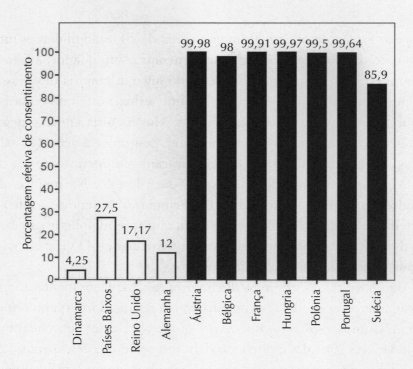

GRÁFICO 5.1 Disposição observada para ser um doador: porcentagens para países com baixo nível de inscrição (barras brancas) × países com alto nível de inscrição (barras pretas), por Johnson e Goldstein (2003).

tempo disponível, minha obsessão se transformou em um projeto de pesquisa. Nessa época, comecei a delinear uma série de estudos que explicariam as diferenças do gráfico e talvez ajudassem a aumentar a doação de órgãos.

Logo depois, Dan Goldstein, que recentemente havia iniciado um pós-doutorado na Columbia, e eu começamos a pedir às pessoas que escrevessem o que estavam pensando enquanto decidiam se seriam doadores. Embora ser um doador vivo seja algo dramático, nos concentramos em uma decisão que se aplica a um número muito maior de pessoas: tornar-se um doador de órgãos após a morte. O que elas disseram foi interessante e contraditório: "Como isso ajudaria a vida do recebedor?"; "Isso está de acordo com minhas crenças religiosas?". As pessoas também ficaram perturbadas com a imagem do que acontece quando os órgãos são transplantados. Parecia que, ao perguntar, estávamos fazendo-as comporem suas preferências, e isso era bastante desagradável para a maioria delas. A doação exigia que pensassem sobre a própria morte, uma imagem e uma decisão que preferiam evitar.

Isso pode explicar por que as pessoas evitam a decisão, mas não explica as diferenças nas porcentagens de doação entre países. O que poderia ser responsável por essas diferenças? Quem vive em países diferentes pensa de forma diferente sobre doação? Por quê?

Muitas vezes falei sobre esse estudo e mostrei esse gráfico. Ele ganhou vida própria e é considerado um dos gráficos mais famosos das ciências sociais.[2] Quando o mostro às pessoas, peço que expliquem as diferenças. A maioria delas apresenta sugestões. Falam sobre as diferenças religiosas entre os países: a Áustria é mais católica do que a Alemanha. Especulam que as atitudes em relação à medicina e à ciência diferem, ou que alguns países têm um senso de comunidade mais forte.

No entanto, a verdade é surpreendentemente simples: muito depende apenas do que acontece se as pessoas *não* tomarem uma decisão, algo chamado de *opção-padrão sem ação* ou simplesmente *opção-padrão*. Os países à esquerda do gráfico pedem que você *escolha ser* um doador de órgãos, e os da direita pedem que você *escolha não ser* doador. Se não fizer uma escolha ativa, você é, por omissão, um não doador na Alemanha e um doador na Áustria.

Dan e eu queríamos entender isso. Começamos perguntando a uma amostra de estadunidenses se eles seriam doadores ou não, apresentando-lhes uma opção em uma página da internet. Um grupo, o da opção por ser doador, foi informado de que havia acabado de se mudar para um novo estado onde o padrão era não ser um doador de órgãos, e eles tinham a oportunidade de mudar esse status com um simples clique do mouse. Um segundo grupo, o que teria que optar por não ser doador, viu um cenário idêntico, exceto que o padrão era ser um doador. Eles poderiam indicar que não queriam ser doadores com um clique do mouse. O terceiro grupo foi simplesmente obrigado a escolher; eles precisavam marcar uma caixa ou outra para seguir para a próxima página. Essa questão neutra, sem nada predefinido, é uma *condição de escolha obrigatória*; é importante porque mostra o que as pessoas fazem quando são obrigadas a escolher.

O efeito da opção-padrão foi impressionantemente forte: quando elas tiveram de optar por doar, apenas 42% concordaram em ser doadores, mas quando tiveram de optar por não doar, 82% concordaram em doar. O resultado mais interessante foi daqueles forçados a fazer uma escolha: 79% disseram que seriam doadores, quase a mesma porcentagem de doadores na condição de optar por não doar. A única diferença entre o grupo que foi solicitado a optar por não doar e o grupo forçado a fazer uma escolha foi que forçamos os participantes na condição de escolha obrigatória a escolher uma das opções antes de prosseguir. Isso mostra que, caso forçado a fazer uma escolha, a maioria dos participantes se tornaria doadora. Caso contrário, se eles fossem confrontados por uma opção-padrão, a maioria simplesmente a aceitaria, fosse ela qual fosse.

Isso parece impressionante, mas o que acontece na vida real? Analisamos 10 anos de doações em muitos países (principalmente europeus). Usando técnicas estatísticas, conseguimos fazer ajustes para levar em conta as diferenças entre eles, como a qualidade da infraestrutura de transplante, os níveis de educação e a religião. Nem todas as relações eram óbvias. Por exemplo, os católicos romanos são mais propensos a doar, quem diria? No entanto, o ponto principal é que mudar a opção-padrão – aquilo que acontece se você não fizer uma escolha – parece aumentar o número de doadores. Cada doador pode fornecer vários órgãos vitais – coração, rins e córneas, por exemplo –, podendo assim ajudar várias pessoas.

Se as doações podem salvar e melhorar vidas, não surpreende que os países gastem muito dinheiro e esforço tentando incentivá-las. Em 1998, os Países Baixos enviaram 12 milhões de cartas, uma para cada família, estimulando-as a ser doadoras. Houve também uma campanha educacional intensiva na televisão, no rádio e na mídia impressa. Se você olhar para os Países Baixos no gráfico, parece que todos esses esforços ajudaram, mas só um pouco. O país tem o maior percentual de concordância entre os países doadores, mas o efeito foi pequeno em comparação com aquele causado pela opção-padrão. Por exemplo, na vizinha Bélgica, que é um país não doador, 98% da população são doadores potenciais, em comparação com os 28% dos Países Baixos.

Desde então, vários pesquisadores diferentes compararam países onde a opção-padrão é ser doador e onde essa opção é não ser doador com a utilização de dados e modelos diferentes. Segundo alguns economistas,[3] essa simples mudança poderia "aliviar consideravelmente" a escassez de órgãos em geral e eliminar inteiramente a escassez daqueles importantes, como o coração. Outros estimam que, nos países onde a opção-padrão é doar, há aumento de 25 a 30% no número de doadores reais e aumento geral nos transplantes de rim e fígado, mesmo considerando as doações de doadores vivos.[4] Uma revisão bibliográfica recente do papel da opção-padrão nas decisões de doação de órgãos resume os dados de muitos estudos subsequentes. Esse trabalho conclui que as taxas de consentimento, doação e transplante são maiores quando há políticas de *consentimento presumido* (optar por não ser doador) do que quando prevalecem as chamadas *políticas de consentimento explícito*. Mas essa revisão sugere que há outros fatores importantes envolvidos na decisão de doação de órgãos, e Dan Goldstein e eu concordamos.[5]

As políticas de doação mudaram em vários países nas duas décadas desde minha viagem de metrô. Desde 2004, a maioria dos cidadãos de Cingapura pode optar por não ser doador e, em 2009, essa política foi estendida para todos os cidadãos e residentes permanentes. A Argentina mudou para uma lei de optar por não ser doador em 2005, assim como o Chile em 2010 e o País de Gales em 2015. Por fim, no início de 2017, a França mudou para um regime de optar por não ser doador. Inglaterra, Holanda e Nova Escócia mudaram a opção-padrão a partir de 2020, acompanhados pela Escócia em 2021.[6] Esforços significativos para a adoção do regime de opção por não ser doador estão em andamento na Irlanda e em outros países.

Ainda assim, não seria correto defender a simples mudança da opção-padrão e parar por aí. Primeiro, é difícil dizer que a troca dessa opção causa mudanças nas taxas de doação. Intitulamos nosso artigo "As opções-padrão salvam vidas?" na forma de uma questão, e achamos que há várias razões para ela não estar completamente respondida. Quando um país adota uma política nova, a mudança recebe muita cobertura da imprensa. O governo também costuma fazer publicidade adicional. Compreensivelmente, ninguém conseguiu fazer um experimento em que as pessoas são designadas aleatoriamente às opções de aceitar doar ou não e observar o que acontece com as taxas de doação.

Em segundo lugar, o processo de se tornar um doador de órgãos tem diversas etapas, e há muito que pode ser feito para melhorar a situação além de apenas marcar automaticamente uma caixa diferente. Essa ação aumenta o número de pessoas classificadas como doadoras, mas não garante que ela se torne uma. Quando um doador em potencial morre, costuma-se pedir permissão aos parentes mais próximos antes de qualquer transplante de órgão. Esse é, claro, outro lugar onde a arquitetura da escolha pode exercer influência.[7] A Espanha tem sido muito bem-sucedida em incentivar doações, aumentando a porcentagem delas de 14 doadores por milhão em 1989 para 34 por milhão em 2014 – um aumento de 143%. Embora a Espanha seja muitas vezes considerada um país onde é preciso optar para não ser doador, essa não é a visão de todos os responsáveis pela execução do programa. Eles afirmam que seu sucesso reside no foco em garantir que as famílias se sintam à vontade para concordar com doações e que potenciais doadores sejam identificados. A Espanha é bastante bem-sucedida; apenas 16% das famílias se negam a dar consentimento. Existem coordenadores de transplante, normalmente médicos, especialmente treinados para fazer a solicitação. Muitos hospitais têm salas especiais dedicadas ao tipo de conversa difícil que ocorre entre a família e o coordenador. Esse "modelo espanhol" foi adotado em outros lugares, primeiro em vários países latino-americanos e depois na Austrália e na Itália.[8]

A forma como a escolha é apresentada às famílias é a sua própria arquitetura da escolha. A pergunta à família pode ser concebida como consentimento explícito ou presumido. Um exemplo é uma "abordagem presumida" projetada para aumentar a taxa de concordância. Ela enfoca os benefícios da doação para o receptor e a oportunidade de salvar vidas, partindo do pressuposto de que as famílias têm pouco conhecimento sobre a doação. Em seu artigo para a revista *Critical Care Nurse*, Sheldon Zink e Stacey Wertlieb afirmam que, "[a]o focar nos benefícios da doação, o solicitante muda o tom da conversa do desconforto e da dúvida para a compaixão e a possibilidade [...] capacitando a família a entender a doação como uma oportunidade incrível".[9] Isso me parece uma excelente maneira de ajudar as pessoas a compor suas preferências em um momento difícil, mesmo que seja um pouco diretivo.

Com frequência, me perguntam por que os Estados Unidos não consideraram seriamente uma mudança em sua atual política de doação. Em primeiro lugar, para um país em que é preciso optar por ser doador, os Estados Unidos já têm uma alta porcentagem de doação, e ela vem aumentando.[10] Parte desse sucesso pode ser devido à melhoria na solicitação, que usa técnicas como o consentimento presumido. Uma segunda razão é a crença estadunidense na escolha pessoal.

Não apenas 90% das pessoas aprovam a doação em geral, mas também 55% apoiam especificamente um regime de optar por não doar. Além disso, uma análise de simulação recente sugere que mudar a política dos Estados Unidos pode prolongar muitas vidas e até atender toda a procura por doações.[11] A mudança de opções-padrão por si só não é a única solução, mas pode ser parte de como lidamos com a morte por falta de doações. É bem possível que a arquitetura da escolha de solicitar a autorização da família seja ainda mais importante.

Alternativas

Existem muitos diagnósticos para o problema da doação insuficiente de órgãos. Alguns observadores, como Gary Becker e Richard Posner, da Universidade de Chicago, acham que a falta de doações é causada pela ausência de incentivos. A lógica deles é que os órgãos têm valor para o doador em potencial. Isso é mais fácil de entender no caso de um doador vivo – por exemplo, no caso da doação de rins. Os doadores acham que deveriam ser compensados pela cirurgia, pelo risco de curto prazo de complicações cirúrgicas e pelos riscos de longo prazo de não ter um segundo rim. Para os defensores dessa posição, deveria haver um mercado legal de órgãos. Sem compensação, faltarão doadores dispostos a doar e não haverá tantos transplantes. Uma consequência da proibição da venda de órgãos é um mercado negro: muitos rins são vendidos ilegalmente por doadores vivos, geralmente oriundos de países mais pobres. Apenas o Irã permite um mercado legal para a venda de órgãos. O tráfico de órgãos é uma indústria bilionária, com o preço atual para um rim se aproximando de 62 mil dólares.[12]

A visão pró-incentivos é baseada na crença de que as pessoas sabem o valor de seus órgãos. Enquanto algumas doam porque são altruístas, mais pessoas doariam se fossem recompensadas. Mesmo no caso das doações que ocorrem quando alguém morre, os defensores da compensação argumentam que elas aumentariam porque as pessoas gostam de deixar dinheiro para suas famílias e não doarão a não ser que seus herdeiros sejam recompensados. Se houvesse incentivos suficientes, elas participariam de uma transação.[13]

Mas e se os economistas estiverem errados e não soubermos o valor de um coração, um rim ou um pulmão? Muitas pessoas não pensam proativamente sobre a doação de órgãos e precisam compor suas preferências quando se deparam com a decisão. Elas não estimaram, por exemplo, quanto vale um de seus rins. Se eu não quiser pensar em doação, posso simplesmente aceitar a opção-padrão. Ou, se eu fosse forçado a tomar a decisão – digamos, ao ser confrontado com uma pergunta na hora de preencher o formulário para tirar ou renovar minha carteira de habilitação –, eu teria que escolher naquele instante qual seria uma resposta razoável. A composição dessa resposta pode ser afetada pela maneira como a pergunta é feita. Talvez o caminho para obter melhores resultados não seja dar dinheiro às pessoas por seus órgãos, mas ajudá-las a pensar sobre a questão.

Richard Thaler e Cass Sunstein sugerem algo que chamam de *escolha estimulada*: perguntar em um ambiente não ameaçador, por exemplo, durante o *check-up* anual, no qual doadores em potencial possam considerar as opções com mais cuidado. É razoável supor que isso seja melhor do que a prática atual: em geral, as pessoas decidem se serão doadoras de órgãos no Departamento de Veículos Automotores enquanto tiram ou renovam a carteira de habilitação.[14]

Israel adota uma abordagem diferente, que apela ao senso de justiça das pessoas. Eles perguntam: por que quem não deseja ser doador deveria receber doações? Nesse sistema, a prioridade na atribuição de órgãos doados aos receptores é dada àqueles que estão dispostos a ser doadores.

Embora essas alternativas sejam importantes, elas são muito mais caras ou exigem mais esforço do que alterar opções-padrão. Ter pessoas treinadas em hospitais para ajudar a facilitar as solicitações de doações requer um investimento financeiro. Pedir ao médico para ter uma conversa séria com um paciente sobre doação toma tempo de outras discussões importantes que ele poderia ter com seus outros pacientes. Os mercados de órgãos legais exigem pagamentos e uma infraestrutura para reunir compradores e vendedores.

O objetivo de uma arquitetura da escolha bem projetada para doação de órgãos não significa maximizar essa ação, mas, como discutimos no Capítulo 4, colocar as pessoas na caixa certa. Se as políticas em que a opção-padrão é não doar fizerem isso, será maravilhoso, mas apenas se os escolhedores acabarem sendo classificados de forma correta. Atualmente, muitas pessoas estão na caixa errada: gostariam de ser, mas não se tornam doadores.

Uma pesquisa recente realizada pelo Departamento de Saúde e Serviços Humanos dos Estados Unidos informou que 70% das pessoas estão dispostas a ser doadoras, mas apenas 50% formalizaram seu desejo. Isso significa que a maneira como solicitamos essas escolhas classifica erroneamente 20% delas. Outras perguntas da pesquisa confirmam isso: quando questionados, metade dos que não optaram por ser doadores disseram que gostariam de ser. Isso significa que a atual arquitetura da escolha tem um custo: muitas pessoas dispostas a doar não são consideradas doadoras. Elas estão na caixa errada. Uma arquitetura da escolha mais precisa salvaria vidas. O Quadro 5.1 também ilustra outro aspecto dessa questão: seria possível, embora muito improvável, em um esquema em que é preciso optar por ser doador, cometer o outro erro – classificar como doador alguém que não gostaria de sê-lo. Os que dizem que querem ser doadores, mas na realidade não querem, devem ser muito raros.

Cada um desses erros tem um custo. Se eu quiser ser um doador e não for classificado como um na hora da minha morte, há o custo de meus desejos não serem realizados e vidas serem perdidas ou vividas com qualidade diminuída. No entanto, em um sistema em que é preciso optar por não ser doador, poderemos ver um aumento do outro erro: posso ser classificado como doador e não querer ser. Aqui, meus desejos não são realizados e minha família pode enfrentar uma angústia significativa. Diferentes opções-padrão tornam determinados custos mais ou menos prováveis, e a opção-padrão certa depende dos custos dos erros e da frequência com que eles são cometidos.

QUADRO 5.1 Classificação incorreta por opção-padrão: vidas perdidas por usar a opção-padrão errada.

Intenção (quando solicitada em pesquisas)	Situação atual (conforme tratada pelo sistema de transplante)	
	Inscrito como doador	Não inscrito como doador
Quero ser doador (70%)	Classificação correta (50%)	Erro (20%) (vidas perdidas, desejos não atendidos)
Não quero ser doador (30%)	Erro (perto de 0%?) (desejos não atendidos e angústia para a família)	Classificação correta (30%)

Em última análise, a questão de qual é a opção-padrão certa depende de como você pondera os custos e os benefícios de cada resultado na tabela, bem como o custo de tomar a decisão. Afinal, escolher uma opção-padrão evita que você contemple o que acontece com seu corpo depois que você morre.

Por ser, de certa maneira, sobrevivente de um transplante, valorizo muito a prevenção da morte das 108 mil pessoas que estão na lista de espera por órgãos. Reconheço que outros podem valorizar muito mais a angústia familiar e a autonomia do que eu, mas me parece que, se deixarmos claro que as pessoas podem optar por não doar e se tornamos essa opção um processo fácil e que seja respeitado, poderíamos potencialmente salvar vidas. Fazê-lo imporia o esforço de cadastramento daqueles que têm certeza de que não querem ser doadores.

Outros, incluindo meus amigos Thaler e Sunstein, discordam. Eles acreditam que um sistema em que a opção de doar é o padrão provavelmente diminuirá a disposição das pessoas para ser doadores. Uma razão é que muitos países não têm uma maneira simples de rastrear aqueles que declinam. Mas não importa o que você pensa sobre essa importante questão, espero que essa discussão sugira uma estrutura para pensar a respeito das opções-padrão. O argumento sobre qual é a opção-padrão certa não é uma questão de uma estar correta e a outra errada, mas sim a ponderação que você faz entre esses diferentes tipos de custos e benefícios. Algo com que todos devemos concordar é que qualquer arquitetura da escolha que coloque os doadores em potencial na caixa certa, respeitando os sentimentos das famílias, seria boa.

Se quisermos obter resultados mais precisos – e essa é realmente uma questão de vida ou morte –, parece importante aprofundar a reflexão acerca de como a seleção de opções-padrão de um designer altera as escolhas do decisor.

Como funcionam as opções-padrão

Estudos mostram que caminhar é surpreendentemente bom para a saúde: leva a uma vida mais longa e melhora a função cognitiva. Mas como caminhar produz esses benefícios? Não existe uma resposta simples, mas várias maneiras pelas quais isso acontece. Caminhar melhora a saúde porque provoca efeitos diferentes em seu corpo. Funciona, na linguagem de um cientista social, por meio de 3 canais diferentes. Primeiro, fortalece os músculos das pernas por meio do uso. Em segundo lugar, como qualquer exercício, queima calorias, reduzindo o peso. Por fim, o exercício estressa seu sistema cardiovascular, melhorando a função cardíaca. Caminhar funciona tão bem porque faz as 3 coisas ao mesmo tempo. A princípio, você poderia separar esses 3 canais. Por exemplo, reduza a quantidade que come e mudará a quantidade de calorias que retém, mas não terá os benefícios cardiovasculares e musculares. O poder de caminhar vem desses múltiplos canais funcionando em conjunto.

As opções-padrão são semelhantes; elas funcionam não apenas de uma maneira, mas por meio de 3 canais, cada um dos quais ajuda a mudar as escolhas. Assim como caminhar, os efeitos são mais fortes quando todos os 3 canais entram em ação.

Um canal é evidente para qualquer um: as opções-padrão tornam as escolhas mais fáceis. Assim como você sente que uma caminhada rápida aumenta seus batimentos cardíacos, você sente que uma opção-padrão torna sua escolha mais fácil porque você escolhe mais rapidamente.

Mas isso não é tudo o que as opções-padrão fazem. Entendê-las requer que entendamos também dois outros canais: endosso e dotação.

Esses canais usam o princípio que descrevemos nos Capítulos 2 e 3. Mudar a facilidade de tomar uma decisão altera os caminhos plausíveis do escolhedor. Uma opção-padrão pode fazer com que alguém não tome uma decisão; ele simplesmente escolhe o padrão, o caminho plausível mais fácil de todos. Endosso e dotação mudam a maneira como as preferências são compostas. Saber que uma opção-padrão foi escolhida – ou endossada – por uma fonte confiável pode fazer você pensar em coisas diferentes do que se ela fosse definida por alguém em quem você não confia. Suas preferências também podem ser compostas de maneira diferente se você pensar como se já possuísse a opção--padrão – que já lhe foi dotada. Para torná-los mais fáceis de lembrar, você pode pensar nos efeitos – facilidade, endosso e dotação – como um tripé. Vamos começar com a facilidade e ver como os padrões usados durante o lançamento do primeiro iPhone ajudaram a difundir uma superestrela da internet.

Facilidade

Justine Ezarik cresceu em Scenery Hill, uma região árida a 60 km ao sul de Pittsburgh. Sua mãe era cuidadora de enfermos em domicílio e seu pai era mineiro de carvão. Justine era fascinada por computadores e tecnologia. Ela se mudou para Pittsburgh quando jovem, onde trabalhou como comediante e designer gráfico.

No sábado, 11 de agosto de 2007, uma opção-padrão a catapultou para o estrelato na internet. Naquela semana, ela recebeu sua primeira conta do recém-lançado iPhone da AT&T. Mas havia algo muito incomum na conta e ela decidiu postar um vídeo on-line.

A conta tinha 300 páginas frente e verso e foi entregue em uma caixa que exigia o pagamento de 7,10 dólares pela postagem. Que detalhes importantes uma conta tão grande continha? Justine enviava muitas mensagens de texto, e a maioria das páginas da conta apresentava uma lista com todas essas mensagens, suas pesquisas na internet e os telefonemas que havia feito. Como ela tinha um plano ilimitado, cada linha terminava com o custo dessa transação, 0,00 dólar. Justine achou hilário que a AT&T e a Apple se esforçassem tanto para documentar nada significativo. Ela gravou um vídeo acelerado, em sua cafeteria local, mostrando-a folheando todas as 300 páginas da conta, acompanhada pelos sons alegres e sincopados do primeiro jingle do iPhone. Nascia uma estrela do YouTube. Justine se tornou iJustine e, em algumas semanas, o vídeo foi visto mais de 3 milhões de vezes. iJustine passou a ser uma das mais populares na categoria "influenciadores digitais" da internet, com 6,8 milhões de assinantes em vários canais do YouTube, quase meio bilhão de visualizações em seus vídeos, participações especiais em *Law & Order: Unidade de Vítimas Especiais, Mentes Criminosas* e *Diários de um Vampiro*, e um livro de memórias que se tornou campeão de vendas na lista do *The New York Times*. Mal sabia ela que sua carreira havia sido lançada por uma seleção horrível da arquitetura da escolha feita por algum gerente ou programador desconhecido da AT&T.

A conta era impressionante e excessiva, mas não foi um acidente. Justine poderia ter optado por *não* receber a conta enorme, então de certa forma ela escolheu recebê-la. Mas a realidade, eu suspeito, é que ela não tinha ideia de que havia feito uma escolha para início de conversa. Quando ativou seu novo telefone on-line, a página da internet apresentou a Justine 3 opções de cobrança: a primeira opção, uma fatura detalhada em papel, era o padrão. A segunda opção era um resumo da conta informando apenas o total devido. A terceira opção era uma conta eletrônica. Em sua empolgação para usar o novo telefone, Justine (e, até onde eu sei, quase todo mundo) não leu ou considerou as outras duas opções. Ela apenas aceitou a opção-padrão. A maioria dos novos usuários do iPhone "escolheu" receber essas contas de papel completas (e completamente não informativas). Elas poderiam não ter 300 páginas, mas a maioria dos 145 mil iPhones ativados no primeiro fim de semana foram comprados por pessoas que "escolheram" uma conta longa e detalhada.[15] As volumosas impressões entraram na lista da *Computerworld* dos "10 momentos mais mortificantes da tecnologia" e atraíram grande cobertura nos meios de comunicação dos Estados Unidos.[16]

Alguém na AT&T era um péssimo designer. Ele havia selecionado a opção-padrão errada. Essa seleção foi ruim para o cliente, que não queria um monte de páginas não informativas; ruim para o meio ambiente, uma vez que árvores morreram desnecessariamente; e muito ruim para a AT&T. Foi um erro caro, que fez a empresa parecer bem tola. O lançamento de um novo produto importante era fundamental para o reposicionamento da marca AT&T. Eles trabalharam duro para ser o fornecedor exclusivo do iPhone e se destacar como líder em tecnologia e, em vez disso, produziram montes de papel inúteis, fazendo com que parecessem tudo, menos líderes.

Na quarta-feira após a chegada da conta, Justine e todos os outros que escolheram o padrão receberam uma mensagem de texto da AT&T:

> Estamos simplificando sua fatura em papel, retirando itens detalhados. Para ver todos os detalhes, acesse: att.com/mywireless. Ainda precisa de uma fatura completa em papel? Ligue para 611.

A AT&T passou a cobrar 1,99 dólar por contas detalhadas como aquela enviada para Justine gratuitamente pela opção-padrão.

Uma das maneiras pelas quais os padrões funcionam é pela apresentação de um caminho plausível mais fácil – nesse caso, tanto em termos de experiência quanto de duração. Assim como iJustine, comprei um iPhone naquele mesmo final de semana e fiz um caminho plausível, aquele que quase não exigia esforço. Nós dois clicamos em um botão que dizia "aceitar e continuar" e decidimos não ler as informações longas e detalhadas sobre a política de cobrança da empresa. Mal sabíamos que estávamos concordando em receber uma caixa cheia de contas naquele mês. A escolha desse caminho foi incentivada por um julgamento inicial de *fluência*: um julgamento subjetivo do quanto era fácil tomar uma decisão.

Caminhos plausíveis fluentes são razoáveis, às vezes, quando as consequências são pequenas, mas uma decisão fácil pode não ser uma decisão precisa. Só porque uma escolha é fluente não significa necessariamente que ela leva a um resultado desejável, sobretudo no caso de um designer com más intenções.

Em 2015, a DirectTV foi acusada pela Comissão Federal do Comércio (FTC, na sigla em inglês) de abusar de uma opção-padrão. Se você tivesse se inscrito para receber os serviços da DirectTV, teria 3 meses de acesso gratuito a canais premium, como HBO e Showtime. Mas havia uma opção-padrão que a FTC alegou estar oculta para os assinantes: se você não cancelasse ativamente sua assinatura após os 3 meses, começaria a pagar por esses canais. É o que chamamos de *consentimento presumido* quando falamos da doação de órgãos. Os advogados têm outro nome para isso: eles chamam a opção de não ser doador de uma *opção negativa*. Ao aceitar a promoção na decisão inicial, os assinantes estavam aceitando uma opção-padrão, que poderia lhes custar caro 3 meses mais tarde. Embora o processo tenha feito parte de um litígio complexo que a FTC acabou abandonando, ela agora tem uma Regra de Opção Negativa para resolver problemas semelhantes.

Um exemplo ainda mais claro de um arquiteto da escolha mal-intencionado, que usa padrões obscuros para explorar a facilidade, são os sites administrados por determinada empresa que fornecia empréstimos de dia do pagamento.* Depois de preencher todas as informações necessárias para solicitar o empréstimo, o consumidor era direcionado para uma página de ofertas especiais (ver Figura 5.1 a seguir). Uma olhada rápida leva você ao próximo botão óbvio: "Finalize encontrando uma agência de empréstimo de dia do pagamento!". Existem 4 ofertas especiais acima dessa. Se você olhar para a primeira caixa, notará que o "Não" está pré-selecionado, mas isso é difícil de ver porque os botões são muito pequenos. Quase ninguém percebia que, ao clicar no botão óbvio na parte inferior da tela, que era o caminho fluente para fechar a transação, estava concordando com a oferta da coluna superior direita, que também era difícil de ler, mas tinha o "Sim" previamente marcado. Apesar do título ser "Receba um cartão Visa de 2.500 dólares", você estava concordando em receber um cartão de débito pré-pago, sem qualquer montante inicial, que lhe custaria 59,95 dólares. (O valor de 2.500 dólares era o máximo que o consumidor poderia transferir para o cartão!) A imagem faz parte de um processo judicial da FTC. Por fim, a comissão ganhou uma ação contra a empresa e devolveu 1,9 milhão de dólares aos consumidores que haviam escolhido o caminho mais fácil. Infelizmente, esse não é um final tão feliz quanto parece: quando divididos entre os 110 mil consumidores, cada um recebeu menos de 15 dólares de volta.

A facilidade pode fazer um caminho funcionar como uma opção-padrão, mesmo quando nada foi previamente marcado. Vimos isso no Capítulo 1, com táxis que apresentavam sugestões de gorjetas. Mas essas

---

* Os empréstimos de dia do pagamento se referem a montantes relativamente pequenos com taxas de juros altas que são pagos no dia em que o tomador recebe seu próximo salário. (N.T.)

Antes de obter seu empréstimo, verifique as ofertas abaixo que estão disponíveis por tempo limitado!

Melhore sua pontuação para obtenção de crédito

○ Sim ● Não

Quero um crédito "C" para melhorar minha avaliação.

Ao aceitar esta oferta, autorizo a Academy Credit a usar as mesmas informações que forneci anteriormente. Por meio desta, autorizo a Academy a debitar 97 dólares de minha conta bancária para a emissão de um relatório de crédito e o pagamento de uma taxa de adesão. A Academy Credit continuará a trabalhar em meu caso por uma taxa mensal de 49,95 dólares até o seu cancelamento. Concordo que, assim que a taxa inicial for debitada, a Academy Credit analisará meu relatório de crédito e começará a contestar os itens imprecisos, errôneos, intempestivos e não verificáveis nele contidos. Afirmo também que li a Notificação de Declaração de Informações e o Aviso de Cancelamento e forneço minha Assinatura Digital e Procuração Limitada para a C Credit completar o Relatório de Auditoria de Crédito e o Serviço de Verificação.

Receba um cartão Visa de 2.500 dólares

● Sim ○ Não

Aprovação para a obtenção de um cartão pré-pago Visa® de 2.500 dólares – SEM ANÁLISE DE CRÉDITO.

O cartão pré-pago Visa® com a EverPrivate é a única forma de fazer compras on-line sem que nenhuma outra pessoa saiba. Apenas transfira dinheiro para seu cartão e faça compras anonimamente. NENHUMA aprovação de crédito, NENHUM link para informações pessoais, NENHUMA conta por correio. APROVAÇÃO INSTANTÂNEA! É uma solução perfeita se você deseja proteger sua privacidade. Marque "sim" e você receberá seu cartão pré-pago Visa®, incluindo acesso gratuito por tempo indeterminado às ferramentas de privacidade do Cartão EverPrivate para proteger sua identidade. POR MEIO DESTA, VOCÊ AUTORIZA O CARTÃO EVERPRIVATE a debitar de sua conta bancária uma única vez a taxa de filiação de 54,95 dólares. Veja os Termos e as Informações de Privacidade.

Obtenha uma impressora colorida GRÁTIS

○ Sim ● Não

Você gostaria de ter um computador NOVO com teclado e mouse sem fio ou um NOVO iPod?

O MyComputerClub permite aos sócios comprar computadores de qualidade ao mesmo tempo em que recuperam seu crédito. Receba hoje um período experimental gratuito de 21 dias. Se você decidir continuar afiliado, uma taxa anual de 89 dólares será automaticamente acrescentada à sua conta, referentes a 2 meses de pagamento, de 44,50 dólares cada, após esse período. Clique aqui para ver Termos e Condições.

Receba DINHEIRO para um carro novo

● Sim ○ Não

Quero uma cotação GRATUITA de empréstimo para um AUTOMÓVEL.

Receba uma cotação gratuita e sem qualquer obrigação para um empréstimo a ser usado na compra de um carro novo ou usado. Qualquer tipo de crédito é bem-vindo. Ao clicar no botão abaixo, você concorda com a Política de Privacidade e os Termos e Condições da CarsBlvd. Você também autoriza uma verificação de crédito, a ser realizada por nossos parceiros que fornecem empréstimos, para que as opções de financiamento que podemos lhe oferecer sejam avaliadas.

Finalize encontrando uma agência de empréstimo de dia do pagamento!

FIGURA 5.1 Opções-padrão enganosas. Observe que apenas a opção no canto superior direito está marcada como "Sim".

sugestões também podem ser padrões obscuros, quando um designer com intenção maliciosa torna uma opção muito mais fácil de encontrar.

Você encontra "opções-quase-padrão" em toda a internet. Na maioria das vezes, quando tento cancelar a inscrição em uma lista de envio de e-mails com anúncios, sou levado a uma página em que o botão para cancelar a inscrição parece pequeno e discreto. Em vez disso, um botão grande me pergunta se eu quero menos e-mails. Meu exemplo favorito no passado recente continha o link de cancelamento de assinatura – afinal, isso é exigido por lei –, mas em uma fonte cinza escura sobre um fundo preto. A lei federal que exige que os e-mails comerciais forneçam uma opção de exclusão, a Lei CAN-Spam, afirma que "o uso criativo de tamanho, cor e localização da fonte pode melhorar a clareza". Infelizmente, essa criatividade foi usada da maneira errada nesta circunstância.

Esse tipo de opção não são opções-padrão. O designer não está pré-selecionando uma opção para o escolhedor; ele, maliciosamente, trabalha explorando a facilidade. A cor e o tamanho facilitam apertar um botão ou dificultam visualizar o link de cancelamento de inscrição. Esses são padrões obscuros que usam a facilidade para o iludir propositadamente.

As consequências de aceitar essas opções-padrão variam em importância. Mas mesmo quando as consequências são muito onerosas, alterar a opção-padrão pode fazer uma diferença surpreendentemente grande, sobretudo quando o esforço necessário para fazê-lo é pequeno. Uma das escolhas financeiras mais importantes que as pessoas fazem é a definição de quanto poupar para a aposentadoria. Em 2006, o Congresso aprovou uma lei que permitia aos empregadores alterar a opção-padrão da poupança para esse fim. Tradicionalmente, os funcionários tinham que escolher a opção de economizar, mas pela opção-padrão, eles não economizavam nada de seus salários.

Muitas pessoas não economizam, apesar das consequências econômicas importantes. Depois que o Congresso aprovou essa lei, muitos empregadores mudaram a opção-padrão nos planos de aposentadoria de seus funcionários do tradicional zero para uma taxa de poupança padrão de 3%. Além disso, muitos empregadores também usaram opções-padrão para elevar a taxa de poupança dos funcionários no final de cada ano. Isso mudou radicalmente o comportamento das pessoas. Estima-se que essa mudança na opção-padrão representou um aumento da poupança superior a 7 bilhões de dólares em 2011.[17] Uma pequena mudança que significou um grande aumento. Por quê? Mais uma vez, pensar nas economias para a aposentadoria não é divertido e está longe de ser fluente para a maioria de nós. O resultado evita cerca de uma hora de trabalho árduo e desagradável cujas consequências a longo prazo valem dezenas de milhares de dólares.

As opções-padrão derivam parte de seu grande poder do papel que a facilidade pode desempenhar na tomada de uma decisão. Às vezes, como quando estamos decidindo se seremos ou não doadores de órgãos, a decisão parece muito dolorosa. Quem quer pensar no que acontece com seus órgãos na hora de sua morte? Ao escolher entre pensar em sua própria morte ou ignorar a decisão completamente, talvez você escolha o caminho plausível de não fazer a escolha. Parece que o esforço para pensar em qual caixa clicar é demasiado.

Mas a facilidade não é a única maneira de as opções-padrão funcionarem. Para entender isso melhor, precisamos falar sobre outro assunto favorito de qualquer um: o seguro de automóveis.

Endosso

Se a arquitetura da escolha é como uma conversa, seria bom pensarmos sobre as intenções do designer, sobretudo quando ele sugere uma opção-padrão. Pode ser que ele defina como opção-padrão a escolha que considera melhor para a maioria das pessoas. Designers menos escrupulosos podem definir a opção-padrão que mais lhes interessa, como no exemplo da DirectTV.

Em 1993, conforme mencionado anteriormente, os estados da Pensilvânia e de Nova Jersey permitiram que as empresas vendessem duas variedades diferentes de cobertura de seguro de automóveis. Em ambos os estados, os compradores poderiam escolher entre uma apólice mais cara, que pagaria pelo sofrimento e pela dor resultantes de um acidente, além das despesas médicas, e por uma apólice mais barata que cobriria apenas as despesas médicas. A diferença no custo das mensalidades dos seguros não era pequena. Eu morava na Pensilvânia naquela época, e o custo da cobertura mais abrangente era cerca de 300 dólares a mais por ano do que a cobertura limitada.[18]

Eu fazia parte de uma equipe com Jacqueline Meszaros, Howard Kunreuther e Jack Hershey, que conduziu um dos primeiros estudos sobre opções-padrão.[19] Pedimos às pessoas que escolhessem entre duas apólices, simplesmente mudando qual delas era a padrão e mantendo as mesmas condições. Queríamos estudar pessoas que realmente haviam contratado um seguro de automóvel, então paramos algumas na lanchonete de um hospital em vez de perguntar aos alunos da Universidade da Pensilvânia. Metade recebeu aleatoriamente a cobertura total como opção-padrão e poderia mudar para a cobertura mais barata e mais limitada, e os outros receberam a outra opção-padrão. As opções-padrão causaram uma diferença substancial na escolha da apólice. Quando a cobertura total era a opção-padrão, ela foi escolhida em 53% das vezes, embora fosse mais cara. Porém, quando a outra apólice era o padrão, a cobertura total foi escolhida apenas 23% das vezes.

Estávamos interessados em saber se as opções-padrão teriam esse efeito no mundo real. Tivemos sorte – os dois estados permitiram que as empresas oferecessem as duas apólices simultaneamente, mas com uma diferença importante: a opção-padrão. Na Pensilvânia, a apólice mais cara era a opção-padrão; em Nova Jersey, era a apólice mais barata. Isso foi exatamente o que ocorreu em nosso experimento, mas dessa vez com decisões reais que custavam dólares reais para os contratantes. O efeito foi ainda maior. Apenas 20% das pessoas em Nova Jersey escolheram a apólice de cobertura total, mas 75% dos habitantes da Pensilvânia o fizeram. Dez anos depois, meu colega Dan Goldstein e eu estimamos que mais de 2 bilhões de dólares em cobertura de seguro adicional foram vendidos na Pensilvânia porque o plano mais caro era a opção-padrão. Claramente, a facilidade desempenhou um papel nesse caso. Para alterar sua escolha de opção-padrão, você teria que ler e enviar por correio um formulário escrito no jargão usual de seguros (que não é fácil de entender). Mas conversar com os participantes de nosso experimento sugeriu outra possível razão pela qual as pessoas haviam escolhido a opção-padrão: elas acreditavam que o estado havia escolhido a melhor alternativa como padrão para elas. Em outras palavras, eles achavam que as agências governamentais que supervisionavam a indústria de seguros no estado *endossavam* essa opção.

As opções-padrão podem alterar as escolhas quando as pessoas acreditam que o designer, implícita ou explicitamente, as endossou. Elas usam o endosso implícito na opção-padrão para tomar sua decisão, em vez de pensar independentemente sobre o que é certo para elas.[20] As pessoas consideram a opção-padrão como sendo uma sugestão, algo que o arquiteto da escolha acha que elas deveriam escolher. O caminho plausível nesse caso é aceitar a sugestão – quando o escolhedor vê a opção-padrão, ele pode concluir que o designer está pré-selecionando a variante que considera melhor. Isso seria verdade mesmo que a escolha fosse apresentada de forma fluente.

Pensamentos semelhantes talvez estivessem na mente dos clientes quando a Deutsche Bahn, ferrovia nacional alemã, mudou a opção-padrão para os passageiros reservarem ou não assentos. Quando você compra uma passagem em um trem da Deutsche Bahn, como na maioria das ferrovias, você pode entrar no trem, mas não tem um assento específico garantido. Você também pode comprar uma reserva de assento, separada da passagem, por cerca de 2 euros. A Deutsche Bahn simplesmente mudou seu site para tornar a compra de reservas de assento a opção-padrão, a menos que os clientes desmarcassem uma caixa. Antes da mudança, 9% das compras de passagens incluíam reservas. Posteriormente, 47% das compras incluíram reservas, aumentando a receita anual da ferrovia em cerca de 40 milhões de euros. A ferrovia nos disse que suas pesquisas com clientes indicavam que eles se sentiam mais satisfeitos com a nova opção-padrão, e muitos deles achavam que a ferrovia havia feito a mudança para assegurar o conforto deles.

Um exemplo final: lembre-se de que a maioria das empresas estabelece a opção-padrão da poupança para aposentadoria em 3%. Muitos acreditam que isso é o que a empresa considera certo, mas a realidade é que essa taxa, para a maioria das pessoas, é baixa demais. Esse é um endosso que deu errado.

O efeito do endosso implícito pela opção-padrão não é o mesmo que o efeito da facilidade. As pessoas acreditam ou não que uma opção-padrão está sendo endossada dependendo de quem a define. As reações à opção-padrão do seguro poderiam ter sido diferentes se ela tivesse sido estabelecida pela seguradora. Pessoas desconfiadas das motivações de sua seguradora talvez tenham examinado com mais atenção. Elas confiavam na ferrovia nacional alemã; a mesma coisa talvez não funcione para as companhias aéreas se as pessoas confiarem menos nelas. Se uma opção-padrão for definida por alguém confiável, o endosso pode persuadir o escolhedor a não fazer buscas adicionais. E quem desconfia do designer pode pensar sobre a escolha que fará com mais cuidado.

Dotação

A geração de eletricidade é a segunda maior fonte de gases de efeito estufa nos Estados Unidos. Ela é responsável por mais de um quarto de todas as emissões de dióxido de carbono. Essas emissões poderiam ser reduzidas com o uso de fontes renováveis de eletricidade e com a adoção de produtos com maior eficiência energética. As pessoas costumam dizer que querem reduzir o consumo de energia, mas não agem nesse sentido. Na Grã-Bretanha, por exemplo, apenas 3% dos consumidores obtêm sua eletricidade de fontes renováveis. No entanto, a maioria das pessoas na maioria dos países diz que compraria energia renovável, mesmo que isso implicasse em um pequeno custo adicional. Existe uma grande lacuna entre a vontade de adotar a energia verde e o comportamento. Se alterarmos a opção-padrão para energia renovável, no entanto, as pessoas selecionarão e continuarão usando energia verde.[21]

Um exemplo interessante disso é um estudo de campo realizado com compradores alemães de eletricidade por Ebeling e Lotz. Os pesquisadores direcionaram mais de 41 mil clientes de serviços públicos a um de dois sites idênticos, exceto que um deles tinha como opção-padrão um fornecedor de eletricidade verde mais caro que oferecia 100% de eletricidade sustentável. O outro site tinha uma opção-padrão para o fornecedor não sustentável mais barato, chamado, pelo setor, de "eletricidade cinza". Os consumidores estavam tomando decisões reais com custos reais, e o efeito foi substancial. No caso daqueles que compraram eletricidade, 69,1% escolheram a verde quando esta era a opção-padrão, mas apenas 7,2% escolheram a cinza quando essa era a opção-padrão. Ebeling e Lotz queriam ter certeza de que as pessoas não estavam apenas escolhendo a opção pré-selecionada por engano, então eles também mostraram que a maioria das pessoas, mais de 85%, entendeu que tipo de energia haviam escolhido. Não parece que elas foram "ludibriadas" para escolher a opção-padrão.[22]

Essas decisões sobre qual tipo de eletricidade comprar são duradouras. Quase todos os consumidores mantêm a opção que escolheram, mesmo que ela tenha sido fortemente influenciada pela opção-padrão. Além disso, eles parecem satisfeitos com sua escolha.

Isso é aceitável? Lucia Reisch e Cass Sunstein conduziram uma pesquisa mundial para ver se as pessoas endossavam a definição de eletricidade verde como opção-padrão. Eles descobriram que, em todos os países, a maioria é a favor de tornar a energia verde a opção-padrão, com esse apoio variando entre 50 e 75%. Nos Estados Unidos, mesmo a maioria das pessoas que se identificam como republicanas apoiam que a opção-padrão seja a energia verde.

Como funcionam as opções-padrão nesse caso? A facilidade desempenha um papel limitado, pois basta clicar em um botão em um site para alterar sua opção, e as taxas são apresentadas de forma transparente. O endosso pode contribuir para o efeito, mas será que todos confiam em seu fornecedor de energia? Esse é um exemplo da terceira maneira em que as opções-padrão funcionam, e ele mostra como os escolhedores compõem suas preferências por fornecedores de energia.

Lembre-se de quando falamos sobre preferências compostas, inibição e teoria da consulta. Demonstramos que perguntar às pessoas quanto tempo elas viveriam fazia com que mencionassem idades diferentes de quando perguntávamos quando morreriam. Elas o faziam porque pensavam em coisas diferentes para responder cada pergunta. Quando questionados sobre quanto tempo viveriam, primeiro pensavam nas razões pelas quais poderiam viver tanto e, em seguida, mais tarde, nas razões por que não viveriam tanto. Como lembrar os motivos pelos quais poderiam viver mais inibe a lembrança dos motivos pelos quais não viveriam, as pessoas que foram perguntadas por quanto tempo viveriam deram estimativas mais longas do que aquelas que foram perguntadas quando morreriam.

A opção-padrão funciona de forma semelhante. Pensamos nela primeiro, e ela inibe a segunda opção. Quando a opção verde e sustentável é apresentada como padrão, as pessoas pensam sobre a razão pela qual escolheriam essa opção primeiro, inibindo as razões pelas quais poderiam escolher a opção cinza. A eletricidade de turbinas eólicas e painéis solares vem à mente, acompanhadas de ativistas climáticos adolescentes e do futuro de seus filhos e netos, suprimindo a lembrança de todas as vantagens econômicas. As pessoas também podem pensar nas desvantagens da energia nuclear e do carvão. Quando chega a hora de pensar por que devo querer a energia cinza, talvez nem me lembre de sua grande vantagem – o custo mais baixo. Se a energia cinza for a opção-padrão, talvez eu pense primeiro nas despesas adicionais, no meu orçamento apertado e no que mais eu poderia gastar o dinheiro poupado primeiro. Mais tarde, seria difícil pensar nas vantagens da energia verde, e moinhos de vento talvez não venham à mente.

Isaac Dinner, Dan Goldstein, Kaiya Lui e eu mostramos esse fenômeno em um estudo no qual pedimos aos participantes que escolhessem entre dois tipos diferentes de lâmpadas: a incandescente comum e a fluorescente compacta, mais eficiente em termos de energia. Cada tipo tem vantagens e desvantagens: as lâmpadas incandescentes são mais baratas na hora de comprar, mas mais caras para usar. Por serem menos eficientes na conversão de eletricidade em luz, são mais caras de operar, e você precisará de uma nova mais rapidamente, pois elas queimam em muito menos tempo. Por outro lado, embora as lâmpadas fluorescentes compactas sejam menos caras a longo prazo, as primeiras tinham uma aparência estranha e muitas vezes uma luz fria esquisita, entre outras desvantagens. Inventamos uma situação em que a facilidade e o endosso teriam um efeito reduzido e perguntamos se os participantes pensavam sobre os dois produtos de maneira diferente quando a opção-padrão mudava.[23] Eles foram informados de que haviam contratado um empreiteiro para fazer uma reforma em sua casa e ele lhes tinha dado uma escolha com uma opção-padrão. Deixamos claro que o empreiteiro não se importava com a lâmpada escolhida e ficaria muito satisfeito em trocá-las. Eles viram esta instrução:

> Seu empreiteiro, em quem você confia, acabou de terminar a nova extensão de sua casa e precisou colocar algumas lâmpadas. Ele informa que a equipe colocou 6 lâmpadas fluorescentes compactas novas em folha *por um custo de 18 dólares, mas que ficaria satisfeito em voltar no dia seguinte e colocar lâmpadas incandescentes, o que geraria uma economia de 12 dólares para você.*

Outros entrevistados fizeram a mesma escolha, mas mudamos o padrão:

> Seu empreiteiro, em quem você confia, acabou de terminar a nova extensão de sua casa e precisou colocar algumas lâmpadas. Ele informa que a equipe colocou 6 lâmpadas incandescentes novas em folha *por um custo de 6 dólares, mas que ficaria satisfeito em voltar no dia seguinte e colocar lâmpadas fluorescentes compactas, que custariam mais 12 dólares.*

Em ambas as instruções, você tem o mesmo conjunto de opções, mas precisa decidir realizar uma ação, descrita em itálico, se quiser mudar de um tipo de lâmpada para outro. Você faria a mesma escolha nessas duas circunstâncias? Quando as lâmpadas fluorescentes compactas eram a opção-padrão, elas foram escolhidas com uma frequência quase duas vezes maior (44%) do que quando não eram (22%), apesar do fato de que as opções eram idênticas. Tudo o que fizemos foi mudar a opção-padrão. Como o cenário não exigia nenhum esforço por parte do escolhedor e o arquiteto da escolha não tinha preferência, tínhamos certeza de que os grandes efeitos da opção-padrão não se deviam nem à facilidade nem ao endosso.

Perguntamos aos participantes da pesquisa no que eles pensaram ao fazer a escolha, e as respostas foram diferentes para os dois padrões. Os resultados estavam de acordo com a teoria da consulta. Quando as lâmpadas fluorescentes compactas eram a opção-padrão, eles pensavam com mais frequência em como a compra delas economizaria dinheiro em eletricidade e em como duram muito mais do que as incandescentes. Quando a incandescente era a opção-padrão, eles pensavam com mais frequência em como as lâmpadas fluorescentes compactas são caras, como emitem uma luz fria e como têm um formato espiralado pouco atraente. Essas diferenças na maneira como as pessoas pensam antecipam o que elas escolhem, o que explica como as opções-padrão mudam as escolhas nesse estudo.[24]

Muitos argumentam que as opções-padrão são uma parte importante da mudança do comportamento ambiental das pessoas.[25] Por exemplo, em um estudo da Universidade Rutgers, os pesquisadores mudaram a opção-padrão de impressão, que era apenas no lado frontal da folha de papel, para frente e verso, reduzindo a quantidade de papel usado em 44%, um total de 55 milhões de folhas por ano.[26]

Mudar a forma como você compõe as preferências também acontece em uma renomada demonstração de economia comportamental chamada de *efeito dotação*. Todo semestre, faço essa demonstração na primeira aula de economia comportamental. Sinto-me um pouco como um ilusionista: o truque nunca falha e os resultados sempre surpreendem meus alunos.

Você entra em uma sala e aleatoriamente dá uma caneca para metade das pessoas, deixando bem claro que a escolha de quem a recebe é aleatória. Como você decidiu quem é o dono das canecas dessa forma, o valor de cada uma deveria, em média, ser igual tanto para as pessoas que as ganharam quanto para as que não ganharam.

Mas em seguida ocorre o truque: você pergunta para os que não receberam a caneca quanto pagariam por uma e aos que têm uma, por quanto a venderiam. Devido à atribuição aleatória, o preço médio deveria ser bastante próximo.

A realidade é diferente: aqueles que receberam uma caneca aleatoriamente, na verdade, a valorizam duas vezes mais do que os que não receberam, em média. Uma caneca de 7 dólares valerá 10 dólares para quem a recebeu aleatoriamente, mas 5 dólares para quem não a recebeu. Esse é o efeito dotação em ação: quem já possui um objeto parece dotá-lo de valor adicional. Isso é mostrado no trabalho de dois ganhadores do Nobel, Daniel Kahneman e Richard Thaler, com seu coautor, Jack Knetsch.

Mais uma vez, a diferença se deve à forma como compomos nossas preferências. Não sabemos de cabeça exatamente quanto achamos que vale uma caneca, então precisamos estimar ou compor o valor.

Gerald Häubl, Anat Kienen e eu refizemos esse experimento clássico, mas dessa vez pedimos aos participantes que nos contassem, digitando em um computador, o que estavam pensando, relatando os pensamentos que ocorrem naturalmente. Os proprietários primeiro pensaram nas muitas características maravilhosas da caneca e só mais tarde lhes ocorreu que poderiam fazer algo com o dinheiro pelo qual a venderiam. Os que não tinham uma caneca, por outro lado, pensaram primeiro no que poderiam fazer com o dinheiro. Um indivíduo sem caneca, que participava do estudo às onze e meia da manhã, nos contou em grandes detalhes sobre o almoço que compraria com aquele dinheiro. Só mais tarde aqueles que não receberam a caneca pensaram nela, mas por inibição não por muito tempo.

Nesses estudos, Gerald, Anat e eu estamos confiantes de que essa diferença na composição das preferências está causando a diferença no valor da caneca. Usamos o número de pensamentos digitados, positivos ou negativos, para prever os preços que os participantes do experimento pagariam pela caneca. Cada pensamento positivo aumentava o preço que pagariam em 37 centavos. Também eliminamos o efeito dotação, pedindo-lhes que considerassem o oposto do que normalmente fariam. Por exemplo, quando pedimos aos que receberam a caneca para listar as coisas que fariam com o dinheiro que ganhariam com sua venda *antes* de pedirmos que listassem as coisas que fariam com ela, o valor por eles atribuído à caneca diminuiu, eliminando o efeito dotação.[27]

As opções-padrão sempre funcionam?

As opções-padrão parecem ser uma ameaça tríplice: elas funcionam porque facilitam as escolhas, implicam endosso e conferem ao escolhedor a propriedade da opção-padrão. Alguns dos exemplos que vimos produziram efeitos enormes ao aumentar o número de doadores de órgãos ou de usuários de eletricidade verde. Isso levanta uma questão importante: as opções-padrão sempre funcionam tão bem?

Há duas razões para realizar essa pergunta. Em primeiro lugar, fazer com que os designers alterem as opções-padrão nem sempre é fácil. Mais de uma vez, ao perguntar sobre uma mudança de opção--padrão, eles me disseram: "Sempre fizemos dessa maneira. Por que mudar?". Um designer pode precisar gastar muito capital político para obter a aprovação de uma mudança de opção-padrão, e eles querem ter certeza de que o dinheiro, o tempo e o esforço investidos valerão a pena. Os designers precisam saber o quanto as opções-padrão mudarão o comportamento. Alterar a opção-padrão dobrará o número de pessoas que escolhem essa opção ou aumentará a aceitação em apenas 1 ou 2%?

Em segundo lugar, falamos no Capítulo 1 sobre a revolução da replicabilidade. Para ter certeza de que um efeito é real, precisamos examinar muitos estudos para verificar se os resultados são replicáveis. É natural que as pessoas falem sobre grandes sucessos, mas grandes sucessos podem ser fruto do acaso.

Felizmente, desde que começamos a estudar opções-padrão, na década de 1990, foram feitos muitos estudos sobre o tema e novas formas de resumi-los. Jon Jachimowicz, agora membro do corpo docente de Harvard; Shannon Duncan, agora estudante de pós-graduação na Wharton; Elke Weber, que leciona em Princeton (e, como você sabe, é minha esposa); e eu reunimos todos os estudos que usaram opções--padrão, publicados e não publicados, para que pudéssemos ver como elas funcionam em diferentes configurações.

Usamos metanálise, uma ferramenta estatística que resume o que sabemos sobre um tópico. A metanálise é usada com frequência na medicina para fornecer aos médicos resumos rápidos de dezenas, às vezes centenas, de estudos. Dessa forma, eles podem entender como uma intervenção, na forma de um medicamento ou procedimento cirúrgico novo, funciona em média. Nos últimos 10 anos, a metanálise tornou-se muito mais importante na psicologia e na política. Assim como na medicina, ela nos ajuda a entender como uma tentativa de mudar o comportamento funcionará.

O Gráfico 5.2 é um gráfico de floresta. Ele é chamado assim porque algumas formas se parecem com árvores, mas prefiro pensar que recebeu esse nome porque ajuda a ver a floresta em vez das árvores. Extraí 12 dos 58 estudos de nossa análise para simplificar. A posição dos pontos mostra o tamanho do efeito da opção-padrão em cada es-

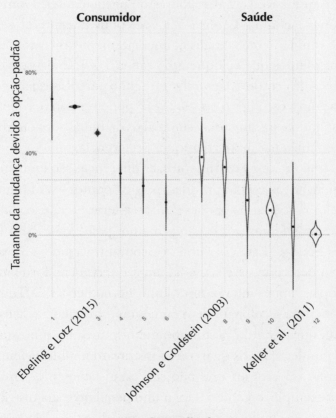

GRÁFICO 5.2 Diferenças nas escolhas causadas pela alteração da opção-padrão.

tudo. Por exemplo, o estudo de Ebeling e Lotz mostrou que a opção-padrão produziu um aumento de 62% na escolha de energia verde. O tamanho dos pontos representa quantas pessoas participaram do estudo, e a "bolha" representa o grau de variabilidade esperado no resultado. À medida que o tamanho da amostra aumenta (um ponto maior), a bolha encolhe – até ficar tão pequena que desaparece em certos estudos.[28]

O ponto forte dessa figura é que ela oferece um panorama de muitos estudos que envolveram milhares de participantes. Com um gráfico de floresta, como o Gráfico 5.2, você pode interpretar dezenas de resultados rapidamente e analisar, imediatamente, diversos aspectos:

- Nos estudos que coloquei no gráfico, o efeito da opção-padrão nunca dá errado. Os escolhedores não parecem rejeitar a opção-padrão e escolher o oposto. Você pode ver isso porque nenhum resultado experimental está abaixo da linha horizontal sólida, o que indica não haver qualquer preferência pela opção-padrão.
- Na maioria dos experimentos, as diferenças são estatisticamente significativas e bem grandes, pois os pontos estão muito acima da linha sólida. As opções-padrão alteraram as escolhas.
- Podemos tentar ver o efeito médio, ponderado pelo tamanho dos estudos. Essa é a linha horizontal tracejada. As opções-padrão parecem ser, em média, uma intervenção forte: mudanças simples, como alterar uma linha no código HTML que apresenta uma escolha, podem aumentar a frequência da escolha de uma opção em 27%, mesmo quando incluímos nossos estudos de ponderação, os quais não mostravam nenhum efeito.[29]
- Existem 3 estudos que não são estatisticamente significativos. Por exemplo, o Estudo 9 foi muito pequeno e sua distribuição se sobrepõe à linha zero. Não podemos dizer que ele é estatisticamente diferente de zero. Em outras palavras, as opções-padrão não conseguem produzir mudanças estatisticamente significativas em certos casos.

Para os designers isso é muito importante. Alterar a opção-padrão produz, em média, uma grande mudança no que é escolhido, mas o tamanho do efeito varia. Ao aplicar a arquitetura da escolha, é importante que tenhamos expectativas realistas sobre o que somos capazes de alcançar. Anteriormente, falei sobre os resultados fantásticos com a energia verde (o segundo estudo, de Ebeling e Lotz, no Gráfico 5.2). É um estudo grande e estatisticamente muito significativo, que teve a participação de 41 mil consumidores de serviços públicos. Mas seu efeito não é típico: um aumento de 50% na compra de eletricidade verde, causado pela opção-padrão, é cerca do dobro daquele verificado em outros estudos. Podemos perguntar por que nesse caso a opção-padrão foi tão poderosa? Parte do motivo é que se trata de uma escolha do consumidor feita com pouca frequência, e que uma vez feita é difícil (ou seja, não fluente) mudá-la. Saber disso permite que o designer tenha uma ideia melhor de qual efeito deve ocorrer e de como aumentar a força da opção-padrão. Se você leu apenas um estudo sobre essas opções, talvez não saiba o grau de variação do tamanho do efeito e aplique erroneamente esse resultado singular à sua situação.

Existe mais uma coisa sobre o gráfico que vale a pena falar. Todos os 6 estudos à esquerda se referem a situações que envolvem decisões de consumo, enquanto os 6 estudos à direita se referem a decisões relacionadas à saúde. Como você pode ver, as opções-padrão têm um efeito maior nas decisões de consumo do que naquelas relacionadas à saúde. Isso é importante. Se você é um designer pensando em usar opções-padrão, pode esperar mais efeito em uma aplicação no setor de consumo do que no setor de saúde. Em outras palavras, sendo todas as outras variáveis iguais, esperaríamos que um estudo como o da energia verde tivesse um efeito maior da opção-padrão do que um estudo sobre saúde, como o estudo sobre doação de órgãos.[30]

A metanálise pode nos ajudar a entender por que os efeitos das opções-padrão são mais fortes em certos casos do que em outros. Nossa metanálise procurou ver se cada estudo mudou os aspectos de facilidade, endosso ou dotação da escolha. Descobrimos que os efeitos de opção-padrão costumam ser mais fortes quando todos os 3 aspectos são alterados e mais fracos quando apenas 1 ou 2 são alterados.

Como escolher a opção-padrão certa

Digamos que você esteja prestes a comprar um carro – um carro realmente fabuloso – e esteja visitando o site de um conhecido fabricante de automóveis alemão. Já que um acordo de confidencialidade me impede de divulgar o nome da empresa, vou chamá-la apenas de Grande Fabricante de Automóveis Alemães, ou pela sigla GFAA.

Ao visitar o site da GFAA, você constrói seu próprio veículo usando aquilo que a indústria automobilística chama de *configurador*. Você pode escolher todas as opções para o carro: motor (16 tipos diferentes estão disponíveis), pintura da carroceria, estofamento, capacidade do tanque de combustível e até o tipo de madeira da alavanca de câmbio (nogueira, bétula ou bordo). Você toma mais de 50 decisões diferentes!

Como a GFAA deveria definir as opções-padrão no configurador? Elas importam? Os administradores da GFAA haviam ouvido falar de nosso trabalho com doação de órgãos e queriam que avaliássemos se ele funcionaria com automóveis. Talvez as opções-padrão não desempenhassem um papel relevante na compra de carros; alguns gerentes achavam que elas não fariam diferença. Afinal, essa é uma compra cara, e a maioria dos compradores de carros alemães passa muito tempo pensando em suas escolhas. Além disso, comprar um carro não envolve apenas uma escolha, mas várias. Talvez as opções-padrão não tenham efeito quando um consumidor está tomando mais de 50 decisões.

Eles queriam ser convencidos de que as opções-padrão faziam diferença e só então lidariam com o problema de qual seria a opção-padrão *correta*. Eu não estive presente nas reuniões, mas imaginei alguns funcionários da área de marketing, vestidos com ternos escuros Hugo Boss, trocando olhares céticos.

Quais são as possíveis configurações-padrão que a GFAA poderia selecionar? Pensamos em pelo menos 3 possibilidades:
- A opção-padrão poderia sempre ser o padrão menos caro.
- A opção-padrão poderia sempre ser o padrão mais lucrativo para a GFAA: se os padrões afetam a escolha, a GFAA poderia aumentar substancialmente sua lucratividade apenas por meio da alteração do código HTML subjacente em seu site.
- A opção-padrão poderia ser a opção mais popular se não houvesse uma opção-padrão explícita.

Você pode ficar tentado a pensar que a GFAA sempre escolheria a opção-padrão mais lucrativa, mas isso poderia não ser de seu interesse no longo prazo. Ela queria que os clientes permanecessem fiéis e comprassem outro carro, e se a opção-padrão desse ao consumidor a alternativa errada – por exemplo, motores menos possantes ou carrocerias muito grandes ou da cor errada –, a GFAA poderia perder um cliente de longo prazo.

Curiosamente, esse fabricante sempre havia definido a opção-padrão como aquela de menor custo. Parecia que ele havia pensado muito sobre essa decisão, mas este não aparentava ser o caso. Perguntamos aos gerentes seniores sobre a decisão de predefinir as opções mais baratas como padrão e ficou claro que ninguém estava disposto a admitir ter feito tal escolha. Falava-se, na verdade, que algum programador de baixo escalão havia selecionado o preço mais baixo como opção-padrão. Era evidente que a decisão não havia sido tomada pelos níveis mais altos da empresa. Isso nos surpreendeu; *pensávamos* que as opções-padrão seriam importantes, mas os gerentes que não conhecem a arquitetura da escolha não achavam que elas exerceriam muita influência. Essa "negligência da opção-padrão" poderia estar custando muito dinheiro à GFAA e piorando a situação dos consumidores, mas ela nos deu uma chance de melhorar seus lucros e os resultados dos clientes.

Como os consumidores seriam prejudicados por terem um produto mais barato? À primeira vista, direcionar os clientes para a opção mais econômica pode parecer uma boa ideia, pelo menos do ponto de vista de quem compra. Se as opções-padrão influenciarem a escolha, eles acabarão com um carro mais barato. Mas nem todo cliente quer o carro mais barato. Pessoas diferentes querem e precisam de coisas diferentes. O motor menos caro era o mais eficiente em termos de consumo de combustível. Se os escolhedores se preocupam com o consumo de combustível e as emissões de carbono, essa é uma boa opção-padrão. Mas isso prejudica quem sente a necessidade da velocidade proporcionada por um motor mais possante. Eles podem acabar com um carro de baixa potência, que seria um risco à segurança nas rodovias alemãs, às vezes sem limites de velocidade, onde os carros trafegam em alguns trechos a velocidades superiores a 180 km por hora. Motores mais possantes também podem ser bons para quem reboca um trailer ou um barco. Considere outros recursos em que a opção mais acessível pode não ser a melhor: baixo custo significa proteção mínima de *airbags*, nenhum dispositivo de segurança para crianças e nenhum estojo de primeiros socorros. A opção-padrão barata pode reduzir a segurança do carro. Se as opções-padrão afetam a escolha, definir as mais baratas como padrão era um problema.

Para verificar se as opções-padrão faziam diferença, a GFAA nos convidou a realizar uma série de estudos. Era o sonho de um pesquisador: uma experiência com clientes reais. Para a empresa, estabelecer opções-padrão no configurador era importante, sobretudo na Alemanha. Ao contrário dos Estados Unidos, a maioria dos carros vendidos na Alemanha é montada sob encomenda, e não comprada do estoque de uma concessionária. Eu e uma equipe, que incluía Andreas Hermann e Mark Heitmann (agora professores nas universidades de São Galo e de Hamburgo, respectivamente), construímos clones do configurador da GFAA. Nós nos tornamos designers de verdade ao influenciar as escolhas de compradores de carros de verdade, os quais decidiam a configuração de seus automóveis. Uma parcela pequena dos clientes da GFAA foi direcionada para nossos clones do site em vez do site oficial da montadora, nos quais selecionamos diferentes opções--padrão para ver se eles mudavam a escolha.

Os efeitos das opções-padrão foram surpreendentes até para nós. Vou me concentrar em apenas uma das mais de 50 escolhas feita por cada comprador: o motor. Essa é a escolha mais importante para a maioria das pessoas, de acordo com pesquisas de mercado. Ela também tem um impacto significativo no custo do carro. O motor mais caro custava 18 mil euros a mais do que o mais barato. Os consumidores viram um dos 3 clones do configurador atual da GFAA: um em que nenhum motor foi pré-selecionado, um em que o motor benigno (mais popular) foi pré-selecionado ou um em que o motor mais barato foi pré-selecionado (padrão atual da GFAA). Estabelecer o motor mais barato como opção-padrão tornou-o mais popular do que quando não havia uma opção pré-selecionada. Isso por si só baixou o preço médio geral do carro em 476 euros. Em contraste, usar o motor mais selecionado como opção-padrão tornou mais caro esse e outros motores mais populares, elevando o preço médio apenas do motor em 302 euros. Mais da metade dos consumidores fez escolhas diferentes quando havia uma opção-padrão. Os administradores da GFAA agora estavam convencidos de que as opções-padrão eram importantes, mas enfrentavam outra questão: qual é a opção-padrão correta? Eles não ficaram satisfeitos quando explicamos que precisavam considerar o custo e o benefício de diferentes opções-padrão, então nos perguntaram se poderíamos fazer melhor.[31]

A GFAA queria que seu site fosse fluente para que os clientes se sentissem comprometidos com sua escolha. Ela não queria que eles visitassem o configurador da concorrência porque o da GFAA era complicado. Ela também nos disse que a precisão era essencial: precisava que os clientes ficassem satisfeitos com o carro que comprassem. A satisfação do cliente é importante na indústria automobilística. As empresas até se gabam de seus índices de satisfação. Se o carro de um cliente for mais lento ou menos seguro do que o necessário, a GFAA tem um problema. Por isso, ela queria colocar cada cliente na caixa certa, não apenas uma vez, mas em mais de 50 decisões. Isso é um grande desafio quando a caixa "certa" não é a mesma para todas as pessoas, como acontece com carros. Para ajudar a superar esses desafios, precisamos ter em mente que as opções-padrão têm sabores diferentes. Existem dois tipos básicos: *opções-padrão massificadas*, em que a mesma opção-padrão é apresentada a todos, e *opções-padrão personalizadas*, aquelas que são diferentes para cada consumidor.

A GFAA, como muitas empresas, usava uma opção-padrão massificada, idêntica para todos. É assim que elas são normalmente usadas – todos obtêm o mesmo resultado, a menos que façam uma escolha ativa.

Como você define uma opção-padrão massificada? Sugerimos à GFAA que pré-selecionasse as opções que os clientes escolhiam com mais frequência quando não havia opção pré-selecionada. No caso da cor de um carro, poderíamos definir a opção-padrão como sendo a mais popular, pois é a melhor para a maioria dos clientes. Se eu tiver motivos para acreditar que a maioria deles escolherá um volante simples quando não houver uma opção pré-selecionada, então designar essa opção como padrão provavelmente é uma boa ideia, sobretudo quando há pouco dano se o cliente obtiver uma opção ligeiramente diferente da ideal por causa do padrão (digamos, um volante preto *versus* um cinza escuro). Você pode chamá-las de *opções-padrão benignas*, porque o custo de colocar as pessoas na caixa errada é pequeno, tanto para o designer quanto para o escolhedor, e porque a seleção dessa opção-padrão é intencional.

Nem todas as opções-padrão massificadas são benignas. A maioria das pessoas que encomenda um carro talvez não compre acessórios para prender uma cadeirinha de bebê como opção, mas para os escolhedores que são pais isso pode ser um erro caro. Em relação a muitos outros bens e serviços, às vezes as pessoas querem coisas muito diferentes. Predefinir como padrão o molho mais picante no cardápio de um restaurante de tacos talvez encante alguns clientes, mas mesmo que seja a opção mais popular alguns frequentadores ficarão incomodados. Economistas e profissionais de marketing usam um termo técnico, *preferências heterogêneas*, para descrever esses casos.

Esse é um desafio da opção-padrão massificada. No caso das doações de órgãos, alterar a opção-padrão pode significar salvar uma vida por meio do transplante, mas também pode significar causar angústia na família após um transplante cujo doador talvez não tenha tido a intenção de doar. Essa é uma avaliação da relação custo-benefício difícil de fazer. Na verdade, parece ser o tipo de escolha que nos faz desejar ter alternativas diferentes.

Felizmente, existem alternativas para a opção-padrão massificada. Quando as escolhas são apresentadas on-line, as opções-padrão podem ser alteradas com base no que já sabemos sobre o cliente ou o decisor. Se conhecermos seu comportamento, suas compras ou seus dados demográficos anteriores, podemos fornecer a ele uma opção-padrão personalizada. Essa opção-padrão é definida como nosso melhor palpite do que o decisor desejaria fazer na ausência de um padrão.

Você pode selecionar a opção-padrão para os escolhedores com base no que eles fizeram no passado. Esses são *padrões persistentes*, como quando o barista da Starbucks lembra que você prefere leite de amêndoas. Se uma companhia aérea se lembra da minha escolha de assento e refeição em voos anteriores, ela poderá apresentar uma opção-padrão persistente. Os sites também podem aprender com minhas preferências do passado para produzir opções-padrão. Isso pode ser simples, como quando a Amazon pergunta se quero continuar usando meu endereço de entrega preferencial sempre que finalizo a compra. Também pode ser mais complexo: um serviço de compra de comida on-line sugere colocar o seu último pedido inteiro em seu carrinho. Opções-padrão persistentes são amplamente usadas, pois superam o problema de preferências diferentes ao lembrar os dados que o escolhedor já compartilhou. Elas podem agradar os clientes. Quando entro em meu café favorito para tomar meu café da manhã e o atendente pergunta: "O de sempre?", essa é uma opção-padrão boa.

As opções-padrão persistentes são baseadas naquilo que o usuário escolheu no passado. Elas não podem ser usadas quando tomamos decisões importantes, que são únicas, como escolher uma faculdade ou uma casa, onde poucos dados do passado – ou nenhum dado – sobre escolhas foram compartilhados.

Em certas circunstâncias, o designer tem um conhecimento significativo sobre o escolhedor e as decisões que ele enfrenta. Ele pode até saber mais do que o próprio escolhedor. Por exemplo, um *chef* pode criar um cardápio com coisas que ele acha que você gostaria, mesmo que você não conheça os pratos. Um bom *personal shopper* pode sugerir coisas que você nunca pensaria em experimentar, quanto mais comprar. Eles usam o conhecimento sobre você e sobre pessoas parecidas com você para fazer sugestões. Esse é outro tipo de opção-padrão personalizada, chamada de *opção-padrão inteligente*. É capaz de reconhecer que os escolhedores têm necessidades diferentes e resolve o problema de qual é um bom padrão usando seu conhecimento dos clientes para pré-selecionar essa opção.

Muitas pessoas odeiam pensar em planejamento de aposentadoria, por isso não surpreende que um tipo de opção-padrão inteligente faça parte de muitos planos de poupança. Em muitos deles, a opção-padrão é um *fundo de data-alvo*. Esses planos usam sua idade e o conhecimento de teoria financeira para decidir a alocação de seu dinheiro entre ações e títulos de dívida. Supondo que eu diga ao provedor do plano de aposentadoria que quero me aposentar aos 60 e poucos anos, o plano de aposentadoria então me coloca por opção-padrão em um fundo que usa uma estratégia consistente com esse objetivo. O conselho-padrão em finanças é que devo mudar meus investimentos de ativos mais arriscados, como ações, para ativos líquidos e menos voláteis à medida que me aproximo da aposentadoria. Dessa forma, por exemplo, se em 2015, com 40 anos, eu comecei a trabalhar, posso dizer ao provedor do plano de aposentadoria que quero me aposentar com 60 e poucos anos, ou seja, 25 anos a partir desse momento. Ele pode então me apresentar como opção-padrão um fundo mútuo chamado "Target2040", o qual realocará alguns de meus recursos de ações para títulos automaticamente todos os anos à medida que me aproximo da aposentadoria em 2040.

Os fundos de data-alvo têm sido extremamente bem-sucedidos no mercado de aposentadoria dos Estados Unidos. Mais de 71% dos planos 401(k) dos Estados Unidos oferecem esses fundos, e mais da metade (52%) de todos os que investem para fins de aposentadoria possuem tais fundos. As participações neles são superiores a 1 trilhão de dólares. Claramente, as opções-padrão inteligentes podem ser um grande negócio.[32]

Tanto as opções-padrão massificadas quanto as personalizadas têm seu lugar na caixa de ferramentas do designer. Elas são apropriadas para situações diferentes, dependendo do que o designer sabe sobre o escolhedor. Se você não sabe nada, as opções-padrão massificadas são sua única alternativa. Você ainda precisará tomar uma decisão sobre qual é a opção-padrão correta.

A vantagem das opções-padrão personalizadas é que elas podem ajudar a minimizar os tipos de danos que uma opção-padrão massificada pode causar aos consumidores. Elas colocam mais pessoas na caixa certa, gerando decisões mais precisas e fornecendo um caminho fluente e plausível.

Duas conclusões importantes se aplicam a toda seleção de opções--padrão:

- Se for preciso usar uma opção-padrão massificada, tente identificar aquela que maximiza os benefícios, ajudando a maioria dos consumidores a encontrar a opção certa para eles, ao mesmo tempo em que minimiza os danos àqueles que fazem a escolha errada. A análise de custo-benefício desse tipo, em geral, envolve ganhos e perdas complexas. Esses ganhos e perdas não desaparecem se você os ignorar. Assim como as próprias opções-padrão, elas estão sempre lá, mesmo que você não admita.

- Se puder personalizar a opção-padrão com base em algo que já conhece sobre o cliente, poderá melhorar os resultados e fazer com que mais pessoas realizem a escolha certa. Opções-padrão persistentes, quando as pessoas têm preferências estáveis, podem se basear no comportamento passado. Opções-padrão inteligentes, quando temos alguma ideia do que as pessoas devem ou vão escolher, podem melhorar as decisões das pessoas. Em ambos os casos, as opções-padrão personalizadas são pelo menos tão boas quanto e, na maioria das vezes, melhores do que as massificadas.

Por fim, gostaria de salientar que, embora as opções-padrão inteligentes possam melhorar os resultados tanto para os clientes quanto para as empresas, uma empresa pode em vez disso escolher opções-padrão que simplesmente maximizem seus lucros ou atendam seus próprios objetivos.[33] Isso levanta questões de conscientização e ética sobre as quais falaremos mais tarde, mas suspeito que, na melhor das hipóteses, ajudaria a empresa apenas no curto prazo. Empresas que administram as opções-padrão de forma estratégica e ética podem esperar ser recompensadas com fidelidade e confiança.

Estabelecer a opção-padrão certa pode ser uma grande vantagem. No início de março de 2020, no alvorecer da pandemia nos Estados Unidos, o Zoom passou de uma plataforma de videoconferência bastante obscura para uma tábua de salvação para escolas, empresas, famílias, grupos de apoio e até vizinhos que gostam de beber. Mais tarde, quando o Zoom vendeu suas ações ao público pela primeira vez, ele foi um exemplo raro de uma abertura de capital bem-sucedida em um mercado baixista, avaliado em 9 bilhões de dólares. O fascínio foi tão intenso que as ações de uma empresa com um nome parecido, porém muito menor – a Zoom Technologies – com uma capitalização de mercado de cerca de 14 milhões de dólares, subiram de preço em 100%. Sem dúvida, o aumento foi auxiliado pelo fato de que a empresa menor usava a sigla ZOOM na bolsa de valores.

No entanto, o entusiasmo pelo Zoom maior diminuiu rapidamente à medida que os usuários começaram a se preocupar com a segurança. A preocupação mais pública era o *bombardeio de Zoom*, quando alguém não convidado entrava em uma reunião ou aula agendada e tomava o controle dela, transmitindo conteúdo indesejável, como obscenidades, ameaças, insultos raciais ou pornografia. O escritório do FBI em Boston estava preocupado, e o procurador-geral do estado de Nova York escreveu uma carta perguntando o que a empresa estava fazendo para evitar isso. O Zoom, sob pressão para melhorar sua segurança, pediu aos usuários que não distribuíssem suas identidades pessoais e, em vez disso, usassem o link específico da reunião com uma senha. Essas sugestões tiveram um impacto reduzido, mas surpreendentemente algumas pequenas mudanças nas opções-padrão resolveram o problema. Isso não envolvia criar formas de criptografia – que chegaram algumas semanas mais tarde – mas, em vez disso, fazer alterações sugeridas nas opções-padrão. As senhas de reunião, os identificadores de reunião gerados aleatoriamente e o uso de salas de espera, todos recursos que já estavam disponíveis, tornaram-se a opção-padrão. Os relatos sobre bombardeios de Zoom foram bastante reduzidos e muitos poucos relatos negativos foram recebidos sobre a implementação dessas opções--padrão. O Google Trends relata que as buscas pelo termo *bombardeio de Zoom* atingiram o pico em 2 de abril, logo antes de os padrões serem alterados e, em 27 de abril, haviam diminuído em 95%. Aparentemente, no novo mundo pandêmico, a maioria das pessoas ficou muito mais bem atendida pelas novas opções-padrão, assim como o Zoom.[34]

Opções-padrão para a democracia

Alguns anos atrás, fui contatado pelo Brennan Center for Justice da Universidade de Nova York, uma organização que defendia o registro automático de eleitores. Trata-se de um sistema que registra automaticamente um cidadão para votar, a menos que ele opte por não votar, sempre que interage com o governo do seu estado (por exemplo, quando ele registra seu carro ou obtém carteira de habilitação). Essa informação é então compartilhada eletronicamente com a junta eleitoral, e ele é registrado para votar.

Espero que depois de ler este capítulo você possa prever alguns dos efeitos. Como funcionariam os 3 canais para efeitos de opção-padrão – facilidade, endosso e dotação – nesse caso? Por facilitar o registro, e por dotar as pessoas com o *status* de eleitor registrado, o cadastramento automático deveria aumentar o número de eleitores registrados. Para quem confia no governo, ele também é um endosso e deveria aumentar o número de eleitores cadastrados. Para aqueles que não confiam, isso pode ter o efeito oposto. Mas a única lição que se pode tirar é que esperaríamos que o registro automático tivesse um impacto grande. Sim, isso é verdade. Em Oregon, um dos primeiros estados a adotar o registro automático, você já poderia se registrar para votar no Departamento de Veículos Automotores, mas tinha que optar por isso. Nos 4 anos anteriores à mudança, cerca de 4 mil pessoas por mês se registraram dessa maneira. Depois que o registro automático entrou em vigor, esse número aumentou quase 4 vezes, chegando a mais de 15 mil ao mês. Não sabemos se essas pessoas realmente acabaram votando ou se algumas delas teriam se registrado de outras formas, mas o efeito parece significativo.

Espero também que este capítulo o tenha ajudado a pensar se o registro eleitoral automático é a opção-padrão correta. Se pensarmos nos custos e benefícios, como fizemos no Capítulo 4 e no início deste capítulo em relação à doação de órgãos, parece que estamos lidando com um quadro diferente. Aquele quadro é o de alguém que foi erroneamente classificado como doador, pois não desejava doar, fazendo com que sua família talvez tivesse de arcar com um custo substancial, e que não teve sua autonomia respeitada. Contudo, tanto na doação de órgãos quanto no registro eleitoral, existem muitas pessoas que gostariam de ser doadores ou eleitores, mas não tomam as providências necessárias. A principal diferença no caso da votação é que parece haver um custo muito baixo em registrar por engano alguém que não deseja ser cadastrado. Ninguém é obrigado a votar, e você pode se recusar a se registrar para votar: a opção-padrão é muito fácil de mudar. Na verdade, os defensores do registro automático acreditam que há vantagens em termos de segurança. O sistema eletrônico mantém os cadastros mais atualizados do que o antigo sistema em papel e pode detectar duplicidades e mudanças de endereço com mais facilidade.

As pessoas talvez discordem sobre qual opção-padrão é a correta, mas, conforme mostrado em muitos casos neste capítulo, elas deveriam concordar que as opções-padrão fazem diferença. Em dezembro de 2020, 21 estados – incluindo Alasca, Virgínia Ocidental e Geórgia – haviam decidido que estar registrado para votar é a opção-padrão correta.[35]

6

Quantas opções?

Por muitos anos, os alunos que se candidatavam a uma faculdade descobriam se haviam sido aceitos por sua instituição preferida ao fazer uma visita à caixa de correio. Más notícias vinham em um envelope fino contendo uma carta de rejeição de uma página: "Ficamos muito impressionados com sua candidatura, mas lamentamos informá-lo...". Um envelope grosso significava aceitação – continha informações sobre como escolher dormitórios, se registrar e tomar todas as outras decisões emocionantes que viriam a seguir.

Na cidade de Nova York, os alunos da 8ª série também se candidatam a escolas de Ensino Médio, mas, para eles, envelopes grossos significam más notícias. O envelope de rejeição é grosso porque contém instruções sobre como se candidatar às vagas que sobraram em outras escolas da cidade.

Radcliffe Saddler, um estudante de 13 anos de idade, teve um coeficiente de rendimento global de 94% e foi o orador oficial de sua escola.[1] Seus pais imigraram de Kingston, na Jamaica, para os Estados Unidos quando ele tinha 6 anos, em parte para oferecer a ele e a seus irmãos uma educação melhor e mais barata. Quando chega a hora de ingressar no Ensino Médio, o sistema de escolas públicas da cidade de Nova York pede aos alunos que classifiquem as escolas que gostariam de frequentar. Radcliffe se candidatou a 9 escolas secundárias muito boas, mas, da mesma forma que 10% de todos os alunos do Ensino Médio da cidade de Nova York, ele não foi aceito por nenhuma das que selecionou.

Radcliffe ficou imensamente decepcionado. Ele escondeu sua emoção durante a viagem de 45 minutos para casa em dois ônibus municipais, mas, quando finalmente chegou, foi para o quarto e chorou. "Eu senti como se todo o meu esforço tivesse sido em vão", disse ele alguns dias depois. "Ao ver outras pessoas serem aprovadas, sinto que fiz algo errado."

Por que Radcliffe não conseguiu entrar em uma escola melhor? Talvez seja a forma como os designers do sistema apresentaram suas escolhas.

Fazer os alunos competirem para frequentar a escola de Ensino Médio de sua escolha tornou-se comum nos últimos 20 anos. Muitas cidades nos Estados Unidos – incluindo Denver, Mineápolis, Nova Orleans, Nova York e Tucson – oferecem opções aos alunos e aos pais, ou seja, solicitam às famílias que escolham suas escolas preferidas. Aproximadamente metade dos 50 maiores distritos do país oferece aos alunos algum grau de escolha de uma instituição de Ensino Médio.

Embora essa questão seja controversa, não discutirei seus aspectos políticos. Em vez disso, vamos nos concentrar em outro aspecto muito importante: como pais e filhos escolhem essas instituições de ensino. Os pais sabem mais sobre os valores, as habilidades e as preferências de seus filhos do que sobre o sistema escolar. Eles sabem se seu filho prefere turmas pequenas ou aprender idiomas, se quer ser técnico na área de medicina ou planeja frequentar uma faculdade de nível internacional. Se os administradores também soubessem tudo isso, poderiam ter melhores condições para sugerir a escola certa para uma criança. Eles não o sabem e, além disso, estão bastante sobrecarregados. O conselheiro designado para auxiliar as inscrições para o Ensino Médio de Radcliffe orientou 350 alunos. Uma vez que as famílias fazem essa escolha com os filhos, poderíamos desenvolver um sistema que os ajude a alcançar resultados melhores? Um bom resultado seria uma escola que atendesse às necessidades do aluno, seus interesses e habilidades, e a outras preferências. Essa escola será diferente para diferentes alunos porque eles têm interesses divergentes, por exemplo, esportes ou artes, ou porque têm sentimentos diferentes com relação ao tempo de deslocamento até a escola ou o perfil diversificado dos alunos.

Como os distritos escolares que pedem aos alunos que se inscrevam em escolas de Ensino Médio podem projetar uma arquitetura da escolha que apresente, da forma mais eficaz possível, as opções disponíveis para as famílias? Estive envolvido em um projeto de pesquisa para encontrar a maneira ideal de apresentar informações sobre escolas para pais e filhos e rapidamente percebi que a arquitetura da escolha usada para isso é capaz de determinar o futuro de um jovem. As escolhas eram bastante influenciadas pela forma como as informações eram apresentadas, e isso determina grande parte do amanhã dos alunos.

A escolha da escola é um tópico que gira em torno de uma das questões mais básicas na elaboração de escolhas: quantas opções devemos apresentar? Alguns distritos podem ter apenas uma ou duas escolas de Ensino Médio, mas nas grandes cidades existem dezenas, até centenas, de opções. Devemos apresentar a lista inteira, qualquer que seja o tamanho? Se o designer decide limitar o número de escolhas, como ele reduz essa quantidade? Quaisquer decisões tomadas no processo de design terão um efeito substancial sobre as seleções do aluno e, em última análise, sobre a escola secundária que frequentará. Afinal, se uma escola não estiver listada, dificilmente será escolhida.

A cidade de Nova York foi uma das primeiras localidades a usar o sistema de escolha para escolas públicas. Em 2003, ela procurou o economista da Universidade de Harvard (e futuro ganhador do Prêmio Nobel) Al Roth. Acompanhado de Atila Abdulkadiroğlu e Pathak Parag, ele projetou um sistema destinado a incentivar famílias e escolas a fazer escolhas boas e permitir que as crianças frequentassem escolas melhores – o que teoricamente pressionaria as de baixo desempenho a melhorarem.

Roth não é um ideólogo isolado em uma torre de marfim. Na verdade, ele próprio é um produto das escolas públicas de Nova York, filho de dois professores de Ensino Médio, Ernest e Lillian, que ensinavam datilografia e taquigrafia em Queens para mulheres da classe trabalhadora que estudavam para se tornar secretárias. Roth frequentou a Martin Van Buren High School, mas nunca se formou, pulando os últimos anos para ir à Universidade Columbia e obter seu diploma de graduação. (Ironicamente, isso o tornaria um dos alunos responsáveis por diminuir a taxa de graduação da Van Buren.)

Anos mais tarde, após obter seu doutorado, ele se tornou um dos maiores especialistas mundiais em design de mercado, uma expressão que os economistas usam para descrever casos em que os participantes de um mercado, como escolas e estudantes, precisam descobrir como chegar à melhor combinação possível.[2] Por exemplo, Roth refez o sistema nacional que é usado todos os anos para associar mais de 40 mil estudantes de medicina a programas de residência hospitalar em quase todas as especialidades, utilizando princípios da economia de design de mercado. Quando Roth recebeu o telefonema perguntando se ele aplicaria os conceitos de um mercado de compatibilidades ao sistema de admissão do Ensino Médio da cidade de Nova York, a sugestão parecia talhada para as suas qualidades. As escolas queriam os alunos mais adequados e os pais queriam a melhor escola para seus filhos.

A teoria por trás do sistema é complicada, mas a ideia básica é que as famílias classificam as escolas em relação às suas preferências, e as escolas classificam os potenciais alunos. Um algoritmo usa essas informações para combinar alunos e escolas, fornecendo simultaneamente o melhor resultado para ambos. A chave para o sistema de compatibilidades que Roth e seus colegas projetaram foi fazer com que as famílias expressassem suas preferências com honestidade. As instruções nos formulários, que pediam às famílias que classificassem até 12 escolas em potencial, diziam explicitamente: "É importante listar as opções do programa de acordo com sua verdadeira ordem de preferência".

Bem, qual é o grau de dificuldade nisso?

Primeiro, pense no número de opções disponíveis. Em 2019, a cidade de Nova York oferecia 769 programas públicos de Ensino Médio em 437 locais. Quantas dessas escolas Nova York mostrava a todos os alunos em potencial do Ensino Médio? Todas as 769.

Quanta informação os designers apresentavam sobre cada escola? Bastante. Cada escola é descrita por pelo menos 17 características específicas em um livro de 628 páginas fornecido a cada aluno do Ensino Médio, o *New York High School Directory*. Ele tem um nome apropriado: com 380 mil palavras e pesando cerca de 1,5 kg, lembra uma lista telefônica antiquada – e é igualmente difícil de carregar. (Refletindo a diversidade da população escolar, ele também está disponível em 10 idiomas, de francês e espanhol a bengali, coreano, urdu e crioulo haitiano.) É fácil imaginar que um aluno da 8ª série talvez hesitasse em acrescentar esse peso à sua mochila, deixando-o, em vez disso, no fundo de seu armário escolar, sem que ele nunca encontrasse o caminho de casa.

As escolas variam muito em qualidade, então as consequências são importantes: nas melhores escolas quase todos se formam, enquanto nas piores apenas cerca de 40% conseguem um diploma de Ensino Médio. Esse sistema, por mais complicado que pareça, produziu algumas melhorias. O sistema de escolha, combinado a um programa agressivo de fechamento de escolas com baixo desempenho, aumentou as taxas de graduação e outras métricas que medem o sucesso na cidade de Nova York. Mas essa melhora não foi universal. As crianças mais desfavorecidas foram as que menos melhoraram, e há uma notável falta de diversidade nas escolas de Ensino Médio de Nova York.[3]

Para os pais de Radcliffe, ter tantas escolhas parecia avassalador. De acordo com sua mãe, Claudette Saddler, o processo foi "como um grande labirinto, e você é a pequena criatura que vaga por lá... É algo como 'Por favor, alguém me ajude.' Achei que seria mais simples para os pais".

Por que Radcliffe não conseguiu entrar em uma de suas escolas preferidas? Já sabemos que em outras áreas mais opções podem levar a decisões inferiores. No Capítulo 2, vimos como uma pessoa sobrecarregada com as opções de um aplicativo de relacionamento on-line pode começar por procurar fotos atraentes, reduzindo o número de possibilidades para algo mais fácil de administrar, mas com frequência perdendo suas melhores compatibilidades como resultado. Um problema semelhante surge quando as famílias começam a escolher escolas. Alguns pais relatam terem feito uma filtragem com base na taxa de graduação. O diretório listou essas informações pela primeira vez no ano em que Radcliffe tomou sua decisão. A princípio, isso parece sensato: ir para uma escola de Ensino Médio com alto índice de graduação aumentaria suas chances de obter um diploma. Mas se muitas pessoas usarem as taxas de graduação para fazer uma escolha, todas se inscreverão no mesmo número reduzido de escolas. A Baruch College Campus High School, que tem uma taxa de graduação de 100%, recebeu 7.606 inscrições para 120 vagas em 2011, o que gerou uma taxa de aceitação de 1,6%. (Em comparação, Harvard aceitou 6,2% de seus candidatos naquele ano.) As chances de admissão para qualquer um, exceto os melhores alunos, tornam-se quase zero, mesmo para um aluno muito bom como Radcliffe. Na escolha da escola, assim como na do par romântico, um número maior de opções pode desmotivar a compreensão mais profunda delas.

O sistema projetado por Roth e seus colegas presume que o escolhedor é capaz de classificar as escolas em termos de sua preferência geral. Da mesma forma, um escolhedor deve relatar suas "verdadeiras preferências" para todas as escolas que ele é capaz de classificar. Mas, em Nova York, isso exige que ele selecione as 12 melhores escolas entre as 769 do livro e pense com cuidado sobre os méritos relativos das 12. Ele precisa ser capaz de distinguir entre, digamos, a 10ª, 11ª e 12ª escolas mais bem classificadas. Uma vez que 769 opções são apresentadas na cidade de Nova York, isso parece pouco provável.

Preferências compostas também podem estar em jogo: os pais talvez não consigam articular os fatores compensatórios entre 17 características muito diferentes, como taxas de graduação e tempo gasto no transporte. Muitas famílias podem achar difícil decidir se sua filha de 14 anos deveria gastar mais 20 minutos no metrô para ter uma chance 10% maior de se formar. Em suma, o sistema projetado por Roth e seus colegas supunha que as famílias pensariam muito mais sistematicamente do que de fato pensam.

Se 769 escolhas são demais, como podemos identificar o número certo? O diretório atual leva os escolhedores a selecionar caminhos plausíveis que podem levar a resultados ruins. Mas como poderíamos fazer melhor? Para responder a essa pergunta, precisamos examinar duas coisas que acontecem quando aumentamos o número de opções.

Como construir conjuntos de escolhas

Muito já foi escrito sobre a *sobrecarga de escolhas* ou, como é conhecida em certos círculos, "a tirania da escolha".[4] O excesso de alternativas, de acordo com essa perspectiva, é ruim porque faz você sentir menos confiança em suas escolhas e retarda a decisão. Embora a ideia seja popular, como veremos, a lógica de fornecer o número certo de opções é mais complexa, e os dados que sugerem que "quanto menos melhor" nem sempre são a resposta correta. Por exemplo, Benjamin Scheibehenne, Rainer Greifeneder e Peter Todd, pesquisadores associados ao Instituto de Tecnologia de Karlsruhe, à Universidade de Basel e à Universidade de Indiana, respectivamente, realizaram estudos em que pediram a berlinenses que escolhessem 5 ou 30 restaurantes. Embora achassem um pouco mais difícil fazer uma escolha no conjunto maior de opções, eles o fizeram com a mesma frequência.[5]

Este é um caso nítido em que seria útil sintetizar os muitos estudos por meio de uma metanálise. Havia duas grandes metanálises de estudos sobre o número de opções e seus efeitos sobre os sentimentos das pessoas a respeito da escolha. A primeira mostrava que alterar o número de opções não tem efeito sobre como elas se sentem em relação à escolha, e a segunda mostrava que o impacto de adicionar opções é bastante complexo.[6] Por complexo, queremos dizer que adicionar opções às vezes complica, mas também pode ajudar. Barry Schwartz, que popularizou a frase "o paradoxo da escolha" em seu livro com o mesmo nome, reflete sobre isso:

> Na literatura acadêmica, existem alguns artigos publicados que questionam a possibilidade de generalização do problema da escolha. Alguns estudos mostram um impacto [...], alguns deles mostram o impacto oposto – as pessoas gostam de mais opções e acabam se saindo melhor e se sentindo melhor. Se você juntar todos esses estudos e procurar um impacto médio, ele é aquele em que não há nenhum impacto. Mas isso não ocorre porque esses estudos não têm um impacto; quase todo estudo tem algum efeito. É que às vezes a escolha é paralisante e outras vezes é libertadora.[7]

Isso pode ser intelectualmente interessante e honesto, mas dificulta a vida do designer, não é? Como chegamos ao número certo de opções? Para responder a essa pergunta, precisamos entender que duas coisas diferentes acontecem quando aumentamos o número de opções.

No Capítulo 4, discuti fluência e precisão, os dois objetivos da arquitetura da escolha. Acrescentar opções afeta esses dois objetivos em direções opostas. Para entender isso, pense em um exemplo em que você é o arquiteto da escolha para uma cidade com 50 escolas de Ensino Médio. Da mesma forma que na cidade de Nova York, você precisa projetar um sistema para inscrições no Ensino Médio que seja igual para todos. Como ele precisa ser impresso em papel – nem todo lar tem acesso à internet –, não é possível gerar uma lista personalizada para cada um. Então, de que forma o acréscimo de opções afeta esses dois objetivos?

As escolas se especializam em diferentes tópicos. Algumas são vocacionais; outras enfatizam uma área de estudo, como artes ou computação; outras ainda são ótimas na preparação para a faculdade. As escolas também diferem em qualidade, e a localização é importante. Existem outras características relevantes: programas esportivos, a aparência do *campus*, os tipos de cursos de ensino avançado disponíveis, opções de apoio pedagógico, atividades extracurriculares e muito mais. O *New York High School Directory*, por exemplo, apresenta a porcentagem de alunos que "se sente seguro nos corredores, banheiros, vestiários e refeitórios" de cada escola.

Apresentar todos esses fatores para criar uma escolha mais simples para pais e filhos é um problema de design inquietante, mesmo com 50 escolas. Para começar, vamos contextualizar esses dois objetivos conflitantes:

- **Fluência.** Queremos que as pessoas se sintam à vontade com as informações que têm diante de si para que realmente se envolvam no processo de tomada de decisão. Elas não deveriam se sentir como a mãe de Radcliffe: sobrecarregadas, percorrendo "um grande labirinto, e você é a pequena criatura que vaga por lá". Apresentar menos opções leva a uma maior fluência. Apresentar mais opções reduz a fluência e leva as pessoas a descartá-las.
- **Precisão.** Queremos uma escolha com maior probabilidade de obter o melhor resultado, dadas as nossas preferências e habilidades. Com a classificação certa, Radcliffe poderia ter sido admitido em uma escola que melhor atendesse às suas necessidades. Ele havia selecionado escolas com bons programas de preparação para a faculdade. Sua primeira escolha foi a Millennium High School, onde 97% dos alunos ingressam na faculdade. Acrescentar escolas à lista que apresentamos aos alunos aumenta a probabilidade de encontrarem uma boa escolha compatível com seus desejos. Mas adicionar opções faz com que eles considerem menos fatores. Radcliffe pode não ter considerado a qualidade de seus concorrentes ao se candi-

datar a essas escolas, por exemplo. Em seu caso, isso significou que ele entrou em uma segunda rodada de compatibilidades com as escolas que tinham vagas sobrando – e esse não foi o resultado que almejava.

Para ver isso em ação, vamos examinar nosso exemplo à medida que aumentamos o número de opções. Imagine que apresentamos uma única opção. Simplificaremos um pouco nossa noção de precisão e examinaremos a probabilidade de *mostrarmos* aos escolhedores a melhor alternativa.[8] Como temos de apresentar a mesma lista para todos, não podemos personalizá-la para cada indivíduo. Como não sabemos nada sobre quem verá a opção, não podemos combinar a escola com o candidato a ela. Estamos escolhendo às cegas, essencialmente escolhendo cada escola adicional de forma aleatória entre as 50. A chance de que a escola seja a melhor para aquele candidato específico é de 1 em 50. Apresentar uma escola às cegas não será bom, pois é provável que ela não seja a melhor escolha para um jovem específico. Os que procuram estudar idiomas podem acabar em uma escola que prioriza a engenharia, ou alguém que deseja treinamento para trabalhar no varejo pode acabar em uma escola com ênfase em ciências marinhas. (Além disso, o sistema escolar precisa equilibrar a demanda entre as escolas, o que complica a logística.)

Apresentar duas escolas dá à família uma escolha e dobra a probabilidade de que o jovem encontre uma que seja bastante compatível. Ainda é muito improvável que seja a melhor, mas a probabilidade de que uma das duas escolas seja a melhor é de uma em 25.

À medida que aumentamos o número de opções, de 3 para 4, de 4 para 5, até exibirmos todas as 50 escolas, aumentamos a probabilidade da melhor escola ser apresentada para aquele jovem. Acrescentar mais alternativas aumenta a probabilidade de apresentar aos pais uma opção melhor até que, quando apresentamos todas as 50, temos certeza de que a melhor escola está em algum lugar da lista.

Porém, como vimos, ter muitas opções pode fazer com que as pessoas desistam inteiramente de fazer uma escolha ou escolham um caminho simplificado e plausível. Pode haver 50 escolas apresentadas, mas as pessoas talvez olhem apenas para um número reduzido dessas instituições. Existem muitas histórias tristes de decisões rápidas. Em uma delas, um aluno preenche rapidamente o formulário na manhã em que as classificações precisam ser entregues, sem que seus pais saibam. É como fazer o dever de casa no ônibus escolar, o que provavelmente não vai dar certo. Outro aluno, que era falante nativo de inglês, escolheu uma escola especializada em inglês como segunda língua, classificando-a como sua primeira escolha porque seus amigos estavam indo para lá. Muitos classificam apenas uma ou duas escolas – um erro crasso de acordo com Roth –, e os orientadores sobrecarregados não conseguem dar conta de tudo.

Aumentar o número de opções aumenta a chance de que as famílias *serão apresentadas à* melhor escola para elas, mas não significa que elas a verão. À medida que a escolha se torna mais complexa, as pessoas procuram menos informações, seja olhando para menos opções, seja examinando menos detalhes em cada opção. Há uma situação que envolve perdas e ganhos aqui, entre aumentar a precisão potencial e diminuir a fluência e a pesquisa.

Quando vemos situações como essas, no entanto, há um ponto em que os aumentos na precisão são compensados por uma redução na fluência. Isso é o melhor que podemos fazer quando enfrentamos restrições – o ponto de equilíbrio onde os dois fatores se igualam. Podemos chamar a isso de *ponto ideal* para apresentar as escolhas, representando a melhor precisão que podemos alcançar sem sobrecarregar as pessoas com opções.

Se quisermos apresentar o número certo de opções, precisamos prestar atenção tanto na precisão potencial que alcançamos ao acrescentar opções quanto no impacto que elas têm sobre a fluência. Mas há notícias boas tanto para o designer quanto para as famílias. Mudar a fluência pode facilitar a análise de opções. Imagine que usamos um formato melhor, com fontes mais fáceis de ler. Isso aumentará a fluência e a precisão, tornando menos provável que as famílias desistam de procurar. E tem um impacto importante: podemos adicionar mais opções à escolha, aumentando a probabilidade de mostrarmos às famílias a melhor delas, uma vez que elas não param de procurar tão rapidamente.

Outra forma de tornar as decisões mais precisas é aumentar a qualidade do conjunto que apresentamos. Se pudermos retirar as péssimas escolas do conjunto, os escolhedores – mesmo aqueles que estiverem escolhendo aleatoriamente – obterão em média resultados melhores. Lembre-se de que falamos sobre opções dominadas, aquelas que são realmente ruins, no Capítulo 4. Essas são as piores alternativas em todos os sentidos. Imagine que houvesse uma escola insegura, com taxas de graduação muito baixas e sem programas atraentes em qualquer disciplina. Mesmo que nenhuma família escolhesse ativamente a escola, elas ainda assim teriam que passar pelo trabalho de eliminá--la. E se a família não estivesse prestando atenção, poderia acabar por escolhê-la. Por que deveríamos incluir essa escola no conjunto de escolhas? Uma maneira óbvia de melhorar o conjunto de opções é eliminar essa escola como opção. Isso significa que a probabilidade de ver a melhor escola aumenta, uma vez que as famílias não precisam perder tempo vendo esses fracassos.

Isso nos ensina uma lição importante: o designer tem um controle enorme sobre o impacto causado pelo aumento de opções. Não existe uma regra simples para determinar o número certo delas, mas um bom designer pode ajudar ao tornar as escolhas mais fluentes por meio da apresentação do conjunto certo de opções e ao prestar muita atenção naquele ponto ideal entre um conjunto preciso e um conjunto avassalador de opções.

Como apresentar mais escolhas

Em 1º de outubro de 2013, muitos estadunidenses de classe média e menos abastados acordaram para um novo mundo: agora eles poderiam contratar um plano de saúde, alguns dos quais fortemente subsidiados, por meio de um conjunto de bolsas. A Lei de Proteção e Cuidado Acessível ao Paciente (também conhecida como Obamacare) foi, nas palavras do então vice-presidente Joe Biden, "um negócio do cacete". Mas o otimismo dos primeiros dias foi esmagado por uma série de erros bastante visíveis. Muitas das bolsas sofreram problemas com suas redes de internet, com pessoas enfrentando longas esperas para acessar sites que não respondiam devido ao excesso de demanda.

Isso foi ruim, mas havia um problema maior, embora quase invisível. Ainda que conseguissem se conectar, mesmo assim as pessoas talvez não escolhessem o plano de saúde certo para elas. Esse pode ser um problema sério: as mesmas pessoas que o Obamacare deveria ajudar – que vivem perto da linha da pobreza – poderiam acabar com o plano errado, possivelmente desperdiçando dinheiro (que poderia ser usado para a compra de alimentos e para o pagamento de escolas) em um plano inadequado que não atenderia às suas necessidades. Uma vez que os planos eram subsidiados, o dinheiro dos contribuintes também seria desperdiçado.

Se os funcionários se saem bem ou não ao escolherem entre os planos de saúde oferecidos por seus empregadores como parte de seus benefícios tem sido uma ampla questão estudada pelos pesquisadores. A maioria das empresas tenta oferecer boas opções a seus funcionários. Afinal, ao incentivá-los a contratar um bom plano de saúde, elas provavelmente permitirão que eles se mantenham mais saudáveis – e mais produtivos – a longo prazo.

No cômputo geral, porém, as pessoas escolhem mal o plano de saúde. Um estudo dos economistas comportamentais Saurabh Bhargava, George Loewenstein e Justin Sydnor analisou uma empresa real que acreditava oferecer muitas opções.[9] Havia 48 planos que ofereciam aos usuários acesso às mesmas redes de médicos, hospitais e outros provedores. A diferença residia na forma como os custos do plano eram administrados. Alguns planos eram caracterizados por oferecer desembolsos diretos mais baixos, o que era ótimo, mas tinham mensalidades mais caras. No caso de alguns, depois de somar as mensalidades mais altas, você acabaria pagando mais do que economizaria com o plano que oferecesse desembolsos diretos mais baixos. Não importa quantas vezes o usasse, você pagaria mais se optasse por ele. Esses planos com desembolsos diretos baixos são a essência das opções dominadas. Se você escolher uma, acaba pagando mais pela mesma cobertura. Escolher um desses planos seria como ver dois produtos idênticos na prateleira da loja e comprar o mais caro.

Um fato que é conhecido há muito tempo no setor de planos de saúde é que as pessoas realmente odeiam pagar despesas médicas do próprio bolso. Afinal, você gastou todo aquele dinheiro em mensalidades e agora precisa sacar sua carteira novamente para receber o serviço de fato. As pessoas parecem estar dispostas a pagar mensalidades mais altas apenas para que possam pagar menos no momento da consulta médica, mesmo que o custo global total seja maior.

Dos 48 planos oferecidos pela empresa que os 3 economistas examinaram, 35 eram simplesmente maus negócios em todos os sentidos. No entanto, mais da metade dos funcionários havia escolhido um desses planos mais caros, custando-lhes em média cerca de 370 dólares a mais por ano pelo mesmo plano de saúde. Para piorar a situação, esses erros eram mais comuns entre os trabalhadores que menos podiam se dar ao luxo de cometê-los – aqueles com uma renda inferior a 40 mil dólares ao ano, bem como mulheres, funcionários mais velhos e aqueles com problemas de saúde crônicos.

As pessoas podiam cometer erros semelhantes com as novas bolsas? Dependendo de onde morassem, os consumidores se deparavam com leques de opções muito diferentes. Alguns estados apresentavam um conjunto de opções pequeno, enquanto outros, como Utah, ofereciam mais de 100. Isso poderia ter sido excessivo? Mudou a forma como as pessoas se sentiam ao fazer uma escolha (a fluência)? Poderia afetar a escolha ou não do plano certo (a precisão)? As opções de planos de saúde têm muitas facetas, mas vamos ver se você consegue escolher a mais econômica. Dê uma olhada nas 8 opções na Tabela 6.1.

TABELA 6.1 Oito opções de plano de saúde apresentadas aos escolhedores.

Plano de saúde	Mensalidade (em dólares)	Coparticipação por consulta médica (em dólares)	Franquia anual (em dólares)
A	435	10	200
B	376	28	735
C	425	18	380
D	545	15	150
E	600	5	100
F	369	40	850
G	417	10	550
H	392	20	680

Se eu lhe disser para encontrar o plano mais barato, ignorando fatores como a qualidade dele, por enquanto você pode achar isso difícil. Mesmo se eu lhe disser com que frequência você vai ao médico e quanto vai desembolsar, a escolha é bastante desafiadora. Apresentei essa decisão a grupos de inteligentes economistas e psicólogos, incluindo participantes do programa MacArthur.* Todos eles a consideraram dolorosa e, depois de alguns minutos, a maioria implorou para que eu lhes desse a resposta certa. No entanto, esta é uma versão simplificada da própria escolha enfrentada pelas pessoas que contratam um plano de saúde.

Eu estava preocupado se a escolha funcionaria no caso das bolsas. Para que a concorrência funcionasse bem, as pessoas precisavam

---

* As bolsas MacArthur (também conhecidas como "bolsas dos gênios") são concedidas a jovens excepcionalmente talentosos pela Fundação MacArthur. (N.T.)

fazer boas escolhas. Aliado a um grupo de coautores,[10] analisei decisões como essa antes do lançamento das bolsas. As pessoas achariam a escolha de um plano fluente? Qual seria o grau de precisão dessas escolhas? Para ver o que o Obamacare poderia trazer, usamos um simulador de decisão, conforme descrito no Capítulo 4.

Mostramos planos reais a centenas de clientes em potencial, participantes on-line que poderiam estar interessados em contratar um plano de saúde por meio das bolsas. Isso aconteceu em nossa própria bolsa simplificada, que se parecia com a Tabela 6.1, e pedimos que eles escolhessem a opção mais econômica. Dissemos que fariam 5 consultas médicas, com 200 dólares de desembolsos diretos. No mundo real, eles teriam de estimar quantas consultas médicas usariam, mas ter essa informação de antemão, para os fins do experimento, deveria ter facilitado a escolha. Para garantir que realmente pensariam a sério sobre o assunto, oferecemos dinheiro adicional se conseguissem selecionar o plano mais financeiramente acessível entre as opções disponíveis. Se escolhessem a opção mais econômica, ganhariam 10 dólares. Se escolhessem a pior, receberiam o pagamento mínimo de 2 dólares.[11] Isso os fez trabalhar com mais afinco. Eles levavam cerca de 30% mais tempo para fazer uma escolha.

Um grupo de participantes fez uma escolha entre 4 opções e o outro escolheu entre 8. Depois, perguntamos a eles o grau de confiança que sentiram ao tomar sua decisão. Embora possa parecer muito com precisão, isso mede como as pessoas se sentem sobre a escolha e não se realmente escolheram a opção certa. O resultado foi inequívoco: eles ficaram menos confiantes quando tinham mais opções. E, embora a relação entre sentimentos subjetivos de confiança e fazer a escolha certa seja surpreendentemente pequena, as escolhas foram piores quando eles viram 8 planos.

Esse resultado sugere que nosso site deveria ser limitado a apenas 4 planos, mas isso não seria prático. Os planos de saúde e seus contratantes diferem de maneiras importantes, assim como as escolas. Alguns têm ótima cobertura de saúde mental, enquanto outros oferecem boa cobertura para crianças. As bolsas precisam oferecer opções suficientes para lidar com todas essas diferenças. Mas, como já vimos, mais opções também podem levar as pessoas a não se envolver com a escolha, a não examinar todas as opções ou a adotar um caminho plausível, como a filtragem, que pode levar a escolhas ruins.

Esse é um desafio imenso para o designer. Os planos de saúde resistem à fluência. Por um lado, é simplesmente desagradável se ver ou ver seus entes queridos doentes. Por outro lado, existem muitos termos e conceitos obscuros e difíceis de entender. Considere a *franquia*: esse é o valor que você deve tirar do próprio bolso antes que a cobertura do plano entre em ação, embora você nunca saiba que o nome é esse. Algumas pessoas não entendem o que é uma franquia, pensando que é o valor que você economiza por ter um plano. Ou a *coparticipação*: esse é o valor que você paga do próprio bolso pelo tratamento. Repito, não é necessariamente um rótulo intuitivo.

Parece que os designers das bolsas de planos de saúde estão em um beco sem saída. Eles precisam apresentar mais opções, mas se o fizerem, as pessoas desistirão mentalmente do processo e farão escolhas piores. Como é possível tornar essas escolhas mais fluentes? Se pudéssemos fazê-lo, poderíamos oferecer mais opções sem que as pessoas desistissem.

Escolher o plano mais econômico é difícil porque não existe um preço único. Existem mensalidades, mas também franquias, coparticipações e outras coisas, como custos dentro e fora da rede credenciada. Mesmo que você saiba quantas vezes vai usar o plano e entenda os termos, é muito trabalhoso descobrir quanto custaria contratá-lo, e o trabalho aumenta à medida que você aumenta o número de opções.

Para descobrir o custo no exemplo da Tabela 6.1, um escolhedor teria que:

1. Multiplicar a mensalidade por 12;
2. Multiplicar o valor da coparticipação pelo número de vezes que ele espera ir ao médico;

3. Descobrir qual é o menor valor entre os desembolsos diretos e a franquia anual; e
4. Adicionar as 3 somas das etapas 1 a 3 para chegar ao total.

Tudo isso envolve muito trabalho, e ele teria que fazê-lo 8 vezes, uma vez para cada plano. É como preencher um formulário de imposto de renda, não é?

Nossa solução para fluência? Simplesmente fazer as contas para eles. A Tabela 6.2 e a tarefa são iguais às anteriores, mas adicionamos uma quinta coluna que exibe o custo. Quando fizemos essa simples alteração, as pessoas acharam mais fluente essa escolha complexa, e as diferenças entre apresentar 4 ou 8 opções desapareceram. As pessoas ficaram igualmente confiantes e sentiram que havia precisão, embora tivéssemos dobrado o número de opções.

TABELA 6.2 A mesma escolha, agora usando a calculadora.

Plano de saúde	Mensalidade (em dólares)	Coparticipação por consulta médica (em dólares)	Franquia anual (em dólares)	Custo anual total (em dólares)
A	435	10	200	5.470
B	376	28	735	4.852
C	425	18	380	5.390
D	545	15	150	6.765
E	600	5	100	7.325
F	369	40	850	4.828
G	417	10	550	5.254
H	392	20	680	5.004

Este não é um exemplo isolado. Embora as metanálises de muitos estudos sobre os efeitos do aumento do número de opções na fluência mostrem que existe um efeito sutil de sobrecarga da escolha, com mais opções levando a escolhas menos fluentes, ele é relativamente modesto (insignificante, na verdade, em uma das metanálises), e é fácil fazê-lo desaparecer na prática. A metanálise elaborada por Alex Chernev, Ulf Böckenholt e Joseph Goodman mostra que a arquitetura da escolha, como o simulador em nosso exemplo, tem um impacto muito maior do que um aumento no número de opções. Chernev e seus colegas analisaram estudos que mudaram tanto a arquitetura da escolha quanto o número de opções. O resultado é que o efeito da arquitetura da escolha boa em relação à ruim é 3 vezes maior do que o efeito de um aumento no número de opções. Esta é uma excelente notícia para o designer. Você *pode* fazer as pessoas se sentirem bem por terem mais opções.

Vejamos um exemplo no âmbito da escolha de escolas. Em certas cidades, as listas são organizadas em ordem alfabética, como uma lista telefônica. Embora isso possa ser útil se você estiver procurando por uma escola da qual já ouviu falar, é pouco provável que alguém queira escolher uma escola que comece com determinada letra do alfabeto. Poderíamos nos sair melhor organizando as escolas por algo mais relevante – como preparação para a faculdade em uma seção, formação profissional em outra – ou pela localização.

Voltando ao plano de saúde, opções adicionais não apenas fizeram as pessoas se sentirem pior em relação à sua escolha (o que elas, em geral, querem dizer quando falam de sobrecarga de escolha), mas também as levaram a realizar escolhas objetivamente piores. Em nosso primeiro estudo, por exemplo, os escolhedores acertaram a opção 42% das vezes com 4 alternativas, mas apenas 20% das vezes com 8 opções, dados semelhantes aos resultados que conseguiriam se tivessem apenas adivinhado.

Uma vez que estamos usando uma simulação de escolha, sabemos qual seria a melhor opção para uma família e podemos estimar quanto custa a falta de arquitetura da escolha. Por exemplo, olhando para a Tabela 6.2, a opção mais barata é a F. Imagine que um contratante não quisesse fazer a multiplicação das mensalidades e decidisse apenas olhar para a coparticipação e para a franquia mais barata (opção E). Esse caminho plausível pode parecer sensato, mas é muito caro. A diferença entre o custo das opções E e F é de quase 2.500 dólares! Também podemos ver como os contratantes de planos de saúde em nosso estudo se saem com e sem arquitetura da escolha. Sem ela, eles têm um desempenho fraco, pagando em média 533 dólares a mais por família.

Tentamos muitas possibilidades, inclusive fornecer às pessoas custos totais anuais como os da Tabela 6.2. Isso não apenas fez com que elas se sentissem melhor em relação à sua escolha, mas também tornou suas decisões mais precisas, reduzindo seus erros pela metade. Como sabíamos a resposta certa, poderíamos predefini-la como padrão. Quando combinamos a simulação com as opções-padrão, os escolhedores se saíram muito bem e seus erros custaram apenas 72 dólares. Mais importante, com a arquitetura da escolha não houve diferença significativa na qualidade da escolha, tendo eles escolhido entre 4 ou 8 opções. Essa arquitetura superou a sobrecarga da escolha.

Você pode pensar que essa é uma situação especial, uma vez que informamos qual seria o número de vezes que alguém usaria o plano, mas outros pesquisadores demonstraram que fornecer estimativas do custo dos planos, mesmo quando as pessoas não sabem como vão usá-los, pode melhorar a escolha.[12]

Nossos estudos sugerem que uma melhor arquitetura da escolha teria economizado mais de 450 dólares para os contratantes de planos de saúde, metade do salário semanal do contratante médio no Obamacare. A economia potencial de fornecer a arquitetura da escolha eficaz para a seleção de planos de saúde é, em termos agregados, superior a 9 bilhões de dólares.

Inspirados por esse resultado, decidimos fazer nossa própria metanálise. Ela diferiu das duas anteriores porque abordou uma questão diferente: não como as pessoas se sentem sobre suas escolhas, mas se o aumento no número de opções afeta a precisão. Nós nos concentramos em estudos que usaram um simulador de decisão, estudos em que os pesquisadores sabiam a resposta certa. Esse trabalho com Shannon Duncan, agora estudante de pós-graduação na Wharton School, e Ulf Böckenholt, especialista em metanálise da Kellogg School, analisou como a precisão muda à medida que mais opções são acrescentadas. Embora tenhamos descoberto que acrescentar opções poderia prejudicar a precisão, isso acontecia apenas quando elas eram tomadas sem uma arquitetura da escolha. Com a arquitetura da escolha, não houve efeito adverso.

O uso inteligente da arquitetura da escolha nos permite acrescentar opções sem reduzir a fluência, aproximando-nos assim da melhor escolha para cada pessoa. Nesse sentido, "Quantas opções?" é a pergunta errada. As perguntas certas para os arquitetos da escolha são:

1. Como podemos apresentar as opções com mais fluência?
2. Quais são as opções com maior probabilidade de produzir uma escolha precisa?

Voltando à escola

Vamos encerrar o capítulo revisitando Radcliffe Saddler, cuja história acaba tendo um final feliz. Normalmente, as escolas disponíveis na segunda rodada são de baixo desempenho e têm baixas taxas de graduação, muitas vezes são grandes escolas de bairro ou escolas que foram alertadas de que poderiam ser fechadas. Felizmente, Radcliffe se inscreveu e foi admitido em um novo programa que estava apenas começando e tinha vagas. Não era o tipo de escola preparatória para a faculdade que ele almejava, mas era inovadora, com foco em colocação no mercado de tecnologia da informação. O *Pathways to Technology School*, um programa copatrocinado pela IBM, incluía 2 anos de faculdade que levavam à obtenção de um diploma de associado após os tradicionais 4 anos de Ensino Médio para alunos com bom desempenho. Radcliffe foi um aluno excepcional: 2 anos depois de iniciar o programa, ele tinha 21 créditos universitários e passou em todos os 5 exames do New York State Regents. Naquele ano, houve um concurso que envolveu todos os alunos para escolher aquele que apresentaria o convidado especial na escola, o presidente Barack Obama. O vencedor foi Radcliffe. Sua introdução de 2 minutos correu bem. De acordo com ele: "Foi muito legal. Eu esperava que Obama fosse apertar minha mão, mas, de verdade, não esperava o abraço".[13]

Radcliffe, agora com 24 anos, trabalha para a IBM como designer associado. Esse é um final mais feliz do que poderíamos esperar. Mas se lembre de seu objetivo original: ir a uma escola para prepará-lo para um diploma universitário em um curso de 4 anos. Seria interessante saber o que teria acontecido se os criadores do programa de escolha de escolas da cidade de Nova York o tivessem ajudado a fazer uma escolha melhor na primeira rodada.

7

Colocando as coisas em ordem

No final de 2000, a nação acompanhava ansiosamente uma notícia que envolvia a arquitetura da escolha, mesmo antes de o termo ser cunhado. A contagem de votos na Flórida foi incrivelmente apertada, com 537 dos 5,8 milhões de votos separando os dois candidatos. O resultado determinaria quem venceria no Colégio Eleitoral: George W. Bush ou Al Gore.

A questão da arquitetura da escolha era fundamental: os votos registrados refletiam as verdadeiras preferências dos eleitores? Havia uma dúvida significativa. Talvez as pessoas não tivessem entendido as estranhas "cédulas-borboleta", em que a caixa de resposta e o nome do candidato não estavam alinhados um com o outro. Mesmo que estivessem, havia dúvidas sobre o que constituía um voto: os estadunidenses assistiam a transmissões diárias de recontagens em que os inspetores discutiam se uma cédula havia sido claramente perfurada ou não – o que gerava cédulas imperfeitamente perfuradas, no vocabulário da época. Porém, havia outro efeito em jogo, o qual influencia as escolhas eleitorais até hoje.

Na Flórida, o nome de George W. Bush foi listado em primeiro lugar em todas as cédulas. Por quê? Alguns presumiram que essa ordenação aconteceu porque o governador Jeb Bush era irmão de George, mas o verdadeiro motivo era menos nefasto: tratava-se de uma exigência da lei estadual. Em 1951, os democratas que controlavam o governo do estado da Flórida aprovaram uma lei exigindo que o candidato do partido do governador em exercício fosse listado em primeiro lugar em todas as cédulas. Uma vez que Jeb Bush era republicano, seu partido foi listado em primeiro. Dada a margem estreita, essa seleção sutil de arquitetura da escolha poderia ter ajudado a determinar quem seria o presidente?

Woodrow Wilson obteve seu doutorado em ciência política pela Universidade Johns Hopkins antes de se tornar o 28º presidente dos Estados Unidos. Ele acreditava que a ordenação era importante. Em um ensaio intitulado "Política de esconde-esconde", ele escreveu:

> Já vi uma cédula que continha várias centenas de nomes. Era maior do que uma página de jornal e foi impressa em colunas apertadas como as de um jornal. Claro, nenhum eleitor [...] pode votar numa chapa dessas com inteligência. Em 9 de 10 casos, ele simplesmente marcará o primeiro nome em cada cargo, e os candidatos cujos nomes estão nos primeiros lugares da lista serão eleitos. Há casos registrados em que candidatos astutos mudaram de nome para nomes começando com alguma letra no início do alfabeto, em preparação para a candidatura em tais tipos de cédula, sabendo que não teriam chance de se eleger de outra forma.

Mudar de nome para ser o primeiro na cédula não deveria qualificar ninguém para o cargo. Aparecer primeiro, seja por lei eleitoral ou por escolha aleatória, não deveria determinar o resultado de uma eleição. Wilson estava no caminho certo?

Alguns estados distribuem aleatoriamente a ordem dos candidatos nas cédulas, em geral por condado,[1] e isso nos permite ver se ela é importante. Podemos pegar a porcentagem de votos que um candidato obtém quando aparece em primeiro lugar e compará-la com quando ele aparece, digamos, no último lugar. Pesquisadores como Jon Krosnick, psicólogo político da Universidade de Stanford, estudaram esses chamados *efeitos da ordem em cédulas eleitorais* durante anos. Na eleição presidencial de 2000, Krosnick e seus colegas examinaram como a ordem afetou a votação em 3 estados – Califórnia, Dakota do Norte e Ohio – que listavam os nomes em uma ordem aleatória. Em todos eles, Bush recebeu uma parcela maior dos votos quando seu nome foi o primeiro do que quando foi o último. A diferença foi de 9,45% na Califórnia, 1,65% na Dakota do Norte e 0,76% em Ohio.

Em todas as disputas com dois candidatos, a vantagem média de ser listado em primeiro lugar varia entre 1 e 2%. Os efeitos são maiores para eleições apartidárias e primárias. Por quê? As eleições primárias e apartidárias removem um caminho facilmente plausível que as pessoas poderiam usar para tomar uma decisão: votar por partido. Um estudo da votação em primárias pouco conhecidas no Texas, onde a ordem dos nomes nas cédulas é aleatória, mostrou que o primeiro candidato listado obteve um aumento de 10% nos votos. A conclusão é que os efeitos da ordem são maiores quando os candidatos são menos conhecidos ou, na linguagem da ciência política, quando o eleitorado é composto por eleitores com "pouca informação". Um artigo de Darren Grant, economista da Universidade Sam Houston, descreve uma "tempestade perfeita" de efeitos da ordenação de votos. Dois candidatos pouco conhecidos tinham o mesmo sobrenome, Green, e nomes comuns, Paul e Rick. Eles estavam concorrendo à indicação republicana para o Supremo Tribunal do estado, então a força do partido não era uma questão. O estudo constatou que qualquer Green listado primeiro na cédula daquele condado recebia uma vantagem de 20%.[2]

Para colocar o tamanho desses efeitos em perspectiva, as campanhas gastam milhões de dólares para promover o comparecimento às urnas e consideram um aumento de 2% no número de eleitores uma grande vitória. Efeitos, até mesmo modestos, da ordenação de votação obtêm o mesmo retorno de forma gratuita.[3]

Claro, a votação de 2000 na Flórida envolveu candidatos bem conhecidos. Mas com Bush e Gore separados por apenas 537 votos, apenas um punhado de eleitores precisou marcar o primeiro nome que viu para fazer com que Bush ganhasse a eleição. Se um punhado de eleitores – cerca de um em cada 25 mil eleitores, ou 0,0045% – marcasse o nome dele porque era o primeiro da lista, a ordenação por si só determinaria o próximo presidente dos Estados Unidos. Se a ordem tivesse sido diferente, colocando Gore em primeiro lugar ou variando aleatoriamente de condado para condado, a história poderia ter sido outra. Ela pode ter sido um fator na Flórida. Seus efeitos superam essa diferença no total de votos e a influência das muito divulgadas imperfeitamente perfuradas ou cédulas-borboleta.

Nunca saberemos com certeza se a ordem dos nomes determinou o resultado das eleições na Flórida. Mas parece óbvio que devemos distribuir aleatoriamente a ordem em todas as cédulas eleitorais. Ninguém proporia a escolha de presidentes, senadores, prefeitos ou vereadores com base no cara ou coroa, em vez de na realização de uma eleição. Mas pense bem: se usarmos o lançamento de uma moeda para determinar a ordem dos nomes nas cédulas eleitorais, é exatamente isso que estamos fazendo em disputas acirradas. Se o efeito da ordenação for maior do que a diferença entre os candidatos, o resultado de um cara ou coroa pode determinar quem será eleito. Apenas 12 estados mudam completamente a ordem dos nomes em algumas ou em todas as suas eleições. O melhor esquema pode ser aquele usado em Ohio. Ele começa com uma ordem alfabética e a alterna entre os distritos. Outros estados fazem o mesmo, mas apenas no caso de certas eleições. Por exemplo, o Texas muda a ordenação apenas nas primárias, talvez porque os efeitos dela possam ser maiores nesse tipo de eleição, uma vez que as pessoas não podem votar no partido.

Os outros 38 estados que não controlam a ordenação poderiam adotar métodos que minimizem sua influência. Certamente não é uma boa ideia fazer o que Delaware faz – exigir por lei que os democratas sejam sempre listados em primeiro lugar. Ter o ocupante atual do cargo listado em primeiro lugar, como é feito em Massachusetts, aumenta a vantagem de quem já está naquela posição. Em teoria, pode ser melhor mudar a ordem para que cada pessoa veja um arranjo diferente, mas isso parece complicado, sobretudo com as cédulas de papel. Uma boa aproximação seria mudar a ordenação entre os distritos eleitorais, seções eleitorais ou condados. É importante perceber que mudar sistematicamente a ordenação não faz desaparecer o efeito da ordem nas cédulas. Em vez disso, a mudança o neutraliza. Compare essa possibilidade com a alternativa praticada por cerca de 7 estados, na qual uma autoridade eleitoral controla a ordem das cédulas, o que lhe dá o poder de influenciar as eleições.

Alguma coisa mudou desde 2000? Krosnick, o psicólogo político conhecido por seus trabalhos sobre os efeitos da ordenação, está convencido de que ela fez a diferença em 2016. O nome de Donald Trump foi o primeiro em estados cruciais, como Wisconsin, Michigan e Flórida, e ele venceu por margens pequenas nesses lugares. Claro, Hillary Clinton foi listada primeiro em alguns estados próximos também. Em 2019, os democratas abriram processos em vários estados, incluindo a Flórida, para distribuir os nomes em ordem aleatória. Na Flórida, eles ganharam uma decisão judicial inicial, mais tarde anulada, e o candidato republicano foi novamente listado em primeiro lugar em 2020.[4]

Por que a ordenação faz diferença?

Você talvez fique perplexo com a ideia de que algo fora de nosso controle, como a ordem das opções em uma lista, pode influenciar nossas decisões. Ou talvez pense que a ordem pode afetar nossas decisões inócuas, como qual sorvete comprar. Mas seria a ordem relevante para escolhas importantes, como onde estudar ou qual fundo mútuo contratar?

A realidade é que esses efeitos podem ser grandes, mas a explicação é complicada à primeira vista. Depois de ler sobre votação, você pode achar que estar em primeiro lugar é sempre melhor, mas há momentos em que ser o último é melhor.

Esses resultados parecem tão complicados que um designer pode ficar tentado a simplesmente desistir. Na verdade, foi complicado escrever este capítulo devido à dificuldade de explicar claramente os efeitos da ordenação. Mas depois percebi duas coisas. Primeiro, esses efeitos podem ser muito grandes, muitas vezes tão grandes quanto os das opções-padrão. Lembre-se de que alterar as opções-padrão pode aumentar a escolha de um candidato em mais de 20%. E, como acontece com essas opções, é fácil para o designer alterar a ordenação das alternativas. No ambiente on-line, você pode ordenar uma tabela de maneiras diferentes com uma simples alteração no código ou um clique do mouse. Em segundo lugar, embora os resultados possam parecer complexos, os elementos que determinam os efeitos causados pela ordenação são bastante simples e fáceis de explicar. Ao entender esses determinantes, podemos entender os efeitos.

O primeiro determinante é um conjunto de fatores que tornam o item inicial em uma lista ordenada mais provável de ser escolhido do que se estivesse mais adiante nela. Quando estar no início da lista ajuda, chamamos a isso de *primazia*. Imagine que você receba uma lista de sabores de sorvete e, digamos, que haja 57 opções. Se ser o primeiro da lista torna mais provável que você escolha esse sabor, estamos diante de um caso de primazia. Iremos nos aprofundar nisso em breve, mas os determinantes da primazia são primos em primeiro grau dos fatores que já discutimos. As pessoas nem sempre pesquisam o suficiente, e ordens diferentes mudam as formas como consultamos a memória para compor nossas preferências. Você pode começar a ler a lista do topo e parar antes de chegar ao final.

O segundo determinante é um conjunto de fatores que favorecem ser o último da lista, algo que chamaremos de *atualidade*. Esse termo significa que as coisas mais adiante na lista têm uma vantagem. Se eu recitasse a lista de sabores de sorvete e você consistentemente escolhesse o último, eu estaria exibindo atualidade. Ela novamente depende da memória, mas de uma maneira muito diferente. À medida que avançamos em um longo conjunto de opções, podemos esquecer algumas coisas sobre as opções anteriores.

Isso em geral acontece quando não controlamos o fluxo de informações. Quando examinamos uma cédula eleitoral, podemos decidir o que analisar e quando. O mesmo se aplica a um cardápio escrito. Mas compare ver 57 sabores de sorvete em uma lista com ouvir alguém recitá-los um por um. Nesse caso, quem apresenta, e não você, controla quais informações são apresentadas. Você precisa se lembrar de tudo o que aquela pessoa disse para ter uma chance de fazer uma escolha. Se esquecer algo, esse item não será selecionado. O mesmo vale para os juízes de patinação artística no gelo. Os artistas se apresentam sequencialmente, portanto, para comparar o desempenho de um patinador com o de outro, o juiz deve confiar em sua memória. À medida que cada patinador subsequente se apresenta, a memória dos juízes em relação à apresentação dos artistas anteriores inevitavelmente diminui. Quando o último patinador aparecer, a lembrança do primeiro terá se degradado substancialmente. A comparação agora é tudo, menos justa.

Primazia e atualidade serão importantes em situações diferentes. Por exemplo, a primazia pode prevalecer quando estamos usando um site, mas a atualidade pode prevalecer se discutirmos nossas opções com um colega. Para entender essa questão, precisamos entender o que causa a primazia e a atualidade.

Quando ser o primeiro é ser o melhor

O cardápio de sorvetes longo e escrito à mão, listado de cima para baixo na parede da loja, é uma boa ilustração da primazia. Imagine que são apenas 12 sabores artesanais e cada item tem uma descrição extensa, quase um ensaio, que inclui os ingredientes. O primeiro é chamado de *parfait* de frutas. O ensaio descreve como elas, que são suas favoritas, estão no auge da estação, e como o sorveteiro selecionou cuidadosamente sua combinação. Ele discorre em detalhes sobre a variedade de frutas, onde são cultivadas, como são orgânicas e saudáveis, os demais ingredientes e seu preparo. O segundo item da lista é uma mousse de chocolate, feita com chocolate refinado e um licor delicioso. O terceiro é o caramelo crocante, o quarto é *sorbet* de coco e assim por diante. Você se sente exausto só de olhar para a lista e nem chegou à metade dela quando a pessoa que serve o sorvete pergunta qual sabor você deseja.

Uma vez que você já leu sobre a composição de preferências, tem uma ideia do que está acontecendo. Ao ler sobre o *parfait*, você se lembra de todas as ocasiões em que comeu aquelas frutas quando estavam bem maduras, pensou na aparência delas e imaginou como seria o sabor do sorvete feito com elas. Quando você lê "*mousse* de chocolate", muito pouco vem à mente. Você talvez diga: "Decidi quando vi o *parfait*".

Mas o que aconteceria se a *mousse* tivesse sido a primeiro da lista? Sua mente talvez se concentrasse na *mousse* aerada e no contraste entre o chocolate doce e o sabor estimulante do licor, e você teria dificuldade em pensar no *parfait*.

Essas diferenças na formulação das perguntas, descritas anteriormente com o uso da teoria da consulta e da inibição, podem causar mudanças nas escolhas. Quando fazemos escolhas, identificamos uma opção como a melhor tentativa ou a primeira escolha atual. À medida que consideramos outras opções, nós as comparamos com essa primeira escolha provisória, e algo notável acontece: tendemos a distorcer as informações que vemos para favorecer essa primeira escolha. Observamos primeiro os aspectos bons das opções provisórias e temos dificuldade em lembrar bem das outras. No exemplo do sorvete, nossa avaliação dependia da ordenação. Essa distorção parece ser bastante comum nas pesquisas. Elke Weber e eu chamamos de *decisão por distorção*.[5]

Jay Russo, professor da Universidade Cornell, é meio *gourmet*. Ele e seus colegas, Kurt Carlson e Margaret Meloy, realizaram um estudo, em 2006, que usou a ordenação para mudar as escolhas entre restaurantes. Eles pediram aos participantes que escolhessem entre dois estabelecimentos, que foram descritos por seus vários atributos. Ambos eram opções atraentes, mas não equivalentes. O restaurante A foi o preferido de 59% dos participantes. O restaurante B era claramente melhor em um atributo importante – a sobremesa –, mas não foi suficiente para levar mais pessoas a escolhê-lo em vez de o restaurante A. Em uma semana, as mesmas pessoas voltaram e fizeram a mesma escolha, mas as descrições foram disfarçadas por mudanças de nome e formatação. No entanto, Russo e seus colegas fizeram uma alteração importante: mudaram a ordem em que as informações eram apresentadas. Agora, o melhor atributo do restaurante inferior (as sobremesas do Restaurante B, anteriormente considerado o perdedor) foi apresentado primeiro. Começar com o ponto forte do restaurante fraco mudou as escolhas. O restaurante não tão bom passou de ser escolhido em 41% das vezes para 62%. A simples mudança na ordenação da apresentação dos dois restaurantes aumentou a parcela de mercado do vice-campeão inicial em 43%. Como? Russo e seus colegas sugerem que, quando as pessoas pensavam nas sobremesas do Restaurante B, viam as outras características do Restaurante A como menos positivas em relação ao outro estabelecimento. Eles pediram a elas que classificassem os atributos dos dois restaurantes e, como poderíamos prever, quando elas viram a sobremesa primeiro, enxergaram todos os atributos do Restaurante B mais favoravelmente. Elas também classificaram as características do outro restaurante como menos atraentes quando comparadas à avaliação dos mesmos atributos na semana anterior. O atendimento cortês do restaurante "melhor" agora parecia menos atraente. A sobremesa do Restaurante B brilhou no final da refeição. As preferências foram compostas de forma diferente apenas com base na ordenação da apresentação dos atributos.

Aumentar a parcela de mercado relativa de um restaurante pela simples alteração da ordem em que seus atributos são apresentados é bastante impressionante. Russo e seus colegas viram que a ordenação fazia uma grande diferença, então perguntaram aos escolhedores se eles achavam que isso influenciara sua escolha. Quase todos negaram que a ordem fizesse diferença.

Mas quando a lista de opções fica longa, também acontece outra coisa que promove a primazia. A vida é cheia de escolhas que têm muitas opções. Lembra das centenas de candidatos de Woodrow Wilson? Aquela cédula eleitoral pode ter sido um exagero, mas existem cédulas longas, como a com 25 principais candidatos nas primárias presidenciais democratas de 2020 ou aquela com os 17 candidatos republicanos concorrendo nas primárias presidenciais republicanas de 2016. Neste livro, vimos outros exemplos de listas longas de opções, desde o Ensino Médio até possíveis encontros amorosos em aplicativos de relacionamento. Nessas listas longas, as pessoas talvez revisem apenas um número reduzido de opções.

A primazia também ocorre quando as pessoas pesquisam muito pouco e não exploram a lista inteira. Ela será mais forte se a lista não for fluente, e a maioria das cédulas eleitorais não é. Quanto menos fluente for uma lista, menor se torna o conjunto de opções considerado, e a primazia fica mais poderosa.

No Capítulo 6, falamos sobre perder a melhor opção por parar de pesquisar cedo demais. Aqui, estamos lidando com o mesmo fenômeno e examinando com mais cuidado a relação entre pesquisa e escolha. Quando paramos de pesquisar cedo demais, escolhemos entre um conjunto menor de opções. Se uma opção não é vista, ela não é escolhida. Esse determinante da primazia ajuda a explicar quando é melhor ser o primeiro, ou próximo disso. Se apenas a primazia importasse, Wilson estaria certo: para progredir na vida, em listas ordenadas alfabeticamente, mude seu nome – torne-se Aaker ou Aaron, e pronto.

Os pesquisadores adoram calcular quanta pesquisa os escolhedores *deveriam* fazer. Isso ocorre porque o problema de quando parar de pesquisar é passível de otimização estatística. Não surpreende que exista uma enorme quantidade de literatura sobre pontos de parada ótimos nas áreas da economia e da matemática aplicada. Estudos relevantes analisam quantos pretendentes considerar antes de se casar e quantos candidatos entrevistar antes de preencher um cargo específico. É irônico então que uma profissão preocupada com pesquisas satisfatórias tenha ela mesma sido vítima de efeitos da ordenação. Como veremos na próxima seção, uma das maneiras mais importantes pelas quais os economistas encontram os trabalhos uns dos outros sofria de um efeito enorme da ordenação, tão grande que fez com que os integrantes da área mudassem completamente a arquitetura da escolha.

Economistas

Toda segunda-feira de manhã, a Agência Nacional de Pesquisas Econômicas (NBER, na sigla em inglês) envia um e-mail descrevendo novos documentos de trabalho para uma lista de mala direta com 23 mil pessoas. Essa agência é uma entidade privada de pesquisa sem fins lucrativos, mais conhecida por declarar o início e o fim das recessões, e sua lista de documentos de trabalho é importante, pois os artigos sobre economia podem demorar anos para ser publicados.

Cada e-mail elenca o título do artigo da semana, seus autores, uma breve descrição e um link para baixá-lo. Todos recebem uma lista que os editores e leitores acreditam ser ordenada de forma aleatória e não existe nenhum controle editorial sobre quais artigos são listados e onde. A ordem é uma questão de acaso. A relação em geral é longa – o e-mail mais recente que vi apresentava 36 documentos de trabalho – e repleta de títulos empolgantes (para economistas), como "Comércio global e margens de produtividade na agricultura" e "Decifrando os efeitos macroeconômicos das desvalorizações internas em uma união monetária".

Uma vez que todos os envolvidos na elaboração da lista a cada semana, desde os economistas que submetem seus trabalhos até os seus compiladores, acreditam que a ordenação nela é aleatória, ela não deveria ser importante. Não há absolutamente nenhuma razão para esperar que o primeiro artigo da lista seja melhor ou que o último seja pior. A ordenação não transmite qualquer informação.

Mas, mesmo para esses economistas, ela tem efeito porque eles também não examinam todos os artigos. Ser listado primeiro significa que o resumo do seu artigo será lido 33% mais vezes e baixado 29% mais frequentemente do que o segundo listado, e essa tendência continua ao longo da lista.[6]

Uma das medidas de sucesso mais importantes entre os acadêmicos são as citações: o número de vezes que outros acadêmicos mencionam seu trabalho nos próprios artigos. A contagem de citações desempenha um papel importante na obtenção de estabilidade no quadro docente da maioria das universidades estadunidenses e na atração de ofertas de emprego de outras universidades, além de, é claro, ser uma fonte do direito de se gabar. Na verdade, elas são tão importantes que um indicador das citações de um pesquisador, o índice h – uma medida do número de citações na carreira de um pesquisador –, é objeto de comparação entre os acadêmicos. Quando veem um estudioso conhecido passar diante deles durante uma conferência, outros acadêmicos mencionam seu índice h ("Acho que o George é um grande estudioso, mas Sandra tem um índice h muito mais alto"). As citações são realmente importantes.

Ser o primeiro em uma lista aleatória como essa ajuda? Pode apostar que sim. Daniel Feenberg et al. analisaram o efeito de aparecer aleatoriamente em primeiro lugar ao rastrear a frequência com que esses artigos são citados por outros estudiosos em seus próprios artigos ao longo dos 2 anos seguintes. Eles descobriram que ser o primeiro na lista do NBER resultou em 27% mais citações. Como a ordenação não contém informações, as pessoas podem começar a ler em qualquer lugar da lista e não necessariamente do topo. Também é muito fácil passar os olhos por ela. Mas o fato é que os economistas leem e citam os artigos que estão no topo com mais frequência, mesmo que não sejam os melhores e que estejam lá por acaso. Os autores até implantaram controles que levavam em conta a popularidade de artigos que foram listados em outros lugares, e mesmo assim descobriram que a ordem em si fazia uma diferença importante.

Este é um bom exemplo de arquitetura da escolha aleatória. A equipe da NBER havia feito a seleção de uma ferramenta de arquitetura da escolha – a ordenação – sem considerar suas consequências. Quando perceberam que seu design tinha esse efeito, o que esse grupo de designers sofisticados fez? Os economistas iniciaram uma nova política destinada a minimizar os efeitos da ordenação. Cada e-mail passou a listar os artigos em uma ordem aleatória diferente, o que significa que cada leitor passou a receber uma sequência aleatória única. Isso certamente equilibrou quaisquer efeitos da ordenação. James Poterba, presidente do grupo, disse que "a arquitetura da escolha é uma dimensão importante e pouco estudada das escolhas econômicas". Quando perguntado por que eles haviam optado por uma ordenação aleatória, Poterba respondeu: "Uma vez que você reconhece a possível existência de um viés, torna-se quase natural optar por esse tipo de ordenação". Essa é uma forma natural de minimizar os efeitos dela, mas pode não ser a melhor forma de apresentar as opções. Imagine que os artigos fossem agrupados por áreas de interesse – digamos, microeconomia ou teoria dos jogos – e que cada pessoa pudesse selecionar as áreas de sua predileção. O designer poderia usar essa informação para ordenar os artigos de acordo com o interesse de cada pessoa, tornando a ordem significativa e útil.

Expedia

O efeito da ordenação em artigos acadêmicos tem consequências reais para as citações e para os egos acadêmicos. Mas o efeito dela na internet, do ponto de vista econômico, significa ganhar muito mais dinheiro. A Expedia, a maior agência de viagens on-line do mundo, queria saber qual era a melhor maneira de organizar os resultados das pesquisas em seu site. Ela pensou que um novo formato talvez ajudasse a aumentar os lucros. De sua receita global, 70% derivavam da venda de quartos de hotel oferecidos por redes, como Holiday Inn ou Marriott, e por hotéis independentes. Era uma fonte de receita muito maior do que a reserva de carros de aluguel e a venda de passagens aéreas. Na maioria das vezes, a receita vinha da comissão paga por um hotel, não da publicidade. Se uma ordenação de resultados de pesquisa para ajudar alguém a encontrar e reservar um quarto fosse melhor do que outra, a Expedia ganharia mais dinheiro. Sair do site sem fazer uma reserva significava não receber comissão alguma.[7]

Quando um visitante do site insere um local e as datas de viagem, a Expedia responde com uma lista de quartos de hotel disponíveis (27 em média). Para aumentar as reservas, ela passou a usar um algoritmo para ordenar a lista de acordo com a relevância da busca. Essa classificação foi baseada na quantidade de atenção que um hotel recebeu de outros consumidores e na compatibilidade com as reservas anteriores feitas pelo consumidor em quesitos como preço e qualidade. Em seguida, a Expedia fez um teste A/B entre esse algoritmo e a ordenação aleatória dos hotéis para ver o efeito da ordem nas vendas.

Uma vez que a Expedia passou a ordenar os hotéis aleatoriamente, Raluca Ursu, professora de marketing da Universidade de Nova York, podia identificar o quanto as vendas de um hotel mudavam quando ele aparecia em diferentes posições na lista. Digamos que muitos clientes digitaram "Baltimore" e especificaram um fim de semana para a estadia. Todos os que fizeram isso viram os mesmos hotéis, mas eles apareceram em posições diferentes na lista. Para um cliente, certo hotel pode ter sido o primeiro; para outro, poderia ter sido o vigésimo, e assim por diante. Isso permitiu que Ursu estudasse como a posição, por si só, afetava as vendas. Assim, o melhor hotel para o cliente poderia estar em qualquer lugar da relação. A localização na lista e a adequação do hotel ao cliente eram totalmente independentes.

Uma vez que essa lista já tinha uma boa quantidade de informações sobre cada hotel – como nome, preço, localização e classificação de qualidade por estrelas –, a coisa lógica a fazer seria dar uma olhada nela e clicar no hotel que parecia mais promissor. A maioria das informações de que os consumidores precisavam estava bem na frente deles. Eles deveriam clicar no link que parecia atender melhor as suas necessidades. Como a varredura da lista parece ser muito fácil, você esperaria que a ordenação tivesse um efeito mínimo.

Mas a ordem aleatória dos hotéis provocou uma diferença importante: o primeiro hotel foi selecionado com 50% mais frequência do que o segundo e quase duas vezes mais do que o quinto. As pessoas pesquisavam muito pouco; 93% delas clicaram em apenas um hotel. E essa foi uma compra bastante cara, já que um hotel médio custa cerca de 160 dólares por noite.

Ursu analisou esses dados em 4,5 milhões de pesquisas da Expedia. Ela usou modelos estatísticos para ver como esse efeito da ordenação se traduzia em custo. Esses modelos eram ajustados para levar em conta as diferenças entre os hotéis (como distância do centro da cidade, piscinas, qualidade do quarto, nome da rede e assim por diante) e permitiram que ela verificasse se as pessoas deveriam pesquisar mais e quanto custaria pesquisar muito menos. A pesquisadora argumenta que os consumidores se comportaram como se os custos de busca fossem enormes, mesmo que envolvessem apenas um clique. Eles podem economizar dinheiro ao pesquisar mais opções. Ursu calculou, em média, que os consumidores renunciam a cerca de 2 dólares ao não clicar em outro hotel, uma ação que levaria apenas alguns segundos. Examinemos essa equação como um economista: se eu pudesse ganhar 2 dólares por, digamos, um minuto a mais de trabalho, ao não pesquisar eu estaria desistindo da oportunidade de ganhar 2 dólares por minuto – 120 dólares por hora.

Ursu pôde usar o modelo para ver como os escolhedores se sairiam se a Expedia substituísse seu algoritmo por um que classificasse as opções de acordo com a adequação prevista para o cliente. As classificações originais da Expedia eram muito piores. De acordo com os cálculos de Ursu, a ordenação da Expedia custava aos clientes mais de 30 dólares por noite. Não apresentar os quartos de acordo com a adequação prevista aumentava efetivamente o preço pago pelos consumidores em 19%, em comparação com o algoritmo aprimorado. A Expedia se sairia melhor com o algoritmo proposto por Ursu, que aumentaria o número de quartos reservados em 2,4%.

Você pode achar que ser o primeiro é sempre melhor e, de fato, isso parece ser verdade no caso dos candidatos políticos, trabalhos acadêmicos e hotéis, mas não é a história completa. Todos esses exemplos têm duas coisas em comum: são todas listas compostas, sobretudo de textos, e o escolhedor tem controle total sobre onde concentrar sua atenção.

Como perder o controle: quando ser o último é melhor

Digamos que seu cônjuge chegue em casa e sugira 5 filmes para vocês assistirem juntos naquela noite. Como você acha que navegar na internet para encontrar filmes em cinemas nas redondezas e ler resenhas é uma tarefa chata, você ficaria mais do que feliz em ouvir as sugestões dele. Seu cônjuge lista 5 opções, fazendo uma longa descrição de cada uma. Nesse cenário, você acha que o primeiro filme teria mais probabilidade de ser escolhido? Uma vez que seu cônjuge é o designer, ele poderia ordenar a lista de maneira a aumentar as chances de você escolher a opção que ele prefere? Ele deveria colocar o filme favorito dele em primeiro lugar?

As pesquisas sugerem que primeiro pode não ser o melhor nesse caso. Pense nos determinantes aqui: os efeitos que privilegiam a primazia podem estar funcionando, mas algo é diferente. Imagine que você é o ouvinte dessa conversa conjugal. Você ouve sobre o primeiro filme, um mistério sórdido, e rapidamente forma uma opinião. Em seguida, seu cônjuge descreve uma comédia romântica que acabou de ser lançada. Você se lembra vagamente de ter lido uma crítica a respeito, rapidamente compara essa opção com a impressão que a descrição do filme de mistério lhe provocou e decide qual vence: o mistério. O terceiro é um documentário sobre a banda favorita de seu cônjuge (ele tem gostos ecléticos). Você gostaria de evitar o documentário, então tenta se lembrar de qual dos dois primeiros filmes você gostou mais. O quarto é um filme de ação; é uma sequência, e vocês dois odiaram o filme anterior, então o descartam imediatamente. A essa altura você não consegue se lembrar muito do primeiro, apenas que gostou mais dele do que da comédia romântica. Por fim, seu parceiro menciona o quinto filme, outro mistério, mas este é um filme *noir* antigo que está sendo exibido no cinema clássico, e ele menciona que é possível tomar um drinque naquele bar simpático do outro lado da rua. Vocês dois já haviam dito que queriam experimentar aquele bar algum dia. Você tenta se lembrar dos outros 4 filmes, desiste e diz: "Vamos ver o último", pensando tanto no drinque quanto no filme.

Você perdeu o controle de sua atenção. Da mesma forma que um garçom que recita os pratos especiais do dia, seu cônjuge assumiu o controle da apresentação das informações. Isso é diferente de olhar para uma cédula eleitoral ou uma lista na internet. Em relação à página da internet, você pode voltar se esquecer alguma coisa. Você não pode fazer isso naquela outra situação. Seu parceiro mudou as regras do jogo. Ele usou uma *apresentação sequencial,* em que as opções são apresentadas uma de cada vez. Antes falávamos de *apresentações simultâneas*, em que você via tudo de uma vez e estava no controle. Com a apresentação sequencial, você perde o controle.

Depois de entender a diferença nas apresentações de escolhas, você passará a notar apresentações sequenciais o tempo todo. Degustações de vinhos. A procura por uma casa. A escolha do melhor em competições de patinação artística no gelo. Todas são apresentações sequenciais.

O Festival Eurovisão da Canção coloca artistas populares de vários países membros da União Europeia de Radiodifusão em competição uns contra os outros. O conjunto ABBA venceu esse festival com a canção que se tornaria seu primeiro grande sucesso, "Waterloo". As carreiras das cantoras Celine Dion, da britânica Lulu e da alemã Lena receberam grandes impulsos depois que venceram esse evento. Ele é conhecido pela combinação de exibições exageradas de baladas populares cheias de esquisitices *kitsch*. Exibido pela primeira vez em 1956, era o concurso anual mais antigo do mundo ainda em produção até a pandemia forçar o cancelamento da edição de 2020.

O Festival Eurovisão apresenta seus competidores sequencialmente: cada país pode inscrever um artista com uma única música com 3 minutos de duração no máximo. Na fase final, 26 músicas são apresentadas ao longo de 2 horas. A ordem de apresentação é determinada aleatoriamente. O julgamento é feito por profissionais e telespectadores em todo o mundo. Uma regra fundamental é que você não pode votar no artista que representa seu próprio país.

Wändi Bruine de Bruin, uma psicóloga holandesa, estudou em detalhes competições como o Eurovisão. Ao contrário dos cenários de escolha simultânea, em que a primazia é vantajosa, muitas vezes ela encontra um efeito de atualidade – ou seja, as posições finais são as melhores. Qual seria a razão dessa diferença?

Reflita sobre sua conversa a respeito da escolha de um filme com seu cônjuge. Uma vez que não iria ouvir as informações novamente, você avaliou cada opção à medida que surgia e comparou-a com a melhor até então. Nessas situações, fica cada vez mais difícil lembrar muita coisa sobre as primeiras opções. Mesmo aquela de que você mais gostou até determinado momento, o atual líder, torna-se mais difícil de lembrar. A opção que você ouviu mais recentemente é muito fácil de recordar. Isso significa que as opções no final da lista têm mais chances de vencer. De fato, a pesquisa de Bruine de Bruin mostra exatamente isso: nos concursos do Eurovisão, as últimas canções tendem a vencer, apesar do fato de que a ordem de apresentação é determinada aleatoriamente. Os competidores desse festival entendem isso, pelo menos intuitivamente, e tentam se destacar proporcionando momentos memoráveis. Em 2015, os representantes da Áustria – os *Makemakes* – simularam incendiar um piano, e em 2016 o artista bielorrusso Ivan apareceu com um lobo holográfico que uivava para a lua – vale qualquer coisa para ser lembrado em meio às apresentações subsequentes.

Bruine de Bruin encontrou o mesmo efeito de atualidade em competições internacionais de patinação artística no gelo. A ordenação nesse esporte é particularmente injusta: os competidores entram na primeira rodada em ordem aleatória. Como vimos, as pessoas que aparecem no final têm uma vantagem. Na segunda rodada, a ordem é determinada por quem teve melhor desempenho na primeira. Isso significa que a vantagem pode ser multiplicada. Para entender como isso ocorre, imagine que todos os patinadores sejam igualmente bons. Aqueles que se saíram melhor por acaso, porque foram os últimos do primeiro turno, agora ganhariam uma segunda vantagem ao serem os últimos da segunda rodada.

É importante perceber, repito, que a posição em ambos os casos não é informativa. Na patinação artística no gelo, assim como na votação, preferimos que o acaso do sorteio não determine o vencedor. Efeitos semelhantes aparecem em competições de nado sincronizado e de música clássica. Bruine de Bruin achou um título lindo para essa série de artigos que descrevem brilhantemente os efeitos da atualidade, dando um ótimo conselho a todos os competidores: *"Save the last dance for me"*.*

Existe um experimento astucioso, embora um tanto enganoso, realizado por psicólogos com a degustação de vinhos que também destaca esse ponto. As pessoas escolhem um favorito em uma série de degustações. Curiosos sobre o efeito do tamanho da lista de vinhos, os pesqui-

---

* "Reserve a última dança para mim", referência à canção de sucesso dos Drifters gravada em 1960 e composta por Doc Pomus e Mort Shuman. (N.T.)

sadores variaram a extensão das séries de degustação. Os degustadores provaram 2, 3, 4 ou 5 vinhos. Embora tivessem sido informados de que estavam provando uma série de vinhos da mesma variedade e de vinhedos diferentes, eles na verdade estavam provando amostras do mesmo vinho. Essa apresentação enganosa talvez fizesse você pensar que isso significa que as escolhas dos enólogos seriam aleatórias, o equivalente a jogar cara ou coroa. A única diferença era a ordem, mas a ordem fazia toda a diferença.

Dê uma olhada no que aconteceu. O Gráfico 7.1 mostra qual vinho as pessoas escolheram como o favorito à medida que o tamanho da lista aumentava de 2 para 5 amostras.

Os efeitos da ordenação são grandes: na sequência de 2 vinhos, o primeiro foi escolhido 70% das vezes, muito mais do que os 50 que esperaríamos por obra do acaso – o que significa que o primeiro vinho foi escolhido duas vezes mais frequentemente do que o segundo, embora fossem idênticos. Nessa lista limitada, a primeira posição leva vantagem. Esse é o efeito da primazia que descrevemos anteriormente e vimos acontecer com cédulas eleitorais e restaurantes. Mas, repare no que acontece com as séries de degustação mais longas: a vantagem de ser o primeiro diminui, e o último vinho da sequência começa a ter um desempenho melhor. Esse é o efeito da atualidade, em que ser o último (ou o mais atual) é melhor.[8]

Por que isso acontece? Obviamente, ser o primeiro na degustação é uma vantagem, e como os vinhos são idênticos, essa vantagem apenas é fruto da ordenação. Discutimos as causas da primazia anteriormente, mas nesse caso a interrupção da pesquisa não pode ser a causa: você é obrigado a provar todos os vinhos. Isso pode ocorrer, no entanto, devido à dessensibilização do paladar ou – da mesma forma que em outros casos (como a votação) – por conta das diferenças na composição das preferências. Mas observe o que acontece à medida que a lista cresce: há um efeito de atualidade impressionante. O último vinho tem vantagem, tornando-se quase tão popular quanto o

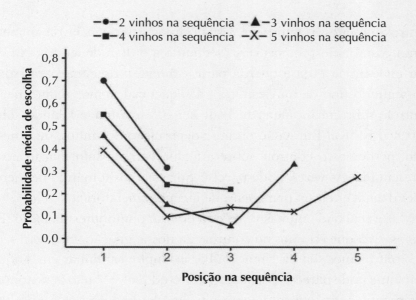

GRÁFICO 7.1 Número de vezes em que um vinho foi escolhido de acordo com sua posição a partir de diferentes números de escolhas possíveis.

primeiro. Presume-se que isso ocorra porque é difícil lembrar o sabor do primeiro.

Essa descoberta tem uma implicação interessante: em apresentações sequenciais, devemos tentar estar na primeira posição se a lista for curta. À medida que a lista aumenta, porém, aumenta a vantagem de ser o último. É nesse momento que é útil saber que existem dois determinantes dos efeitos da ordenação, porque entendemos o que está causando as diferenças entre listas curtas e longas.

Visuais

Até agora, vimos dois extremos. O primeiro é a apresentação simultânea, como nas cédulas eleitorais ou nas páginas da internet, onde controlamos nossa atenção e visualizamos a sequência da maneira como gostaríamos, muitas vezes seguindo a ordem de leitura. Na língua inglesa, ela é da esquerda para a direita e de cima para baixo. No segundo tipo de apresentação, a sequencial, temos muito menos controle sobre nossa atenção. Pode ser o seu cônjuge falando sobre filmes, o Festival Eurovisão ou uma degustação de vinhos, mas, nesse caso, perdemos o controle sobre a forma como a informação nos é apresentada. Às vezes, pode parecer que estamos tomando pequenos goles d'água em uma mangueira de incêndio metafórica.

Mas a realidade muitas vezes está em um ponto intermediário. Podemos *achar* que estamos no controle da nossa atenção, mas nem sempre controlamos sua distribuição. Por exemplo, caminhar em Tóquio com fome pode parecer desafiador, sobretudo se você não fala japonês. Felizmente, para o viajante com dificuldades linguísticas, muitos restaurantes têm cardápios completos exibidos na vitrine com os pratos oferecidos em forma tridimensional, de plástico ou cera. O pobre *gaijin* (estrangeiro) precisa apenas apontar para pedir sua refeição.

No caso de exibições tão ricas do ponto de vista visual (em contraste com textos), você acha que simplesmente as leria da esquerda para a direita? Provavelmente não. Se a exibição não for muito grande, a primazia prevalecerá, mas com uma diferença: não é o primeiro item da lista, mas sim o primeiro que você olha. Quando observa uma tela, seus olhos são naturalmente atraídos para o centro da apresentação visual. Provavelmente você também é atraído por cores mais brilhantes ou apresentações mais dramáticas. É o item que chama nossa atenção primeiro que detém a vantagem. De fato, estudos de rastreamento ocular mostram que as pessoas tendem a olhar mais para o centro de uma exibição como essa, e isso dá vantagem aos itens centrais.[9]

Em nenhum lugar essa questão foi mais estudada do que nos supermercados. As gôndolas nesses lugares são ambientes de escolha onde fabricantes, como a empresa estadunidense Proctor & Gamble ou a alemã Henckel, pagam para ter uma arquitetura da escolha que os beneficie. A colocação dos produtos nas prateleiras é uma das características mais importantes do varejo moderno, pois é uma decisão tomada em colaboração com dois designers: o supermercado e o fabricante. Ela é tão importante que os varejistas cobram dos fabricantes pelo privilégio de usar certas posições nas gôndolas. Essas cobranças são chamadas de *taxas de alocação*. Um varejista, como os supermercados Kroger, pode cobrar de um produtor, como a Nestlé, uma taxa pelo direito de exibir determinado número de fileiras de seus produtos nas gôndolas das lojas a determinada altura e em determinada posição. A natureza dessas taxas é um segredo bem guardado: H. Armstrong Roberts, escrevendo para o *The Atlantic*, relata como uma testemunha, em uma audiência no Congresso que investigava as taxas de alocação, deu seu depoimento escondida atrás de uma tela, usando um capuz e com a voz eletronicamente disfarçada. No entanto, temos alguma ideia do que está envolvido nessas transações. Um fabricante de sorvete relatou pagar 30 mil dólares para aparecer em 350 lojas, e nos primórdios da Whole Foods, essa rede cobrava 25 mil dólares dos fabricantes por uma localização privilegiada nas gôndolas das lojas. Quando não existe a cobrança de uma taxa explícita pela colocação, muitos a incluem como parte das negociações que determinam o preço que o fabricante cobra da rede de supermercados pelo produto. Embora haja momentos em que possamos saber o que estamos comprando com antecedência, o posicionamento das embalagens ao nível dos olhos afetará o que compraremos quando não o sabemos.[10]

O mundo do design das gôndolas de varejo é uma rica aplicação da arquitetura da escolha. Sabemos que ter mais espaços (com 8 pacotes de Oreo expostos um depois do outro em vez de 4, por exemplo) aumenta as vendas e que alinhar as sopas em ordem alfabética, na verdade, as prejudica. Aparentemente, procurar a sopa que você deseja permite que você descubra outras que não sabia que queria. Levar os escolhedores de um caminho fácil e plausível para um mais lento ajuda nas vendas.

Os varejistas têm um interesse imenso nos caminhos plausíveis – sobretudo o que as pessoas olham e como elas se movimentam durante as compras. Além de estudar as vendas, eles colocam transmissores de rádio nos carrinhos, vigiam os compradores com câmeras suspensas e até observam participantes de estudos equipados com câmeras de rastreamento ocular na cabeça. As primeiras versões desses dispositivos eram trambolhos e pareciam capacetes de bicicleta com câmeras de TV acopladas, mas depois se tornaram bastante compactas e elegantes. Pense naqueles óculos do Google que nunca chegaram ao mercado, mas com uma câmera que rastreia para onde seu olhar se dirige.

Muito do que os varejistas conhecem sobre o comportamento dos compradores é um segredo comercial, mas sabemos, por exemplo, que menos de 33% dos consumidores consultam os rótulos nutricionais. Mesmo aqueles que os examinam gastam menos de um segundo, em média, fazendo isso. O resultado desse estudo foi particularmente interessante porque foi feito com os novos rótulos que a Food and Drug Administration (FDA, na sigla em inglês)* introduziu, os quais deveriam ser mais fáceis de entender. Em geral, o que sabemos pode ser resumido de forma simples: o objetivo de alocar espaço nas prateleiras é atrair a atenção e ser visto primeiro.

Estar na altura dos olhos e ter muito espaço são incentivos para ser a primeira marca a ser considerada. Isso ajuda tanto porque afeta a maneira como o consumidor compõe suas preferências quanto porque o produto será escolhido pelos que não pesquisam muito. Embora possamos achar que um consumidor controla sua atenção no supermercado, isso é apenas parcialmente verdade: embalagens, espaços na prateleira e *displays* de fim de corredor ajudam a guiar sua atenção.[11] A primazia pode ser um determinante relevante, mas coisas como o espaço na prateleira determinam o que é visto primeiro.

---

* Agência governamental responsável pela vigilância sanitária nos Estados Unidos. (N.T.)

Como ordenar as coisas

Existe outro exemplo de ordenação que você encontra o tempo todo na internet: dispor as opções de acordo com um atributo, como do mais barato ao mais caro. Quando ordenamos coisas por uma característica, tornamos alguns caminhos mais fáceis de seguir, e isso pode aumentar a importância do atributo. Em todos os exemplos até agora, vimos como a ordem das opções afeta as escolhas. Sejam artistas no Festival Eurovisão, vinhos em degustações ou filmes da Netflix, consideramos as opções como um todo. O designer está organizando as coisas da maneira que acha que faz sentido, seja para maximizar as vendas, como no caso da Expedia, ou em ordem alfabética, como no caso dos candidatos políticos.

Classificar opções de acordo com um atributo específico também afetará as escolhas. Você vê esse tipo de classificação todos os dias on-line. Por exemplo, visite o Google Flights e procure por qualquer conjunto de voos – a lista que ele apresenta será ordenada por um atributo: preço. Você, o escolhedor, pode classificar as opções de várias maneiras diferentes com apenas um clique. Mas o designer predefine a ordem de classificação: o mais barato primeiro.

Classificar por um único atributo torna esse atributo mais importante para o escolhedor. Se as opções forem classificadas por preço, é mais provável que você escolha o voo mais barato. Para usar o termo técnico, você parecerá mais *sensível ao preço*. Classifique os carros por consumo de combustível e as pessoas serão mais sensíveis à economia dele. Classifique os restaurantes por distância e as pessoas serão mais sensíveis ao tempo necessário para chegar lá.[12]

Fui consultor em um projeto que analisava como criar sites para a escolha de uma escola. O grupo, organizado pela empresa de pesquisa e consultoria Mathematica, descobriu algo bastante surpreendente. O Capítulo 6 mencionou uma relação de perdas e ganhos entre dois atributos fundamentais de qualquer escola: a qualidade acadêmica e a distância da casa do aluno. Esse grupo analisou quais escolas foram escolhidas quando a lista era ordenada por desempenho acadêmico ou por distância. Essa é uma decisão complicada para as famílias: você gostaria que seu filho de 14 anos viajasse 800 metros a mais para frequentar uma escola melhor? Quanto melhor uma escola precisa ser para justificar esse gasto adicional de tempo? Essa relação entre perdas e ganhos é um ótimo exemplo da necessidade de compor uma preferência. Como é raro os pais fazerem escolhas para cada nível escolar – em geral, eles o fazem uma vez por cada filho –, podemos esperar que esse seja um exemplo em que as preferências são compostas. Nesse caso, o efeito da ordenação pode ser substancial.

A equipe de Mathematica apresentou versões diferentes do site de seleção para mais de 3 mil pais. Ela descobriu que a ordenação fazia diferença no que as famílias escolhiam: embora os pais pudessem alterar a ordem de classificação com um clique, o atributo de classificação padrão desempenhava um papel importante. Quando a lista era ordenada por desempenho acadêmico, por exemplo, as famílias escolhiam escolas melhores (em 5 pontos percentuais em uma escala de 100 pontos) e mais distantes (em 1 km, o que representava um aumento de 30% em relação à média de 3,2 km). A ordenação por desempenho acadêmico fez com que os pais realizassem escolhas como se essa característica fosse mais importante e, como consequência, tornou os deslocamentos dos filhos, em média, mais longos; o inverso é verdadeiro se classificarmos por distância. A ordenação pode ter um efeito significativo nessas relações de perdas e ganhos importantes.[13]

Um artigo de John G. Lynch e Dan Ariely ilustra bem esse ponto. Eles criaram um site que vendia vinho para os alunos do curso de MBA da Universidade Duke. Metade deles viu um site onde as bebidas eram ordenadas por preço, a outra metade por qualidade. As compras eram decisões reais: de fato, eles pagavam pelos vinhos com o próprio dinheiro e os levavam para casa. Como você já pode prever, a ordem determinava a importância que os alunos atribuíam ao preço e à qualidade. Ordene por preço e as pessoas compram vinhos mais baratos. Ordene por qualidade e elas compram vinhos melhores. Lynch e Ariely então deixaram os alunos voltar para comprar vinhos novamente, presumivelmente depois de beberem o barato ou o saboroso. O efeito da ordem persistiu. Os que ordenaram seus vinhos por preço na semana anterior tendiam a comprar os mais baratos, mesmo quando eles não estavam mais ordenados dessa maneira. Vamos enfatizar mais uma vez: os vinhos não mudam por causa da forma como são ordenados, mas a ordenação muda quais caminhos plausíveis são usados para fazer a escolha, e esse efeito perdurou depois de as garrafas ficarem vazias.

Como elaborar um cardápio

Eu estava prestes a me sentar em um restaurante sobre o qual ouvira falar muito bem e que ficava perto do local de uma reunião sobre tomada de decisão da qual eu participava. Estava ansioso para comer e beber com um amigo que não via há algum tempo. Cada um de nós recebeu um cardápio. Era típico de restaurantes menores que o cardápio fosse uma folha de papel dobrada, como um livreto. O nome do restaurante estava impresso na frente, o verso estava em branco e a parte que interessava estava nas duas páginas centrais.

De repente, percebi que o cardápio é um ótimo exemplo da arquitetura da escolha e que ele talvez estivesse influenciando a minha decisão. Alguém (o *chef*, talvez?) havia tomado, de propósito ou por acaso, muitas decisões de arquitetura da escolha. Tendo acabado de pesquisar os efeitos dela, percebi que talvez pudesse descobrir como essas decisões foram tomadas para influenciar o que eu comeria naquela noite. Essa foi uma percepção particularmente oportuna, uma vez que o amigo com quem eu estava jantando era Richard Thaler, um dos autores de *Nudge*.

Thaler conversou com o garçom sobre o cardápio. Ele havia estudado no instituto de culinária local e explicou que existia um curso denominado *psicologia de cardápio*, que é ministrado nesse tipo de instituição. De fato, existem consultores de psicologia de cardápio que ajudam os restaurantes a direcionar os clientes para os pratos mais lucrativos. Thaler ficou orgulhoso por ter descoberto uma nova área da arquitetura da escolha que eu poderia pesquisar para o meu livro, e eu agradeci pela ideia. Embora a psicologia de cardápio fosse de fato um conceito ensinado nas escolas de culinária, muito desses ensinamentos estão equivocados.

Mais tarde, o garçom me enviou um e-mail com o nome do livro de psicologia de cardápio que ele havia lido para sua aula, e eu o comprei, imaginando o que poderia aprender com aquela literatura. Havia muitos conselhos bastante específicos, e claramente os especialistas nesse campo acreditam que a maneira como os restaurantes apresentam os itens em um cardápio é importante, mesmo que não chamem a isso de arquitetura da escolha. Um consultor escreveu: "Se você acha que os clientes decidem por conta própria o que pedir, pense novamente. Um cardápio deve informar ao cliente o que você deseja que ele peça".[14]

As recomendações podiam ser muito particulares: "O posicionamento dos pratos no cardápio, sua apresentação gráfica e as descrições deles enviam mensagens sobre aquilo que você deseja que os clientes peçam. Por exemplo, em um cardápio de 4 páginas – incluindo capa e contracapa [...] –, a 'posição de poder' está na página interna direita, acima do centro."[15]

Esse consultor específico afirma que deveria ser simples para o dono do restaurante induzir a escolha de pratos mais lucrativos: uma vez que as pessoas começam a ler pela posição de poder indicada pelo número 1 na Figura 7.1, colocar pratos nessa posição de poder atrairá mais atenção e aumentará as vendas. Pesquisei mais e descobri que muitos consultores ofereciam conselhos semelhantes, mas muitas vezes discordavam sobre onde estaria a posição de poder.

Fiquei desconfiado desse conselho e de outros semelhantes, dado o que eu sabia sobre ordenação. Por que as pessoas começariam na po-

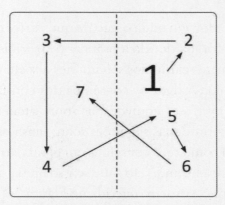

FIGURA 7.1   Ideias de consultores a respeito de como os cardápios são lidos.

sição de poder? Isso se parece com a primazia, mas por que um cliente começaria na segunda página? Os livros de psicologia de cardápio, na verdade, não têm muita psicologia; baseiam-se, sobretudo, na intuição dos consultores. Acontece que a verdadeira lição da leitura deste livro, e de outros como ele, é que os consultores podem estar totalmente equivocados. O campo que Richard Thaler e eu esperávamos que fosse cheio de grandes exemplos, ensinados de forma útil em escolas de culinária e embasados por um conjunto robusto de estudos, era, em vez disso, um triste caso em que as pessoas criavam sua arquitetura da escolha por intuição, desprovidas de teoria ou de experimentos concretos.

Um artigo intitulado "Os consultores estão nos ludibriando? Um teste empírico do impacto do layout de cardápios sobre as vendas de itens" testou a eficácia de conselhos de design semelhantes feitos por outro consultor. Os pesquisadores realizaram seus experimentos em um restaurante real, alternando aleatoriamente a ordenação de 2 páginas no cardápio. Ao longo de 4 meses, eles avaliaram se havia diferença nas vendas ao usar a ordenação recomendada pelo consultor em comparação com a ordenação inversa. Eles não encontraram diferenças – a resposta para a pergunta "Os consultores estão nos ludibriando?" foi sim. Existem muitos erros semelhantes na psicologia de cardápios. Não ajudou em nada o fato de que parte da literatura publicada tivesse sido retirada devido a práticas de pesquisa questionáveis.[16]

Isso significa que os cardápios são imunes aos efeitos da arquitetura da escolha? Não, mas talvez os conselhos dos consultores sejam fundamentados em premissas equivocadas sobre atenção e busca. Uma vez que os consultores e suas sugestões soam sensatos, eles conseguem um emprego, mas como seus conselhos em geral não são submetidos a testes, o dono do restaurante não sabe se isso ajuda ou não.

O problema é que a ordem sugerida na Figura 7.1 está errada. Ela é baseada na opinião de um especialista e no que as pessoas disseram em entrevistas muito tempo depois de terem tomado a decisão. Hoje em dia, rastreadores oculares simples custam apenas 100 dólares e, assim, os pesquisadores podem observar as pessoas empiricamente enquanto elas tomam decisões. Como elas de fato distribuem sua atenção aos cardápios? Sybil Yang, na época na Cornell School of Hotel Administration, registrou os lugares em que o olhar se fixava enquanto as pessoas escolhiam refeições em um cardápio de 2 páginas. A Figura 7.2 mostra a ordem *real* de atenção, chamada de *caminho de varredura*, para as 2 páginas de um cardápio com uso de um rastreador ocular.[17] Ela é bem diferente do que o especialista afirmou na Figura 7.1. Parece que as pessoas leem o cardápio como um livro, começando pela esquerda, olhando para baixo da primeira página e, em seguida, indo para a segunda. Depois dessa varredura, os escolhedores prestam mais atenção ao lugar onde ficam os pratos principais, e Yang sugere que eles elaboram sua refeição com base nessa escolha.

Se esse caminho de varredura estiver correto, o conselho "usual da indústria" está errado: as pessoas não começam a ler pela "posição de poder". Isso sugere que, no caso de um cardápio breve, com 10 itens, os clientes examinarão todo o conjunto de opções, do começo ao fim, da esquerda para a direita, de cima para baixo. E esperaríamos que a ordenação privilegiasse o que está em primeiro lugar na lista (primazia). Se o cardápio for longo o suficiente, poderíamos perce-

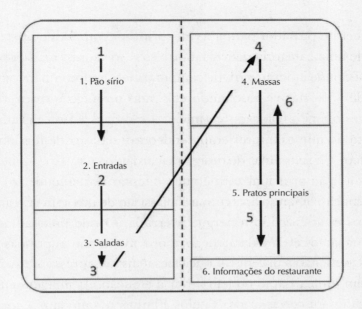

FIGURA 7.2 Sequência média real de atenção medida por movimentos oculares. As massas e os pratos principais recebem aproximadamente o mesmo tempo de atenção, e as pessoas parecem escolher um prato principal e depois voltar para escolher o restante da refeição (como uma massa) com base nessa escolha.

ber uma preferência pelo último colocado na lista (atualidade). Eran Dayan e Maya Bar-Hillel testaram isso com alunos que faziam escolhas em cardápios hipotéticos, bem como com clientes de um café real em Tel Aviv. Aparentemente, eles foram bastante persuasivos, porque o proprietário concordou em mudar o cardápio diariamente durante o experimento deles, o qual levou um mês. É importante observar que, para cada categoria que aparecia no cardápio, os pesquisadores manipularam a ordem em que os itens apareciam: em primeiro lugar, no meio ou por último. Por exemplo, croissants e brownies foram a primeira e a segunda sobremesas em certos dias e ficaram no meio (4ª e 5ª posições de 10) em outros. E de fato eles descobriram que, quando os itens eram passados para a frente (primazia) ou para o final (atualidade) de uma categoria do cardápio, eles se tornavam mais populares. Nos estudos de laboratório e de campo, o mesmo produto foi escolhido cerca de 45% das vezes quando colocado no meio e cerca de 55% das vezes quando colocado no início ou no final.[18] Isso é exatamente o oposto do que os futuros empreendedores da área de hospitalidade aprendem em suas aulas de design de cardápio.

Mas a lição principal aqui é que, se tentarmos entender os efeitos da ordenação olhando apenas para a posição de um item no cardápio, podemos estar fazendo a pergunta errada. O que precisamos compreender são os efeitos da atenção: a ordem em que as pessoas olham para os itens, não a ordem em que esses itens são apresentados. Muitas coisas em um cardápio podem atrair a atenção. As imagens chamam a atenção para certas áreas. Títulos e linhas nos ajudam a encontrar a refeição que procuramos. De fato, alguns cardápios podem ser encarados como um livro. Isso tornaria mais fácil projetar a arquitetura da escolha, já que sabemos o que os clientes procuram primeiro. Mas a verdade, eu suspeito, é que a atenção é atraída por imagens e títulos, sobretudo se forem coloridos e vívidos. Isso torna regras simples, como "Coloque os pratos principais caros na posição de poder", menos úteis. Considere, por exemplo, como o conselho "padrão" pode funcionar em um restaurante cujo cardápio se parece mais com uma lista telefônica. Para entender a ordenação, temos realmente que compreender o que determina a atenção.

Embora tenhamos falado sobretudo sobre ordenação e classificação, os principais determinantes desses efeitos são os caminhos que escolhemos e o papel da memória. Se você fosse um arquiteto da escolha, poderia ter de responder: "O que é melhor: ser o primeiro ou o último no cardápio?". Antes de responder, espero que agora você saiba que a coisa certa a fazer seria formular uma ou duas perguntas: "Conte-me sobre o cardápio – ele é escrito ou oral? Quais são o tamanho e a complexidade?". Com as respostas a essas perguntas você pode começar a fornecer respostas úteis.

E, por falar em cardápios recitados, isso nos leva a um aspecto importante que não abordamos: onde estão os preços? A resposta é que eles nem costumam ser mencionados! Um atributo importante, o custo dos itens, não costuma ser apresentado como opção-padrão. Ao forçar você a perguntar o custo (e talvez fazer você se sentir um pouco pão--duro), a importância desse item em suas decisões diminui. Isso nos leva à próxima ferramenta a ser aplicada pelos arquitetos da escolha: como apresentamos as características ou os atributos das opções?

8
Descrevendo opções

Rani Cardona, uma engenheira de Los Angeles, percorre 43 km com cada litro de gasolina que coloca em seu carro. Cardona faz parte de uma comunidade chamada *hypermilers*, que tenta economizar combustível o máximo possível. Assim como alguns motoristas se gabam da rapidez com que seus carros aceleram de 0 a 100, os *hypermilers* competem na economia de combustível. Existem milhares de adeptos, e eles se reúnem em fóruns on-line para trocar dicas e falar de seus feitos. O movimento cresceu e passou a incluir carros elétricos, cujos donos competem para ver quem consegue andar a maior distância com uma única carga, e há até pessoas que praticam o *hypermiling* em aeronaves.

Cardona dirige um carro que a maioria de nós consideraria bastante econômico – um Honda Civic Hybrid, o qual a Agência de Proteção Ambiental (EPA, na sigla em inglês) estima ter um consumo de 19 km por litro –, mas usa técnicas de *hypermiling* para alcançar um desempenho ainda melhor. Ela se sente especial quando consegue esticar alguns quilômetros adicionais com cada litro:

> Quando você vê o medidor chegando a 43 km por litro, tem o pé perfeitamente colocado no pedal e o mantém lá, sabe, é uma sensação ótima... É

uma sensação indescritível, como se seu carro estivesse quase desafiando as leis da física e você estivesse meio que flutuando no ar.

Percorrer 43 km por litro é um feito bastante impressionante. Para consegui-lo, os *hypermilers* alteram a pressão do pé no acelerador e tocam no freio o mínimo possível. Eles cruzam as rodovias em velocidades que são as mais eficientes em termos de consumo de combustível – em geral, cerca de 80 km por hora. Nessa velocidade, você é ultrapassado por motoristas irritados que às vezes expressam seu descontentamento buzinando ou fazendo algo pior. Além dos aborrecimentos, o *hypermiling* também pode envolver manobras perigosas, como andar na banguela com o motor desligado, fazer curvas em velocidades mais altas do que o recomendado ou reduzir o arrasto aerodinâmico ao se posicionar atrás de caminhões grandes. Essas táticas melhoram a economia de combustível, mas aumentam a probabilidade de acidentes. Caminhões pisam no freio rapidamente, motores não ligam e saídas de curvas podem ser escorregadias. Eu nem consigo imaginar o que está envolvido em um avião que pratica *hypermiling*.

O que motiva os *hypermilers*? A eficiência de combustível é um atributo de um carro, que costuma ser medido em quilômetros por litro (km/l). Ao dirigir de modo a maximizar a eficiência de combustível, os *hypermilers* aumentam o valor desse atributo. Contudo, maximizar a eficiência do consumo de combustível não é o que realmente motiva os *hypermilers*, e sim o objetivo que isso representa. Essa é uma distinção importante. O carro pode ter atributos que podem ser maximizados, mas o que os escolhedores estão buscando são maneiras de atingir certos objetivos, e pessoas diferentes têm objetivos distintos para o mesmo atributo.

Para alguns, o objetivo é ser o melhor. Esse talvez tenha sido o caso dos participantes do Hybridfest MPG Challenge, os quais percorreram 32 km pelas ruas de Madison, Wisconsin. O vencedor alcança com frequência números de eficiência de combustível muito acima de 43 km/l. Em 2006, o campeão atingiu 78 km/l.

Outros, como Cardona, praticam o *hypermiling* por causa da sustentabilidade: "Quero fazer esse pequeno esforço por conta própria", disse ela. "Pode não significar grande coisa no esquema macro das coisas, mas está tendo um efeito onde eu moro e na minha vida. Eu vejo isso como algo positivo, que acaba contagiando os outros."

Wayne Gerdes, que cunhou o termo *hypermiling* e é uma das estrelas do movimento, tem uma motivação diferente: limitar o consumo de petróleo estrangeiro. "No dia seguinte ao 11 de setembro, comecei a melhorar meus hábitos e desde então tenho procurado métodos para aumentar a economia de combustível. Todos nós temos nossos gatilhos – o meu foi a segurança global."

Isso ilustra a distinção importante entre um atributo e os diferentes objetivos que ele representa. Tanto Cardona quanto Gerdes querem obter maior eficiência no consumo de combustível, mas isso representa objetivos diferentes para cada um deles. Cardona quer limitar as emissões de gases de efeito estufa, enquanto Gerdes quer reduzir o consumo de petróleo estrangeiro. Gerdes falou sobre os diferentes propósitos que a eficiência de combustível pode representar para os *hypermilers*: "Não importa se você está aflito com o aquecimento global, a poluição atmosférica, a dívida pública ou se está preocupado em colocar dinheiro no bolso. Todas essas razões são bons motivos para se tornar um *hypermiler*".

Um medidor que mostra os quilômetros por litro está presente no painel da maioria dos carros com baixo consumo de combustível. Costuma ser uma tela grande e colorida, atualizada em tempo real. Um *hypermiler* pode ficar observando o tráfego à frente, antecipando o momento em que os carros diminuirão a velocidade para poder reduzir a sua de modo a evitar frear. Ele pode examinar a estrada em busca de subidas e descidas para entender quando acelerar e quando desligar o motor. Ele também antevê curvas, calculando com que velocidade consegue fazê-las sem frear. Mas nunca distante de seu olhar está o centro de sua atenção: a tela de consumo de combustível do carro híbrido, aquele painel de LED brilhante. Wayne Gerdes disse: "É uma piada, mas em vez de um medidor de consumo de combustível, muitos de nós os chamamos de 'placar' – uma referência à pontuação contínua mostrada nos videogames –, porque estamos tentando superar nossa última pontuação – nossos quilômetros por litro".

Na época em que Gerdes estava competindo no Hybridfest, dois professores da escola de negócios da Universidade Duke, Rick Larrick e Jack Soll, iam de carro juntos para o trabalho. Era um trajeto de 20 minutos e 16 km no Camry Hybrid 2005 de Soll. Além de conversarem sobre política acadêmica, os últimos estudos de pesquisa e, inevitavelmente, sobre a equipe de basquete Duke Blue Devils, Larrick e Soll começaram a discutir a tela de quilômetros por litro. Soll, assim como Gerdes, ficava observando esse medidor: "Estava me sentindo muito bem em relação à minha eficiência de combustível, mas às vezes notava que ela ficava bastante baixa". Em vez de apenas se sentir mal, Soll examinou o medidor mais de perto e percebeu algo: "De fato, a tela era bastante enganosa… Percebemos que era, na verdade, contraintuitiva". Acontece que os mostradores de quilômetros por litro e realmente todas as discussões sobre esse tema se baseiam em um mal-entendido.

Para entender bem a ideia de Larrick e Soll, é útil trabalhar com um exemplo. Wayne Gerdes conseguiu dobrar a economia de combustível de um Prius ao colocar em prática um extenso conjunto de técnicas de *hypermiling*. Existe um custo em termos de conforto e segurança associado a tudo isso. Por exemplo, quando faz calor, Gerdes usa um colete cheio de bolsas de gelo artificial para não precisar usar o motor do carro para acionar o ar-condicionado. Agora imagine que Gerdes faça uma viagem de 1.600 km do Hybridfest para casa usando seu melhor – embora um tanto arriscado e desconfortável – conjunto de habilidades. Seu Prius consegue andar de 21 a 42 km/l.

Um amigo de Wayne, a quem chamaremos de Dwayne, faz uma viagem semelhante de 1.600 km, mas tem a opção de alugar dois carros para a viagem de volta para casa: um Jeep Cherokee, que faz 5,5 km/l, ou um Toyota RAV4, que percorre 11,5 km/l. Dwayne escolhe o RAV4 e dirige os 1.600 km normalmente sem recorrer a técnicas de *hypermiling*. Ambos fizeram uma escolha: Wayne, de praticar o *hypermiling*, e Dwayne, de dirigir o RAV4. Qual opção economizou mais combustível?

Larrick e Soll, entediados durante o trajeto até o trabalho, desafiavam um ao outro com perguntas como essa. Wayne e Dwayne haviam tomado uma decisão, mas quanta mudança no consumo de combustível ela provocou? Faça uma pequena pausa antes de continuar a ler e responda. Da mesma forma que Larrick e Soll, talvez você se surpreenda com a resposta.

Se, como a maioria das pessoas, achou que Wayne economizou mais combustível, você caiu naquilo que Larrick e Soll chamaram de ilusão do quilômetro por litro. É uma ilusão porque, até fazermos alguns cálculos, parece óbvio que Wayne saiu vencedor. É verdade que ele está usando menos combustível, mas isso está provocando um impacto muito menor na redução do seu uso. Ao aumentar sua eficiência de 21 km/l para 42 km/l, ele reduz pela metade a quantidade de combustível. Isso deve ser muito mais do que os 6 km/l que Dwayne economiza ao alugar o carro mais econômico, certo? Não, e a razão pela qual você está enganado é que existe um mal-entendido comum sobre como funciona o atributo de economia de combustível.

Para entender isso, vamos começar com Wayne. Ele está dirigindo 1.600 km e usará 38 litros (1.600 km/42 km/l) de combustível para fazer essa viagem. Se não usasse as bolsas de gelo, reduzisse o arrasto aerodinâmico ao andar atrás de caminhões e praticasse outras estratégias de *hypermiling*, a viagem de 1.600 km teria usado 76 litros de gasolina (1.600 km/21 km/l). Com o *hypermiling*, ele reduziu o consumo de combustível pela metade, de 76 para 38 litros. Wayne pode ter se ensopado de suor e arriscado a vida, mas a 80 centavos de dólar por litro de combustível ele economizou 38 litros e 30 dólares.

Agora analisemos Dwayne: no Jeep pouco eficiente em termos de consumo de combustível, ele teria usado quase 291 litros de combustível (1.600 km/5,5 km/l) para dirigir os 1.600 km para casa. Usando o RAV4, um pouco mais eficiente, Dwayne gastou 145 litros de combustível (1.600 km/11,5 km/l). Wayne economizou 38 litros, mas Dwayne economizou 146 litros (291 menos 145). Ao dirigir normalmente, mas trocando de carro, a decisão de Dwayne economizou quase 4 vezes mais combustível.

Isso também vale para o dinheiro envolvido. Quando eles comparam os resultados, Wayne se gaba de ter economizado 30 dólares. Dwayne ressalta com calma que, ao trocar de carro, ele economizou 120 dólares. A decisão de Dwayne fez uma diferença maior, e isso é verdade se o objetivo era economizar dinheiro e combustível ou reduzir as emissões de carbono.

O que aconteceu? Na verdade, é bem simples: quilômetros por litro é a métrica errada. O Gráfico 8.1 mostra a relação enganosa entre eficiência de combustível e km/l e como ela nos leva a pensar que Wayne reduziu mais o uso de combustível do que Dwayne. Se você observar a figura, verá que km/l não está linearmente relacionado à quantidade de combustível que usamos. Como dizem Larrick e Soll, deveríamos na verdade estar falando sobre quantos litros gastamos para avançar um quilômetro (l/km) e não quantos quilômetros conseguimos percorrer por litro (km/l). São os litros que custam dinheiro, geram emissões de carbono e causam importações estrangeiras de petróleo.

Larrick e Soll publicaram um artigo que ficou famoso e mostrava que a maioria das pessoas pensa como Wayne. Quando foram solicitados a escolher carros, os entrevistados escolheram como se os quilômetros por litro estivessem linearmente relacionados à eficiência de combustível. Larrick e Soll mostraram que as pessoas estão dispostas a investir seu dinheiro com base nessa crença: se você perguntar quanto pagariam para aumentar sua economia de combustível de 8,5 para 13 km/l, elas dizem que pagariam 6 mil dólares a mais no preço inicial de

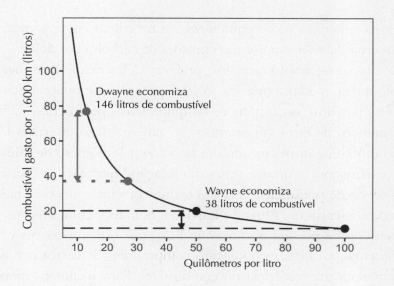

GRÁFICO 8.1   Quilômetros por litro × litros por quilômetro.

compra. Isso faz sentido: se você fizer as contas, elas economizariam pouco mais de 6 mil dólares em combustível se mantivessem o carro por 10 anos. Mas pergunte-lhes quanto elas pagariam para aumentar sua quilometragem de 17 para 21 km/l, e elas respondem que pagariam 4.600 dólares a mais. No entanto, em termos de valores, isso não compensa: na verdade, elas estariam pagando 4.600 dólares para economizar menos de 2 mil dólares em custos de combustível. Em outras palavras, Larrick e Soll descobriram que usar quilômetros por litro como métrica leva as pessoas a não pagar o suficiente para melhorar a economia de combustível quando seu valor é baixo e a pagar demais para economizar combustível quando ele é alto. Larrick ainda pratica o que prega: ele se preocupa com os gases de efeito estufa, mas não procura alcançar uma quilometragem máxima com um carro híbrido ou elétrico. Ele dirige carros que atingem 13 km/l. Em vez disso, investe o dinheiro que teria gastado para aumentar a economia de combustível do carro em coisas como painéis solares no telhado de sua casa, que fazem uma diferença maior nas emissões de carbono por dólar.

Então, como resolvemos esse problema? Larrick e Soll sugerem simplesmente mudar a métrica: km/l é o número de quilômetros percorridos por litro, ou o número de quilômetros percorridos dividido pelo número de litros consumidos. Se, em vez disso, usarmos l/km, ou o número de litros consumidos dividido pelo número de quilômetros percorridos, a métrica terá uma relação linear fácil de entender para servir de parâmetro, seja em termos de custos operacionais ou emissões de carbono. Quando Larrick e Soll apresentaram o mesmo problema para pessoas que usavam litros por quilômetro em vez de quilômetros por litro, os potenciais compradores de carros pensaram corretamente na eficiência do combustível. Para tornar os números mais fluentes, eles sugerem o uso de litros por 100 km, de modo que, se fossem necessários 0,02 litro para percorrer 1 km, o mostrador exibiria 2 litros por 100 km.[1]

Essa ideia se tornou um dos exemplos mais rápidos de uma pesquisa de arquitetura da escolha que passou do laboratório para a política pública. Ela mudou a maneira como o consumo de combustível era exibido na etiqueta de economia de combustível de todos os carros em poucos anos. Também pode ter influenciado a forma como o governo Obama projetou um programa muito popular em 2009, o Sistema de Desconto Subsidiado para Carros (CARS, na sigla em inglês), conhecido popularmente como Dinheiro por Sucatas.

O programa tinha dois objetivos: primeiro, estimular a economia por meio do aumento das vendas de automóveis após a recessão de 2008 e, segundo, tirar as "sucatas" (carros que consumiam muito combustível) das ruas. Você poderia pensar que isso envolveu a troca de carros de 11 km/l por híbridos de 21 km/l. Não foi o que aconteceu, o que gerou muitas reclamações, mas agora você pode entender por que o programa se concentrou apenas na troca dos carros de pior consumo. Ele exigia que a troca ocorresse com um veículo com menos de 7 km/l por outro com pelo menos 9 km/l. Na prática, o Departamento de Transportes estimou que a troca média foi de um carro de 6 km/l por outro de 11 km/l. Uma alteração como essa economizaria 755 litros de combustível em 10 mil km. A troca pelo híbrido parece boa, mas economizaria apenas 430 litros por 10 mil km. Além disso, as "sucatas" tendiam a ser mais antigas e menos conservadas, bem como emitiam maiores quantidades de poluentes.

Os economistas discordam acerca da eficácia do programa como política de estímulo, mas ele foi inegavelmente popular: o orçamento inicial de 1 bilhão de dólares foi usado no primeiro mês, e o Congresso destinou mais 2 bilhões para o mesmo objetivo. Não está claro se os arquitetos do programa haviam lido Larrick e Soll, mas a iniciativa tinha um objetivo claro e era consistente em evitar a ilusão dos quilômetros por litro: não ajudaria Wayne, que já economiza combustível, mas poderia levar Dwayne a comprar um carro muito mais eficiente do ponto de vista do consumo.

Quando apresentam opções aos escolhedores, os designers precisam primeiro entender quais atributos exibir e como fazê-lo. Os designers de um aplicativo de relacionamento podem incluir características concretas, como altura e peso, mas excluir outras que são mais difíceis de discernir em um perfil on-line, como inteligência e charme. Os livros de recrutamento da liga de futebol estadunidense profissional incluem certos atributos dos atletas, como tempo de corrida rasa de 40 jardas, salto vertical, índice de massa corporal e até mesmo sua pontuação no Wonderlic (uma espécie de teste de inteligência).

Cada arquiteto da escolha também precisa selecionar os nomes dos atributos. Já vimos no Capítulo 3 um exemplo do poder deles. Ao comprar carne moída, *25% gorda* parece muito menos desejável do que *75% magra*. Mas há mais a aprender sobre como nomear atributos.

Pense em uma tabela de opções como uma lista de voos na Expedia ou uma tabela de máquinas de lavar na revista *Consumer Reports*. Ao montar essa tabela, você – o designer – decide quantas opções apresentar, como ordená-las e qual é a opção-padrão, se houver. Como você viu, conhecemos bem essas ferramentas. No entanto, o que vem a seguir – preencher a tabela – tem sido mais negligenciado. Descrever as opções pode parecer menos importante, mas não é.

Este capítulo é um pouco diferente dos outros. A descrição de atributos não foi objeto de pesquisas tão aprofundadas quanto outras ferramentas, como as opções-padrão e a ordenação. As análises que temos são, principalmente, estudos de caso em domínios específicos. Isso significa que sugerirei princípios gerais, como venho fazendo nos capítulos anteriores, mas aqui eles serão fundamentados mais na lógica e na opinião do que em resultados empíricos extensos.

Nomes: como converter atributos em objetivos

Como vimos, os atributos em si não são muito importantes. Eles não são o *motivo pelo qual* escolhemos as coisas. Precisamos conectar os atributos aos objetivos do escolhedor – os objetivos são os motivos pelos quais escolhemos as coisas. Optamos por um plano de saúde não para obter uma franquia de um valor específico, mas para proteger nossa saúde. Escolhemos os alimentos não porque contêm ingredientes como farinha, tofu ou coentro, mas porque nos mantêm saudáveis e são saborosos. Muitas vezes, vi equipes de desenvolvimento de produtos obcecadas com atributos enquanto se esqueciam de comunicar (ou mesmo pensar) como eles se aplicavam aos objetivos dos consumidores. Nos primórdios da computação pessoal, uma equipe da Microsoft era responsável por acessórios, como o mouse do computador. Eles eram obcecados por um atributo: o peso da grande esfera de metal coberta de borracha que ficava dentro dele. Naquela época, a esfera rolava sobre a mesa e acompanhava a movimentação do mouse na tela. Uma bola mais pesada significava movimentos mais precisos. A equipe do mouse disse à equipe de marketing que queria divulgar essa propriedade do instrumento. Mas ela percebeu que esse atributo, assim posto, não tinha nenhum significado para os usuários. O objetivo dos consumidores era um movimento suave e preciso, não o peso de uma bola dentro de um mouse.

Em 2013, a EPA introduziu uma mudança radical em seus rótulos de consumo de combustível. As figuras a seguir mostram um rótulo relativamente antigo (usado entre 1995 e 2008) e um novo (introduzido em 2013). Se você alguma vez comprou um carro, já viu etiquetas como a apresentada na Figura 8.1 coladas em todas as janelas, conforme exigido por lei. A etiqueta antiga tem apenas dois números: quilômetros por litro na cidade e na estrada. Ela apresenta esses números, que sabemos que podem ser enganosos, e praticamente mais nada. Em letras miúdas, mostra o desempenho de carros semelhantes, mas é preciso apertar os olhos para conseguir ler.

Dê uma olhada e compare essa etiqueta com a Figura 8.2. Claramente, a nova versão inclui mais informações: a EPA adicionou

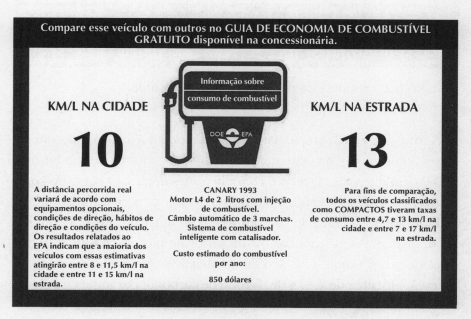

FIGURA 8.1   Etiqueta de consumo de combustível anterior a 2008.[2]

classificações de gases de efeito estufa e de poluição, bem como uma estimativa dos custos de combustível ao longo de 5 anos. E, por causa da pesquisa de Larrick e Soll, há um rótulo para litros por quilômetro, embora seja menos visível do que as outras estatísticas.

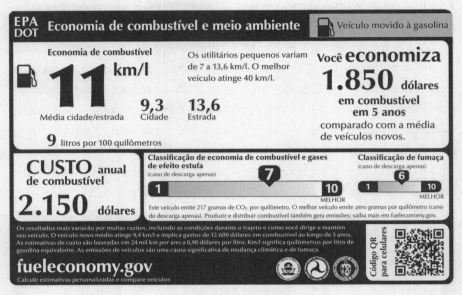

FIGURA 8.2   Etiqueta de consumo de gasolina atual.

À primeira vista, isso parece um excesso de informação, mas muitos desses números são, na verdade, redundantes: economia de combustível exibida em diferentes escalas e com diferentes nomes. O custo do combustível é apenas a quantidade de litros necessários para fazer 24 mil km multiplicado pelo custo do combustível: 0,98 dólar por litro. A etiqueta até diz isso em letras miúdas. O mesmo vale para a classificação dos gases de efeito estufa: um litro de combustível queimado resultará na liberação de cerca de 2,4 kg de dióxido de carbono. Portanto, essa classificação é simplesmente o número de litros consumidos multiplicado por 20. Em seguida, ela é convertida em um número em uma escala de 10 pontos. Como não há tecnologia de captura de carbono nos carros, 1 litro de combustível usado para alimentar um Porsche resulta na mesma liberação de dióxido de carbono que 1 litro queimado por um híbrido. O rótulo pega um atributo, quanto combustível o carro usa, e o transforma em km/l, l/km, custo anual, economia de custos em 5 anos e na classificação de gases de efeito estufa. Mesmo a classificação de fumaça está intimamente relacionada ao consumo de combustível do carro. Por que a EPA fornece informações redundantes?

De início, pensei que provavelmente tratava-se de um projeto ruim formulado por um comitê que não conseguiu chegar a um consenso. Mas comecei a conversar com outros psicólogos que estudam decisões ambientais e ficamos interessados pelos rótulos. Adrian Camilleri, Christoph Ungemach, Rick Larrick, Elke Weber e eu percebemos que as pessoas procuram coisas diferentes em um carro com grande economia de combustível, assim como nossos *hypermilers*. Alguns são motivados pelo desejo de economizar dinheiro; outros querem reduzir suas emissões. O consumo de gasolina é relevante para esses dois objetivos, mas os escolhedores talvez não percebam isso. A equipe entendeu que não era o consumo de combustível que importava, mas sua conversão em objetivos. Quilômetros por litro poderiam ser convertidos em custos operacionais para aqueles que buscavam economia. As classificações de gases de efeito estufa os traduzem para as pessoas interessadas em emissões de carbono. Para ambos os tipos de pessoas, os resultados são semelhantes – eles compram carros com baixo consumo de combustível –, mas os atributos convertidos em escalas diferentes lembram a eles de que esse atributo está relacionado a seus objetivos. Ao mesmo tempo, cada tipo de pessoa é livre para ignorar a conversão de atributos em objetivos que não lhe interessam.

Em nossos estudos, verificamos essa questão usando dois grupos de pessoas que se preocupavam com objetivos diferentes. Um grupo se preocupava mais com o custo, e o outro mais com o meio ambiente. Descobrimos que cada grupo tomava decisões melhores – ou seja, comprava veículos mais compatíveis com seus objetivos – quando as conversões certas eram apresentadas. A exibição do custo anual de combustível ajudava os compradores que procuravam cortar custos operacionais, enquanto os interessados em carros ecológicos se saíram melhor quando a classificação de gases de efeito estufa estava presente. Ambos os grupos escolheram veículos mais compatíveis com seus objetivos quando demos a eles a conversão correta, mesmo que ela fosse facilmente calculada com base em litros por quilômetro. Quando receberam apenas a conversão irrelevante, as pessoas não se saíram melhor. Na verdade, sem o atributo convertido, elas prestaram muito mais atenção a outras características, como o custo de compra, que havíamos verificado ser menos relevantes para seus objetivos. Não foi um caso de redundância burocrática, como eu pensava, mas a conversão do atributo em um formato que fornecia as informações mais úteis para pessoas com objetivos diferentes que ajudou os dois grupos diferentes de compradores de automóveis.[3]

Os carros têm outros atributos com vários possíveis nomes. As pessoas interessadas em velocidade não estão procurando um motor com capacidade cúbica de 5,7 litros, e sim um carro que acelere rapidamente. O tempo de aceleração de 0 a 100 está mais próximo dos objetivos desses consumidores do que a capacidade do motor. Considere um Tesla Model S, que ostenta um botão para acionar o software especial modo Ludicrous+, o qual permite ir de 0 a 100 em menos de 2,3 segundos, mais rápido do que qualquer outro carro produzido em massa. Se o carro é elétrico, termos como capacidade cúbica em *litros* não representam como ele se comporta no quesito aceleração. A lição central desta seção, portanto, é que os atributos podem fazer mais do que apresentar especificações técnicas. Do ponto de vista do escolhedor, um atributo é um meio para alcançar um objetivo, não um fim em si mesmo, e os nomes ajudam a convertê-lo em objetivo.

Aqui está outro exemplo de como os nomes de atributos têm associações diferentes. Imagine que você está acessando um site para comprar passagens aéreas de ida e volta de uma costa à outra dos Estados Unidos. Há dois voos na hora certa com bons assentos disponíveis, e você ganha milhagem de passageiro frequente em ambos. Mas eles diferem em um ponto: uma empresa cobra uma taxa pequena, 5 dólares, para ajudar a compensar os gases de carbono gerados pelo avião. Agora pense em duas maneiras de rotular essa taxa: ela poderia ser chamada de *imposto sobre carbono* ou *compensação por uso de carbono*. Mesmo que a receita dessa taxa fosse empregada de forma idêntica – digamos, para o plantio de árvores –, você acha que os rótulos teriam o mesmo efeito na sua escolha entre os voos?

David Hardisty, Elke Weber e eu fizemos esse estudo usando pessoas na internet, mas com uma diferença. Pedimos a elas que digitassem os pensamentos que estavam tendo enquanto tomavam a decisão. Como você pode imaginar, embora a taxa e seu uso final fossem iguais, o rótulo fazia toda a diferença, sobretudo para aqueles que se identificavam como republicanos. Parte do que esse grupo político disse quando a taxa foi rotulada de "imposto" não pode ser impressa nestas páginas, mas quando não continha palavrões era algo principalmente negativo: "Mais taxas feitas para roubar e depois desperdiçar dinheiro" e "É tudo uma farsa de qualquer maneira" são apenas dois exemplos. No geral, o termo *imposto*, assim como chamar de *magra* a carne moída que contém 25% de gordura, teve fortes associações negativas, especialmente para os republicanos.

As escolhas dos democratas foram menos afetadas pelo rótulo usado: 62% deles escolheram o voo que continha o imposto, mas apenas 26% dos republicanos fizeram o mesmo.

O que aconteceu quando as pessoas viram exatamente os mesmos voos, mas com a taxa rotulada como "compensação por uso de carbono"? Algumas objeções dos republicanos, embora não todas, desapareceram. Eles ficaram mais propensos a pensar em um benefício e, quando o faziam, ele aparecia no início de sua decisão. Quando olhamos para o que escolheram, as diferenças entre democratas e republicanos haviam desaparecido: 64% dos democratas escolheram a passagem com taxa, assim como 58% dos republicanos.[4]

Voltando às opções gastronômicas, existe uma tendência crescente para listar o número de calorias de cada alimento nos cardápios dos restaurantes. Potencialmente, esse número é um atributo importante e tem uma implicação clara no objetivo de controlar o peso. As evidências sobre isso ajudam as pessoas a escolher refeições mais saudáveis, no entanto, são contraditórias. Um problema é entender como converter o atributo calorias em suas implicações. O efeito de comer um hambúrguer de 250 calorias pode ser difícil de entender. Uma proposta é converter o número de calorias em uma atividade física – por exemplo, dizer: "O hambúrguer que você está prestes a comer equivale a 4 km de caminhada", como na Figura 8.3. Essa estratégia foi tentada com os funcionários de uma grande universidade estadual. Metade deles foi solicitada a fazer escolhas hipotéticas em um cardápio de *fast-food* que incluía o total de calorias e uma métrica equivalente de "quilômetros de caminhada", enquanto a outra metade foi solicitada a fazer a escolha sem nenhuma das métricas. A inclusão dessa métrica relevante baixou o número de calorias solicitadas de 1.020 para 826, uma redução de cerca de 20%. Infelizmente, as tentativas de reproduzir essa experiência em outros estudos nem sempre replicaram esses resultados. Os rótulos que apresentam atividade física reduzem o consumo de calorias, mas não mais do que simplesmente listar o número delas. Existem algumas evidências, no entanto, de que os indivíduos, mesmo que não comam de maneira diferente, fazem algo igualmente positivo: eles andam mais. No entanto, mais pesquisas são necessárias.[5]

Por sabermos que atributos e objetivos não são a mesma coisa, agora temos uma visão de outra importante questão de design: quantos atributos devemos apresentar ao escolhedor? Para responder a essa pergunta, primeiramente precisamos entender quantos objetivos o escolhedor terá ao tomar a decisão. Um atributo por objetivo, claramente nomeado e rotulado, seria uma maneira razoável de proceder.[6]

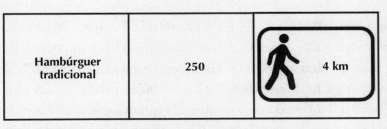

FIGURA 8.3   Métrica de calorias fácil de entender.

Como criar métricas

Depois de viajar em um Uber, você é sempre solicitado a avaliar o motorista em uma escala de 5 pontos. Na rede de restaurantes Chili's, você é solicitado a avaliar em um computador o funcionário que o serviu usando uma escala semelhante de 5 pontos: 4 é listado como "bom" e 5 como "excelente". Essas escalas são exemplos de métricas – ou como descrevemos as alternativas relativas àquele atributo. Você talvez não saiba, mas, depois que pega um Uber, o motorista também avalia você. Avaliações baixas podem significar que você não será mais atendido. Escalas de classificação como essa estão por toda parte e influenciam as carreiras de funcionários de lanchonetes, motoristas e passageiros.

Entretanto, nós sabemos de fato o que significam essas escalas? Eu trabalho como professor, o que significa que tenho bastante experiência com uma métrica: a escala A, B, C usada para avaliar os alunos. No caso de alguns cursos, sou até obrigado a usar determinada distribuição de notas: certa parcela de As, outra parcela de Bs etc. Mas quando se trata de Uber ou Lyft, não tenho ideia. Até recentemente, achava que não havia problema em dar uma nota 4 para qualquer viagem que fosse menos do que perfeita. Afinal, raciocinei, as classificações de 1, 2 e 3 estrelas eram reservadas para pessoas muito insatisfatórias. Talvez haja uma diferença em como essas classificações são percebidas de acordo com a idade e a experiência. Um amigo meu mais jovem lembrou-se horrorizado de como sua mãe adotou o padrão 3 para classificar todas as suas viagens de Uber, porque "não eram nada excepcionais". Mas, no Uber, a nota 3 não é média, e para o motorista ela é um desastre.

A mãe do meu amigo e eu entendemos mal a métrica do Uber. De acordo com o Business Insider, a classificação média de um motorista do Uber é 4,8 na escala de 5 pontos. Os motoristas cujas avaliações são inferiores a 4,6 nas suas últimas 100 viagens correm o risco de perder o acesso ao sistema do Uber. Eu não tinha ideia de que estava sendo um avaliador tão severo. Esse mal-entendido poderia custar o emprego do motorista. Imagine que ele recebe 5 de cada um dos 4 passageiros e, em seguida, encontra a mãe de meu amigo, que lhe dá seu 3 costumeiro. Essa pessoa sem ideia da métrica adotada coloca o motorista na classificação limítrofe de 4,6. Usar uma escala de classificação que não é bem compreendida tem consequências diretas. Ela é temida pelos motoristas e causa danos involuntariamente quando os passageiros desconhecem as normas.[7]

A escolha da métrica está sob o controle do designer, e há muitas maneiras de fazer isso. Pense em como descrever a comida em um restaurante novo. Você poderia dizer que é excelente. Poderia atribuir a nota 9 em 10. Poderia dizer que é 4,5 estrelas, colocar os "dois polegares para cima"* como o famoso crítico de cinema ou apenas dizer "delicioso". Todas essas métricas descrevem a mesma coisa: o que você achou da comida. Se o escolhedor não entender a métrica, no entanto, erros serão cometidos.

É importante perceber que a métrica pode ser objetiva, mas ainda assim ser mal compreendida pelo consumidor. Os quilômetros por litro dos carros estão, por exemplo, tecnicamente corretos. A contagem de calorias dos alimentos é objetivamente correta. O problema é que essas métricas são mal compreendidas pelo escolhedor que não sabe como utilizar os atributos para atingir seus objetivos.

---

* Medida de qualidade de filmes inventada pelos críticos de cinema Gene Siskel e Roger Ebert. (N.T.)

Métricas de linha reta

Quando passei alguns anos como pesquisador na Agência de Proteção Financeira dos Consumidores,* me envolvi com a forma como os credores poderiam divulgar as taxas de juros. Em nenhum outro lugar a não linearidade cria erros tão grandes em dólares do que no financiamento ao consumidor. Escolhemos cartões de crédito e empréstimos com base nas taxas de juros anuais. Decidimos qual investimento fazer dependendo do rendimento anual. No entanto, as taxas de juros, como todos sabemos vagamente, são exponenciais, ou seja, elas crescem a uma taxa composta ao longo do tempo. Isso nos leva a subestimá-las.

Faça a si mesmo a pergunta a seguir e tente respondê-la como você faz com a maioria das decisões financeiras rápidas, sem a ajuda do Google ou de uma calculadora:

> Quanto valeriam 10 mil dólares, que você daria de presente a um jovem de 20 anos, se eles fossem investidos em um título que renderia juros de 10% ao ano e em que o jovem não poderia tocar até se aposentar aos 65 anos, presumindo que os ganhos não são tributados (como em um IRA)?**

Qual foi a sua resposta?

A maioria das pessoas fica chocada quando descobre que valeria 728.904 dólares. Para ver como elas iriam se sair, fiz essa pergunta a 509 participantes em um painel on-line. Quase metade estimou menos de 100 mil dólares, e a estimativa média foi de 270 mil dólares. Dos consultados, 90% estimaram um valor inferior ao real.

Por que eles erraram? Algumas pessoas admitem apenas ter dado um palpite, mas a maioria delas usa um caminho simples e plausível

---
* Agência do governo estadunidense que defende os direitos dos consumidores perante bancos, credores e outras instituições financeiras. (N.T.)
** *Individual Retirement Account* [Conta Individual de Aposentadoria] é uma conta de poupança a longo prazo com certas vantagens fiscais. (N.T.)

para resolver esse problema. Elas primeiro estimam o impacto dos juros por um ou dois anos e depois tentam fazer um ajuste para levar em conta o impacto das taxas compostas. Nessa questão, o investimento vale 11 mil dólares após um ano. Assim, eles argumentam que depois de 45 anos o investimento poderia valer 10 mil dólares + 45 anos de pagamento de juros (45 × mil dólares = 45 mil dólares), ou um total de 55 mil dólares. Eles tentam fazer um ajuste para levar em conta o impacto das taxas compostas, mas esse ajuste é muito pequeno. Eles talvez dobrem o valor final para 110 mil dólares, por exemplo, subestimando-o em mais de 600 mil dólares. Em média, os participantes da minha pesquisa consideraram o investimento 40% menor do que seu valor real. Como resultado, ele parece muito menos atraente do que realmente deveria.[8]

Subestimar o efeito das taxas compostas tem uma consequência muito real tanto na poupança quanto na obtenção de empréstimos. Isso faz com que a poupança pareça menos atraente, porque subestimamos o que receberemos ao final do nosso investimento. Isso também torna os empréstimos mais atraentes, porque subestimamos o efeito dos juros compostos sobre a quantia que deveremos. Na verdade, pesquisas mostram que 98% das pessoas subestimam o custo dos empréstimos e que esses efeitos são maiores entre os mais pobres, menos instruídos e com menos capacidade de pensar em números.

Embora saibamos vagamente que os juros são compostos, a matemática não é fácil ou intuitiva. Os efeitos das taxas compostas são maiores quando o prazo do empréstimo é mais longo, quando o tamanho do investimento é maior ou quando a taxa de juros é maior. Esses são exatamente os casos em que precisamos pensar com mais cuidado sobre o problema. As pesquisas mostram que o grau de erro da estimativa piora no caso de prazos mais longos e taxas de juros mais altas. Mal-entendidos relativos às taxas compostas também afetam outros resultados importantes, como poupança discricionária, poupança para aposentadoria, percepção da inflação e uso de cartões de crédito.

Aqui está um exemplo de como dói não entender os juros compostos quando pedimos dinheiro emprestado. Esse exemplo foi usado em grandes pesquisas nacionais feitas pelo Federal Reserve:*

> Suponha que você esteja comprando mobília pelo preço de tabela de mil dólares em 12 parcelas mensais. Quanto você acha que custariam no total os móveis depois de um ano – incluindo todas as despesas financeiras?

Esta questão pede uma estimativa de custo sem fornecer uma taxa de juros explícita. A resposta média é 1.350 dólares. Como sabemos o valor emprestado e a data do empréstimo, podemos calcular a taxa de juros anual implícita nessa resposta: 57%. Esse seria um empréstimo muito ruim, e a taxa é tão alta que seria proibida em muitos estados pelas leis de usura, as quais limitam as taxas de juros ao que os reguladores consideram justo. Os economistas que analisaram esses dados, Victor Stango e Jonathan Zinman, descobriram que quando as pessoas foram solicitadas a citar a taxa de juros implícita, elas disseram que achavam que, para aquele empréstimo, ela era de 17%.

Não entender os juros compostos é um aspecto de um fenômeno mais abrangente chamado *viés de crescimento exponencial*. Em geral, as pessoas subestimam esse tipo de crescimento. Esse viés ocorre em diversas áreas importantes: por exemplo, as pessoas subestimam as consequências a longo prazo do aumento de carbono na atmosfera, bem como o crescimento das pandemias, ambos com impactos exponenciais. Portanto, está claro que esses problemas vão muito além das finanças.

As taxas de juros (e o viés de crescimento exponencial em geral) são outro caso em que os atributos de uma opção têm uma relação não linear com o objetivo da pessoa, que é ter muito dinheiro na aposentadoria ou minimizar o custo dos empréstimos. Uma taxa de juros é um conceito preciso – a taxa de aumento em um prazo deter-

---

* Banco central dos Estados Unidos. (N.T.)

minado –, no entanto, se o cálculo envolver mais de um período, a matemática não é simples.

Poderíamos produzir uma métrica mais próxima do objetivo simplesmente apresentando o resultado. Para o investimento de 10 mil dólares que demos ao jovem de 20 anos, poderíamos dizer que ele geraria 728.904 dólares em 45 anos a uma taxa de juros de 10%. No caso de um empréstimo para a compra de móveis, poderíamos simplesmente divulgar o custo total: 350 dólares. Essa apresentação de resultados estaria expressa em termos com os quais as pessoas se preocupam. Ela também facilitaria a realização de um investimento ou a solicitação de um empréstimo: tudo o que você precisa fazer é comparar empréstimos de mil dólares para ver qual tem o custo mais baixo.

Essa não é uma solução universal. O desafio é que muitas transações financeiras não têm prazos ou taxas de juros fixos. Os investimentos podem ter determinada taxa média de retorno, mas os retornos das ações variam de acordo com os altos e baixos dos mercados. No caso de uma hipoteca, o contrato diz 30 anos, mas você pode vender a casa antes disso, e existem hipotecas ajustáveis com prazos variados. O melhor exemplo dessa complexidade são os cartões de crédito, em que você não apenas precisa controlar os pagamentos do dinheiro que deve, mas também levar em consideração o que adicionar à sua dívida ao fazer novos gastos. As pessoas costumam cometer erros ao estimar quanto gastam, portanto, saber o que pagarão no cartão de crédito torna-se difícil. Ainda assim, apresentar os custos em que um consumidor típico pode incorrer, em vez de fornecer-lhe os contratos complexos de várias páginas usados hoje em dia, pode facilitar o entendimento de potenciais compradores. Um contrato típico de cartão de crédito do Bank of America contém 13 páginas em espaçamento simples e 20 preços e taxas diferentes. Uma vez que muitos desses contratos não são iguais entre os bancos, a comparação fica quase impossível. Sem dúvida, as pessoas diriam que todos esses dados são necessários para calcular o custo, mas eu diria que todos esses dados impedem as pessoas de calcular o custo do empréstimo. Elas escolhem o caminho mais fácil e comparam as taxas de juros, não o custo total dos empréstimos.[9]

Metas

Em geral, os maratonistas têm metas de tempo. Meus amigos em boa forma física falam sobre terminar uma maratona em 3 horas, enquanto outros ficam felizes em terminar em 5 ou até 6 horas. Eliud Kipchoge tinha a meta mais ambiciosa de todas: 2 horas. Ele tentou duas vezes e, em 2019, na segunda tentativa, tornou-se a primeira pessoa a quebrar essa barreira. Ele correu 42.195 km em 1 hora, 59 minutos e 40 segundos. Não foi um recorde mundial oficial porque teve muita ajuda. Ele correu atrás de um carro elétrico que o auxiliava na corrida ao indicar o caminho mais rápido que poderia percorrer, emitindo um laser verde que brilhava no asfalto. Ele também foi auxiliado por vários grupos de corredores auxiliares, alguns dos melhores maratonistas do mundo. Cada conjunto de 7 corredores formava um V à sua frente para reduzir o arrasto aerodinâmico. Kipchoge também usava uma versão inédita de um tênis Nike Vaporfly (chamado Alphafly), que aumentou a eficiência de sua corrida em cerca de 4%. Mas a incrível realidade é que ele correu 42.195 km pelas ruas de Viena em menos de 2 horas.

Sua conquista recebeu muita atenção. Um locutor comparou-a ao pouso do homem na Lua e a chamou de "momento Neil Armstrong". O *The New York Times* chamou esse feito de "um marco esportivo com um *status* quase mítico no mundo da corrida, que rompeu uma barreira temporal que muitos considerariam intocável apenas alguns anos atrás".

Mas eu me pergunto se a conquista de Kipchoge teria sido considerada notável se essas 2 horas fossem expressas de maneira diferente, como em minutos. Quebrar a barreira dos 120 minutos chamaria tanta atenção? Há algo nos números redondos que os transformam em metas atraentes. Roger Bannister ficou mundialmente famoso por ter quebrado a barreira de 1 milha em 4 minutos em 1954, mas teria sido a mesma coisa se a barreira fosse de 240 segundos? A escolha de escalas pode fazer com que alguns números, como os redondos, pareçam alvos obviamente marcantes.[10]

As metas também afetam os maratonistas comuns. Eles trabalham mais para atingi-las e relaxam se não conseguem. Os maratonistas são escolhedores, pois decidem o quanto correr durante a corrida e o quanto treinar para atingir sua meta. Para eles, as metas são importantes.

Um grupo de cientistas da decisão e de economistas analisou quase 10 milhões de tempos de chegada em maratonas para testar se as metas influenciavam o comportamento dos corredores. Quando questionados, como se suspeitava, eles tinham metas que eram números redondos: 4 horas era uma meta comum, com pouquíssimos tendo uma meta como 4 horas e 19 minutos. Quando os pesquisadores analisaram os tempos finais, havia um agrupamento de corredores logo abaixo desses tempos arredondados. O Gráfico 8.2 mostra a distribuição de milhões de vezes como essa. Veja a marca de 4 horas. Muitos corredores terminam em pouco menos de 4 horas, depois há uma queda, como se os que estavam prestes a terminar em 4 horas e 1 minuto tivessem realmente feito um esforço para atingir seu ponto de referência. Não há nada de mágico no número de 4 horas. A mesma coisa acontece às 3 horas, 3 horas e 30 minutos, 4 horas e 30 minutos e 5 horas. Ter uma meta e não a alcançar também tem uma implicação. Se não conseguir fazê-lo, você pode acabar relaxando. As quedas significativas no número de pessoas que terminam logo após às 4 horas (e 3 horas, 3 horas e 30 minutos, 4 horas e 30 minutos e 5 horas) também podem ser explicadas, em parte, pelo número de corredores que diminuem a velocidade e terminam ainda mais tarde quando deixam de alcançar metas de tempo. As metas influenciam o comportamento.

Sabendo disso, os designers podem mudar o comportamento ao alterar a forma como apresentam os atributos. Imagine que o grande relógio sobre o posto de controle de 30 km listasse o tempo em minutos e não em horas e segundos. Em vez de marcar 2 horas e 30 minutos, ele marcaria 150 minutos. Essas são as mesmas quantidades de tempo, certo? Se os tempos fossem medidos e exibidos em minutos, poderíamos ter muito mais maratonistas tentando quebrar os 200 minutos do que se eles fossem exibidos em horas. Por alguma razão, 3 horas e 20 minutos não parece tão atraente. Já que a escolha da escala está sob o controle do designer, ela pode ser usada para focar o escolhedor em determinados valores, fazendo com que se esforce mais para alcançá-los.

Acompanhados dos engenheiros Tripp Shealy e Leidy Klotz e da advogada Ruth Greenspan Bell, Elke Weber e eu exploramos a hipótese de uma mudança de métrica alterar escolhas analisando os sistemas usados para avaliar a sustentabilidade de novos edifícios. Hoje

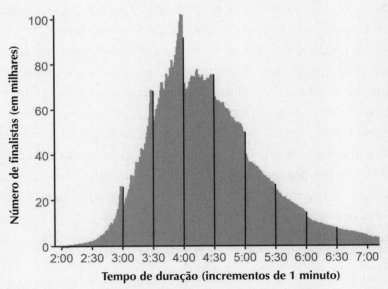

GRÁFICO 8.2   Distribuição de quase 10 milhões de tempos de duração em maratonas.

em dia, qualquer pessoa que examine um novo edifício comercial perguntará se ele foi certificado como ecologicamente correto por uma organização como a LEED.* Ela usa níveis que começam em "certificado" e vão subindo até prata, ouro e platina. Mais de 100 mil edifícios atingiram um desses níveis voluntários.

O processo de certificação é definido por um sistema de computador usado pelos construtores. Esse sistema apresenta ao arquiteto ou engenheiro um conjunto de decisões de projeto e atribui pontos ao edifício (a LEED e organizações afins os chamam de *créditos*) por determinadas escolhas. Use painéis solares e você recebe um número de pontos. Acrescente lugares para estacionar bicicletas, instale chuveiros para os ciclistas e reduza o número de vagas de estacionamento e você recebe mais pontos. Esses pontos se acumulam, e um edifício é certificado com um nível – digamos, ouro – quando atinge determinados padrões.

Nós nos perguntamos se as metas poderiam mudar a forma como os engenheiros profissionais tomavam essas decisões sobre sustentabilidade. Talvez elas não fizessem diferença. Eles não são maratonistas de fim de semana, mas peritos que usam sistemas desse tipo o tempo inteiro. Na vida real, ganhar pontos por ser sustentável ao fazer melhorias geralmente custa dinheiro. Mas será que os engenheiros, da mesma forma que os maratonistas, reagiriam a uma meta diferente a ponto de mudar seu comportamento?

Existe outro sistema, o Envision, desenvolvido pelo Instituto de Infraestrutura Sustentável, que funciona de forma muito semelhante à LEED.[11] Ele usa pontos como a LEED, mas os atribui com base na infraestrutura e nos impactos econômicos de um novo edifício. O sistema Envision começa por conceder a você zero pontos para os padrões que normalmente são adotados na indústria e atribui pontos adicionais ape-

---

* *Leadership in Energy and Environmental Design* (LEED) [Liderança em Energia e Design Ambiental] é uma certificação para construções sustentáveis concebida e concedida pela organização não governamental US Green Building Council [Conselho de Construção Verde dos Estados Unidos]. (N.T.)

nas à medida que você escolhe opções mais sustentáveis. São dezenas de perguntas, mas vejamos uma série que descreve o impacto da construção na qualidade de vida da comunidade ao entorno. O sistema contém a pergunta "Como a equipe do projeto desenvolverá habilidades e capacidades locais?". Se não fizer nada diferente do habitual, ganha zero pontos. Se contratar pessoas localmente, ganha 1 ponto. O próximo nível exige que você contrate um número substancial de empresas locais e lhe confere 12 pontos. Finalmente, se treinar minorias e grupos desfavorecidos com habilidades que eles possam usar em projetos futuros, você ganha 15 pontos. Assim, a escala vai de zero a 15.

Como poderíamos adaptar essa métrica para ter uma meta mais clara? Subtraindo 12 pontos de cada nível. Os mesmos resultados agora variam de -12 a +3, sendo zero o segundo nível mais alto de sustentabilidade. Isso mudou a métrica de adicionar pontos por qualquer ação sustentável para subtraí-los ao fazer qualquer coisa diferente dos dois níveis superiores. As opções permaneceram iguais, apenas transformamos a meta natural – zero – no segundo nível mais alto. Nenhuma das opções era padrão, mas antes de fazermos a alteração, o *status* quo refletia um esforço mínimo. Após a mudança, o zero passou a representar uma ação bastante agressiva. Para alcançar cada nível, o edifício ainda precisaria ter o mesmo conjunto de respostas às perguntas – ele teria apenas um número diferente de pontos.

As mudanças nas escolhas que tudo isso causou foram dramáticas. O grupo que viu a métrica reformulada especificou edifícios muito mais sustentáveis. A melhor pontuação possível era de 181 pontos. Para conseguir esse desempenho, o engenheiro teria que escolher o nível mais sustentável e obter o maior número de pontos para cada decisão. Quando as opções foram apresentadas com a métrica antiga, a construção média alcançava 81 do total de 181 pontos. Com a nova métrica, eles alcançaram o equivalente a 112 pontos na escala original.

Um designer pode escolher uma métrica para aproveitar as metas e alterar o comportamento dos escolhedores. Quer se trate de maratonas ou edifícios sustentáveis, números equivalentes descritos de forma diferente podem mudar as escolhas.

Como tornar as métricas significativas

Um dos desafios de projetar uma métrica para um atributo é que o escolhedor precisa entender não apenas o que ela significa, mas algumas coisas básicas sobre sua distribuição. O designer precisa entender quais valores são bons, quais são ruins e quais estão no meio.

Lembra quando você era um estudante e recebia sua prova de volta? Qual era a primeira coisa que você precisava saber, sobretudo quando era daquele professor maluco que não pontuava tudo em uma escala de 0 a 100? Esse tipo de professor era capaz de elaborar uma prova que valia 35 pontos em uma semana e outra que valia 22 na semana seguinte. Ou ele usava uma escala de 100 pontos, mas a pontuação máxima era 73 em uma semana e 87 na seguinte. A primeira coisa que você olhava era a pontuação; em seguida, se perguntava se a sua tinha sido boa. Era somente depois de descobrir qual era a média que você poderia julgar o quanto tinha se saído bem. É como as avaliações do Uber: se eles tivessem me dito que a média era 4,8, talvez eu tivesse avaliado os motoristas de maneira diferente.

A tomada de decisões exige que entendamos a distribuição subjacente às métricas do item avaliado. Imagine que você está comprando uma geladeira e quer uma que não seja muito cara, mas que também não esvazie sua carteira na hora de usá-la. Se você for fazer compras nos Estados Unidos, a arquitetura da escolha para consumo de energia consiste em uma etiqueta amarela exigida por lei em muitos tipos de aparelhos. Ela tem um atributo muito importante: o custo anual estimado. Esse é um atributo convertido, baseado em estimativas de quanta eletricidade será usada e no custo dela, multiplicados para obter o custo anual. Com base nesse atributo, podemos comparar a diferença nos preços de duas geladeiras e julgar se podemos compensá-los com a economia resultante das contas de eletricidade mais baixas. A conversão nos ajuda a atingir nosso objetivo: economizar dinheiro agora e depois. A etiqueta também nos informa a faixa de variação dos custos operacionais. A etiqueta de geladeira apresentada a seguir está na média. Sabemos quanto dinheiro poderíamos perder ou economizar em custos operacionais se escolhermos outro modelo.

Há outra artimanha que os designers podem usar para comunicar intervalos nas escalas: eles podem mapeá-los em uma escala existente que as pessoas já entendem. Todo mundo conhece as cores dos semáforos. Vermelho é ruim, amarelo está no meio e verde é bom. Todos também conhecem o sistema de notas. Apesar da sua inflação, sabemos que um A é o melhor e não é dado a todos; D não é bom; e o F deve ser evitado a todo custo. E existe até a famosa escala "polegares para cima, polegares para baixo", inventada pelos críticos de cinema Gene Siskel e Roger Ebert. O uso dessas métricas análogas nos permite importar nosso conhecimento de mundo para o atributo em questão.

Ao contrário dos Estados Unidos, que usam dólares, a União Europeia usa notas e luzes para mostrar a eficiência energética. Dê uma olhada na Figura 8.5, que mostra a etiqueta de eficiência de uma secadora de roupas disponível na Dinamarca. A princípio, essa escala parece bastante atraente. Ela procura acrescentar significado ao colocar os números em unidades que conhecemos na escola – A, B, C, D –, que se relacionam com o uso de energia de cada secadora de roupas. Ela mostra cores de semáforos para reforçar o entendimento: quando exibido em cores, A+++, A++ e A+ são tons de verde, A é amarelo e B e C são tons de laranja até o vermelho vivo de D, lembrando-nos que Ds são piores do que Cs e Bs, que não são tão bons quanto As.

A maioria das escalas desse tipo coloca os números em categorias. Elas pegam um número, como os 630 kWh de eletricidade consumidos anualmente, e o colocam em um grupo (o B, no caso desta secadora). Como um B é familiar, isso torna o atributo mais fácil de entender. E B

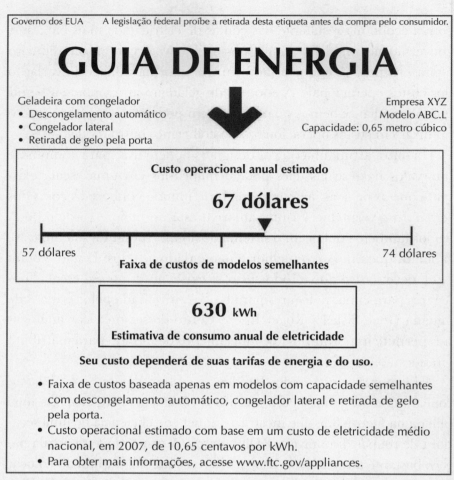

FIGURA 8.4 Etiqueta de eficiência energética dos Estados Unidos.

implica um significado: não é ótimo, mas não é horrível. Essas escalas categóricas podem facilitar a compreensão da métrica para o usuário.

No entanto, um aspecto se destaca. Aparentemente, a União Europeia teve uma inflação de notas grande: nenhuma secadora parece ter recebido um F, e as melhores não receberam um A+, e sim um A+++!

Por que A+++? A inflação de notas decorre do fato de que os avanços tecnológicos vêm produzindo secadoras mais eficientes. Um nú-

FIGURA 8.5   Etiqueta de eficiência energética usada na União Europeia.

mero excessivo vinha recebendo a nota A+, e os consumidores não conseguiam distinguir entre uma secadora bastante eficiente e outra extremamente eficiente. Desse modo, a agência reguladora de energia da União Europeia fez algo que a administração de uma faculdade muito facilmente poderia ser tentada a fazer: eles adicionaram mais notas altas.[12]

Essa inflação demonstra uma desvantagem do uso de um sistema de categorias: ela limita a capacidade de mudança da métrica. Afinal, a alternativa seria redimensionar o sistema de classificação, o que tem um custo: quem aprendeu o que é um B teria que mudar seu entendimento, e um fabricante que produzia uma secadora que é um A não ficará feliz em ser rebaixado para um B. Outro exemplo é a métrica para restaurantes estabelecida pelo Departamento de Saúde da cidade de Nova York. Mais de 90% dos restaurantes em Manhattan recebem a nota A em limpeza. Isso é bom, mas não é muito útil se alguém quiser comparar restaurantes.

Isso acontece muitas vezes quando uma tecnologia suplanta outra. Por exemplo, à medida que novas tecnologias de lâmpadas muito eficientes, como as LEDs, apareciam, todos ficavam perplexos. Uma lâmpada de 7 Watts substituiria a antiga de 60 Watts? As pessoas estavam acostumadas a usar uma medida de energia consumida, um Watt, como parâmetro de brilho. No entanto, as lâmpadas novas consumiam muito menos eletricidade para gerar a mesma luminosidade. Uma escala que funcionava bem com a tecnologia mais antiga passou a não funcionar mais. A medida científica de brilho padrão não é, de fato, um Watt; é um lúmen. Uma lâmpada incandescente de 60 Watts fornece 800 lúmens. Para uma lâmpada fluorescente compacta (CFL, na sigla em inglês), essa mesma intensidade de luz requer 14 Watts, e para uma LED, 10 Watts. Entretanto, poucos consumidores sabem disso. Portanto, não surpreende que as empresas anunciem ambas como "equivalentes a 60 Watts"; no entanto, em 2010, a União Europeia começou a exigir que os lúmens fossem o padrão mais destacado na embalagem.

O esforço de aprender uma nova métrica ajuda a explicar por que, durante séculos, usamos unidades antigas para descrever tecnologias novas. A candela foi usada para classificar as luzes elétricas até 1948, e o cavalo, nome cunhado em 1782 por James Watt para medir a produção de energia de um motor a vapor, ainda é usado hoje para medir a produção de energia dos veículos. (Caso você esteja curioso, um cavalo equivale a cerca de 742 Watts.)

A segunda desvantagem de usar outra métrica é que ela dificulta a comparação das diferenças entre atributos. Imagine que você esteja analisando duas secadoras. Uma recebeu um B e a outra um A no esquema de rotulagem da União Europeia. Se a secadora mais eficiente custa mais caro, vale a pena pagar mais? Você pagaria 50 dólares para passar de uma secadora B para uma secadora A? O consumidor não tem ideia.

Isso sugere que escalas categóricas simples, como a de notas, não são muito úteis quando queremos incentivar comparações, sobretudo quando existem atributos importantes sendo expressos em números. Por outro lado, as escalas categóricas podem ser úteis se queremos apresentar uma avaliação global ou informar às pessoas quais opções são realmente ruins. Da mesma forma que muitas ferramentas da arquitetura da escolha, as escalas categóricas tornam alguns caminhos plausíveis mais fáceis (filtragem) e outros mais difíceis (comparar um fator com outro).

Uma terceira estratégia tenta chegar a um meio-termo ao usar um visual híbrido, combinando os pontos fortes das escalas categóricas e das escalas numéricas. A Agência de Normas Alimentares no Reino Unido (FSA, na sigla em inglês) faz isso com o rótulo apresentado na Figura 8.6. Ela usa 3 métricas diferentes por item.

Para quem não quer fazer as contas, temos uma conversão em categorias. Esse alimento específico possui 353 calorias, uma classificação média em comparação com outros produtos de sua categoria. O rótulo usa cores de semáforo para dar maior ênfase (os atributos nas categorias baixo, médio e alto são coloridos em verde, amarelo e vermelho, respectivamente). Esse alimento não é rico em açúcar, então esse atributo é verde. Outra métrica, em porcentagens, descreve quanto uma porção contribui para a ingestão diária recomendada de nutrientes;

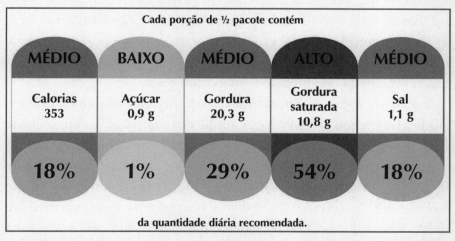

FIGURA 8.6 Rótulo alimentar "híbrido" da Agência de Normas Alimentares do Reino Unido.

233

observe, por exemplo, que ele contém muita gordura saturada, também indicada pelo rótulo vermelho para esse atributo – duas porções dele e você deve considerar não comer mais nada naquele dia. Por fim, se você já conhece a métrica, pode entender que 1,1 g de sal é razoável. Cada uma dessas métricas pode atender a usuários com necessidades distintas. As conversões – da quantidade de sal em gramas até a porcentagem e a cor – podem ajudar pessoas diferentes. Essa abordagem parece bastante útil para coisas como rótulos nutricionais, em relação aos quais muitas pessoas têm necessidades diferentes.

No outro extremo do espectro está um rótulo para o teor de sal adotado na cidade de Nova York, conforme a Figura 8.7. Ele é chamado de *rótulo de advertência*. A ideia é simples: colocar um rótulo preto ao lado de qualquer prato principal que contenha mais de 2.300 mg de sódio. Essa é a quantidade total de sódio recomendada para um dia inteiro, a qual seria consumida aqui em um único prato. A pesquisa mostra que cerca de um quarto da ingestão de sal de uma pessoa vem de comidas de restaurantes, e que essa quantidade é subestimada em aproximadamente 1.000 mg.

Mesmo que você simpatize com o objetivo, esse é um rótulo horrível. Ele não nos diz o quanto a comida é ruim, e não tenho certeza se as pessoas entendem que o triângulo preto significa perigo. Suspeito que algumas delas não consigam dizer se isso significa que a comida tem muito sal ou que precisa de mais um pouco.

Essa não é apenas a minha avaliação. Experimentos que usam simuladores de decisão avaliaram esse rótulo em comparação com o que se encontra abaixo dele, na Figura 8.8. Ele aproveita as métricas emprestadas dos semáforos e descreve um alimento com frases como: "Alerta de sódio" em vermelho, "Alto teor de sódio" em amarelo ou "Baixo teor de sódio" em verde. O rótulo exibe a imagem de um saleiro e um texto. No estudo, as pessoas escolheram refeições hipotéticas e viam o rótulo de advertência, o do semáforo ou nenhum rótulo. Quando comparada a uma versão de semáforo, a advertência é menos eficaz tanto

FIGURA 8.7   Rótulo de aviso de sal na cidade de Nova York.

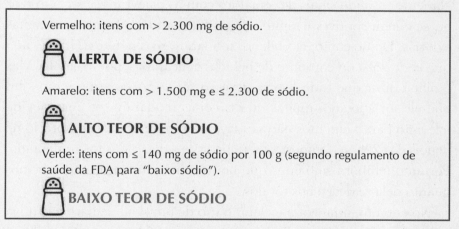

FIGURA 8.8   Rótulo de aviso de sal na cidade de Nova York em forma de semáforo.

na redução da quantidade de sódio nos pedidos de refeições quanto na transmissão de conhecimento sobre o sódio nos alimentos.[13]

Esse exemplo mostra que mesmo os funcionários bem-intencionados do estado de Nova York podem errar nos rótulos e que, se o objetivo é realmente a redução da ingestão de sódio, fazer testes por meio de experimentos é importante para acertar. Ele também mostra o poder de uma escala emprestada: a codificação em forma de semáforo tem sido considerada útil para a nutrição em vários estudos. Por fim, ele ilustra um caso em que a filtragem pode ser uma meta razoável: 2.300 mg de sódio é muito, igual à ingestão total recomendada para um dia inteiro, e saber que você está consumindo essa quantidade de uma só vez talvez seja útil. Por fim, observe que a cidade de Nova York não está proibindo esses alimentos. Se você quiser pedir um prato principal com eles e ingerir todo o sódio que tem direito no dia inteiro de uma só vez, vá em frente.

O Chile possui algumas das taxas mais altas de obesidade do mundo – 75% dos adultos estão acima do peso. Em 2016, o país levou ao extremo a abordagem do sinal de alerta. Colocou-o nos rótulos dos alimentos usando sinais de semáforo com as palavras *alto em* (alto teor de) se o item contivesse muito sal, gordura saturada, açúcar ou muitas calorias. Desde então, os chilenos mudaram seus hábitos. Houve uma queda de 25% no consumo de bebidas açucaradas, por exemplo. Mas é difícil dizer que tudo isso se deve ao rótulo. Ao mesmo tempo em que ele foi adotado, muitas outras coisas mudaram: os anúncios de televisão para alimentos não saudáveis foram limitados ao horário de depois das 22h, e o imposto sobre bebidas açucaradas foi aumentado. Portanto, embora saibamos que houve uma mudança, não sabemos quanto dela se deveu aos rótulos.[14]

No entanto, uma coisa é clara: o uso de um sinal de pare incentiva a filtragem, o caminho plausível sobre o qual falamos no Capítulo 3. É bastante fluido dizer: "Não considere os alimentos com um sinal de 'alto teor de açúcar'". Várias empresas de alimentos parecem estar cientes disso: em vez de colocar o temido sinal de pare, elas reformularam os ingredientes dos produtos para níveis abaixo dos limites.

Como colocar as métricas em escala

Muitas métricas podem ser dimensionadas. Falamos sobre litros por quilômetro, mas a realidade é que litros por 100 km são usados porque os designers acreditam que 3,8 litros por 100 km é mais fácil de entender do que 0,038 litros por quilômetro, que é equivalente. Eles provavelmente estão certos. Multiplicar por 100 torna o número mais fácil de ser compreendido. Métricas numéricas em geral podem ser redimensionadas dessa maneira. Por exemplo, podemos pegar os preços dos serviços e dimensioná-los por anos, meses ou dias. Notoriamente, as instituições de caridade, como as estações de rádio públicas, mudam as unidades de doações, falando que elas custam apenas alguns centavos por dia: 0,28 dólar por dia é o mesmo que uma doação anual de 100 dólares, mas por ser um número menor parece muito menos impactante. A quantidade menor muda a forma como compomos nossa preferência. Comparamos os 0,28 centavos a coisas triviais, como um pacote de chicletes, mas os 100 dólares a algo sério, como um bom jantar em um restaurante ou um suéter caro. Modificar a escala dos números pode alterar o que é recuperado da memória para fins de comparação quando tomamos a decisão.

Embora números pequenos sejam mais fáceis de comparar, números grandes são difíceis de compreender. Um exemplo bastante real disso são os valores do orçamento federal, um documento extenso (normalmente superior a 1.400 páginas) com números grandes, que são surpreendentes e estão fora de nossa experiência diária. Richard Feynman, um físico do século XX, observou: "Existem 1011 estrelas na galáxia. Isso costumava ser um número imenso. Mas são apenas 100 bilhões. É menos que o déficit nacional! Costumávamos chamá-los de números astronômicos. Agora deveríamos passar a chamá-los de números econômicos".

Uma maneira de lidar com números grandes é torná-los concretos e pessoais. Assim como as doações anuais às estações de rádio públicas podem ser divididas em centavos por dia, as alterações orçamentárias podem ser expressas como mudanças para cidadãos individuais ou para o país como um todo. Por exemplo, uma mudança de 2017 na política ambiental, o America First Energy Plan, segundo a Casa

Branca de Trump, "ajudaria os trabalhadores estadunidenses ao aumentar os salários em mais de 30 bilhões de dólares nos 7 anos seguintes". Isso parece impressionante, mas difícil de entender.

Um pouco de aritmética traduz os 30 bilhões de dólares para o país em 7 anos em um benefício pessoal para cada um dos cerca de 150 milhões de trabalhadores estadunidenses: um aumento salarial médio de cerca de 29 dólares ao ano. As decisões que tomamos são influenciadas por mudanças nas unidades usadas para descrever aquilo que foi economizado? Um desses números (30 bilhões de dólares) parece impressionante e abstrato, o outro (29 dólares por ano) parece bem mais fácil de entender porque é pessoal e concreto.

Elke Weber e eu nos perguntávamos se mudar as unidades dessa maneira mudaria a opinião das pessoas. Perguntamos a uma amostra de estadunidenses o que eles achavam do plano usando o número grande (30 bilhões de dólares) ou o número menor e mais concreto (29 dólares). O Gráfico 8.3 mostra o percentual de pessoas que queriam manter a atual política (e renunciar ao aumento salarial), categorizadas por filiação política e por verem o número grande ou o concreto.

Claramente, reduzir o valor a algo menor e mais concreto mudou as escolhas: mais pessoas (um aumento de 12%) queriam manter as regulamentações ambientais atuais quando foram informadas de que as remover geraria uma alteração de apenas 29 dólares nos salários médios por ano. A descoberta mais surpreendente, porém, é que o grau de concordância entre os diferentes partidos aumentou quando usamos números concretos. O dobro de republicanos (44%) quis manter a política inalterada quando os benefícios foram descritos em termos menores, concretos e pessoais do que quando descritos como bilhões abstratos (22%).[15]

Embora estejamos evitando qualquer afirmação de que uma posição ou outra seja melhor, os dados mostram mais uma vez que a forma como apresentamos os atributos – neste caso, os benefícios de uma mudança de política governamental – pode alterar significativamente as escolhas das pessoas.

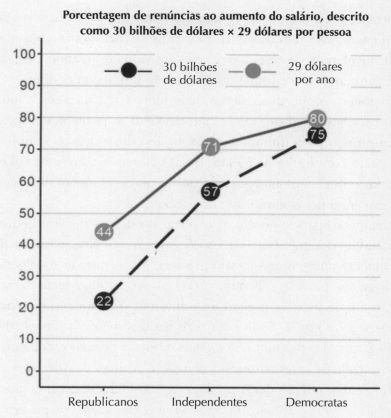

GRÁFICO 8.3   Como mudar uma métrica altera as preferências.

Como facilitar decisões difíceis de tomar

As escalas que usamos quando fazemos perguntas às pessoas sobre sua satisfação foram bastante estudadas. Livros inteiros foram escritos para analisar os efeitos do número de categorias, as palavras usadas – e o *número* de palavras usadas – para descrevê-las e se deveríamos usar imagens. Muito menos foi feito em relação a como apresentamos informações sobre opções – e a maior parte do que *foi* feito ocorreu apenas nos últimos 10 a 15 anos. No entanto, essa é uma ferramenta importante para designers. Nossos *hypermilers* do início deste capítulo foram engenhosos em descobrir maneiras de melhorar o consumo de combustível, mas, de certa forma, eles estavam otimizando a escala errada. Aumentar a economia de 42 para 43 km/l, como vimos, poupa muito pouco combustível: menos de um terço de 1 litro em 1.000 km. Se eles soubessem disso, talvez não tivessem se posicionado atrás de um caminhão para diminuir o arrasto aerodinâmico ou contornado uma curva com limite de 55 km/h a 90. Somos muito bons em competir para obter a melhor pontuação no placar do jogo, mas não tão bons em entender o significado do placar.

Descrever opções, porém, é o cerne do design da arquitetura da escolha. Um designer bom talvez se esforce muito para garantir que as informações apresentadas sejam precisas. Mas, como os escolhedores, ele talvez não perceba que o que parecem ser escolhas secundárias em relação a uma métrica podem ter um impacto maior nas escolhas do que os valores em si. Uma característica das métricas difíceis de entender é que elas mudam não apenas o que as pessoas escolhem, mas como escolhem – seu caminho plausível. Muitas das decisões neste capítulo envolvem ponderar perdas e ganhos difíceis: comida saborosa *versus* saúde futura; apoiar impostos *versus* cortar gastos do governo; ou pagar agora por benefícios ambientais posteriores que serão usufruídos tanto por construtores quanto por consumidores. Essas decisões são bem complicadas, mas quando um designer erra a métrica de um atributo os escolhedores não podem fazer escolhas da maneira que gostariam e, então, fazem as piores. A descrição de opções é a ferramenta menos apreciada da arquitetura da escolha e a menos explorada pelas pesquisas, mas ela possui implicações muito importantes.

9
Construindo mecanismos de escolha

As escolhas são feitas em diversos ambientes: no papel, nas prateleiras das lojas físicas, na internet ou até mesmo no celular. Mudar do papel e das lojas físicas para pixels e navegadores permite que o arquiteto da escolha faça coisas que são difíceis de realizar no mundo físico. As lojas não podem reorganizar as prateleiras para cada comprador ou apresentar a ele apenas suas marcas favoritas, mas os sites podem. É difícil para a prateleira de uma loja dar instruções a você sobre como usar um produto, mas um vendedor pode fazê-lo. Uma vez que os ambientes interativos são diferentes, chamarei essas arquiteturas da escolha de *mecanismos de escolha*, refletindo o fato de que elas podem aumentar as preferências do escolhedor e reagir a elas.

Você pode fazer compras na Amazon, visitar a Netflix, decidir reservar uma viagem usando o TripAdvisor, procurar um restaurante no Yelp ou um filme para assistir no IMDb. Esses mecanismos de escolha estão entre os sites mais visitados nos Estados Unidos. A Amazon, por exemplo, recebe mais de 690 milhões de visitas ao mês. Todos os designers desses sites influenciam as suas escolhas.[1] Até mesmo mudanças pequenas na forma como você usa esses sites para tomar decisões podem ter consequências grandes para a lucratividade deles e para a qualidade das escolhas das pessoas. Já que os mecanismos de escolha podem se transformar com base nas informações recebidas do usuário, eles são capazes de fazer coisas que outros tipos de arquitetura da escolha não são.

Os mecanismos de escolha têm 3 propriedades que os distinguem de outras arquiteturas da escolha.

- **São personalizáveis.** Ao usar um modelo do usuário, eles podem se adaptar às necessidades dele. Lembra da ideia da opção-padrão inteligente, quando queríamos usar como padrão a opção que fosse melhor para cada usuário? Os mecanismos de escolha podem tornar isso uma realidade.
- **Podem dar o controle ao escolhedor.** Falamos sobre como a arquitetura da escolha é capaz de estimular ou desestimular a tomada de diferentes caminhos plausíveis. Mas os mecanismos de escolha podem alterar a arquitetura da escolha. A Amazon me permite classificar as opções por preço ou pela nota média conferida por outros compradores; posso ser o designer e o escolhedor. Posso fazer o site se adaptar ao meu caminho plausível desejado.
- **Por fim, eles podem ajudar o escolhedor a compreender sua escolha.** Você encontra essa possibilidade com frequência em sites nos quais um pequeno ponto de interrogação aparece ao lado de uma caixa. Se você clicar nele, verá uma janela *pop-up* de ajuda. Oferecer uma instrução mais complexa é possível – por exemplo, fornecer experiências simuladas para ver como seria a vista da tela a partir de qualquer assento em um cinema.

Aprenderemos sobre todas essas habilidades especiais dos mecanismos de escolha examinando exemplos em que eles são bem-feitos e outros em que são mal executados. Vamos começar com um dos mecanismos de escolha mais elaborados: a página inicial da Netflix.

Netflix

É noite de sexta-feira, depois de uma semana longa, e você está louco para relaxar e assistir a um filme. Como você aprendeu no Capítulo 7, pedir recomendações de filmes ao seu cônjuge não funciona muito bem. De alguma forma, quando ele apresenta as escolhas, você sempre acaba assistindo a algo de que ele gosta mais do que você. Ele é obviamente um designer muito talentoso e talvez tenha lido este livro antes de você, usando essas lições para incentivá-la a escolher os filmes que quer ver. Se este é um padrão obscuro, *sludge* ou apenas o que ele sabe sobre o que você realmente gosta, cabe a você julgar.

Então, em vez disso, você recorre à Netflix, o maior serviço de streaming do mundo. Ela também tem um mecanismo de escolha exemplar: seu objetivo é ajudá-lo a encontrar algo para assistir. Ele não apenas apresenta opções passivamente, mas também tenta personalizar o que você vê, oferece algum controle sobre o que é apresentado e até o ajuda a compreender opções novas de que você pode gostar. Ele faz tudo o que associamos aos mecanismos de escolha.

Na verdade, toda a existência da Netflix depende de encontrar programas que você queira assistir em sua imensa biblioteca de conteúdo licenciado. Mantê-lo engajado e pagando uma assinatura mensal é sua principal fonte de receita. O preço das ações da Netflix reflete fortemente as mudanças no número de clientes: a declaração de que ela havia perdido 130 mil usuários em 2019 (menos de 0,2% de seu total de 60 milhões) causou uma queda de 10% no preço das ações em um dia. A Netflix precisa conectar clientes ao conteúdo, então você acha que conseguirá encontrar algo para assistir.

Você abre a Netflix no seu dispositivo de streaming. Uma pergunta simples e uma imagem aparecem: quem está assistindo? Você, seu cônjuge, seus filhos ou outra pessoa? Assim que você clica na imagem, uma página surge com um trailer em execução, incluindo áudio, de um programa que parece potencialmente interessante. Alguns dos filmes e programas que aparecem talvez tenham fugido da sua memória ou lhe sejam desconhecidos. O trailer começa automaticamente e isso o incomoda, mas logo o programa prende sua atenção. Quando ele termina, você percebe dois botões óbvios: um diz "Assistir" e o outro diz "Saiba mais". Ao descer pela página, você verá grupos de filmes e programas de TV organizados em fileiras. A primeira fileira pode ser "Lançamentos", a próxima "Em alta" e a seguinte "Favoritos da crítica". Continue descendo pela tela e uma sequência de programas a que você já assistiu aparecerá. Quando o mouse passa sobre um programa por mais de um segundo, seu trailer é iniciado, mas para assim que você o afasta. Depois de alguns minutos, você acaba assistindo ao *Comedians in Cars Getting Coffee*, um programa que você não sabia que existia. Jerry Seinfeld, um de seus artistas favoritos, é o protagonista.

A Netflix não apenas apresentou todas as 3 propriedades de um mecanismo de escolha, mas para fazer isso sua página inicial usou todas as ferramentas da arquitetura da escolha incluídas neste livro. Vejamos algumas delas:

- **Caminhos plausíveis.** A Netflix sabe que as decisões sobre como tomar decisões – escolher um caminho plausível – acontecem rapidamente. Ela não deixa o escolhedor esperando. Ela faz um esforço enorme para evitar esperas, tornando a decisão do que assistir muito fluida. Os engenheiros da Netflix se gabam das inovações tecnológicas usadas para carregar rapidamente a página inicial para os clientes e da importância de evitar a espera para mantê-los.
- **Opções-padrão.** Por padrão, quando você acessa a Netflix, um *trailer* completo com áudio começa a ser reproduzido. Até o início de 2020, não havia como desativá-lo, apesar de muitas reclamações nas redes sociais.
- **Quantidade de opções.** A Netflix possui um catálogo de quase 6 mil títulos (cerca de 4 mil filmes e 2 mil séries de TV). De alguma forma, ela reduz essa enxurrada de opções para aquelas cerca de 80 que acredita serem certas para você. Isso

envolve uma magia de inteligência artificial séria, como veremos mais adiante.
- **Ordenação.** A Netflix define a ordem das fileiras. "Em alta" ou "Lançamentos" vem primeiro? Depois que ela é decidida, é preciso atribuir uma posição a cada programa – no início, no meio ou no final da fileira. Se você comparar sua página inicial com a de qualquer outra pessoa, verá que as ordenações são específicas para cada usuário. Os filmes que aparecem no canto superior esquerdo da tela inicial são assistidos com mais frequência do que os demais.
- **Descrição das opções.** Cada uma das fileiras tem um título, como "Populares na Netflix", "Em alta" ou "Só na Netflix". Não apenas a ordem deles muda para cada cliente, mas opções diferentes aparecem para pessoas diferentes. Cada programa tem uma imagem estática. A Netflix escolhe aquelas que certamente chamarão a atenção para todo o conteúdo ou elas são mais direcionadas para tentar aumentar a popularidade de algum conteúdo específico?

A descrição das opções também inclui a seleção de quais cenas estão no trailer que é executado quando você passa o mouse sobre a imagem. Como a Netflix decide quais momentos mostrar dos 62 episódios de *Breaking Bad*? Para a introdução da versão estadunidense de *House of Cards*, a empresa desenvolveu 3 trailers diferentes para públicos distintos com base no que sabia de suas exibições anteriores. Um deles era para os fãs da versão britânica dessa série. Outro, com Robin Wright (Claire Underwood) e outras personagens femininas, atraía os espectadores que haviam assistido *Thelma e Louise*. Um terceiro era destinado a cinéfilos assíduos, uma vez que o produtor, David Fincher, é bem conhecido nesses círculos por filmes como *A Rede Social* e *Millennium – Os Homens que Não Amavam as Mulheres*.[2]

A Netflix apresenta um atributo que prevê o quanto você gostará de cada título, usando uma escala de 0 a 100%, e coleta suas avaliações em uma escala de "polegares para cima, polegares para baixo". Por que adotou duas escalas diferentes? Ela chegou a usar uma escala de 5 estrelas para ambos os casos, mas acreditava que o público ficava confuso com esse arranjo. As pessoas acharam a escala dos polegares mais fácil de usar e, ao adotá-la, o número de avaliações coletadas dobrou. A Netflix também descobriu que o público tendia a classificar apenas filmes intelectuais e sérios com um 5, mas ficava feliz em dar um polegar para cima para uma *sitcom* assistida do começo ao fim sem interrupções. A escala de respostas tornou os avaliadores, ao que parece, menos pretensiosos e talvez mais honestos.[3]

Todo esse conjunto de ferramentas é ajustado por meio de testes A/B até 100 vezes ao ano, os quais abordam cada detalhe da experiência. Com milhões de visualizadores usando a página inicial todos os dias, muito pode ser aprendido.

Compare isso com o desenvolvimento de uma arquitetura da escolha que usa papel. Primeiro, ao contrário da Netflix, um pedaço de papel não telefona para a sua casa toda vez que você muda um dado. Também é difícil para um formulário de papel se adaptar. Para entender isso, pense no formulário do imposto de renda. Você deve se lembrar que ele contém instruções como "Se o total na coluna C for maior que o total na coluna D, divida por 5 e insira o número na linha 8". Algo complicado, para dizer o mínimo.

Então, como a Netflix faz isso? Ao desenvolver um dos primeiros cursos universitários sobre a arquitetura da escolha, tentei muito ouvir meus alunos. Eles vivem uma parcela maior de suas vidas on-line do que eu. No final da aula, sempre lhes pergunto sobre suas arquiteturas da escolha mais e menos favoritas. Na maioria dos anos, o vencedor do prêmio de melhor e pior é a Netflix. Quando pergunto por que, ouço o seguinte:

"Amo a Netflix porque sempre encontro algo para assistir."
"Detesto a Netflix porque não consigo encontrar o que quero assistir."

Ouvir a conversa com atenção revela uma desconexão entre os objetivos de alguns escolhedores e os da Netflix. Esta não procura otimizar a satisfação do cliente ou, como ela diz, sua "felicidade". Ela tenta maximizar a eficiência, ou seja, a "felicidade máxima por dólar gasto" em conteúdo, como disse certa vez o vice-presidente de engenharia de produto da empresa. Alguns programas, como *The Crown*, proporcionam muita felicidade, mas são caros de produzir, custando mais de 10 milhões de dólares por episódio. Um menu repleto desses programas talvez deixasse as pessoas felizes, mas a assinatura seria proibitivamente cara e a Netflix acabaria falindo. Em vez disso, o objetivo de sua arquitetura da escolha é encontrar coisas que o farão feliz e sejam baratas de produzir. De acordo com Jenny McCabe, diretora de relações com a mídia global da Netflix, "Procuramos os títulos que oferecem a maior audiência em relação ao custo de licenciamento".[4]

O fato de a Netflix compartilhar ou não seus objetivos depende, como mostram os comentários de meus alunos, daquilo que você está procurando. Se pensarmos na Netflix como uma Biblioteca do Congresso* em vídeo, que contém todos os programas já produzidos, ficaremos decepcionados. Se, em vez disso, procurarmos um veículo midiático que nos entretenha e forneça esse entretenimento de maneira fácil e eficiente, encontramos o serviço de vídeo ideal.

Mas, para isso, a Netflix precisa conhecer você. Vejamos de que maneira sites como o da Netflix fazem isso.

Personalização e modelos de usuário

Uma das coisas que podem ser feitas em um mecanismo de escolha interativo é personalizar a arquitetura da escolha. Isso pode resultar em clientes mais felizes e empresas mais produtivas. A Netflix estava

---

* Pela lei, a Biblioteca do Congresso dos Estados Unidos recebe 2 exemplares de cada obra publicada no país.

produzindo mais de 33 milhões de versões de seu site já em 2013. Para fazer isso, ela precisa saber algo útil sobre seus clientes. Parte desse conhecimento vem do sistema de recomendação dela – alguns estimam que ele agrega 1 bilhão de dólares ao valor da empresa. Abordaremos o tópico dos sistemas de recomendação, mas primeiro quero falar sobre um conceito mais amplo e às vezes mais simples: um modelo de usuário.[5]

Sempre que personalizamos um site para aumentar sua utilidade para um escolhedor, é porque acreditamos saber algo sobre essa pessoa. Esse conhecimento, essa imagem de uma pessoa, embasa a personalização. Embora os modelos de usuário às vezes possam ser sistemas analíticos complexos, eles também podem ser bastante simples. Lembra da primeira coisa que a Netflix pergunta quando você faz *login* – "Quem está assistindo?" –, ao lado de 3 botões: geralmente seu nome, o nome do seu cônjuge e "crianças"? A Netflix pergunta isso logo no início porque a personalização é diferente para cada usuário.

Lembra quando falamos sobre a GFAA, a montadora de automóveis alemã? Ela apresentava muitas opções a seus clientes (os compradores escolhiam entre 16 motores, por exemplo) e imprudentemente, tanto para a empresa quanto para os clientes, ela definiu as opções mais baratas como padrão. Como o motor-padrão era escolhido com mais frequência, a GFAA ficou preocupada que os padrões pudessem deixar alguns clientes menos satisfeitos, sem falar no aumento das vendas do motor mais barato.

Sugerimos que eles personalizassem as opções-padrão para diferentes clientes, algo que chamamos de *opções-padrão inteligentes*. Os gerentes gostaram da ideia, mas havia um pequeno problema. Eles não queriam investir em um sistema de recomendação complexo para sugerir opções-padrão para cada usuário. Isso envolveria bastante trabalho para construir e poderia não ser muito útil. Carros não são comprados com frequência, e os dados sobre compras anteriores podem não ser muito úteis, visto que as necessidades das pessoas mudam entre as compras. Um homem de 30 anos cuja última compra foi um carro esportivo pode agora precisar de um sedan ou um utilitário familiar, por ter se casado e tido filhos desde a última vez que adquiriu um veículo. E nem todo mundo que comprava no site era cliente da GFAA ou até mesmo havia comprado um carro antes.

A GFAA teve uma ideia brilhante e simples: "Por que simplesmente não perguntamos às pessoas que tipo de carro elas estão procurando?". Então uma página inicial foi criada com essa pergunta, envolvendo opções como estas:

> Um carro de família
> Um carro esportivo
> Um carro econômico
> Um carro para uso em estrada de terra

Saber a resposta para essa simples pergunta bastava para definir as opções-padrão. A escolha de um carro esportivo não apenas previa um motor com desempenho avançado, mas também definia opções padrões para outros atributos, como bancos internos de couro, volante e câmbio de marchas de madeira mais caros e rodas e pneus cromados de alto desempenho. Quem buscava um carro de família via opções-padrão diferentes, como airbags laterais e dispositivos para prender cadeirinhas infantis. Nenhuma inteligência artificial cara era necessária; uma única pergunta melhorou os resultados. Poderíamos chamá-las de *opções-padrão inteligentes o suficiente*, porque elas produziram a maior parte do benefício das opções-padrão inteligentes com muito menos esforço de elaboração. Segundo a GFAA, os clientes ficaram satisfeitos. As opções-padrão inteligentes também aumentaram a receita: nossa pesquisa mostrou que, em comparação com o erro de sua política original (opções-padrão massificadas que usavam a alternativa mais barata), as opções-padrão inteligentes geraram um aumento na receita média de 800 euros por carro.

As opções-padrão inteligentes o suficiente podem ser baseadas em algo tão simples quanto saber a idade do escolhedor. Lembre-se do Capítulo 5, em que discutimos os fundos de data-alvo e como eles reduzem o risco nas contas de aposentadoria à medida que envelhecemos ao aumentar a alocação de dinheiro para títulos de dívida, em detrimento das ações. Simplesmente perguntar o ano de nascimento do escolhedor permite que os fundos optem pela combinação mais apropriada de ações mais arriscadas e títulos mais seguros para aquela idade. Ainda mais importante, o fundo muda automaticamente essa mistura à medida que você envelhece, algo que a maioria das pessoas não faz. Isso mostra que a personalização não precisa ser difícil: um número informado pelo escolhedor melhora as opções-padrão. Essa opção-padrão inteligente específica não oferece benefícios apenas no momento da compra, mas durante toda a vida útil do poupador.

Existem métodos mais sofisticados, é claro. Um método potencialmente mais poderoso é a *filtragem colaborativa*. Ele reúne dados sobre o que os usuários compraram no passado e usa inteligência artificial para prever o que as pessoas provavelmente comprarão no futuro. Esses métodos podem usar tanto informações explícitas, como a classificação de opções feita pelo cliente, quanto informações implícitas, como se terminaram ou não de assistir a um programa na Netflix. Talvez o uso mais conhecido de filtragem colaborativa é a geração de listagens "Clientes que compraram esse item também compraram" feita pela Amazon. A filtragem colaborativa requer um grande conjunto de comportamentos anteriores de usuários para fazer previsões. Esse é o cerne das recomendações feitas pela Apple Music, sugestões de "quem seguir" no Twitter e de compatibilidades no Tinder. Sim, o Tinder aparentemente muda as pessoas que mostra com base em suas buscas passadas. Deslizar a tela para a direita mudará quem você verá no futuro.

É importante perceber que, em sua forma pura, a filtragem colaborativa não usa informações detalhadas sobre as opções em si mesmas.

Quando a Apple Music recomenda uma música, ela não sabe nada sobre a cadência, batida, letra ou instrumentação dela. Ele simplesmente sabe que pessoas como você também gostam dessa música.

Compare isso com os *filtros baseados em conteúdo*, que exigem o conhecimento dos atributos das opções. Às vezes, isso é fácil – por exemplo, se estivéssemos em um site que vende camisas masculinas. A descrição de determinada camisa, como a do tipo Oxford, contém muitas informações: a cor, o material, o tipo de gola, se precisa ser passada ou não e assim por diante. Esses são os mesmos dados que os clientes veem quando fazem escolhas, e podemos usá-los para prever uma decisão. Para outros produtos, como música, conhecer seus atributos é um desafio enorme. As empresas que usam filtros baseados em conteúdo pedem aos usuários que classifiquem as opções em dimensões, como dizer se uma camisa é esportiva ou a cadência de uma música. Em seguida, eles escrevem algoritmos para decompor a música de sua representação digitalizada (por exemplo, o arquivo MP3) em seus atributos. A filtragem baseada em conteúdo é usada pelo serviço de streaming on-line Pandora por meio do assim chamado *Music Genome Project*. Um musicólogo treinado passa de 20 a 30 minutos ouvindo cada música, classificando-a em centenas de dimensões – ou "genes", como Pandora as chama. Um algoritmo então usa essas classificações para selecionar músicas semelhantes. Aqui, ao contrário da filtragem colaborativa, o algoritmo sabe muito mais sobre a música e menos sobre a pessoa. A Pandora foi comprada pela SiriusXM em 2018 por 3,5 bilhões de dólares, e a tecnologia agora é usada para selecionar músicas para certas estações da SiriusXM. Com o passar do tempo, a filtragem colaborativa e os algoritmos baseados em conteúdo foram combinados em conjunto. Como eles têm pontos fortes e fracos complementares, isso faz sentido.[6]

É importante notar, no entanto, que um modelo de usuário não é sinônimo de inteligência artificial rebuscada. Se quisermos saber algo sobre o cliente, muitas vezes podemos fazer uma personalização importante simplesmente ao perguntarmos: "Que tipo de carro você deseja comprar?" ou "Quantos anos você tem?".

A maior parte da controvérsia em torno dos sistemas de recomendação em geral enfatiza a substituição da escolha. Outra visão é que os modelos de usuário permitem que o designer incremente a arquitetura da escolha. Em vez de usar inteligência artificial para fazer escolhas, talvez devêssemos pensar em incremento inteligente, no qual a arquitetura da escolha auxilia as escolhas.

Controle para o cliente

Visite quase qualquer site e você estará no controle. Você pode, por exemplo, visitar a Zappos, a loja de calçados da Amazon, e ver duas ferramentas principais. A primeira permite que o usuário, não o designer do site, decida como as opções são classificadas. Os visitantes podem classificar sandálias por relevância, gosto pessoal, novidades, avaliação de clientes, mais vendidos, preço (da mais cara para a mais barata ou da mais barata para a mais cara) e, por fim, nome da marca. Essa seleção substitui a decisão do designer sobre como classificar as opções. A segunda ferramenta permite filtrar os sapatos por tamanho, gênero, tipo de produto, marca, preço, cor e outros fatores. Isso implementa um dos caminhos plausíveis sobre os quais falamos anteriormente: filtragem. Posso fazê-la usando qualquer um desses atributos. Por exemplo, ao escolher filtros de cor e estilo, alguém pode limitar seus resultados a sapatos formais bege. Essa parece ser uma ótima ideia, uma vez que tira as decisões de design da empresa e permite que o escolhedor monte a arquitetura da escolha. Isso deve deixá-lo em uma situação melhor, certo?

Existem alguns problemas potenciais com essa abordagem. Primeiro, o designer continua possuindo um grau significativo de controle, embora ele possa estar oculto. Existe, por opção-padrão, uma ordem de classificação selecionada pelo designer. E, mesmo nesse caso, as opções-padrão tendem a persistir. Lembra de nossa discussão sobre os sites que foram usados para escolher escolas? Neles, os pais podiam alterar com facilidade a ordem de classificação, mas não o faziam com muita frequência. A ordem de classificação padrão é a mais usada. Mesmo se você tentar alterá-la usando um menu suspenso, o designer ainda decidirá em que ordem apresentar as diferentes opções de classificação. Não surpreende que classificar por preço (do mais barato para o mais caro) não seja a primeira opção no menu suspenso de muitos sites, incluindo a Zappos. Dar aos escolhedores a capacidade de alterar a ordem de classificação não é o mesmo que fazer com que eles de fato a usem.

Isso vale para a filtragem. O designer escolhe a ordem dos possíveis atributos, como nome da marca, que podem ser usados na tela. Para marcas, a Zappos oferece uma lista com mais de 100 opções, desde ABLE até Zamberlan. Isso também tem desvantagens. As pessoas podem eliminar com facilidade opções de que realmente gostariam porque desejam tornar o tamanho da lista mais fácil de gerenciar. No Capítulo 2, falamos sobre como a filtragem poderia eliminar o melhor encontro amoroso de todos. O mesmo ocorre quando é feita pelo site. O sapato perfeito talvez seja eliminado.

A verdadeira questão é saber se, ao darmos o controle sobre a arquitetura da escolha para o escolhedor, os resultados melhoram. Isso pode ser verdade: se entender o impacto do design em suas decisões, ele mesmo poderá "projetar" ambientes que levem a escolhas melhores. Alguém sensível ao preço pode classificar logicamente por esse fator para facilitar as comparações desse atributo. Então, permitir que as pessoas escolham a arquitetura certa as ajudará?

Infelizmente, não existem muitas evidências concretas de uma forma ou de outra. Sabemos que a classificação pode aumentar a importância de um atributo para o escolhedor, mas entendemos menos sobre o que acontece quando os escolhedores decidem a classificação e se isso os ajuda a tomar melhores decisões. Mas um caso em que acrescentar controle ajuda é no cálculo de atributos. Lembra de nossa história, no Capítulo 6, sobre pessoas com problemas para contratar um plano de saúde? Elas tinham dificuldade em estimar com precisão os custos, porque eles são gerados por pelo menos 3 fatores: franquias, desembolsos diretos e coparticipações. Esses diferentes valores precisam ser combinados para estimar o custo total de um plano. Logo no início, os dirigentes das bolsas de planos de saúde notaram que as pessoas não estavam prestando atenção suficiente aos custos totais. Havia histórias de pessoas que olhavam apenas para um componente do preço, como a mensalidade, e negligenciavam outros, como as franquias. Mais tarde, muitas bolsas acrescentaram calculadoras para ajudar na decisão, e no quarto ano da Lei de Proteção e Cuidado Acessível ao Paciente era fácil ver uma estimativa do custo total em 45 dos 50 estados.

Fornecer uma calculadora aos usuários afeta suas escolhas? Os pesquisadores pediram a uma amostra de estadunidenses que escolhessem entre 3 planos, um conjunto muito menor e, portanto, mais fácil de escolher. Quando os escolhedores tinham acesso a uma calculadora, eles melhoravam suas decisões, aumentando a contratação do plano mais econômico em 7%. Mais importante, esses efeitos foram maiores para aqueles que tinham renda mais baixa, menor escolaridade ou necessidade de tratamentos não atendida devido ao custo deles. Ter uma calculadora não apenas ajuda, mas ajuda acima de tudo os mais vulneráveis.[7]

Todavia, os escolhedores podem receber ainda mais ajuda. O custo do plano depende de quanto você realmente o utilizará. A maioria das estimativas fornecidas pelas calculadoras é baseada no número médio de consultas médicas entre todas as pessoas ou entre aquelas que são semelhantes ao usuário. Mas algumas delas, devido à sua situação singular, consultam médicos com muito mais frequência do que outras, usam mais medicamentos e têm despesas médicas mais altas. E outras o farão muito menos. Você pode melhorar a calculadora por meio da incorporação de estimativas mais precisas. Por exemplo, se você tivesse acesso a um grande banco de dados de registros médicos, poderia observar o uso passado e construir um modelo que estimasse quantas vezes alguém precisaria usar o plano. Você também pode dar às pessoas uma ideia da distribuição dos custos, informando-lhes estimativas do mínimo e do máximo que gastariam entre diferentes planos. (Não fui responsável pela escolha do título, mas quando escrevi sobre essa ideia para a *Fortune* as editoras intitularam o artigo como: "O que os cuidados acessíveis podem aprender com a Netflix".)

Uma empresa que usa modelos para estimar o uso é a Picwell. Sediada na Filadélfia, ela ajuda os planos de saúde a orientar os contratantes para o produto mais adequado às suas necessidades. Imagine que lhe perguntam: "Quantas vezes acha que irá ao médico este ano?". Você se atrapalha, tentando se lembrar se aquela ida ao dermatologista foi em janeiro deste ano ou em dezembro do ano anterior. Picwell não confia em sua memória; em vez disso, estima quantas vezes você irá ao médico por meio da construção de modelos estatísticos com base nos registros de uso por pessoas semelhantes a você.[8] Repito, seu sistema não substitui o escolhedor, mas incrementa sua inteligência, deixando-o tomar decisões sobre o que quer enquanto o ajuda a avaliar as consequências de suas escolhas.

Talvez seja fácil perceber que precisamos de ajuda com nossos cálculos e que podemos usar computadores e celulares para realizar essa tarefa. Menos óbvio, talvez, é que os mecanismos de escolha podem ajudar a aumentar nossa compreensão sobre as decisões que precisamos tomar.

Compreensão

Uma terceira coisa que um mecanismo de escolha pode fazer é ensinar. Ele pode ser um instrutor infinitamente paciente, que nunca se cansa de explicar um termo. Se quiser saber o que é uma franquia de plano de saúde, o site pode ter uma explicação se você passar o mouse sobre o termo. Quer saber as vantagens de ter determinada cor no seu guarda-roupa? Algum comprador prestativo lhe fornecerá uma avaliação do produto.

Em teoria, um bom mecanismo de escolha não apenas auxilia a tomada de decisão, mas também o ajuda a aprender. No entanto, algumas áreas – como os investimentos – são complexas e o instrutor enfrenta um desafio. A negociação ativa de títulos não apenas apresenta complexidades, mas os montantes em jogo podem ser substanciais. Se o instrutor não estiver à altura do trabalho, o escolhedor pode cometer erros significativos. Na verdade, um mecanismo de escolha pode tornar mais rápido e fácil cometer erros grandes, sobretudo se você for um investidor novato operando em um mercado complexo e volátil.

O advento da pandemia e do isolamento social foi acompanhado por um enorme crescimento no investimento de varejo por pessoas físicas. Quer elas estivessem entediadas por estarem presas em casa ou atraídas pela volatilidade do mercado, muitos corretores de varejo viram milhões de novas contas serem abertas no primeiro semestre de 2020. Os negociantes que usavam uma dessas corretoras, a Robinhood, determinaram muitas tendências de mercado no final de 2020 e início de 2021. No início de 2020, a Robinhood inscreveu mais de 3 milhões de usuários novos. Metade deles era composta por negociantes iniciantes. Embora tenha sido fundada apenas em 2015, a empresa teve mais transações médias diárias em junho de 2020 do que duas das maiores corretoras on-line de varejo, a Charles Schwab e a E-Trade, juntas. Ainda que você talvez conheça o impacto que os negociantes da Robinhood tiveram nos preços de mercado, gostaria de me concentrar no papel da empresa como um mecanismo de escolha, atendendo a milhões de novos negociantes em bolsa de valores.

Um dos clientes novos da Robinhood foi Alexander Kearns, um aluno de 20 anos, do último ano da Universidade de Nebraska-Lincoln com especialização em administração. Da mesma forma que muitos estudantes, ele voltou a morar com os pais em Naperville, Illinois, durante a pandemia. Lá, Kearns abriu uma conta na Robinhood e começou a negociar ações. Ele parecia gostar do que fazia e começou a conversar com seus parentes sobre o mercado de ações, o Federal Reserve e as perspectivas para a economia. Mas esse interesse incipiente terminou tragicamente.

Para entender como isso ocorreu, precisamos ver como os smartphones revolucionaram e aumentaram as maneiras em que ações e opções são negociadas e como a Robinhood lidou com o influxo de novos investidores. Hoje, você pode negociar ações com menos esforço do que precisa para pedir uma entrega de comida em domicílio. Com apenas 3 toques em seu celular, você pode comprar uma ação de qualquer empresa. O preço também é atraente: não existe qualquer taxa de corretagem. A negociação no mercado de ações foi revolucionada pela primeira vez na década de 1990, quando as corretoras de desconto reduziram o preço de uma compra ou venda para 10 dólares. Atualmente, muitas corretoras de varejo não cobram nada dos clientes diretamente por suas transações.

A Robinhood foi fundada por Vlad Tenev e Baiju Bhatt, os quais tinham grandes ambições para a plataforma. Uma parte importante do apelo de seu serviço era a ausência de comissões de corretagem. Tenev esperava o seguinte: "Quando as pessoas ouvem o nome Robinhood […] pensam que estão fazendo um ótimo negócio".

Como seria de se esperar pelo nome,* Robinhood visa aproximar o ramo de investimentos daqueles que têm menos dinheiro. O rendimento das ações é, em média, muito mais alto que o da maioria dos outros investimentos. É um enigma para alguns especialistas o motivo pelo qual as pessoas, sobretudo aquelas menos abastadas, não investem em ações. Assim como as empresas Acorn e a Stash, a Robinhood pretendia abrir o mundo dos investimentos para mais pessoas.[9]

---

* Robin Hood é um herói mítico inglês. Conhecido também como "príncipe dos ladrões", roubava dos nobres para distribuir aos menos favorecidos. (N.T.)

Uma maneira de realizar isso é diminuir o valor necessário para participar do mercado de ações. As empresas o fazem por meio da venda de *ações fracionárias*. Quando o preço de uma única ação da Tesla excede 2 mil dólares, é difícil para um investidor iniciante comprá-la, quanto mais investir na ampla gama de empresas diferentes necessárias para atingir um grau efetivo de diversificação. As ações fracionárias permitem que os indivíduos comprem partes de ações individuais por apenas 1 dólar.

A Robinhood também instrui seus clientes a levar o conhecimento sobre investimentos a mais usuários novos. Seu site diz: "Nosso objetivo é tornar o investimento nos mercados financeiros mais acessível, mais intuitivo e mais divertido, não importa quanta experiência você tenha (ou não tenha)".

Decidir qual ação comprar não é assim tão fácil. Desenvolver um mecanismo de escolha para investir, especificamente para negociar ações e opções, parece difícil, sobretudo em um celular. Afinal, as ações são complexas e as telas são pequenas. Desse modo, a Robinhood instrui bem esses clientes? A corretora virtual faz um bom trabalho em relação à compreensão? Seu site tem uma seção instrucional,[*] que contém definições de termos, mas muitas das explicações presentes ali parecem insuficientes. Por exemplo, uma ação fracionária é descrita por meio de uma comparação com a compra de parte de um foguete, em vez da compra do foguete inteiro: é como se você estivesse comprando apenas as aletas. Essa metáfora está completamente equivocada, porque sugere que as partes são diferentes; no entanto, uma ação fracionária ainda funciona porque ganha ou perde valor com a ação. Por outro lado, uma aleta não funciona sem o resto do foguete. As opções sobre ações, por sua vez, são "como cultivar frutas [...]. Você espera que as sementes se transformem em algo que possa ser colhido na época certa. Se a fruta estiver estragada e não for comestível, você perde o custo das sementes.

---

[*] Nota da Editora: veja mais em www.learn.robinhood.com.

Por outro lado, se a fruta estiver perfeita e madura, você tem a opção, mas não a obrigação, de arrancá-la da árvore". Isso é simplesmente confuso. Da mesma forma, uma seção do site nos diz que "uma opção é como um guarda-chuva [...]. Pode ser valiosa para você ou acabar não tendo valor algum. A beleza de uma opção e de um guarda-chuva é que você não precisa usá-los. Após tê-la comprado, a opção de exercê-la ou não é sua. Você usa o guarda-chuva quando chove. Você exerce a opção se estiver valendo a pena. No entanto, as opções expiram, os guarda-chuvas não (nenhuma analogia é perfeita)".[10]

Além dessas partes instrucionais pouco valiosas, existe um ecossistema extenso em torno da Robinhood nas mídias sociais, incluindo um subgrupo no Reddit com cerca de 360 mil membros (em setembro de 2020) e uma fartura de vídeos no YouTube com títulos do tipo "Como ganhar no mínimo mil dólares por mês em apenas 30 minutos por dia". Entre os mais vistos está um vídeo para iniciantes sobre como negociar opções, o qual teve 1,9 milhão de visualizações.

A Robinhood talvez não atraia os negociantes mais sofisticados. A Tesla e a Apple anunciaram desdobramentos de ações no início de agosto de 2020, que entraram em vigor no final daquele mês. No dia do desdobramento, as ações da Apple subiram 3,3%, e as da Tesla, 12,5%. O volume negociado no dia do desdobramento foi tão grande que causou um apagão nos sistemas da Robinhood.

No entanto, nada de novo havia acontecido. Uma única ação que custava 2 mil dólares antes do desdobramento simplesmente transformou-se em 4 ações, cada uma custando 500 dólares. Para usar a analogia encontrada no site instrucional da Robinhood, é como cortar uma pizza em 12 fatias em vez de 8. Há mais fatias, cada uma com um custo menor, mas a quantidade total de pizza e o valor total permanecem inalterados. No grupo de discussão sobre a Robinhood no Reddit, você teria visto pessoas perguntando por que o preço da Tesla havia caído tanto e tecendo comentários sobre a grande oportunidade de comprar as ações a esse preço mais baixo.

Dada a sua clientela, você poderia achar que a Robinhood seria dominada por transações simples, como a negociação de ações. Isso era verdade no passado, mas agora não mais. A empresa começou a oferecer a negociação gratuita de opções em dezembro de 2017 e, apenas 2 anos mais tarde, a maior parte dos lucros dela derivou das opções. Embora o conceito de comprar ações de uma empresa seja relativamente simples, a maioria das pessoas não entende as opções. Não é um assunto que costuma ser ensinado fora das aulas de finanças, mas tem um apelo óbvio: uma opção é uma pequena aposta com um grande potencial positivo (e negativo).

Um exemplo pode ser útil: uma opção lhe confere o direito de comprar (ou vender) uma ação a determinado preço. Você pode fazer isso a partir de agora até a sua data de expiração. Por exemplo, digamos que seja 1º de abril e a Apple esteja sendo negociada a 100 dólares por ação. Você pode adquirir uma opção para comprar ações da Apple por 100 dólares a qualquer momento até, digamos, 1º de maio. A opção é exatamente essa: você pode comprar uma ação por 100 dólares, mas não é obrigado a fazê-lo. Você não possui a ação em si. Se o preço da Apple aumentar, digamos, para 110 dólares por ação antes de 1º de maio, você continuará podendo comprar a ação por 100 e vendê-la a 110 dólares. Isso lhe daria um lucro de 10 dólares, menos o montante pago pela opção.

Esse não é o conceito mais simples do mundo, e as opções podem, rapidamente, se tornar bastante complexas. Elas fazem parte de uma classe grande de produtos financeiros chamados *derivativos*. Se essa palavra soa familiar, é porque versões muito complexas de derivativos lastreadas em hipotecas foram uma das principais causas da recessão de 2008.

O apelo das opções é que elas são baratas. Se você acreditasse que o valor das ações da Apple subiria de 100 para 110 dólares, poderia comprar a ação agora mesmo por 100 dólares. As opções permitem que você aja de acordo com essa crença efetuando um desembolso muito menor – digamos que de 1 dólar. Imagine que você comprou 100 opções de compra de ações da Apple por 100 dólares a 1 dólar cada. Portanto, o custo das opções seria igual ao custo de compra de uma ação real por 100 dólares. Agora, imagine que a ação suba para 110 dólares. Se você tivesse comprado uma ação, teria um lucro de 10 dólares. Se tivesse comprado 100 opções, você poderia adquirir 100 ações da Apple por 10 mil dólares e vendê-las por 11 mil dólares, saindo com mil dólares menos os 100 dólares pagos pelas opções – ou seja, 900 dólares. Você nem precisa comprar as ações; o valor de cada opção terá subido 10 dólares e a simples venda delas lhe renderia mil dólares.

A desvantagem de comprar opções é o que acontece se você adivinhar errado. Se a Apple permanecesse em 100 dólares e você comprasse a ação, não teria perdido nada – ainda possuiria a ação. No entanto, se tivesse comprado as opções, elas seriam inúteis. Enquanto alguns pensam que todos os investimentos no mercado de ações se assemelham a jogos de azar, as ações se parecem mais com escolher um cavalo favorito em uma corrida ou apostar no vermelho ou no preto na roleta. As opções são tiros no escuro. Como um bilhete de loteria ou uma trifecta (aposta que nomeia quais cavalos terminarão nas 3 primeiras posições em uma corrida), você está pagando um montante pequeno que provavelmente perderá em troca da probabilidade remota de um pagamento substancial.

A Robinhood permite que os usuários comprem opções e negociem ações sem pagar qualquer taxa. Você talvez esteja se perguntando como uma empresa que oferece transações gratuitas em ações e opções ganha dinheiro. O segredo está em como os preços são exibidos. A Robinhood recebe um valor por cada transação, mas vem das empresas que realmente fazem as transações. Essas empresas, chamadas de *formadores de mercado*, ligam pessoas que desejam vender uma ação àquelas que desejam comprá-la. Mas o detalhe é o seguinte: em muitos mercados, os preços de compra e venda não são iguais. Existe uma diferença pequena, denominada *spread*.[11] Os formadores de mercado pagam à Robinhood (e a todas as corretoras de varejo que oferecem negociações gratuitas) uma parte do *spread* como comissão pelo envio das transações dos clientes. Talvez essas transações não sejam realizadas nos melhores preços para o cliente.

A prática das transações sem taxas de corretagem tem sido controversa. Em 2019, a Robinhood foi multada por um regulador independente, a Agência Reguladora do Mercado Financeiro (FINRA, na sigla em inglês), por não garantir que os clientes obtivessem a melhor execução possível de suas transações. No final de dezembro de 2020, a Robinhood fez um acordo após uma reclamação da Comissão de Títulos e Câmbios (SEC, na sigla em inglês)* cujo valor era de 65 milhões de dólares. A SEC alegou que a Robinhood direcionava as negociações para quem pagava as taxas mais altas e não para aqueles que ofereciam o melhor preço a seus usuários, tendo custado, dizia-se, 34 milhões de dólares aos clientes entre 2015 e o final de 2018.[12]

Se a Robinhood ganha dinheiro com transações de ações, ela ganha muito mais com transações de opções.[13] Talvez por ter aumentado o volume de negociações de opções, os formadores de mercado pagam à Robinhood 3 vezes mais por transações de opções do que por transações de ações. As opções talvez não sejam um investimento apropriado para um comerciante ingênuo com recursos limitados – o cliente típico da Robinhood –, entretanto, são ideais para maximizar a lucratividade da empresa. No segundo trimestre de 2020, as comissões pelo envio de opções aos formadores de mercado responderam por 111 milhões de dólares da receita total de 180 milhões da Robinhood.

É fácil negociar ações na Robinhood. Algumas ações "quentes", como a Tesla, podem aparecer na primeira página, e você só precisa tocar no nome que aparece em seu telefone para que surja um botão verde que diz "comprar". As opções não são muito mais difíceis; elas exigem apenas uma tela adicional para efetuar a compra. No entanto,

---

* Equivalente à Comissão de Valores Mobiliários (CVM) no Brasil. (N.T.)

embora a Robinhood possa ter facilitado a negociação de opções, a arquitetura da escolha não as tornou mais fáceis de entender. Um cliente, pelo menos, achou que havia cometido um erro terrível.

Alexander Kearns, o negociante novato, era conhecido na Universidade de Nebraska-Lincoln como alguém que sempre gostava de animar os amigos. Ele havia sido escolhido para ser professor assistente no curso introdutório "Como investir em pontos fortes", na escola de negócios da universidade.[14] O novo passatempo de negociação de opções de Kearns deu muito errado – ou pelo menos foi isso ele pensou. Um dia, ele abriu seu aplicativo Robinhood e viu um prejuízo aparente de 730 mil dólares listado em vermelho. A realidade era que essa era apenas uma parte de uma transação de opções complexa. Havia outro componente, não exibido, que teria anulado quase toda a perda na data de expiração. Mas ele não entendeu dessa forma.

No dia seguinte, seu corpo foi encontrado em uma ferrovia próxima. Sua nota de suicídio dizia: "Se você está lendo isso, então estou morto [...] Como um jovem de 20 anos sem qualquer renda conseguiu obter uma alavancagem no valor de quase 1 milhão de dólares? As opções de venda que comprei e vendi também deveriam anular umas às outras, mas agora, em retrospectiva, vejo que também não tinha ideia do que estava fazendo".

Kearns estava certo – elas deveriam ter anulado umas às outras, mas o aplicativo o enganou. Seu primo, Bill Brewster, analista de pesquisa do Sullimar Capital Group, disse: "Tragicamente, acho que o erro que ele cometeu não foi tão grande assim. Esse foi um problema de interface". Não sabemos os detalhes, mas Brewster mostrou que a conta de Kearns, na verdade, tinha um saldo positivo de 16.174 dólares. Em resposta, os executivos da Robinhood prometeram mudanças na interface e impuseram exigências mais rígidas para que os usuários pudessem negociar opções.[15]

Os mecanismos de escolha podem ser poderosos. Substituímos as negociações em papel e as cadeiras físicas por aplicativos e notificações para celulares. Falamos sobre lugares onde os mecanismos de escolha podem ajudar os escolhedores a entender melhor suas decisões. No entanto, apesar de todas as suas tentativas de aumentar a acessibilidade aos investimentos, é duvidoso que a Robinhood esteja contribuindo para um melhor entendimento. O suicídio de Kearns talvez não seja atribuível à Robinhood, mas a maior tragédia é que os novos investidores podem estar aprendendo a lição errada. A maioria dos conselhos de especialistas sugere que, se o objetivo de um investidor é acumular riqueza, ele não deve negociar com frequência. Entretanto, os investidores se comportam de maneira diferente na Robinhood. De acordo com uma análise do *The New York Times*, no primeiro trimestre de 2020, os usuários negociaram 9 vezes mais ações por dólar que os clientes da E-Trade e 40 vezes mais que os titulares de contas da Schwab. Já as opções foram negociadas 88 vezes mais pelos clientes da Robinhood que pelos clientes da Schwab, sempre levando em consideração o tamanho das contas. A imagem da Robinhood é que ela é uma plataforma inovadora dedicada a ajudar investidores novos que não são ricos. A empresa facilita as transações, mas isso não significa que, em média, ajude a construir riqueza. Negociar com frequência em geral leva a retornos ruins. Por exemplo, é mais provável que os usuários da Robinhood negociem as ações apresentadas na lista de maior variação, mas essas ações perdem em média quase 5% de seu valor em um mês. Parece haver uma desconexão entre a imagem e o que realmente acontece em seu mecanismo de escolha.[16]

Como entender a incerteza

Tomar decisões é difícil. Você precisa combinar diferentes aspectos e considerar muitas opções. Falamos sobre como a arquitetura da escolha pode facilitar ou dificultar tudo isso, mas há um aspecto da tomada de decisão que não discutimos: a incerteza.

Por definição, as previsões são incertas. Quer se trate de preços de ações, previsões meteorológicas, resultados eleitorais ou quem ganhará o campeonato de futebol, ninguém sabe de antemão o que vai acontecer, mas as pessoas têm diferentes graus de certeza sobre seus palpites. Por exemplo, logo antes de uma eleição ou um jogo, podemos estar mais confiantes no resultado do que estávamos semanas antes. Isso é difícil de comunicar, mas há evidências de que os mecanismos de escolha podem ajudar as pessoas a entender a incerteza.

Aqui estão 3 maneiras de representar os possíveis resultados da eleição de 2016 conforme previsto no dia da eleição.

Você pode dar às pessoas uma probabilidade:

Donald Trump tem 0,36 de chance de vencer.

Você pode mostrar uma imagem da distribuição dos resultados:

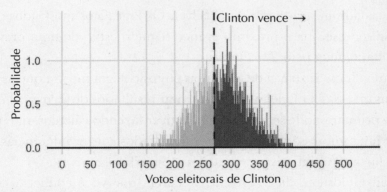

GRÁFICO 9.1   Distribuição dos possíveis resultados das eleições presidenciais de 2016 elaborada pelo FiveThirtyEight.com.[17]

Ou você pode mostrar uma contagem do que aconteceria se a eleição fosse realizada 100 ou 1.000 vezes:

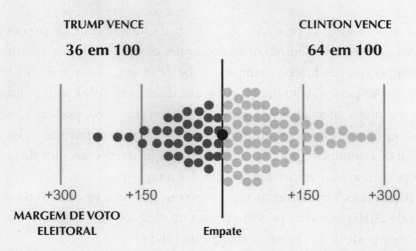

GRÁFICO 9.2   Contagem de pontos feita a partir do Gráfico 9.1.[18]

Os 3 métodos apresentam os mesmos resultados e são baseados nas previsões do FiveThirtyEight.com, o conhecido site de previsões políticas administrado por Nate Silver. Os 2 gráficos mostrados estão no estilo desse site; o próximo gráfico segue o estilo de uma previsão semelhante feita pelo *The Economist*.

Um volume razoável de pesquisas em psicologia mostra que as pessoas usam essas 3 maneiras de apresentar resultados de formas diferentes. A primeira pode ser boa se você estiver fazendo cálculos, mas para obter uma impressão geral, lembrar resultados e fazer inferências, parece que as 2 últimas representações são melhores.

Dan Goldstein, da Microsoft Research, que você conheceu anteriormente quando discutimos as opções-padrão, e William Sharpe, ganhador do Prêmio Nobel de economia, tentaram aplicar essa ideia ao entendimento dos resultados financeiros. Aqueles que trabalham em finanças talvez reconheçam os "índices de Sharpe", uma medida dos retornos financeiros de uma ação em relação ao seu risco, baseada nas pesquisas dele.[19]

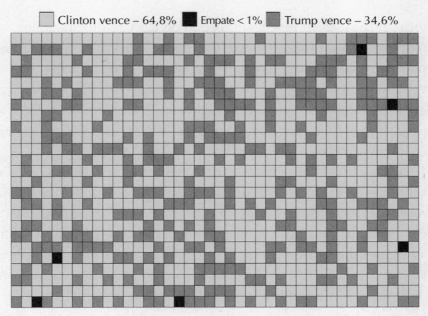

GRÁFICO 9.3   Dados semelhantes da previsão do *The Economist*.[20]

Existem termos numéricos, como *beta*, que descrevem a volatilidade de um investimento. Eles são úteis para aqueles com uma formação técnica, mas Goldstein e Sharpe queriam ajudar pessoas comuns que estavam investindo para sua aposentadoria.

Goldstein e Sharpe usam uma representação gráfica dos resultados possíveis, semelhante aos 2 gráficos anteriores, e então a transformam numa animação, fazendo com que cada ponto desapareça, um de cada vez, até que reste apenas um. O diagrama pode ser redefinido e outro conjunto aleatório de desaparecimentos pode acontecer. Embora costumemos ficar perplexos quando vemos um gráfico desse tipo, os de Goldstein-Sharpe ganham vida: você pressiona um botão e, um por um, os quadradinhos somem até restar apenas um. É claro que essa animação simula o que acontece com todos os investimentos: quando você investe, existem muitos resultados possíveis, mas apenas um de fato se torna realidade. Ao repetir o processo de fazer os quadradinhos desaparecerem várias vezes, Goldstein e Sharpe mostraram que as pessoas podem experimentar a probabilidade de uma maneira muito mais envolvente e intuitiva do que se olhassem para um gráfico estático. Esses gráficos pertencem a uma classe chamadas *gráficos de resultados simulados*, os quais permitem que as pessoas experimentem os resultados em vez de apenas olharem passivamente para uma representação gráfica.[21]

As trajetórias dos furacões, da mesma forma que os preços das ações, são incertas – e têm consequências. As pessoas precisam decidir se irão abandonar suas casas ou ficar e enfrentar a tempestade. Para comunicar a incerteza, os meteorologistas usam um mapa como o apresentado a seguir. Algumas pessoas não conseguem estimar bem a ameaça potencial quando leem os mapas tradicionais de rastreamento de furacões. O mapa tradicional de um furacão apresenta um "cone de incerteza" que aumenta naturalmente à medida que a previsão avança no tempo. Isso é, claro, o que acontece com a incerteza. À medida que o furacão se aproxima do litoral, seu trajeto se torna mais conhecido. Há um problema, no entanto, com essa ilustração. Alguns olham para o cone em expansão e acham que isso significa que a tempestade aumentará. Essa crença é tão comum, na verdade, que a imagem inclui um aviso. Essa parece ser uma conclusão natural, uma vez que nos mapas a área normalmente indica tamanho, não incerteza.

As formas mais recentes de apresentar os trajetos dos furacões são, na realidade, gráficos de resultados simulados: eles mostram uma série de gráficos possíveis. São chamados *gráficos-espaguete*, pois cada caminho se parece com um fio de espaguete. A Figura 9.2 é um gráfico para a mesma tempestade, aproximadamente na mesma hora, e utiliza o mesmo período de previsão. Cada linha é um resultado possível da tempestade. Você pode ver que muitos outros caminhos terminam na divisa do Mississippi com o Alabama, mas há caminhos possíveis que vão até o Oeste da Louisiana e o Leste da Geórgia. Embora cada caminho também inclua informações sobre a força dos ventos, o que eu realmente acho que tornaria o gráfico mais eficaz seria usar a ideia de Goldstein e Sharpe de selecionar um caminho aleatoriamente, animá-lo e refazer isso repetidamente, o que dá uma sensação da distribuição.[22]

Esses gráficos parecem ser muito populares. Mike Lowery, naquele tempo do Weather Channel, disse que o Centro Nacional de Furacões (NHC, na sigla em inglês) relatou haver recebido mais tráfego para seu site de um outro que apresentava gráficos-espaguete que de suas páginas no Twitter ou Facebook.

A animação de um gráfico de furacão nos traz de volta à propriedade mais importante dos mecanismos de escolha: eles são interativos e conferem ao escolhedor a capacidade de controlar a arquitetura da escolha, personalizá-la e, por fim, aprender. No entanto, podem

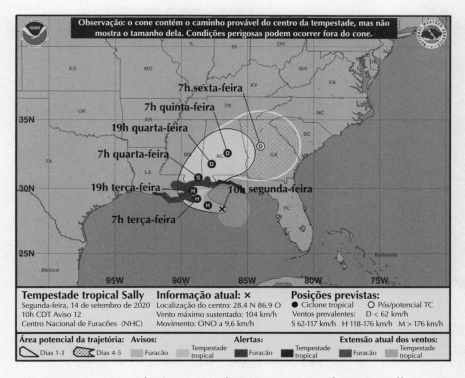

FIGURA 9.1   Cone de incerteza da NOAA para o furacão Sally.

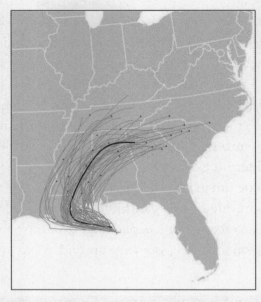

FIGURA 9.2   Gráfico-espaguete para a mesma tempestade e período.

aumentar a influência do designer. Eles lhe fornecem muito mais ferramentas para usar e, potencialmente, mais impacto sobre aquilo que é escolhido. O mecanismo de escolha deixa de ser a exibição passiva das opções e atributos e para se tornar um parceiro mais ativo na escolha.

Os mecanismos de escolha aumentam o poder e as possibilidades da arquitetura da escolha, tornando os designers mais poderosos do que nunca na hora da decisão. Eles têm mais responsabilidade quando podem personalizar o ambiente para cada escolhedor, decidindo quais opções e atributos mostrar, como os descrever e como definir opções-padrão não apenas uma vez, mas de forma exclusiva para cada escolhedor. Ignorar essa responsabilidade não é mais uma alternativa. Se for ignorada, como veremos no próximo capítulo, coisas ruins podem acontecer.

10

Tornando-nos melhores arquitetos da escolha

Quando apresentadas pela primeira vez à arquitetura da escolha, muitas pessoas ficam desconfortáveis ou até com medo da ideia. Meus alunos me disseram que se preocupam com o tema tanto por serem designers quanto por também serem escolhedores. Estes últimos temem que suas escolhas possam ser influenciadas por algo fora de seu controle ou que passe despercebido por eles, e que, com isso, possam ser explorados. Como designers, eles se preocupam com sua capacidade de influenciar os outros, involuntariamente ou de forma prejudicial. Esses medos não são novos.

Em 1957, James H. Vicary, um pesquisador de mercado morador da cidade de Nova York, afirmou haver realizado um estudo de 6 semanas em um cinema do outro lado da ponte George Washington, em Fort Lee, Nova Jersey. Ele exibiu frases como "Está com fome? Coma pipoca" e "Está com sede? Beba Coca-Cola" por cima de um filme na velocidade de 1/3.000 de segundo de cada vez. A ideia era que, embora não percebessem conscientemente essas palavras, as pessoas seriam afetadas pela *percepção subliminar*. Os psicólogos dirão que é impossível que alguém consiga processar essas palavras – elas precisariam ser apresentadas com uma frequência pelo menos 100 vezes maior (1/30 de segundo) para surtir efeito. Mas Vicary afirmou que as frases aumentaram o consumo de Coca-Cola e pipoca. As vendas de pipoca no cinema, segundo ele, aumentaram 58%, e as de Coca-Cola, 18%. A cobertura jornalística dessa afirmação gerou um clima que foi descrito como histeria em massa. A publicidade em torno de seus esforços levou a firma de Vicary a ganhar contratos de consultoria com um valor estimado de 4,5 milhões de dólares.

Ampliando o medo, o livro campeão de vendas de Vance Packard, *A Nova Técnica de Convencer*, foi publicado no mesmo ano e contava histórias sobre como os profissionais de marketing influenciavam as escolhas de produtos e políticos feitas pelos consumidores sem que eles percebessem. Anos depois, em 1974, a Comissão Federal de Comunicações* emitiu um alerta de que qualquer emissora que usasse técnicas subliminares correria o risco de perder sua licença.

Só tinha um problema: Vicary não havia realizado o tal estudo. Quando confrontado, ele primeiro alegou que era um estudo-piloto com um tamanho de amostra pequeno demais para ser estatisticamente significativo. Mais tarde, confessou que o estudo nunca havia sido realizado. O gerente do cinema foi contatado e informou que nunca houve um teste das vendas de pipoca ou Coca-Cola.[1]

O estudo era falso, mas o medo era real e assim continua sendo. Temos uma forte reação emocional ao nos sentirmos manipulados, sobretudo quando descobrimos que não sabíamos que nosso comportamento estava sendo modificado. O estudo sugeria que não somos os agentes de nossas escolhas. Essa sugestão se relaciona a uma área complexa e controversa da filosofia: o estudo do livre-arbítrio e da ação. Alguns filósofos argumentam que o livre-arbítrio é uma ilusão e que todo comportamento é determinado por forças externas, enquanto outros

---

* Agência governamental responsável pela regulação das comunicações feitas por rádio, televisão, fio, satélite e cabo nos Estados Unidos. (N.T.)

afirmam que, apesar da existência de influências externas, de fato fazemos nossas próprias escolhas. Esses dois grupos são denominados, não muito obviamente, *incompatibilistas* e *compatibilistas*.

Não estou muito interessado no que os filósofos acreditam, mas sim em como as pessoas comuns encaram seu controle sobre suas escolhas. Como pensamos sobre o papel das influências externas, sobretudo aquelas que não conhecemos? Quando as pessoas sentem que suas escolhas foram influenciadas e quando se ressentem disso? Para nos ajudar a entender esse fenômeno, volto-me para uma área relativamente nova: a filosofia empírica, na qual os filósofos, em vez de refletirem sobre as próprias crenças e intuições, simplesmente perguntam às pessoas comuns em que elas acreditam. Eles estudam o que os psicólogos chamam de *teoria leiga* ou *crença popular*.

Acontece que a maioria das pessoas tem duas crenças conflitantes sobre o livre-arbítrio. Em alguns casos, elas admitem prontamente que, de forma abstrata, as escolhas são determinadas por forças externas: John pode comprar o carro esportivo vermelho porque está irritado com algo que seu amigo disse. Ao mesmo tempo, elas acreditam fortemente que seus comportamentos são determinados pelos próprios pensamentos e crenças: decidi comprar o carro esportivo, e isso não teve nada a ver com o comentário sarcástico de meu amigo sobre eu estar ficando careca e barrigudo. Da mesma maneira que as preferências são compostas, algumas de nossas crenças sobre nós mesmos não são muito coerentes. O comportamento de outras pessoas pode ser determinado por coisas fora de seu controle, mas acreditamos que nosso próprio comportamento é determinado por nossas preferências ou ações. E quando há consequências emocionais, consideramos o livre-arbítrio como sendo mais importante.

Uma das principais razões para esse conflito é que temos uma sensação de que estamos fazendo escolhas. Estamos cientes do debate, do devo-ou-não-devo, de nossas deliberações e sentimos que esse diálogo interno determina o que escolhemos. Mas não conhecemos o debate interno dos outros, então nos sentimos à vontade para dizer que influências externas mudam o comportamento *deles*.[2]

Por mais estranho que pareça, isso explica alguns fatos importantes. O primeiro é a razão de a arquitetura da escolha poder aparentar ser ameaçadora: ela dá ao designer algum controle sobre o que escolhemos. Ao incluir uma opção-padrão, a concessionária de automóveis está afetando o pacote de acabamentos que você escolhe; ao classificar vinhos, o comerciante de bebidas on-line pode tornar mais atraente o vinho barato e de baixa qualidade. Talvez a razão pela qual a arquitetura da escolha provoque tanto medo quanto fascínio seja porque ela explora nossas duas crenças incompatíveis. Ela corresponde à nossa compreensão intuitiva de que muitas das escolhas dos outros são determinadas pelo ambiente, e nos sentimos confortáveis com isso. Ao mesmo tempo, ela vai contra nossa crença de que nós determinamos as próprias escolhas. Para entender melhor essa percepção e esse medo, é hora de finalmente aprender como Derren Brown, nosso mentalista do Capítulo 3, faz um de seus truques.

Você acredita em mágica?

No Capítulo 3, descrevemos o mentalista britânico Derren Brown como um escritor da mente. Os psicólogos estudaram em profundidade um truque popularizado por Brown, que nos ajuda a entender não apenas como ele funciona, mas também o que queremos dizer com percepção.

Esse truque envolve aquilo que os ilusionistas chamam de *forçar*, ou seja, influenciar disfarçadamente as escolhas do espectador. *Disfarçado* é a palavra-chave aqui. Isso significa que, embora a escolha possa ser influenciada, quem escolhe não faz uma conexão entre a força e a sua escolha. Quando questionados, os escolhedores afirmam que eram livres para escolher qualquer opção. Um estudo que analisa com cuidado um exemplo de como Brown exerce a força se passa da seguinte maneira.

Você está sentado no refeitório de uma universidade diante de uma jovem de cabelos ruivos e com um leve sotaque francês. Ela diz: "Vou tentar transmitir a você que carta é esta". Ela então segura uma carta de baralho com o verso virado para você. Ela diz: "Não tente adivinhar o que é, mas espere até saber qual é". Então faz uma pausa. "Torne a cor brilhante e viva", ela continua. "Imagine uma tela em sua mente, e nessa tela os números pequenos na parte inferior da carta, nos cantos e no topo, e em seguida as coisas no meio, no centro da carta." Conforme descreve a carta, ela faz um retângulo com os dedos e depois desenha dois rabiscos com o dedo indicador nos cantos imaginários para indicar a posição dos números. Em seguida, ela aponta para o centro da carta imaginária com o polegar, o indicador e o dedo médio, dizendo: "Bum--bum-bum, os símbolos, os naipes, no meio da carta" enquanto aponta para o centro. Depois, ela pergunta: "Você sabe qual é?". Apenas por conta do acaso, você deveria escolher determinada carta um pouco menos de 2% das vezes, uma vez que ela é uma das 52 cartas de um baralho.

As pessoas no experimento escolhem o 3 de ouros cerca de 18% das vezes, 9 vezes mais do que se esperaria se fosse por acaso. Uma carta com o número 3 é escolhida 39% das vezes, e o naipe de ouros, 33% das vezes, ambos excedendo o que se esperaria se estivessem escolhendo por acaso. A essa altura você já sabe que desconfio dos dados apresentados em qualquer artigo, então recentemente tentei replicar esse resultado com dois grandes grupos de estudantes de MBA bastante perspicazes, usando vídeos compartilhados pelos psicólogos que fizeram a pesquisa inicial. Meus alunos mostraram uma tendência ainda mais forte para escolher o 3 de ouros. Quando mostrei uma versão do vídeo em que a mulher fala exatamente as mesmas palavras, com exceção de alguns elementos-chave, não há padrão para qual carta é escolhida. Sem esses elementos, as pessoas escolhem as cartas aleatoriamente. Com eles, há um padrão forte na seleção das cartas.

Claramente, a mulher está influenciando os espectadores. Ela é a força externa que influencia de maneira probabilística a escolha das cartas. Como isso funciona? Derren Brown chama isso de *força da sugestão mental*, e a verdade é que sugestões sutis, sobretudo gestos, mudam o que é escolhido. As mãos que formavam a tela eram inclinadas para formar um losango, o naipe de ouros; os rabiscos no ar eram desenhados na forma do número 3. Para apontar eram usados 3 dedos, e "bum" era dito 3 vezes. Por fim, pedir ao espectador para tornar a cor brilhante e vívida torna o vermelho mais acessível que o preto, uma vez que ele é mais brilhante e vívido e, é claro, todos os ouros em um baralho são vermelhos.

Era assim que o truque funcionava, mas as pessoas não percebiam isso? Os pesquisadores Alice Pailhès e Gustav Kuhn, psicólogos da Goldsmiths, vinculada à Universidade de Londres, perguntaram aos respondentes se eles notaram algo na forma como a apresentadora fez a pergunta. Pailhès e Kuhn descobriram que 72% dos entrevistados detectaram pelo menos um dos elementos usados no truque, mas não acharam que isso tivesse influenciado sua escolha. Algumas pessoas, por exemplo, relataram pensar que a tela desenhada pela mulher tinha a forma de um losango, mas não relacionaram isso com a escolha das cartas.

Mas por que eles deveriam perceber uma conexão? A maioria das pessoas desconhece os efeitos da acessibilidade, e o termo *escrita mental* pareceria misterioso para elas. A mágica aqui é que alguns conceitos, como "3" e "ouros", tornaram-se mais acessíveis à memória e que os escolhedores não sabiam que isso estava acontecendo.[3]

Como não funciona o tempo todo, os ilusionistas nunca dependem apenas desse tipo de força. Um bom artista sempre tem uma saída. Por exemplo, eles podem começar dizendo: "Era um losango?", seguido por "Foi um 3?", seguido por "É um 3 de ouros?". Se o participante disser não, eles podem perguntar: "Foi um 3 de copas?". Isso aumenta a probabilidade de que pelo menos um de seus palpites esteja certo.

A arquitetura da escolha compartilha muitas características com o ilusionismo. Os designers mudam algo sutil no design. Os escolhedores podem notar a mudança, mas continuam não percebendo como isso afeta seu comportamento. Na maioria das vezes, não sabemos (a menos que você tenha lido este livro, é claro) como a arquitetura da escolha influencia nossas decisões.[4]

Você se considera uma pessoa generosa? A generosidade parece ser parte de nossa identidade e, por isso, não seria alterada com facilidade. Ela é estudada, com frequência, em um experimento que usa o chamado *jogo do ditador*. Imagine que, de repente, você achou 10 dólares e lhe perguntam se você doaria parte desse dinheiro para um desconhecido. Você poderia fazer o que os economistas sugerem e ficar com todo o valor, porque, é claro, mais dinheiro é melhor do que menos. Além disso, nesses estudos, sua identidade é um segredo e você não fica de frente para o desconhecido. Ainda assim, a maioria das pessoas realmente doa parte desse dinheiro "encontrado" para um desconhecido, em geral, pouco menos de 3 dólares dos 10, ficando com 7 dólares. Mas esse resultado é afetado pela arquitetura da escolha.

Em um estudo realizado na Universidade da Pensilvânia, as respostas foram coletadas em uma página da internet que listava diferentes divisões possíveis: 1 dólar para o desconhecido, 9 dólares para você; 2 dólares para o desconhecido, 8 dólares para você etc. Alguns participantes viram a divisão egoísta (zero dólares para o desconhecido, 10 dólares para você) primeiro, e ela já vinha pré-marcada. Outros viram a opção mais generosa (10 dólares para o desconhecido, zero dólares para você) primeiro e pré-marcada. Em ambos os casos, o restante das divisões possíveis foi listado aleatoriamente.

As pessoas que receberam a divisão egoísta primeiro doaram apenas 1,47 dólar em média, mas aquelas que receberam a divisão generosa primeiro doaram 3,14 dólares. A ordem e a marcação prévia mudaram a generosidade das pessoas, dobrando a quantia doada ao desconhecido.[5] A mudança na arquitetura da escolha alterou o comportamento das pessoas, mas elas não sabiam disso. Enquanto 71% delas perceberam que a primeira opção já estava marcada, apenas 8% acreditaram que isso havia influenciado sua escolha. A maioria dos que perceberam (mais de 80%) disse que aquilo não os levou a mudar sua decisão.

Em suma, mesmo quando percebem a arquitetura da escolha, as pessoas se consideram basicamente imunes.[6]

A transparência ajuda?

Se as pessoas não estão cientes da influência da arquitetura da escolha, talvez possamos apenas dizer a elas que serão influenciadas. Avisos de alerta acompanham todo tipo de produto, de aspiradores de pó a cigarros, então, por que não existem alertas para a arquitetura da escolha?

Infelizmente, revelar a presença e a intenção da arquitetura da escolha não parece funcionar. Vários estudos informaram às pessoas de diversas maneiras a respeito da forma como as opções-padrão funcionam, inclusive dizendo que o objetivo delas é mudar o comportamento. Por exemplo, pesquisadores disseram que o propósito de determinada opção-padrão era aumentar as doações para um fundo de proteção climática. Na verdade, tudo o que esse aviso parece fazer é tornar a sugestão mais aceitável.[7]

Não surpreende que alertar as pessoas sobre a arquitetura da escolha não funcione. Elas podem saber que estão sendo influenciadas, mas não sabem de que forma. Uma vez que não entendem que a acessibilidade pode influenciar a composição das preferências, elas talvez não saibam que uma opção-padrão pode alterar as suas. Afinal, milhares de pessoas lotaram o Cort Theatre da Broadway em 2019, pagando grandes montantes de dinheiro, sabendo que Derren Brown iria enganá-las. Isso não foi suficiente para evitar que fossem influenciadas.[8] Se você não sabe como o truque funciona, não consegue deixar de ser enganado. E na arquitetura da escolha, uma vez que você não sabe como funcionam opções-padrão, classificação, ordenação e tudo mais que influencia suas escolhas, você fica relativamente impotente para resistir, mesmo quando é alertado.

Um último ponto sobre percepção: podemos pensar de forma abstrata que uma mudança na arquitetura da escolha é aceitável. Em uma série extensa de pesquisas, Cass Sunstein e Lucia Reisch perguntaram aos participantes se eles consideravam certas intervenções aceitáveis. Por exemplo, se é aceitável designar os fornecedores de energia verde e sustentável como opção-padrão. Os resultados mostram uma quantidade razoável de concordância sobre o que as pessoas consideram intervenções aceitáveis, e grande parte desse consenso é mundial. Até mesmo uma pequena maioria dos republicanos nos Estados Unidos acha essa sugestão válida. Mas a aceitação hipotética pode não prever a aceitação real quando as pessoas são informadas que foram diretamente afetadas pela arquitetura da escolha. Em vez disso, elas pensam: "Quando me sinto bastante confiante de que essa intervenção não vai me afetar, acho que está tudo bem".[9]

Negligência da arquitetura da escolha

Os designers apreciam os efeitos da arquitetura da escolha? Em um estudo, designers foram solicitados a determinar a opção-padrão a ser apresentada aos escolhedores. Ela envolvia dois medicamentos hipotéticos. Um era mais barato, custava 20 dólares por suprimento para uma semana, mas precisava ser tomado 6 vezes durante aquele período; o outro custava 50 dólares, mas precisava ser tomado apenas uma vez por semana. Havia uma relação de perdas e ganhos entre custo e conveniência. Os pesquisadores pediram aos projetistas que incentivassem a seleção de um dos medicamentos por meio do uso de opções-padrão – por exemplo, o medicamento mais barato e menos conveniente.

Os participantes desse estudo deveriam sempre usar a opção-padrão para incentivar os escolhedores a selecionar um dos dois medicamentos. Na verdade, os designers optaram por essa opção-padrão correta apenas 51,9% das vezes, mais ou menos o que você esperaria do acaso (lembre-se de que havia duas opções). Houve alguma variabilidade nos resultados – especialistas com experiência em propor decisões a outros (médicos e advogados praticantes, por exemplo) se saíram melhor, mas estavam longe de ser perfeitos. Outros estudos também mostram certo grau de negligência da opção-padrão, mesmo quando os designers têm uma oportunidade de aprender.[10]

Essa é uma área de pesquisa muito nova e limitada infelizmente às opções-padrão. Mas ela sugere que os designers nem sempre se dão conta do poder das ferramentas que estão à sua disposição. Como resultado dessa ignorância em potencial, os designers benevolentes não estão fazendo um trabalho tão bom quanto poderiam ao apresentar as escolhas. Quando olhamos para o restante das ferramentas que eles podem usar, há muito poucos motivos para acreditar que os efeitos da arquitetura da escolha são óbvios. O que acontece se os designers às vezes não têm noção dos efeitos causados por aquilo que estão fazendo? Eles talvez estejam involuntariamente prejudicando os escolhedores ao fazer seleções aleatórias de ferramentas.

Negligenciar a arquitetura da escolha é prejudicial

Negligenciar a arquitetura da escolha pode causar danos. No Capítulo 4, falamos sobre quantas pessoas deveriam esperar para solicitar os benefícios de aposentadoria da Previdência Social. Mas a Agência da Previdência Social inadvertidamente incentivou as pessoas a fazer exatamente o oposto. Uma informação fornecida por ela foi chamada de *idade de equilíbrio*. Essa é a idade em que o montante de dinheiro que você recebeu da Previdência Social será igual, quer você tenha solicitado a aposentadoria cedo, aos 62 anos, ou mais tarde, digamos, aos 70. Os especialistas argumentam que esse dado não é muito relevante para a decisão de quando solicitar o benefício. Para surpresa da Agência da Previdência Social, o tiro saiu pela culatra quando passou a fornecer essas informações; em vez de fazer as pessoas solicitarem a aposentadoria mais tarde, isso as levou a fazê-lo mais cedo – em cerca de 18 meses.[11] Esse resultado não é o que a Agência da Previdência Social pensava ser o melhor para os aposentados, então eles removeram a idade de equilíbrio do texto-padrão de solicitação de benefícios.

Esse tipo de negligência na arquitetura da escolha presume que as pessoas sabem como fazer a escolha certa no ambiente de escolha que você forneceu e ignora que elas realmente precisam de ajuda. Isso pode ter consequências importantes.

Considere as decisões sobre o fim da vida. Quando as pessoas estão gravemente doentes, elas podem escolher intervenções que têm o potencial de prolongar sua vida, mas essas terapias são intrusivas e desagradáveis, e o tempo adicionado à sua vida em geral vem com o preço de ser colocado em um respirador ou ter um tubo para alimentação inserido em seu corpo. Agrupados, esses tratamentos são denominados *cuidados para a extensão da vida*. A alternativa é chamada de *cuidados paliativos*, que envolve a recusa de muitas intervenções invasivas e foco no controle da dor e na garantia do conforto.

O ideal é que essas decisões envolvam o paciente e sejam feitas antecipadamente, na forma de um testamento vital, ou aquilo que os médicos denominam *diretivas antecipadas de vontade* (DAV). Mas, na maioria das vezes, os pacientes não possuem diretivas antecipadas – apenas cerca de um terço de todos eles as têm quando precisam.

Se você passou por uma cirurgia de grande porte, pode ter sido solicitado a fazer o documento com as DAV. Fornecer esse formulário pressupõe que você é capaz de especificar suas preferências. Mas e se você não tiver pensado muito no tipo de cuidados que deseja receber? Para a maioria das pessoas, essa é uma decisão que elas não tomaram e não querem tomar. A escolha das opções de cuidados de fim de vida é muitas vezes uma preferência que precisa ser composta. A DAV, como toda escolha, possui uma arquitetura. Isso poderia influenciar essa decisão tão importante?

Em um estudo notável realizado por Scott Halpern e colegas, pacientes com doenças terminais fizeram escolhas sobre cuidados de fim de vida que realmente determinaram o tratamento. A diretriz antecipada dada a eles pelos pesquisadores perguntava primeiro qual era seu objetivo ao receber os tratamentos: prolongamento da vida ou cuidados paliativos. Para um terço dos pacientes, as diretivas tinham a opção-padrão de cuidados paliativos, indicada por uma caixa pré-marcada. Um segundo grupo não recebeu qualquer pré-seleção, e o terceiro grupo já recebeu marcada a opção-padrão do objetivo de extensão da vida. Os cuidados paliativos foram selecionados 77% das vezes quando eram a opção-padrão, 66% das vezes quando nenhuma opção foi pré-selecionada e apenas 43% das vezes quando a extensão da vida era a opção-padrão. Resultados semelhantes foram encontrados em escolhas que envolviam intervenções específicas, como ter um tubo para alimentação inserido no corpo. É notável que a opção-padrão tenha tido um efeito tão grande em uma decisão tão importante. Mas o que aconteceu a seguir é ainda mais informativo.

Por serem cientistas éticos, mais tarde os investigadores explicaram a todos os pacientes (pelo menos àqueles que continuavam vivos) que eles haviam sido designados aleatoriamente para essas opções-padrão; contaram a eles sobre a influência dos efeitos dela e, o mais importante, ofereceram-lhes a chance de mudar de ideia. Se os pacientes tivessem preferências, essa era a oportunidade de expressá-las. No entanto, dos 132 respondentes terminais, apenas 2 mudaram suas escolhas. Mesmo quando informados sobre quais eram as opções-padrão, que haviam sido determinadas aleatoriamente e como elas influenciaram a escolha, o efeito dessa opção-padrão persistiu.

Essa é uma evidência forte de que as preferências por cuidados de fim de vida são compostas e que as pessoas não têm inclinações preexistentes por essas opções. Essa é uma decisão incrivelmente difícil, e antes de fazê-la a maioria dos pacientes nunca experimentou intubação, inserção de um tubo para alimentação ou diálise; além disso, essas não são escolhas nas quais alguém gosta de pensar com antecedência. Quando chega a hora, o decisor principal pode não estar consciente, e os membros da família que herdam as decisões ficam emocionalmente sobrecarregados.

Certificar-se de que as pessoas tenham uma escolha é louvável, mas se estiverem emocionalmente sobrecarregadas é ainda mais provável que aceitem a opção-padrão. Isso é um problema: existe uma grande desconexão entre o que as pessoas dizem que querem quando são forçadas a fazer uma escolha e o que acontece quando não são forçadas. Os cuidados paliativos, que enfatizam a minimização da dor e dos procedimentos invasivos, foram selecionados pela maioria dos pacientes no estudo liderado por Halpern quando não havia opção-padrão. Mas se você não fizer uma escolha, não é isso que acontece na realidade. A menos que o paciente ou sua família imediata digam o contrário, ele será tratado como se tivesse escolhido a extensão da vida. Em outras palavras, essa é a opção-padrão e eles receberão esses tratamentos. O design da maioria das diretivas antecipadas de saúde comumente usadas parece influenciar as pessoas em direção à extensão da vida. Por exemplo, "eu quero ter suporte à vida" é a primeira opção em um documento de uso comum.

Presumir a autonomia do paciente e ignorar a influência da arquitetura da escolha tem um impacto significativo no sofrimento, nos custos e na dignidade. Os médicos podem relutar em influenciar as escolhas de cuidados de fim de vida, mas os pacientes relutam em tomar essas decisões, e essa relutância aumenta a importância das opções-padrão.

Um conselho simples poderia ser definir padrões para a opção que a maioria das pessoas deseja: cuidados paliativos. Se elas evitarem a escolha, é isso que receberão, mas é claro que poderiam escolher terapias de extensão da vida se tivessem essa preferência.[12]

A escolha de como será o fim da vida não é apenas um tópico importante, mas também ilustra quando a arquitetura da escolha pode ter seu maior impacto. Essas são as situações em que as preferências não foram compostas antes que a escolha seja feita e quando as pessoas carecem de experiência prévia na escolha de um caminho plausível.

Sabendo disso, podemos entender quando ignorar a arquitetura da escolha é especialmente perigoso.

A maioria das escolhas é mundana e repetitiva, mas existem algumas que são importantes e raras. Quando somos forçados a tomá-las, faltam-nos ideias claras sobre o que queremos ou como devemos proceder. Escolher uma escola, comprar uma casa, selecionar um plano de aposentadoria e escolher um tipo de assistência no fim da vida são exemplos de decisões infrequentes com consequências significativas. A arquitetura da escolha desempenhará um papel maior especialmente quando o decisor tem objetivos conflitantes.

Arquitetura da escolha deliberadamente ruim

Nem toda má arquitetura da escolha resulta de ignorância ou ingenuidade. Negligenciá-la pode ser comum, mas não é universal. Alguns designers realizam experimentos para determinar o que funciona – por exemplo, por meio de campanhas de mala direta ou pela aplicação de testes A/B na internet. Esses designers poderiam usar seu conhecimento para atender aos próprios interesses, e não os dos escolhedores. O resultado pode ser uma arquitetura da escolha maliciosa. O que acontece quando a arquitetura da escolha é mal-empregada?

Vamos começar com alguns exemplos de gravidade crescente.

Algumas arquiteturas da escolha maliciosas tiram vantagem da fluência, das avaliações iniciais de esforço das pessoas. Como sabemos, os escolhedores são muito sensíveis aos custos iniciais, tanto em termos de dinheiro quanto de esforço. Designers mal-intencionados podem explorar esse aspecto. Todos nós tomamos a decisão de iniciar ou interromper um serviço de assinatura – digamos, de um jornal ou de um serviço de streaming, como o Spotify ou o Hulu. A fluência pode ser usada para construir uma armadilha de assinatura, em que o designer facilita a entrada e dificulta a saída. Os jornais são um exemplo de impacto leve. É muito fácil iniciar uma assinatura com alguns cliques nos sites da maioria dos jornais por uma taxa inicial baixa, como 1 dólar por semana durante 52 semanas. Mas, depois de começar, é mais difícil cancelar a assinatura – digamos, quando a taxa inicial aumenta para quase 5 dólares por semana. Para fazê-lo, é preciso ligar para um número de Discagem Direta Gratuita (DDG) – mais conhecido como 0800. No caso de algumas empresas que usam armadilhas de assinatura, essa chamada envolve uma espera considerável para ser atendido.

Os pesquisadores que estudam os padrões obscuros dão a isso um nome próprio: *assimetrias*; de forma mais jocosa, eles são conhecidos como a armadilha para baratas das interfaces humano-computador. Parafraseando o famoso comercial de uma dessas armadilhas, esse é o lugar onde os clientes fazem *check-in*, mas nunca *checkout*. A assimetria descreve a diferença entre o esforço necessário para decidir começar a consumir o serviço e o esforço maior para registrar sua decisão de interromper o plano.[13]

Os designers também podem usar a fluência para inibir escolhas e manter o *status quo*. Vários anos atrás, fui entrevistado no programa *Marketplace*, da *National Public Radio*. O entrevistador e eu sentamos juntos enquanto ele tentava mudar suas configurações de privacidade em seu telefone. Por opção-padrão, sua provedora de telefonia móvel, a Verizon, era autorizada a rastrear seus telefonemas e potencialmente vender essas informações. Outro repórter havia entrevistado um representante dessa empresa, que descreveu um sistema muito fácil para cancelar esse rastreamento. A realidade era diferente: depois de uma longa mensagem robótica, que sugeria que o entrevistador poderia "restringir ou alterar as opções de suas informações de serviço de telecomunicações", ele recebia um menu de opções longo. Depois de pressionar 1, indicando que desejava alterar suas opções de privacidade, ele foi indagado se desejava colocar uma restrição em sua conta. Isso parecia assustador, como se ele estivesse desistindo de algo e não apenas mudando suas configurações de privacidade. Ele foi então solicitado a digitar o número de telefone de 10 dígitos conforme aparece em sua conta, seguido do símbolo do jogo da velha. A voz robótica leu o número de volta muito lentamente, dígito por dígito, e então pediu que ele o digitasse de novo. Em seguida, solicitou os 13 primeiros dígitos do número de sua conta, pediu que ele falasse seu nome e sobrenome – lembrando-se de pressionar jogo da velha todas as vezes –, seu endereço completo, com o nome da rua, cidade, estado e CEP, e finalmente seu nome e sobrenome de novo para confirmar que ele era o decisor. Imagino que a companhia telefônica já soubesse seu número de telefone. Não surpreende que a Verizon tenha relatado que o número de clientes que haviam optado por sair estava na casa de poucos dígitos.

É claro que muitos acordos de privacidade têm exatamente essa estrutura: somos apresentados a termos de serviço longos e complexos que parecem destinados a restringir a compreensão. Estima-se que mais de 90% dos usuários na internet não leem a documentação dos termos de serviço. Isso pode levar a decisões ruins. Em um estudo, 98% dos pesquisados concordaram com uma política de privacidade que dizia explicitamente que compartilharia todas as informações com a Agência de Segurança Nacional e com seu empregador, além de exigir que eles entregassem o primeiro filho como pagamento. Felizmente, isso foi um experimento, mas a arquitetura da escolha ruim leva a erros na compreensão daquilo que estamos abrindo mão.[14]

Talvez o exemplo mais notório de arquitetura da escolha maliciosa envolva os prontuários eletrônicos dos pacientes (EHRs, na sigla em inglês). No Capítulo 1, vimos como grandes sistemas hospitalares usaram uma mudança na interface para aumentar as receitas de medicamentos genéricos. Ao fornecer o mesmo atendimento por menos custo, essa mudança na arquitetura da escolha aumentou o bem-estar dos pacientes e, por ser mais rápida, beneficiou os médicos.

Clínicas menores ou de um único médico não têm recursos para desenvolver e ajustar seus próprios EHRs. Muitos adotaram um sistema gratuito, fornecido por uma *startup* bem-sucedida chamada Practice Fusion. Aclamada como "o Facebook da saúde" pelo site

TechCrunch, a empresa fornecia os EHRs e, por sua vez, vendia publicidade direcionada aos médicos.[15]

Mas não era só isso. A Practice Fusion também recebia pagamentos de empresas farmacêuticas em troca de mudanças na arquitetura da escolha de seu EHR. Um exemplo especialmente nefasto foi um acordo entre ela e uma empresa referida em um acordo judicial como "Pharma X". Em troca de 1 milhão de dólares, em 2016, a Practice Fusion adicionou um alerta que lembrava aos médicos de perguntar aos pacientes sobre suas dores e, em seguida, fornecia opções de analgésicos. O alerta foi apresentado aos médicos 230 milhões de vezes em um período de 3 anos, e a Pharma X estimou que ele teria atraído 3 mil clientes e aumentado as vendas em até 11 milhões de dólares. Isso acontecia ao mesmo tempo em que aumentava a preocupação com o excesso de receitas de analgésicos, sobretudo de opioides de liberação lenta. Os Centros de Controle e Prevenção de Doenças produziram diretrizes que enfatizam tratamentos não farmacêuticos e sem opioides. Se estes fossem necessários, os médicos eram aconselhados a evitar drogas de liberação lenta, uma vez que elas eram mais propensas a estimular o uso prolongado, e a limitar o número de comprimidos fornecidos. Mas o sistema de cadastramento eletrônico da Practice Fusion incluía uma opção para opioides de uso prolongado, mesmo quando as diretrizes alertavam contra eles.

Mais tarde, revelou-se que a Pharma X era a Purdue Pharma, fabricante do OxyContin, que em 2020 entrou em um acordo em um processo judicial por marketing enganoso de opioides que previa multas e pagamentos estimados em 8 bilhões de dólares. Na mesma época, a Practice Fusion admitiu que havia recebido pagamentos para mudar a arquitetura da escolha dos EHRs, chegando a um acordo em relação às acusações feitas pelo estado de Vermont, que previa o pagamento de 145 milhões de dólares.[16] A Practice Fusion e a Purdue foram os designers de uma arquitetura da escolha que causava danos aos pacientes por fornecer opções inadequadas aos médicos.

Isso mostra que as decisões dos designers exerceram influência e que não existe uma versão neutra do EHR: ou o OxyContin será listado, aumentando suas vendas, ou não será listado. É mais irônico ainda que os estudos agora mostrem que a arquitetura da escolha dos EHRs pode reduzir a emissão de receitas de opioides. Por exemplo, alterar a opção-padrão para reduzir o número de comprimidos ou modificar a calculadora usada para determinar o número de comprimidos receitados pode fazer com que as receitas se aproximem das diretrizes.[17]

A arquitetura da escolha pode ter um impacto enorme no bem-estar de todos. Ela pode tornar mais difícil ou mais fácil manter o controle sobre nossa privacidade e nossas informações pessoais. Pode aumentar a poupança para a aposentadoria e ajudar alunos a encontrar escolas melhores. Pode aumentar ou diminuir as receitas de medicamentos potencialmente viciantes. O design escolhido pode fazer a diferença, e ignorá-lo não é uma opção.

Isso é sobretudo verdadeiro quando observamos quem é mais afetado pela arquitetura da escolha. Ela tem um impacto maior, positivo ou negativo, sobre os mais vulneráveis: aqueles com renda mais baixa, menos escolaridade e em circunstâncias sociais desafiadoras. Dito de outra forma, a arquitetura da escolha pode ser uma ferramenta muito potente para abordar as disparidades de renda e a justiça social. Por outro lado, isso significa que a arquitetura da escolha maliciosa, como os exemplos que acabamos de discutir, é especialmente prejudicial para os mais desfavorecidos.[18]

O que devemos fazer?

Tendo analisado ao longo deste livro e neste capítulo a arquitetura da escolha, tanto a boa quanto a ruim, há 3 coisas que devemos considerar daqui para frente:
1. Os escolhedores desconhecem os efeitos da arquitetura da escolha e não respondem aos avisos de alerta.

2. Os designers podem subestimar os efeitos da arquitetura da escolha.
3. A arquitetura da escolha tem um efeito maior sobre os mais vulneráveis.

Se essas 3 afirmações forem verdadeiras, o que deveríamos fazer? Um ponto de partida é instruir designers e escolhedores. A instrução que tenho em mente não é apenas destacar a arquitetura da escolha e seus efeitos, mas também fornecer uma compreensão de como ela funciona.

Argumentei aqui que a arquitetura da escolha funciona basicamente de duas maneiras: alterando os caminhos plausíveis e mudando a composição das preferências. Esses processos são, em grande parte, automáticos. Os psicólogos os denominam *processos de Sistema 1* e mostram que eles operam, em sua maioria, sem que percebamos. Assim como você não consegue explicar como é que lê um texto ou as decisões envolvidas em escovar os dentes, você não tem acesso a como escolher caminhos plausíveis ou a como compor suas preferências. Não surpreende que as pessoas sejam incapazes de resistir à arquitetura da escolha, mesmo quando informadas sobre suas consequências. Até mesmo revelar a intenção de usar a arquitetura da escolha não é muito útil, uma vez que a compreensão que se tem de como ela funciona é, na melhor das hipóteses, incompleta. Podemos reconhecer que o designer está tentando mudar nossa escolha, mas não sabemos como evitar que isso aconteça.

A história pode ser diferente se soubermos como funciona a influência. Embora esse assunto seja objeto de pouquíssimas pesquisas, aqui está uma intuição: ensinei a você como funciona a força de sugestão mental. No exemplo que vimos, ela envolvia invocar repetidamente o número 3 em símbolos escritos no ar e dizer "bum" 3 vezes, invocar a cor vermelha pedindo que pensássemos em cores vivas e invocar a forma de um losango ao transformar a tela nesse formato. Agora você sabe que o ilusionista usa isso para tornar o número 3 e o naipe de ouros mais acessíveis à memória. Você conhece não apenas a intenção, mas também o processo. Com isso, poderia ficar atento para truques semelhantes no futuro, percebendo a forma de losango das mãos do ilusionista, vendo o número 3 sendo desenhado no ar e percebendo que a menção a cores vivas faz você pensar em vermelho em vez de preto. Se quiser evitar a influência do truque, pode pensar em outros números, fechar os olhos ou, sabendo que está sendo manipulado, escolher ao acaso qualquer carta que não seja o 3 de ouros. Sabendo como funciona, é mais provável que você entenda seu impacto.[19] Na verdade, se souber de tudo isso e assistir ao vídeo, talvez valha a pena tentar você mesmo fazer esse truque.

Assim como saber como o truque funciona o torna menos eficaz, um conhecimento detalhado de como as ferramentas de arquitetura da escolha funcionam pode torná-las menos eficazes. Por exemplo, sabemos que as opções-padrão funcionam, em parte, ao concentrar a atenção inicial nelas. Você pode então decidir examinar outras opções primeiro. Essa estratégia pode ser suficiente para superar o efeito. Ela funcionou em meu laboratório no caso de outros vieses: podemos tornar as pessoas mais pacientes ou evitar o efeito dotação ao mudar o foco delas.[20] Avisá-las que estão prestes a ser expostas à arquitetura da escolha talvez não seja suficiente, mas ensiná-las como as ferramentas funcionam e como evitar esses efeitos pode permitir que elas impeçam a intenção do designer de se realizar. Agora que você leu este livro, espero que esteja em uma posição melhor para ser um designer mais eficaz e um escolhedor mais bem preparado. Talvez este seja o início de seu treinamento de autodefesa contra a arquitetura da escolha.

Espero também que qualquer um que esteja lendo este livro aspire a levar outros a fazer escolhas melhores e mais benéficas. Embora uma compreensão mais profunda de como a arquitetura da escolha funciona possa induzir alguns a manipular os outros para seus próprios fins, espero que eles sejam uma minoria. Em geral, um entendimento mais profundo de como nossas escolhas de design afetam os outros deveria resultar em arquiteturas da escolha mais intencionais e construtivas das quais todos possamos nos beneficiar.

Projetar uma arquitetura da escolha é como escolher uma rota em um mapa. Muitas rotas são possíveis, mas algumas são muito melhores para o escolhedor. As opções-padrão podem ser selecionadas de acordo com os melhores interesses dos escolhedores. As boas alternativas podem ser vistas com facilidade e não obscurecidas por muitas opções ruins ou irrelevantes. O acesso aos programas de benefícios pode ser facilitado em vez de dificultado. E quando sabemos o que queremos, uma boa arquitetura da escolha pode tornar algo fácil ou difícil de encontrar. Mas a maneira como você usa sua habilidade recém-descoberta depende, é claro, de você.

Tornando-nos melhores arquitetos da escolha

A ideia da arquitetura da escolha pode ser nova, mas existe desde que precisamos fazer escolhas. Os designers podem subestimá-la em termos abstratos, mas por meio da observação, bem como da tentativa e erro, eles não deixarão de esbarrar em designs que promovem seus próprios objetivos.

O que é novo é uma melhor compreensão de como a arquitetura da escolha afeta as decisões e a realidade de que ficou muito mais fácil mudar o ambiente de escolha. Alterar um site requer muito menos trabalho do que reformar uma loja, e ele pode ser personalizado para alterar as escolhas de cada visitante de maneiras singulares, enquanto experimentos controlados e testes A/B podem descobrir o que leva a melhores escolhas.

O que também é novo é a ideia de que a arquitetura da escolha não é opcional. Todas as escolhas possuem alguns elementos que podem influenciar o escolhedor. O que este livro acrescenta, espero, é uma compreensão do escopo das ferramentas disponíveis e de como elas funcionam na vida real.

Embora alguns tenham questionado se a arquitetura da escolha é ética, acredito no contrário: ignorar a arquitetura da escolha é eticamente errado. O designer inevitavelmente influenciará o escolhedor. Pensar o contrário leva a resultados que nem o designer nem o escolhedor desejam – e a resultados inferiores para ambos.

O imperativo ético é ainda mais forte se pensarmos que a arquitetura da escolha terá uma influência maior sobre decisões importantes, porém raramente tomadas, ou sobre populações mais vulneráveis. Nesses casos, ignorar a arquitetura da escolha tem consequências negativas ainda maiores.

Embora eu tenha afirmado que ignorar a arquitetura da escolha não é ético, eu também afirmaria que é imprudente. Enfrentamos muitos problemas que podem não ser resolvidos com facilidade com as duas principais ferramentas da teoria econômica padrão, informação e incentivos. Oferecerei 3 exemplos: mudança climática; desigualdade; e polarização e notícias falsas. A arquitetura da escolha pode ser um elemento adicional impressionantemente eficiente para agregarmos às outras ferramentas que já temos para lidar com essas questões.

- **Mudança climática.** Vimos como as opções-padrão podem afetar as escolhas entre eletricidade verde e cinza e como isso pode tornar mais evidentes as vantagens e desvantagens entre as economias de curto prazo e os ganhos de eficiência de longo prazo. Ela pode fazer mais, e essas mudanças são baratas.
- **Desigualdade.** No Capítulo 1, falamos sobre como mudar as interfaces em táxis e serviços como Uber e Lyft pode aumentar as gorjetas dadas aos motoristas. Também vimos como a arquitetura da escolha pode melhorar as escolas e aumentar o uso de benefícios sociais, como um programa para aumentar o desenvolvimento cognitivo das crianças. Todos esses são passos para reduzir a desigualdade e podem ser menos dispendiosos, mais eficientes e menos controversos do que certas alternativas.

- **Polarização e notícias falsas.** Vimos no Capítulo 9 que descrever políticas em números que podem ser facilmente compreendidos no contexto pode reduzir o desacordo entre esquerda e direita, tanto para cortes de impostos quanto para taxas de carbono. Recentemente, o Twitter introduziu uma inovação: antes de retuitar um artigo, ele pergunta se você o leu. Nenhuma escolha foi retirada, mas um custo inicial foi imposto ao ato de retuitar sem ler. Mudanças semelhantes na interface estão sendo feitas para aumentar aquilo que o Twitter chama de *qualidade da conversa*: sugestões de "humanização", as quais lembram as semelhanças que você tem com alguém, e avisos quando você retuita algo que foi rotulado como falso. Aguardamos dados sobre a eficácia dessas mudanças, mas elas compartilham duas características importantes que tornam a arquitetura da escolha tão atraente: são relativamente baratas de implementar e podemos fazer experimentos para avaliar seus efeitos.

Esses são problemas de grande porte, e suas soluções envolverão muito mais do que a arquitetura da escolha.

Tais aplicações são muito importantes para um campo que recebeu um nome apenas 12 anos atrás. Mas como uma criança de 12 anos, o campo está muito mais perto de seu começo do que de seu fim, e um tanto alheio ao que não sabe, mas se mostra promissor. Parte do trabalho duro será entender quais ferramentas funcionam e quando, inventar novas ferramentas e encontrar novas aplicações no futuro. Precisamos de ideias melhores sobre como incorporá-las a organizações e instituições e de um melhor entendimento a respeito de como elas afetam os indivíduos.

Finalmente, pense em como você pode ser um designer para o escolhedor que conhece melhor: você mesmo. Talvez você ache que a arquitetura da escolha é útil apenas para instituições grandes. No entanto, muitas vezes estruturamos nossas próprias escolhas, sejam elas relacionadas a empregos, cônjuges, mudanças de moradia ou outras decisões importantes na vida. As ferramentas deste livro podem ajudá--lo a entender quando pesquisar mais e quando parar, como rotular atributos e, em geral, de que maneira selecionar caminhos plausíveis bons e compor preferências úteis. Ao fazê-lo, você pode perceber que o designer – você – tem uma influência grande sobre o escolhedor – neste caso, também você. Isso sugere uma observação final sobre como usar a arquitetura da escolha, uma paráfrase da regra de ouro: projete para os outros como você gostaria que eles projetassem para você.

Agradecimentos

O compositor alemão Helmut Lachenmann disse que o processo de escrever uma composição produz um compositor diferente. O processo de escrever este livro certamente me mudou. Durante os 4 anos que escrevi sem parar, aprendi muito, pensei intensamente sobre algumas das questões levantadas pela aplicação da arquitetura da escolha e, espero, desenvolvi uma maneira de comunicar essas possibilidades emocionantes para pessoas que não sabem que são designers.

Mudanças também aconteceram nos trabalhos sobre tomadas de decisão. Eu não sabia que estudava arquitetura da escolha durante grande parte do tempo em que fazia pesquisas nessa área. Meus amigos Richard Thaler e Cass Sunstein cunharam o termo *arquitetura da escolha* em *Nudge*, e isso deu a muitas de minhas pesquisas um ótimo nome descritivo. Tive muitas influências durante minha carreira, mas esse reconhecimento se concentra naquelas que têm maior afinidade com este livro. Quero agradecer aos mentores que ajudaram a mudar a área de pesquisa, porque eles talvez não sejam reconhecidos em outro lugar. São eles: J. Edward Russo, Herbert Simon, Hillel Einhorn e Amos Tversky. Colin Camerer tem sido um amigo muito influente e inspirador, assim como Robert J. Meyer.

As ideias iniciais deste livro resultaram de um grupo de trabalho que organizei no Simpósio Trienal sobre Escolhas, um evento que soa muito mais como uma feira de arte do que uma conferência pouco organizada. Nele, um grupo de acadêmicos se senta para escrever um capítulo descrevendo o estado de sua área de interesse. O artigo resultante, que foi bastante citado, "Além dos *nudges*: ferramentas de uma arquitetura da escolha", motivou a ideia de escrever um livro. Colaboradores importantes nesse esforço, não agradecidos em outros lugares, incluem Suzanne Shu, Benedict Dellaert, Craig Fox, Ellen Peters e David Schkade.

As primeiras versões dos capítulos do livro foram ensinadas no curso "Como se tornar um melhor arquiteto da escolha", ministrado na Columbia Business School, o qual desenvolvi. Quero agradecer aos alunos dessa turma por seus comentários, contribuições e paciência. A Business School também apoiou o livro e sou muito grato por isso. Na Columbia, Amanda Eckler editou versões dos primeiros capítulos, e Chung Ho teve um desempenho magistral na produção de gráficos. Também ajudaram na pesquisa para o livro Simon Xu, Inez Ajimi, Erica Shah e Wanja Waweru e, em especial, Shannon Duncan.

Linnea Gandhi, agora estudante de doutorado na Wharton School da Universidade da Pensilvânia, ajudou imensamente e me convenceu de que este livro valia o esforço de escrevê-lo. Espero que ela esteja certa; o livro não existiria sem seu apoio inicial. Também me beneficiei de uma residência de um mês no Bellagio Center da Fundação Rockefeller. Gosto de andar enquanto escrevo e foi muito revigorante caminhar pela propriedade. Estou sempre disposto a ir lá novamente.

Os primeiros comentários sobre a ideia do livro e sobre os primeiros rascunhos vieram de Bob Cialdini, Cass Sunstein, Chip Heath e Daniel Kahneman. Seus comentários foram muito úteis e serviram todos de inspiração.

Os últimos 2 anos de trabalho mais sério começaram com os conselhos de Max Brockman, meu agente, e a magnífica supervisão e edição de Courtney Young, da Riverhead Books, que me ajudaram muito a navegar no processo de transformar minha prosa prolixa e errante em um produto mais suscinto. Jacqueline Shost ajudou a coordenar o processo de produção do livro, e David Moldawer, da Bookitect, também ajudou a moldar muitos capítulos durante o desenvolvimento.

Vários amigos merecem meus agradecimentos por terem lido partes deste livro. Um agradecimento especial a Gregory Murphy pelos comentários detalhados sobre o livro inteiro, feitos com humor. Daniel G. Goldstein, Kellen Mrkva e Nathaniel Posner forneceram comentários sobre vários capítulos. Muito obrigado a todos os pesquisadores cujo trabalho cito e que, com tato, apontaram erros ou maneiras melhores de dizer as coisas. Isso inclui Jessica Anker, Jack Soll, Maya Bar-Hillel, Wändi Bruine de Bruin, Raluca Ursu e Jay Russo. E obrigado a Richard Thaler por muitas discussões e comentários sobre doação de órgãos.

Fiz entrevistas por telefone e e-mail com vários pesquisadores para obter informações e testar ideias. Estes incluem: Irwin Levin, Gerald Häubl, Rick Larrick, Al Roth e Scott Halpern. Essas conversas adicionaram clareza e cor ao livro.

Tentei destacar as contribuições dos coautores de meus trabalhos anteriores ao longo do livro e não repetirei meus agradecimentos aqui, mas agradeço por todas as ideias, diversão, paciência e amizade.

Por fim, há sempre o reconhecimento breve do cônjuge sofredor. Nesse caso, a esposa, Elke Weber, foi paciente com minhas ideias incompletas expressas em muitos almoços, jantares e caminhadas, mas sua contribuição adicional para o livro foi como coautora e cocriadora de muitos dos projetos de pesquisa. Muito obrigado.

Referências

ABADIE, A.; GAY, S. *The impact of presumed consent legislation on cadaveric organ donation*: a cross-country study. 2006. Disponível em: https://doi.org/10.1016/j.jhealeco.2006.01.003. Acesso em: 13 mar. 2023.

ACAMS TODAY. *Organ trafficking*: the unseen form of human trafficking. 2018. Disponível em: https://www.acamstoday.org/organ-trafficking-the-unseen-form-of-human-trafficking. Acesso em: 13 mar. 2023.

ADAMS, R. *How the pollsters got it so wrong in New Hampshire*. 2008. Disponível em: https://www.theguardian.com/world/2008/jan/10/uselections2008.richardadams. Acesso em: 13 mar. 2023.

ALLEN, E.; DECHOW, P.; POPE, D.; WU, G. *Reference-dependent preferences:* evidence from marathon runners. 2016. Disponível em: https://doi.org/10.1287/mnsc.2015.2417. Acesso em: 13 mar. 2023.

ALTER, A.; OPPENHEIMER, D. *Uniting the tribes of fluency to form a metacognitive nation*. 2009. Disponível em: https://doi.org/10.1177/1088868309341564. Acesso em: 13 mar. 2023.

ANTONELLI, R.; VIERA, A. *Potential effect of physical activity calorie equivalent (PACE) labeling on adult fast-food ordering and exercise*. 2015. Disponível em: https://doi.org/10.1371/journal.pone.0134289. Acesso em: 13 mar. 2023.

ATALAY, A.; BODUR, H.; RASOLOFOARISON, D. *Shining in the center:* central gaze cascade effect on product choice. 2012. Disponível em: https://doi.org/10.1086/665984. Acesso em: 13 mar. 2023.

AUGENBLICK, N.; NIEDERLE, M.; SPRENGER, C. *Working overtime*: dynamic inconsistency in real effort tasks. 2015. Disponível em: https://doi.org/10.1093/qje/qjv020. Acesso em: 13 mar. 2023.

AUGENBLICK, N.; RABIN, M. *An experiment on time preference and misprediction in unpleasant tasks*. 2019. Disponível em: https://doi.org/10.1093/restud/rdy019. Acesso em: 13 mar. 2023.

AUXIER, B.; RAINIE, L.; ANDERSON, M.; PERRIN, A.; KUMAR, M.; TURNER, E. *Americans concerned, feel lack of control over personal data collected by both companies and the government*. 2019. Disponível em: https://www.pewresearch.org/internet/2019/11/15/americans-concerned-feel-lack-of-control-over-personal-data-collected-by-both-companies-and-the-government. Acesso em: 13 mar. 2023.

BADCOCK, J. *How Spain became the world leader in organ donations*. 2015. Disponível em: https://www.newsweek.com/2015/02/20/spain-has-become-world-leader-organ-donations-305841.html. Acesso em: 13 mar. 2023.

BALLOTPEDIA. *Automatic voter registration*. Disponível em: https://ballotpedia.org/Automatic_voter_registration. Acesso em: 13 mar. 2023.

BANG, H.; SHU, S.; WEBER, E. *The role of perceived effectiveness on the acceptability of choice architecture*. 2018. Disponível em: https://doi.org/10.1017/bpp.2018.1. Acesso em: 13 mar. 2023.

BAR-HILLEL, M. *Position effects in choice from simultaneous displays:* a conundrum solved. 2015. Disponível em: https://doi.org/10.1177/1745691615588092. Acesso em: 13 mar. 2023.

BARBER, B.; HUANG, X.; ODEAN, T.; SCHWARZ, C. *Attention induced trading and returns:* evidence from Robinhood users. 2020. Disponível em: https://dx.doi.org/10.2139/ssrn.3715077. Acesso em: 13 mar. 2023.

BARBER, B.; LEE, Y.; LIU, Y.; ODEAN, T. *The cross-section of speculator skill:* evidence from day trading. 2014. Disponível em: https://doi.org/10.1016/j.finmar.2013.05.006. Acesso em: 13 mar. 2023.

BARNES, A.; HANOCH, Y.; RICE, T.; LONG, S. *Moving beyond blind men and elephants:* providing total estimated annual costs improves health insurance decision making. 2016. Disponível em: https://doi.org/10.1177/1077558716669210. Acesso em: 13 mar. 2023.

BARTELS, M. *How eye tracking can unlock consumer insights*. 2018. Disponível em: https://progressivegrocer.com/how-eye-tracking-can-unlock-consumer-insights. Acesso em: 13 mar. 2023.

BBC NEWS. *Did Trump win because his name came first in key states?* 2017. Disponível em: https://www.bbc.com/news/magazine-39082465. Acesso em: 13 mar. 2023.

BBC NEWS. *Wales' organ donation opt-out law has not increased donors*. 2017. Disponível em: http://www.bbc.com/news/uk-wales-42213813. Acesso em: 13 mar. 2023.

BECKER, G.; ELIAS, J. *Introducing incentives in the market for live and cadaveric organ donations*. 2007. Disponível em: https://doi.org/10.1257/jep.21.3.3. Acesso em: 13 mar. 2023.

BEKO. *Freestanding 7kg condenser tumble dryer DCX71100*. Disponível em: https://www.beko.co.uk/7kg-condenser-tumble-dryer-dcx71100-silver-white. Acesso em: 13 mar. 2023.

BENARTZI, S.; THALER, R. *Behavioral economics and the retirement savings crisis*. 2013. Disponível em: https://doi.org/10.1126/science.1231320. Acesso em: 13 mar. 2023.

BERGMAN, P.; LASKY-FINK, J.; ROGERS, T. *Simplification and defaults affect adoption and impact of technology, but decision makers do not realize it*. 2020. Disponível em: https://doi.org/10.1016/j.obhdp.2019.04.001. Acesso em: 13 mar. 2023.

BHARGAVA, S.; LOEWENSTEIN, G.; SYDNOR, J. *Choose to lose:* health plan choices from a menu with dominated option. 2017. Disponível em: https://doi.org/10.1093/qje/qjx011. Acesso em: 13 mar. 2023.

BILGEL, F. *The impact of presumed consent laws and institutions on deceased organ donation*. 2010. Disponível em: https://doi.org/10.1007/s10198-010-0277-8. Acesso em: 13 mar. 2023.

BLANCHARD, S.; CARLSON, K.; MELOY, M. *Biased predecisional processing of leading and nonleading alternatives*. 2014. Disponível em: https://doi.org/10.1177/0956797613512663. Acesso em: 13 mar. 2023.

BRATER, J. *Automatic voter registration in Oregon a huge success*. 2016. Disponível em: https://www.brennancenter.org/our-work/analysis-opinion/automatic-voter-registration-oregon-huge-success. Acesso em: 13 mar. 2023.

BRIGNULL, H. *Dark patterns*: inside the interfaces designed to trick you. 2013. Disponível em: https://www.theverge.com/2013/8/29/4640308/dark-patterns-inside-the-interfaces-designed-to-trick-you. Acesso em: 13 mar. 2023.

BRONSHTEIN, G.; SCOTT, J.; SHOVEN, J.; SLAVOV, S. *Leaving big money on the table*: arbitrage opportunities in delaying social security. 2020. Disponível em: https://doi.org/10.1016/j.qref.2020.03.006. Acesso em: 13 mar. 2023.

BROWN, J.; KAPTEYN, A.; MITCHELL, O. *Framing effects and social security claiming behavior*. 2011. Disponível em: https://www.nber.org/papers/w17018. Acesso em: 13 mar. 2023.

BROWN, J. *Reciprocal facilitation and impairment of free recall*. 1968. Disponível em: https://psycnet.apa.org/doi/10.3758/BF03331397. Acesso em: 13 mar. 2023.

BROWNSTEIN, A. *Biased predecision processing*. 2003. Disponível em: https://doi.org/10.1037/0033-2909.129.4.545. Acesso em: 13 mar. 2023.

BRUCH, E.; FEINBERG, F.; LEE, K. *Extracting multistage screening rules from online dating activity data*. 2016. Disponível em: https://doi.org/10.1073/pnas.15224941135. Acesso em: 13 mar. 2023.

BRUINE DE BRUIN, W.; KEREN, G. *Order effects in sequentially judged options due to the direction of comparison*. 2003. Disponível em: https://doi.org/10.1016/S0749-5978(03)00080-3. Acesso em: 13 mar. 2023.

BRUINE DE BRUIN, W. *Save the last dance for me*: unwanted serial position effects injury evaluations. 2005. Disponível em: https://doi.org/10.1016/j.actpsy.2004.08.005. Acesso em: 13 mar. 2023.

BRUINE DE BRUIN, W. *Save the last dance II*: unwanted serial position effects in figure skating judgments. 2006. Disponível em: https://doi.org/10.1016/j.actpsy.2006.01.009. Acesso em: 13 mar. 2023.

BRUNS, H.; KANTOROWICZ-REZNICHENKO, E.; KLEMENT, K.; LUISTRO JONSSON, M.; RAHALI, B. *Can nudges be transparent and yet effective?* 2018. Disponível em: https://doi.org/10.1016/j.joep.2018.02.002. Acesso em: 13 mar. 2023.

BUSSE, M.; POPE, D.; POPE, J.; SILVA-RISSO, J. *The psychological effect of weather on car purchases*. 2015. Disponível em: https://doi.org/10.1093/qje/qju033. Acesso em: 13 mar. 2023.

CADARIO, R.; CHANDON, P. *Which healthy eating nudges work best?* A meta-analysis of behavioral interventions in field experiments. 2020. Disponível em: https://doi.org/10.1287/mksc.2018.1128. Acesso em: 13 mar. 2023.

CARLSON, K.; MELOY, M.; LIEB, D. *Benefits leader reversion:* how a once-preferred product recaptures its standing. 2013. Disponível em: https://repository.library.georgetown.edu/handle/10822/707940?show=full. Acesso em: 13 mar. 2023.

CARR, D. *Giving viewers what they want.* 2013. Disponível em: https://www.nytimes.com/2013/02/25/business/media/for-house-of-cards-using-big-data-to-guarantee-its-popularity.html. Acesso em: 13 mar. 2023.

CESAR, M. *Of love and money*: the rise of the online dating industry. 2016. Disponível em: https://www.nasdaq.com/articles/love-and-money-rise-online-dating-industry-2016-02-13. Acesso em: 13 mar. 2023.

CHANDON, P.; HUTCHINSON, J.; BRADLOW, E.; YOUNG, S. *Does in-store marketing work?* Effects of the number and position of shelf facings on brand attention and evaluation at the point of purchase. 2009. Disponível em: https://doi.org/10.1509/jmkg.73.6.1. Acesso em: 13 mar. 2023.

CHERNEV, A.; BÖCKENHOLT, U.; GOODMAN, J. *Choice overload*: a conceptual review and meta-analysis. 2015. Disponível em: https://doi.org/10.1016/j.jcps.2014.08.002. Acesso em: 13 mar. 2023.

CHIEN, Y.; MORRIS, P. *Household participation in stock market varies widely by state.* 2017. Disponível em: https://www.stlouisfed.org/~/media/publications/regional-economist/2017/third_quarter_2017/stock_market.pdf. Acesso em: 13 mar. 2023.

CHOY, S. *Retail clientele and option returns.* 2015. Disponível em: https://doi.org/10.1016/j.jbankfin.2014.11.004. Acesso em: 13 mar. 2023.

CIANCUTTI, J. *Does Netflix add content based on your searches?* 2012. Disponível em: https://www.quora.com/Netflix-product/Does-Netflix-add-content-based-on-your-searches/answer/John-Ciancutti. Acesso em: 13 mar. 2023.

CONLIN, M.; O'DONOGHUE, T.; VOGELSANG, T. *Projection bias in catalog orders.* 2007. Disponível em: https://doi.org/10.1257/aer.97.4.1217. Acesso em: 13 mar. 2023.

COOK, J. *Uber's internal charts show how its driver-rating system actually works.* 2015. Disponível em: https://www.businessinsider.com/leaked-charts-show-how-ubers-driver-rating-system-works-2015-2?op=1. Acesso em: 13 mar. 2023.

COURT, E. *Health-records company pushed opioids to doctors in secret deal with drugmaker.* 2020. Disponível em: https://www.bloomberg.com/news/articles/2020-01-29/health-records-company-pushed-opioids-to-doctors-in-secret-deal. Acesso em: 13 mar. 2023.

CROFT, J. *Connectivity, human factors drive next-gen cockpit*. 2013. Disponível em: https://aviationweek.com/connectivity-human-factors-drive-next-gen-cockpit. Acesso em: 13 mar. 2023.

CROTHERS, G.; EDWARDS, D.; EHRENFELD, J.; WOO, E.; MCCLUGGAGE L.; LOBO, B. *Evaluating the impact of auto-calculation settings on opioid prescribing at an academic medical center*. 2019. Disponível em: https://doi.org/10.1016/j.jcjq.2019.02.010. Acesso em: 13 mar. 2023.

DAYAN, E.; BAR-HILLEL, M. *Nudge to nobesity II*: menu positions influence food orders. 2011. Disponível em: http://dx.doi.org/10.1017/S1930297500001947. Acesso em: 13 mar. 2023.

DEERY, C.; HALES, D.; VIERA, L.; LIN, F.; LIU, Z.; OLSSON, E. *et al*. *Physical activity calorie expenditure (PACE) labels in worksite cafeterias*: effects on physical activity. 2019. Disponível em: https://doi.org/10.1186/s12889-019-7960-1. Acesso em: 13 mar. 2023.

DELGADO, M.; SHOFER, F.; PATEL, M.; HALPERN, S.; EDWARDS, C.; MEISEL, Z.; PERRONE, J. *Association between electronic medical record implementation of default opioid prescription quantities and prescribing behavior in two emergency departments*. 2018. Disponível em: https://doi.org/10.1007/s11606-017-4286-5. Acesso em: 13 mar. 2023.

DEROOS, L.; MARRERO, W. J.; TAPPER, E. B. *Estimated association between organ availability and presumed consent in solid organ transplant*. 2019. Disponível em: https://doi.org/10.1001/jamanetworkopen.2019.12431. Acesso em: 13 mar. 2023.

DESHONG, T. *Do drivers think you're a 'Ridezilla'?* Better check your uber rating. 2019. Disponível em: https://www.washingtonpost.com/lifestyle/do-drivers-think-you re-a-ridezilla-better-check-your-uber-rating/2019/07/18/8b441588-a291-11e9-b 732-41a79c2551bf_story.html. Acesso em: 13 mar. 2023.

DHINGRA, N.; GORN, Z.; KERNER, A.; DANA, J. *The default pull*: an experimental demonstration of subtle default effects on preferences. 2012. Disponível em: http://dx.doi.org/10.1017/S1930297500001844. Acesso em: 13 mar. 2023.

DIEHL, K.; KORNISH, L.; LYNCH, J. *Smart agents*: when lower search costs for quality information increase price sensitivity. 2003. Disponível em: https://doi.org/10.1086/374698. Acesso em: 13 mar. 2023.

DIEHL, K. *When two rights make a wrong*: searching too much in ordered environments. 2005. Disponível em: https://doi.org/10.1509/jmkr.2005.42.3.313. Acesso em: 13 mar. 2023.

DINNER, I.; JOHNSON, E.; GOLDSTEIN, D.; LIU, K. *Partitioning default effects:* why people choose not to choose. 2011. Disponível em: https://doi.org/10.1037/a0024354. Acesso em: 13 mar. 2023.

DOERFLER, W. Menu design for effective merchandising. *Cornell Hotel and Restaurant Administration Quarterly*, v. 19, n. 3, Nova York, 1978.

DOWRAY, S.; SWARTZ, J.; BRAXTON, D.; VIERA, A. *Potential effect of physical activity-based menu labels on the calorie content of selected fast-food meals*. 2013. Disponível em: https://doi.org/10.1016/j.appet.2012.11.013. Acesso em: 13 mar. 2023.

DRÈZE, X.; HOCH, S.; PURK, M. *Shelf management and space elasticity.* 1994. Disponível em: https://doi.org/10.1016/0022-4359(94)90002-7. Acesso em: 13 mar. 2023.

EBELING, F.; LOTZ, S. *Domestic uptake of green energy promoted by opt-out tariffs.* 2015. Disponível em: http://dx.doi.org/10.1038/nclimate2681. Acesso em: 13 mar. 2023.

EGAN, P.; MULLIN, M. *Turning personal experience into political attitudes:* the effect of local weather on Americans' perceptions about global warming. 2012. Disponível em: http://dx.doi.org/10.1017/S0022381612000448. Acesso em: 13 mar. 2023.

EISENSTEIN, E.; HOCH, S. *Intuitive compounding*: framing, temporal perspective, and expertise. 2008. Disponível em: https://www.researchgate.net/publication/240631477_Intuitive_Compounding_Framing_Temporal_Perspective_and_Expertise. Acesso em: 13 mar. 2023.

ELEFTHERIOU-SMITH, L. *All french citizens are now organ donors unless they opt out.* 2017. Disponível em: https://www.independent.co.uk/news/world/europe/french-citizens-organ-donors-france-opt-out-donation-hospital-healthcare-doctors-a7508576.html. Acesso em: 13 mar. 2023.

ELGOT, J. *Commons may never return to packed chamber debates, says speaker.* 2020. Disponível em: https://www.theguardian.com/politics/2020/jul/26/lindsay-hoyle-commons-may-never-return-to-packed-chamber-debates-says-speaker-coronavirus. Acesso em: 13 mar. 2023.

EMPSON, R. *Practice fusion continues to reach beyond digital health records, adds free expense tracking to new booking engine*. 2013. Disponível em: https://techcrunch.com/2013/05/22/practice-fusion-continues-to-reach-beyond-digital-health-records-adds-free-expense-tracking-to-new-booking-engine. Acesso em: 13 mar. 2023.

ETHERINGTON, D. *Daily dating site Coffee Meets Bagel lands $600K from Lightbank, Match.com co-founder.* 2012. Disponível em: https://techcrunch.com/2012/09/26/

daily-dating-site-coffee-meets-bagel-lands-600k-from-lightbank-match-com-co-founder. Acesso em: 13 mar. 2023.

EZARIK, J. *iPhone Bill.* 2007. Disponível em: https://youtu.be/UdULhkh6yeA. Acesso em: 13 mar. 2023.

FABRE, J.; MURPHY, P.; MATESANZ, R. *Presumed consent:* a distraction in the quest for increasing rates of organ donation. 2010. Disponível em: https://doi.org/10.1136/bmj.c4973. Acesso em: 13 mar. 2023.

FARZAN, A. *A tech company gave doctors free software – rigged to encourage them to prescribe opioids, prosecutors say.* 2020. Disponível em: https://www.washingtonpost.com/nation/2020/01/28/pioid-kickback-software/. Acesso em: 13 mar. 2023.

FEENBERG, D.; GANGULI, I.; GAULÉ, P; GRUBER, J. *It's good to be first*: order bias in reading and citing NBER working papers. 2017. Disponível em: https://www.nber.org/papers/w21141. Acesso em: 13 mar. 2023.

FERNANDES, D.; LYNCH, J.; NETEMEYER, R. *Financial literacy, financial education, and downstream financial behaviors.* 2014. Disponível em: https://doi.org/10.1287/mnsc.2013.1849. Acesso em: 13 mar. 2023.

FIVETHIRTYEIGHT. *2016 election forecast.* Disponível em: https://projects.fivethirtyeight.com/2016-election-forecast. Acesso em: 13 mar. 2023.

FRIED, T.; BRADLEY, E.; TOWLE, V.; ALLORE, H. *Understanding the treatment preferences of seriously ill patients.* 2002. Disponível em: https://doi.org/10.1056/nejmsa012528. Acesso em: 13 mar. 2023.

GABAIX, X.; LAIBSON, D. *Shrouded attributes, consumer myopia, and information suppression in competitive markets.* 2006. Disponível em: https://pages.stern.nyu.edu/~xgabaix/papers/shrouded.pdf. Acesso em: 13 mar. 2023.

GAFFNEY, D. *This guy can get 59 MPG in a plain old accord.* Beat that, punk. 2007. Disponível em: https://www.motherjones.com/politics/2007/01/guy-can-get-59-mpg-plain-old-accord-beat-punk. Acesso em: 13 mar. 2023.

GARBER, J. *A company called Zoom Technologies is surging because people think it's zoom Video Communications.* 2019. Disponível em: https://markets.businessinsider.com/news/stocks/publicly-listed-zoom-video-communications-traders-buying-zoom-technologies-2019-4-1028122561?op= 1. Acesso em: 13 mar. 2023.

GIOVANELLI, J.; CURRAN, E. *Efforts to support consumer enrollment decisions using total cost estimators*: lessons from the Affordable Care Act's marketplaces. 2017. Disponível em: https://www.commonwealthfund.org/publications/issue-briefs/2017/feb/efforts-support-consumer-enrollment-decisions-using-total-cost. Acesso em: 13 mar. 2023.

GLAZERMAN, S.; NICHOLS-BARRER, I.; VALANT, J.; CHANDLER, J.; BURNETT, A. *The choice architecture of school choice websites*. 2020. Disponível em: https://doi.org/10.1080/19345747.2020.1716905. Acesso em: 13 mar. 2023.

GLAZIER, A.; MONE, T. *Success of opt-in organ donation policy in the United States*. 2019. Disponível em: https://doi.org/10.1001/jama.2019.9187. Acesso em: 13 mar. 2023.

GOLDSTEIN, D.; JOHNSON, E.; HERRMANN, A.; HEITMANN, M. *Nudge your customers toward better choices*. 2008. Disponível em: https://hbr.org/2008/12/nudge-your-customers-toward-better-choices. Acesso em: 13 mar. 2023.

GOLDSTEIN, D.; JOHNSON, E.; SHARPE, W. *Choosing outcomes versus choosing products*: consumer-focused retirement investment advice. 2008. Disponível em: https://doi.org/10.1086/589562. Acesso em: 13 mar. 2023.

GOLDSTEIN, D.; ROTHSCHILD, D. *Lay understanding of probability distributions*. 2014. Disponível em: http://journal.sjdm.org/13/131029/jdm131029.pdf. Acesso em: 13 mar. 2023.

GOMEZ-URIBE, C.; HUNT, N. *The Netflix recommender system*: algorithms, business value, and innovation. 2015. Disponível em: https://doi.org/10.1145/2843948. Acesso em: 13 mar. 2023.

GRANT, D. *The ballot order effect is huge:* evidence from Texas. 2017. Disponível em: https://ideas.repec.org/a/kap/pubcho/v172y2017i3d10.1007_s11127-017-0454-8.html. Acesso em: 13 mar. 2023.

GREEN, A. *How Derren Brown remade mind reading for skeptics*. 2019. Disponível em: https://www.newyorker.com/magazine/2019/10/07/how-derren-brown-remade-mind-reading-for-skeptics. Acesso em: 13 mar. 2023.

GREENLEAF, E.; JOHNSON, E.; MORWITZ, V.; SHALEV, E. *The price does not include additional taxes, fees, and surcharges*: a review of research on partitioned pricing. 2016. Disponível em: https://doi.org/10.1016/j.jcps.2015.04.006. Acesso em: 13 mar. 2023.

HAFNER, K. *AT&T's overstuffed iPhone bills annoy customers*. 2007. Disponível em: https://www.nytimes.com/2007/08/23/business/23bill.html?%20em&%20ex=%201188014400&%20en=%20de1fe8dde56cab98&%20ei=%205087%%20 0A. Acesso em: 13 mar. 2023.

HAGGAG, K.; PACI, G. *Default tips*. 2014. Disponível em: http://dx.doi.org/10.1257/app.6.3.1. Acesso em: 13 mar. 2023.

HALPERN, S.; LOEWENSTEIN, G.; VOLPP, K.; COONEY, E.; VRANAS, K.; QUILL, C. et al. *Default options in advance directives influence how patients set goals for end-of-life care*. 2013. Disponível em: https://doi.org/10.1377/hlthaff.2012.0895. Acesso em: 13 mar. 2023.

HALPERN, S.; SMALL, D.; TROXEL, A.; COONEY, E.; BAYES, B.; CHOWDHURY, M. et al. *Effect of default options in advance directives on hospital-free days and care choices among seriously ill patients*. 2020. Disponível em: https://doi.org/10.1001/jamanetworkopen.2020.1742. Acesso em: 13 mar. 2023.

HAMILTON, L.; STAMPONE, M. *Blowin' in the wind*: short-term weather and belief in anthropogenic climate change. 2013. Disponível em: http://dx.doi.org/10.1175/WCAS-D-12-00048.1. Acesso em: 13 mar. 2023.

HARDISTY, D.; JOHNSON, E.; WEBER, E. *A dirty word or a dirty world*? Attribute framing, political affiliation, and query theory. 2010. Disponível em: http://dx.doi.org/10.1177/0956797609355572. Acesso em: 13 mar. 2023.

HARDWICK, J. *Top 100 most visited websites (US and Worldwide)*. 2020. Disponível em: https://ahrefs.com/blog/most-visited-websites. Acesso em: 13 mar. 2023.

HASKIN, D. *Technology's 10 most mortifying moments*. 2007. Disponível em: https://www.computerworld.com/article/2539067/technology-s-10-most-mortifying-moments.html?page=2. Acesso em: 13 mar. 2023.

HEALTH RESOURCES AND SERVICES ADMINISTRATION. *2019 National Survey of Organ Donation Attitudes and Practices*: report of findings. 2020. Disponível em: https://www.organdonor.gov/about-dot/grants/research-reports. Acesso em: 13 mar. 2023.

HEATH, C.; LARRICK, R.; WU, G. *Goals as reference points*. 1999. Disponível em: http://dx.doi.org/10.2139/ssrn.2523510. Acesso em: 13 mar. 2023.

HEDLIN, S.; SUNSTEIN, C. *Does active choosing promote green energy use:* experimental evidence. 2016. Disponível em: http://dx.doi.org/10.2139/ssrn.2624359. Acesso em: 13 mar. 2023.

HELMAN, R.; COPELAND, C.; VANDERHEI, J. *The 2015 Retirement Confidence Survey*: having a retirement savings plan a key factor in Americans' retirement confidence. 2015. Disponível em: https://www.ebri.org/content/the-2015-retire

ment-confidence-survey-having-a-retirement-savings-plan-a-key-factor-in-americans-retirement-confidence-5513. Acesso em: 13 mar. 2023.

HENRICH, J.; BOYD, R.; BOWLES, S.; CAMERER, C.; FEHR, E.; GINTIS, H. *Foundations of human sociality*: economic experiments and ethnographic evidence from fifteen small-scale societies. 2004. Disponível em: http://dx.doi.org/10.1093/0199262055.001.0001. Acesso em: 13 mar. 2023.

HO, D.; IMAI, K. *Estimating causal effects of ballot order from a randomized natural experiment*: the California Alphabet Lottery, 1978-2002. 2008. Disponível em: https://doi.org/10.1093/poq/nfn018. Acesso em: 13 mar. 2023.

HOFMAN, J.; GOLDSTEIN, D.; HULLMAN, J. *How visualizing inferential uncertainty can mislead readers about treatment effects in scientific results*. 2020. Disponível em: https://doi.org/10.1145/3313831.3376454. Acesso em: 13 mar. 2023.

HOLLADAY, B. *Alexander Kearns remembered by UNL community as positive, always willing to help*. 2020. Disponível em: http://www.dailynebraskan.com/news/alexander-kearns-remembered-by-unl-community-as-positive-always-willing-to-help/article_774332ec-b575-11ea-80de-6f15d51a3087.html. Acesso em: 13 mar. 2023.

HOOVER, H. *Default tip suggestions in NYC taxi cabs*. 2019. Disponível em: http://dx.doi.org/10.2139/ssrn.3333460. Acesso em: 13 mar. 2023.

HOUSE OF LORDS. *Behaviour change*. 2011. Disponível em: https://publications.parliament.uk/pa/ld201012/ldselect/ldsctech/179/179.pdf. Acesso em: 13 mar. 2023.

HULGAARD, K.; HERRICK, E.; MADSEN, T.; SCHULDT-JENSEN, J.; MALTESEN, M.; HANSEN, P. *Nudging passenger flow in CPH airports*. 2016. Disponível em: https://inudgeyou.com/wp-content/uploads/2017/08/OP-ENG-Passenger_Flow.pdf. Acesso em: 13 mar. 2023.

HULLMAN, J.; RESNICK, P.; ADAR, E. *Hypothetical outcome plots outperform error bars and violin plots for inferences about reliability of variable ordering*. 2015. Disponível em: https://doi.org/10.1371/journal.pone.0142444. Acesso em: 13 mar. 2023.

INSTITUTE FOR SUSTAINABLE INFRASTRUCTURE. *Envision Version 2.0*: a Rating System for Sustainable Infrastructure. 2012. Disponível em: https://sustainable-infrastructure-tools.org/tools/envision-rating-system. Acesso em: 13 mar. 2023.

INVESTMENT COMPANY FACT BOOK. *Characteristics of US mutual fund owners*. 2020. Disponível em: https://www.icifactbook.org/pdf/2022_factbook_ch7.pdf. Acesso em: 13 mar. 2023.

IRWIN, N. *How economists can be just as irrational as the rest of us.* 2015. Disponível em: http://nyti.ms/1N7iyXZ. Acesso em: 13 mar. 2023.

JACHIMOWICZ, M.; DUNCAN, S.; WEBER, E.; JOHNSON, E. *When and why defaults influence decisions:* a meta-analysis of default effects. 2019. Disponível em: http://dx.doi.org/10.1017/bpp.2018.43. Acesso em: 13 mar. 2023.

JENA, A.; BARNETT, M.; GOLDMAN, D. *How health care providers can help end the overprescription of opioids.* 2017. Disponível em: https://hbr.org/2017/10/how-health-care-providers-can-help-end-the-overprescription-of-opioids. Acesso em: 13 mar. 2023.

JOHNSON, E.; GOLDSTEIN, D. Decisions by default. In: SHAFIR, E. *The behavioral foundations of public policy.* Princeton: Princeton University Press, 2012.

JOHNSON, E.; GOLDSTEIN, D. *Do defaults save lives?* 2003. Disponível em: https://doi.org/10.1126/science.1091721. Acesso em: 13 mar. 2023.

JOHNSON, E.; HASSIN, R.; BAKER, T.; BAJGER, A.; TREUER, G. *Can consumers make affordable care affordable?* The value of choice architecture. 2013. Disponível em: https://doi.org/10.1371/journal.pone.0081521. Acesso em: 13 mar. 2023.

JOHNSON, E.; HERSHEY, J.; MESZAROS, J.; KUNREUTHER, H. *Framing, probability distortions, and insurance decisions.* 1993. Disponível em: http://dx.doi.org/10.1007/BF01065313 Acesso em: 13 mar. 2023.

JOHNSON, E.; HÄUBL, G.; KEINAN, A. *Aspects of endowment:* a query theory of value construction. 2007. Disponível em: http://dx.doi.org/10.1037/0278-7393.33.3.461. Acesso em: 13 mar. 2023.

JOHNSON, E.; PAYNE, J. *Effort and accuracy in choice.* 1985. Disponível em: https://doi.org/10.1287/mnsc.31.4.395. Acesso em: 13 mar. 2023.

JOHNSON, E.; SHU, S.; DELLAERT, B.; FOX, C.; GOLDSTEIN, D.; HÄUBL, G. et al. *Beyond nudges:* tools of a choice architecture. 2012. Disponível em: http://dx.doi.org/10.1007/s11002-012-9186-1. Acesso em: 13 mar. 2023.

JOHNSON, S. *Apple, AT&T shares fall on fewer-than-expected iPhone subscriptions.* 2007. Disponível em: https://www.mercurynews.com/2007/07/24/apple-att-shares-fall-on-fewer-than-expected-iphone-subscriptions. Acesso em: 13 mar. 2023.

JUNG, M.; SUN, C.; NELSON, L. *People can recognize, learn, and apply default effects in social influence.* 2018. Disponível em: https://doi.org/10.1073/pnas.1810986115. Acesso em: 13 mar. 2023.

KAHNEMAN, D.; KNETSCH, J.; THALER, R. *Experimental tests of the endowment effect and the coase theorem*. 1990. Disponível em: http://www.jstor.org/stable/2937761. Acesso em: 13 mar. 2023.

KAISER, M.; BERNAUER, M.; SUNSTEIN, C.; REISCH, L. *The power of green defaults*: the impact of regional variation of opt-out tariffs on green energy demand in Germany. 2020. Disponível em: https://doi.org/10.1016/j.ecolecon.2020.106685. Acesso em: 13 mar. 2023.

KAM, D. *No, Donald Trump's name will not appear automatically at the top of your ballot*. 2019. Disponível em: https://www.orlandoweekly.com/news/no-donald-trumps-name-will-not-appear-automatically-at-the-top-of-your-ballot-ending-a-70-year-old-state-law-26323943. Acesso em: 4 maio 2023.

KARCHMER, M.; WINOGRAD, E. *Effects of studying a subset of familiar items on recall of the remaining items*: the John Brown effect. 1971. Disponível em: https://doi.org/10.3758/BF03329100. Acesso em: 13 mar. 2023.

KAUFMANN, C.; WEBER, M.; HAISLEY, E. *The role of experience sampling and graphical displays on one's investment risk appetite*. 2013. Disponível em: https://doi.org/10.1287/mnsc.1120.1607. Acesso em: 13 mar. 2023.

KAYE, K. *Use of limit ad tracking drops as ad blocking grows*. 2016. Disponível em: https://adage.com/article/privacy-and-regulation/limit-ad-tracking-drops-ad-blocking-grows/303911. Acesso em: 13 mar. 2023.

KEH, A. *Eliud Kipchoge breaks two-hour marathon barrier*. 2019. Disponível em: https://www.nytimes.com/2019/10/12/sports/eliud-kipchoge-marathon-record.html. Acesso em: 13 mar. 2023.

KIM, J.; HWANG, E.; PARK, J.; LEE, J.; PARK, J. *Position effects of menu item displays in consumer choices*: comparisons of horizontal versus vertical displays. 2018. Disponível em: http://dx.doi.org/10.1177/1938965518778234. Acesso em: 13 mar. 2023.

KIM, N.; KROSNICK, J.; CASASANTO, D. *Moderators of candidate name-order effects in elections*: an experiment. 2014. Disponível em: http://dx.doi.org/10.1111/pops.12178. Acesso em: 13 mar. 2023.

KINCAID, C.; CORSUN, D. *Are consultants blowing smoke? An empirical test of the impact of menu layout on item sales*. 2003. Disponível em: https://doi.org/10.1108/09596110310475685. Acesso em: 13 mar. 2023.

KING, A.; LEIGH, A. *Are ballot order effects heterogeneous?* 2009. Disponível em: https://doi.org/10.1111/j.1540-6237.2009.00603.x. Acesso em: 13 mar. 2023.

KNOLL, M.; APPELT, K.; JOHNSON, E.; WESTFALL, J. *Time to retire*: why Americans claim benefits early and how to encourage delay. Disponível em: http://dx.doi.org/10.1353/bsp.2015.0003. Acesso em: 13 mar. 2023.

KOPPELL, J.; STEEN, A. *The effects of ballot position on election outcomes.* 2004. Disponível em: https://doi.org/10.1046/j.1468-2508.2004.00151.x. Acesso em: 13 mar. 2023.

KRISTENSEN, E. *8 e-commerce A/B testing examples you can learn from.* 2019. Disponível em: https://sleeknote.com/blog/a-b-testing-examples. Acesso em: 13 mar. 2023.

KROSNICK, J.; MILLER, J.; TICHY, M. An unrecognized need for ballot reform: the effects of candidate name order on election outcome. In: CRIGLER, A.; JUST, M.; MCCAFFER, E. *Rethinking the vote*: the politics and prospects of American election reform. Oxford: Oxford University Press, 2003.

LABEREE, L.; BELL, W. *Mr. Franklin*: a selection from his personal letters. New Haven: Yale University Press, 1956.

LANGEWIESCHE, W. *Anatomy of a miracle.* 2009. Disponível em: https://archive.vanityfair.com/article/2009/6/anatomy-of-a-miracle. Acesso em: 13 mar. 2023.

LARRICK, R.; SOLL, J. *The MPG illusion.* 2008. Disponível em: http://dx.doi.org/10.1126/science.1154983. Acesso em: 13 mar. 2023.

LESWIG, K. *Apple makes billions from Google's dominance in search – and it's a bigger business than iCloud or Apple Music.* 2018. Disponível em: https://www.businessinsider.com/aapl-share-price-google-pays-apple-9-billion-annually-tac-goldman-2018-9. Acesso em: 13 mar. 2023.

LEVIN, I.; JOHNSON, R. *Estimating price-quality trade-offs using comparative judgments.* 1984. Disponível em: http://dx.doi.org/10.1086/208995. Acesso em: 13 mar. 2023.

LI, Y.; EPLEY, N. *When the best appears to be saved for last*: serial position effects on choice. 2009. Disponível em: https://doi.org/10.1002/bdm.638. Acesso em: 13 mar. 2023.

LICHTENSTEIN, S.; SLOVIC, P. *The construction of preference.* Cambridge: Cambridge University Press, 2006.

LOEWENSTEIN, G.; BRYCE, C.; HAGMANN, D.; RAJPAL, S. *Warning*: you are about to be nudged. 2015. Disponível em: https://www.cmu.edu/dietrich/sds/docs/loewenstein/WarningAboutNudged.pdf. Acesso em: 13 mar. 2023.

LOGIURATO, B. *Meet the 16-year-old kid who got to introduce President Obama in Brooklyn.* 2013. Disponível em: https://www.businessinsider.com/radcliffe-saddler-obama-brooklyn-speech-p-tech-2013-10. Acesso em: 13 mar. 2023.

LONG, M.; TOBIAS, D.; CRADOCK, A.; BATCHELDER, H.; GORTMAKER, S. *Systematic review and meta-analysis of the impact of restaurant menu calorie labeling.* 2015. Disponível em: https://doi.org/10.2105/ajph.2015.302570. Acesso em: 13 mar. 2023.

LOPEZ, G. *Purdue Pharma pleads guilty to criminal charges in $8 billion settlement with the Justice Department.* 2020. Disponível em: https://www.vox.com/2020/10/21/21526868/purdue-pharma-oxycontin-opioid-epidemic-department-of-justice. Acesso em: 13 mar. 2023.

LOW, H.; DA COSTA, M.; PRABHAKARAN, K.; KAUR, M.; WEE, A.; LIM, S.; WAI, C. *Impact of new legislation on presumed consent on organ donation on liver transplant in Singapore*: a preliminary analysis. 2006. Disponível em: https://doi.org/10.1097/01.tp.0000236720.66204.16. Acesso em: 13 mar. 2023.

LYNCH, J.; ARIELY, D. *Wine online*: search costs affect competition on price, quality, and distribution. 2000. Disponível em: http://dx.doi.org/10.1287/mksc.19.1.83.15183. Acesso em: 13 mar. 2023.

MACDONALD, J. *How long do workers consider retirement decision?* 2008. Disponível em: https://www.ebri.org/crawler/view/how-long-do-workers-consider-retirement-decision. Acesso em: 13 mar. 2023.

MALHOTRA, S.; CHERIFF, A.; GOSSEY, T.; COLE, C.; KAUSHAL, R.; ANCKER, J. *Effects of an e-prescribing interface redesign on rates of generic drug prescribing*: exploiting default options. 2016. Disponível em: http://dx.doi.org/10.1093/jamia/ocv192. Acesso em: 13 mar. 2023.

MANDEL, N.; JOHNSON, E. *When web pages influence choice*: effects of visual primes on experts and novices. 2002. Disponível em: http://dx.doi.org/10.1086/341573. Acesso em: 13 mar. 2023.

MANTONAKIS, A.; RODERO, P.; LESSCHAEVE, I.; HASTIE, R. *Order in choice*: effects of serial position on preferences. 2009. Disponível em: http://dx.doi.org/10.1111/j.1467-9280.2009.02453.x. Acesso em: 13 mar. 2023.

MAREWSKI, J.; SCHOOLER, L. *Cognitive niches*: an ecological model of strategy selection. 2011. Disponível em: http://dx.doi.org/10.1037/a0024143. Acesso em: 13 mar. 2023.

MATESANZ, R. *Factors influencing the adaptation of the Spanish Model of organ donation.* 2003. Disponível em: https://doi.org/10.1007/s00147-003-0623-1. Acesso em: 13 mar. 2023.

MATHUR, A.; ACAR, G.; FRIEDMAN, M.; LUCHERINI, E.; MAYER, J.; CHETTY, M.; NARAYANAN, A. *Dark patterns at scale*: findings from a crawl of 11K shopping websites. 2019. Disponível em: https://doi.org/10.1145/3359183. Acesso em: 13 mar. 2023.

MAY, C. *Transnational crime and the developing world.* 2017. Disponível em: http://www.gfintegrity.org/wp-content/uploads/2017/03/Transnational_Crime-final.pdf. Acesso em: 13 mar. 2023.

McALONE, N. *The exec who replaced Netflix's 5-star rating system with "thumbs up, thumbs down" explains why.* 2017. Disponível em: https://finance.yahoo.com/news/netflix-replaced-5--star-rating-130000006.html. Acesso em: 13 mar. 2023.

McKENZIE, C.; LEONG, L.; SHER, S. *Default sensitivity in attempts at social influence.* 2020. Disponível em: https://doi.org/10.3758/s13423-020-01834-4. Acesso em: 13 mar. 2023.

McKENZIE, C.; LIERSCH, M.; FINKELSTEIN, S. *Recommendations implicit in policy defaults.* 2006. Disponível em: https://doi.org/10.1111/j.1467-9280.2006.01721.x. Acesso em: 13 mar. 2023.

McKENZIE, C.; LIERSCH, M. *Misunderstanding savings growth*: implications for retirement savings behavior. 2011. Disponível em: http://dx.doi.org/10.2307/23033461. Acesso em: 13 mar. 2023.

MEEKER, D.; LINDER, J.; FOX, C.; FRIEDBERG, M.; PERSELL, S.; GOLDSTEIN, N. *et al. Effect of behavioral interventions on inappropriate antibiotic prescribing among primary care practices*: a randomized clinical trial. 2016. Disponível em: https://doi.org/10.1001/jama.2016.0275. Acesso em: 13 mar. 2023.

MENNI, C.; VALDES, A.; FREIDIN, M.; SUDRE, C.; NGUYEN, L.; DREW, D. *et al. Real-time tracking of self-reported symptoms to predict potential Covid-19.* 2020. Disponível em: https://doi.org/10.1038/s41591-020-0916-2. Acesso em: 13 mar. 2023.

MEREDITH, M.; SALANT, Y. *On the causes and consequences of ballot order effects.* 2012. Disponível em: https://doi.org/10.1007/s11109-011-9189-2. Acesso em: 13 mar. 2023.

MEYER, R.; BAKER, J.; BROAD, K.; CZAJKOWSKI, J.; ORLOVE, B. *The dynamics of hurricane risk perception*: real-time evidence from the 2012 Atlantic Hurricane Season. 2014. Disponível em: https://doi.org/10.1175/BAMS-D-12-00218.1. Acesso em: 13 mar. 2023.

MEYER, R.; BROAD, K.; ORLOVE, B.; PETROVIC, N. *Dynamic simulation as an approach to understanding hurricane risk response*: insights from the Stormview Lab. 2013. Disponível em: https://doi.org/10.1111/j.1539-6924.2012.01935.x. Acesso em: 13 mar. 2023.

MEYER, R.; JOHNSON, E. *Empirical generalizations in the modeling of consumer choice*. 1995. Disponível em: http://www.jstor.org/stable/184160. Acesso em: 13 mar. 2023.

MILLER, J.; KROSNICK, J. *The impact of candidate name order on election outcomes*. 1998. Disponível em: http://dx.doi.org/10.1086/297848. Acesso em: 13 mar. 2023.

MORWITZ, V.; GREENLEAF, E.; JOHNSON, E. *Divide and prosper*: consumers' reactions to partitioned prices. 1998. Disponível em: https://doi.org/10.2307/3152164. Acesso em: 13 mar. 2023.

MOSKOWITZ, C. *Hypermiling*: driving tricks stretch miles per gallon. 2008. Disponível em: https://www.livescience.com/5031-hypermiling-driving-tricks-stretch-miles-gallon.html. Acesso em: 13 mar. 2023.

MRKVA, K.; POSNER, N.; REECK, C.; JOHNSON, E. *Do nudges reduce disparities?* Choice Architecture compensates for low consumer knowledge. 2021. Disponível em: http://dx.doi.org/10.1177/0022242921993186. Acesso em: 13 mar. 2023.

MULDOON, D.; KOPCKE, R. *Are people claiming Social Security benefits later?* 2008. Disponível em: https://crr.bc.edu/briefs/are-people-claiming-social-security-benefits-later. Acesso em: 13 mar. 2023.

MULLAINATHAN, S.; NOETH, M.; SCHOAR, A. *The market for financial advice*: an audit study. 2012. Disponível em: https://www.nber.org/system/files/working_papers/w17929/w17929.pdf. Acesso em: 13 mar. 2023.

MUSICUS, A.; MORAN, A.; LAWMAN, H.; ROBERTO, C. *Online randomized controlled trials of restaurant sodium warning labels*. 2019. Disponível em: https://doi.org/10.1016/j.amepre.2019.06.024. Acesso em: 13 mar. 2023.

NATHANSON, L.; CORCORAN, S.; BAKER-SMITH, C. *High school choice in New York City*: a report on the school choices and placements of low-achieving students. 2013. Disponível em: https://files.eric.ed.gov/fulltext/ED541824.pdf. Acesso em: 13 mar. 2023.

NATIONAL TRANSPORTATION SAFETY BOARD. *Loss of thrust in both engines after encountering a flock of birds and subsequent ditching on the Hudson River, US Airways Flight*

1549 Airbus A 320-214, N106US, Weehawken, New Jersey, January 15, 2009. 2010. Disponível em: http://i2.cdn.turner.com/cnn/2016/images/09/07/flight.1548.ntsb.. pdf. Acesso em: 13 mar. 2023.

NETFLIX. *Netflix quick guide*: how does Netflix decide what's on Netflix. 2013. Disponível em: https://youtu.be/VvpoUh9gx58. Acesso em: 13 mar. 2023.

NGUYEN, T.; ROBINSON, J.; KANEKO, S.; CHINH, N. *Examining ordering effects in discrete choice experiments*: a case study in Vietnam. 2015. Disponível em: https://doi.org/10.1016/j.eap.2015.01.003. Acesso em: 13 mar. 2023.

NICHOLS, S.; KNOBE, J. *Moral responsibility and determinism*: the cognitive science of folk intuitions. 2007. Disponível em: http://dx.doi.org/10.1111/j.1468-0068.2007.00666.x. Acesso em: 13 mar. 2023.

NICHOLS, S. *Experimental philosophy and the problem of free will*. 2011. Disponível em: http://dx.doi.org/10.1126/science.1192931. Acesso em: 13 mar. 2023.

NOVEMSKY, N. *Preference fluency in choice*. 2007. Disponível em: http://dx.doi.org/10.1509/jmkr.44.3.347. Acesso em: 13 mar. 2023.

OBAR, J.; OELDORF-HIRSCH, A. *The biggest lie on the internet*: ignoring the Privacy Policies and Terms of Service Policies of social networking services. 2016. Disponível em: http://dx.doi.org/10.2139/ssrn.2757465. Acesso em: 13 mar. 2023.

OPPENHEIMER, D. *The secret life of fluency*. 2008. Disponível em: https://doi.org/10.1016/j.tics.2008.02.014. Acesso em: 13 mar. 2023.

O'DONOVAN, C. *An invisible rating system at your favorite chain restaurant is costing your server*. 2018. Disponível em: https://www.buzzfeednews.com/article/carolineodonovan/ziosk-presto-tabletop-tablet-restaurant-rating-servers#.ygDPa9EW2. Acesso em: 13 mar. 2023.

O'MALLEY, J.; FRANK, R.; KADDIS, A.; ROTHENBERG, B.; MCNEIL, B. *Impact of alternative interventions on changes in generic dispensing rates*. 2006. Disponível em: http://dx.doi.org/10.1111/j.1475-6773.2006.00579.x. Acesso em: 13 mar. 2023.

PAILHÈS, A.; KUHN, G. *Influencing choices with conversational primes*: how a magic trick unconsciously influences card choices. 2020. Disponível em: http://dx.doi.org/10.1073/pnas.2000682117. Acesso em: 13 mar. 2023.

PAILHÈS, A. *Mental priming force*. 2020. Disponível em: osf.io/2z6rw. Acesso em: 13 mar. 2023.

PANITZ, B. *Does your menu attract or repel diners?* 2000. Disponível em: https://docplayer.net/39320682-Reading-between-the-lines-the-psychology-of-menu-design.html. Acesso em: 13 mar. 2023.

PARTNERS ADVANTAGE. *Getting your prospect to think about longevity, and longevity calculators.* 2018. Disponível em: https://blog.partnersadvantage.com/getting-your-prospect-to-think-about-longevity-and-longevity-calculators. Acesso em: 13 mar. 2023.

PAYNE, J.; BETTMAN, J.; JOHNSON, E. *The adaptive decision maker.* Cambridge: Cambridge University Press, 1993.

PAYNE, J.; SAGARA, N.; SHU, S.; APPELT, K.; JOHNSON, E. *Life expectancy as a constructed belief:* evidence of a live-to or die-by framing effect. 2012. Disponível em: https://psycnet.apa.org/doi/10.1007/s11166-012-9158-0. Acesso em: 13 mar. 2023.

PERENSON, M. *The 300-page iPhone bill to disappear.* 2007. Disponível em: http://web.archive.org/web/20070903205536/http://www.networkworld.com/news/2007/082307-the-300-page-iphone-bill-to.html. Acesso em: 13 mar. 2023.

PETERS, E.; VÄSTFJÄLL, D.; SLOVIC, P.; MERTZ, C.; MAZZOCCO, K.; DICKERT, S. *Numeracy and decision making.* 2006. Disponível em: https://doi.org/10.1111/j.1467-9280.2006.01720.x. Acesso em: 13 mar. 2023.

PETERS, E. *Innumeracy in the wild*: misunderstanding and misusing numbers. Oxford: Oxford University Press, 2020.

PETERS, J. *Zoom adds new security and privacy measures to prevent Zoombombing.* 2020. Disponível em: https://www.theverge.com/2020/4/3/21207643/zoom-security-privacy-zoombombing-passwords-waiting-rooms-default. Acesso em: 13 mar. 2023.

PICHERT, D.; KATSIKOPOULOS, K. *Green defaults*: information presentation and pro-environmental behaviour. 2008. Disponível em: http://dx.doi.org/10.1016/j.jenvp.2007.09.004. Acesso em: 13 mar. 2023.

PICWELL. *About Picwell.* 2020. Disponível em: https://www.picwell.com/about. Acesso em: 13 mar. 2023.

POPE, D.; SIMONSOHN, U. *Round numbers as goals.* 2011. Disponível em: https://doi.org/10.1177/0956797610391098. Acesso em: 13 mar. 2023.

POPPER, N.; DE LA MERCED, M. *Robinhood pays $65 million fine to settle charges of misleading customers.* 2020. Disponível em: https://www.nytimes.com/2020/12/17/business/robinhood-sec-charges.html. Acesso em: 13 mar. 2023.

POPPER, N. *Robinhood has lured young traders, sometimes with devastating results*. 2020. Disponível em: https://www.nytimes.com/2020/07/08/technology/robin hood-risky-trading.html. Acesso em: 13 mar. 2023.

POSNER, M.; SNYDER, C. Attention and Cognitive Control. In: BALOTA, D.; MARSH, E. *Cognitive psychology*: key readings. London: Psychology Press, 2004.

PROVINCE OF NOVA SCOTIA. *Changes to organ and tissue donation*. Disponível em: https://novascotia.ca/organ-and-tissue-donation-changes. Acesso em: 13 mar. 2023.

RAGHUBIR, P.; VALENZUELA, A. *Center-of-inattention*: position biases in decision-making. 2006. Disponível em: http://dx.doi.org/10.1016/j.obhdp.2005.06.001. Acesso em: 13 mar. 2023.

READ, D.; FREDERICK, S.; SCHOLTEN, M. *DRIFT*: an analysis of outcome framing in intertemporal choice. 2012. Disponível em: http://dx.doi.org/10.1037/a0029177. Acesso em: 13 mar. 2023.

READ, D.; LOEWENSTEIN, G.; RABIN, M. *Choice bracketing*. 1999. Disponível em: https://www.jstor.org/stable/41760959. Acesso em: 13 mar. 2023.

REBER, R.; WURTZ, P.; ZIMMERMANN, T. *Exploring "fringe" consciousness*: the subjective experience of perceptual fluency and its objective bases. 2004. Disponível em: https://doi.org/10.1016/S1053-8100(03)00049-7. Acesso em: 13 mar. 2023.

REISCH, L.; SUNSTEIN, C. *Do Europeans like nudges?* 2016. Disponível em: https://papers.ssrn.com/sol3/papers.cfm?abstract_id=2739118. Acesso em: 13 mar. 2023.

REYES, M.; GARMENDIA, M.; OLIVARES, S.; AQUEVEQUE, C.; ZACARÍAS, I.; CORVALÁN, C. *Development of the Chilean front-of-package food warning label*. 2019. Disponível em: https://doi.org/10.1186/s12889-019-7118-1. Acesso em: 13 mar. 2023.

REYNOLDS, D.; MERRITT, E.; PINCKNEY, S. *Understanding menu psychology*: an empirical investigation of menu design and consumer response. 2005. Disponível em: https://doi.org/10.1300/J149v06n01_01. Acesso em: 13 mar. 2023.

RISEN, J.; CRITCHER, C. *Visceral fit*: while in a visceral state, associated states of the world seem more likely. 2011. Disponível em: https://doi.org/10.1037/a0022460. Acesso em: 13 mar. 2023.

RITHALIA, A.; MCDAID, C.; RODGERS, S.; MYERS, L.; SOWDEN, A. *Impact of presumed consent for organ donation on donation rates*: a systematic review. 2009. Disponível em: http://dx.doi.org/10.1136/bmj.a3162. Acesso em: 13 mar. 2023.

ROBBINS, L. *Lost in the school choice maze*. 2019. Disponível em: https://www.nytimes.com/2011/05/08/nyregion/in-applying-for-high-school-some-8th-graders-find-a-maze.html. Acesso em: 13 mar. 2023.

ROBINSON, C.; PONS, G.; DUCKWORTH, A.; ROGERS, T. *Some middle school students want behavior commitment devices (but take-up does not affect their behavior)*. 2018. Disponível em: https://doi.org/10.3389/fpsyg.2018.00206. Acesso em: 13 mar. 2023.

ROGERS, S. *How a publicity blitz caused the myth of subliminal advertising*. 1992. Disponível em: http://www.repiev.ru/doc/subliminal.pdf. Acesso em: 13 mar. 2023.

ROSENBLATT, S. *Ad tracking "Blocker" comes to iOS 6*. 2012. Disponível em: https://www.cnet.com/news/ad-tracking-blocker-comes-to-ios-6. Acesso em: 13 mar. 2023.

ROSENFELD, M.; THOMAS, R.; HAUSEN, S. *Disintermediating your friends*: how online dating in the United States displaces other ways of meeting. 2019. Disponível em: https://www.pnas.org/doi/full/10.1073/pnas.1908630116. Acesso em: 13 mar. 2023.

ROZIN, P.; SCOTT, S.; DINGLEY, M.; URBANEK, J. *Nudge to nobesity I*: minor changes in accessibility decrease food intake. 2011. Disponível em: https://psycnet.apa.org/doi/10.1017/S1930297500001935. Acesso em: 13 mar. 2023.

RUGINSKI, I.; BOONE, A.; LIU, L.; HEYDARI, N.; KRAMER, H.; HEGARTY, M. *et al. Non-expert interpretations of hurricane forecast uncertainty visualizations*. 2016. Disponível em: http://dx.doi.org/10.1080/13875868.2015.1137577. Acesso em: 13 mar. 2023.

RUSSO, J.; CARLSON, K.; MELOY, M. *Choosing an inferior alternative*. 2006. Disponível em: http://dx.doi.org/10.1111/j.1467-9280.2006.01800.x. Acesso em: 13 mar. 2023.

SADDLER, R. *The day I introduced Barack Obama*. 2013. Disponível em: https://www.wnyc.org/story/day-i-introduced-barack-obama. Acesso em: 13 mar. 2023.

SALSA, R. *Subliminal advertising doesn't exist*. 2020. Disponível em: https://medium.com/better-marketing/subliminal-advertising-doesnt-exist-d67c0249d646. Acesso em: 13 mar. 2023.

SAMUELSON, W.; ZECKHAUSER, R. *Status quo bias in decision making*. 1988. Disponível em: http://dx.doi.org/10.1007/BF00055564. Acesso em: 13 mar. 2023.

SANTISTEVAN, J.; SHARP, B.; HAMEDANI, A.; FRUHAN, S.; LEE, A.; PATTERSON, B. *By default*: the effect of prepopulated prescription quantities on opioid prescribing in the Emergency Department. 2018. Disponível em: http://dx.doi.org/10.5811/westjem.2017.10.33798. Acesso em: 13 mar. 2023.

SAUNDERS, J. *Court refuses to reconsider ballot order ruling*. 2020. Disponível em: https://cbs12.com/news/local/court-refuses-to-reconsider-ballot-order-ruling. Acesso em: 13 mar. 2023.

SCHEIBEHENNE, B.; GREIFENEDER, R.; TODD, P. *Can there ever be too many options*? A meta-analytic review of choice overload. 2010. Disponível em: http://dx.doi.org/10.1086/651235. Acesso em: 13 mar. 2023.

SCHEIBEHENNE, B.; GREIFENEDER, R.; TODD, P. *What moderates the too-much-choice effect?* 2009. Disponível em: http://www.scheibehenne.de/ScheibehenneGreifenederTodd2009.pdf. Acesso em: 13 mar. 2023.

SCHWARTZ, B. *The paradox of choice*: why more is less. Nova York: Harper Collins, 2004.

SHABAN, H. *Uber will ban passengers with low ratings*. 2019. Disponível em: https://www.washingtonpost.com/technology/2019/05/29/uber-will-ban-passengers-with-low-ratings. Acesso em: 13 mar. 2023.

SHARPE, W.; GOLDSTEIN, D.; BLYTHE, P. *The distribution builder*: a tool for inferring investor preferences. 2000. Disponível em: http://web.stanford.edu/~wfsharpe/art/qpaper/qpaper.pdf. Acesso em: 13 mar. 2023.

SHEALY, T.; KLOTZ, L.; WEBER, E.; JOHNSON, E.; BELL, R. *Using framing effects to inform more sustainable infrastructure design decisions*. 2016. Disponível em: http://dx.doi.org/10.1061/(ASCE)CO.1943-7862.0001152. Acesso em: 13 mar. 2023.

SHEPHERD, L.; O'CARROLL, R.; FERGUSON, E. *An international comparison of deceased and living organ donation/transplant rates in opt-in and opt-out systems*: a panel study. 2014. Disponível em: http://dx.doi.org/10.1186/s12916-014-0131-4. Acesso em: 13 mar. 2023.

SHI, S.; WEDEL, M.; PIETERS, F. *Information acquisition during online decision making*: a model-based exploration using eye-tracking data. Disponível em: http://dx.doi.org/10.1287/mnsc.1120.1625. Acesso em: 13 mar. 2023.

SHRANK, W.; HOANG, Y.; ETTNER, S.; GLASSMAN, P.; NAIR, K.; DELAPP, D. *et al. The implications of choice*: prescribing generic or preferred pharmaceuticals improves medication adherence for chronic conditions. 2006. Disponível em: http://dx.doi.org/10.1001/archinte.166.3.332. Acesso em: 13 mar. 2023.

SIMON, D.; HOLYOAK, K. *Structural dynamics of cognition*: from consistency theories to constraint satisfaction. 2002. Disponível em: http://dx.doi.org/10.2139/ssrn.318722. Acesso em: 13 mar. 2023.

SIMON, D.; KRAWCZYK, D.; HOLYOAK, K. *Construction of preferences by constraint satisfaction*. 2004. Disponível em: https://doi.org/10.1111/j.0956-7976.2004.00678.x. Acesso em: 13 mar. 2023.

SIMON, D.; PHAM, L.; LEE, Q.; HOLYOAK, K. *The emergence of coherence over the course of decision making*. 2001. Disponível em: https://doi.org/10.1037/0278-7393.27.5.1250. Acesso em: 13 mar. 2023.

SMALL WORLD OF WORDS. Disponível em: https://smallworldofwords.org/en/project. Acesso em: 13 mar. 2023.

SMITH, C.; GOLDSTEIN, D.; JOHNSON, E. *Choice without awareness*: ethical and policy implications of defaults. 2013. Disponível em: https://doi.org/10.1509/jppm.10.114. Acesso em: 13 mar. 2023.

SOCIAL SECURITY ADMINISTRATION. *How the Retirement Estimator works*. Disponível em: https://www.ssa.gov/benefits/retirement/estimator.html. Acesso em: 13 mar. 2023.

SOCIAL SECURITY ADMINISTRATION. *Social Security in retirement*. Disponível em: https://www.ssa.gov/benefits/retirement/learn.html. Acesso em: 13 mar. 2023.

SOLL, J.; KEENEY, R.; LARRICK, R. *Consumer misunderstanding of credit card use, payments, and debt*: causes and solutions. 2013. Disponível em: http://dx.doi.org/10.1509/jppm.11.061. Acesso em: 13 mar. 2023.

SONG, C. *Financial illiteracy and pension contributions*: a field experiment on compound interest in China. 2020. Disponível em: https://doi.org/10.1093/rfs/hhz074. Acesso em: 13 mar. 2023.

SONG, J.; MANCHESTER, J. *Have people delayed claiming retirement benefits?* Responses to changes in social security rules. 2007. Disponível em: https://pubmed.ncbi.nlm.nih.gov/18457082. Acesso em: 13 mar. 2023.

STANGO, V.; ZINMAN, J. *Exponential growth bias and household finance*. 2009. Disponível em: https://doi.org/10.1111/j.1540-6261.2009.01518.x. Acesso em: 13 mar. 2023.

STEFFEL, M.; WILLIAMS, E.; TANNENBAUM, D. *Does changing defaults save lives?* Effects of presumed consent organ donation policies. 2019. Disponível em: https://doi.org/10.1353/bsp.2019.0005. Acesso em: 13 mar. 2023.

SUNSTEIN, C.; REISCH, L.; RAUBER, J. *A world-wide consensus on nudging?* Not quite, but almost. 2018. Disponível em: https://doi.org/10.1111/rego.12161. Acesso em: 13 mar. 2023.

SUNSTEIN, C.; REISCH, L. *Automatically green*: behavioural economics and environmental protection. 2014. Disponível em: http://dx.doi.org/10.2139/ssrn.2245657. Acesso em: 13 mar. 2023.

SUNSTEIN, C.; REISCH, L. *Green by default*. 2013. Disponível em: https://doi.org/10.1111/kykl.12028. Acesso em: 13 mar. 2023.

TAILLIE, L.; REYES, M.; COLCHERO, M.; POPKIN, B.; CORVALÁN, C. *An evaluation of Chile's law of food labeling and advertising on sugar-sweetened beverage purchases from 2015 to 2017*: a before-and-after study. 2020. Disponível em: https://doi.org/10.1371/journal.pmed.1003015. Acesso em: 13 mar. 2023.

THALER, R.; JOHNSON, E. *Gambling with the house money and trying to break even*: the effects of prior outcomes on risky choice. 1990. Disponível em: http://dx.doi.org/10.1287/mnsc.36.6.643. Acesso em: 13 mar. 2023.

THALER, R.; SUNSTEIN, C. *Nudge*: como tomar melhores decisões sobre saúde, dinheiro e felicidade. Rio de Janeiro: Objetiva, 2019.

THE ECONOMIST. *Forecasting the US elections*. 2020. Disponível em: https://projects.economist.com/us-2020-forecast/president. Acesso em: 13 mar. 2023.

THE ECONOMIST. *The tyranny of choice*: you choose. 2010. Disponível em: https://economist.com/christmas-specials/2010/12/16/you-choose. Acesso em: 13 mar. 2023.

THE MPG ILLUSION. *Quiz and video*. Disponível em: http://www.mpgillusion.com/p/quiz-and-bideo.html. Acesso em: 13 mar. 2023.

THE WHITE HOUSE. *President Trump's Energy Independence Policy*. 2017. Disponível em: https://trumpwhitehouse.archives.gov/briefings-statements/president-trumps-energy-independence-policy. Acesso em: 13 mar. 2023.

U.S. DEPARTMENT OF ENERGY. *Gas mileage of 2008 Honda Civic*. Disponível em: https://www.fueleconomy.gov/feg/bymodel/2008_Honda_Civic.shtml. Acesso em: 13 mar. 2023.

U.S. DEPARTMENT OF HEALTH AND HUMAN SERVICES. *Checklist for prescribing opioids for chronic pain*. 2016. Disponível em: https://www.cdc.gov/drugoverdose/pdf/pdo_checklist-a.pdf. Acesso em: 13 mar. 2023.

U.S. DEPARTMENT OF JUSTICE. *United States of America v. Practice Fusion, Inc., no. 2:20-cr-00011 (United States District Court for the District of Vermont)*. 2020. Disponível em: https://www.justice.gov/usao-vt/press-release/file/1488141/download. Acesso em: 13 mar. 2023.

UK PARLIAMENT. *Bomb damage*. Disponível em: https://www.parliament.uk/about/living-heritage/building/palace/architecture/palacestructure/bomb-damage. Acesso em: 13 mar. 2023.

UK PARLIAMENT. *Churchill and Commons Chamber*. Disponível em: https://www.parliament.uk/about/living-heritage/building/palace/architecture/palacestructure/churchill. Acesso em: 13 mar. 2023.

UK PARLIAMENT. *House of Commons rebuilding*. 1943. Disponível em: https://api.parliament.uk/historic-hansard/commons/1943/oct/28/house-of-commons-rebuilding. Acesso em: 13 mar. 2023.

UNDORF, M.; ZIMDAHL, M. *Metamemory and memory for a wide range of font sizes*: what is the contribution of perceptual fluency? 2019. Disponível em: http://dx.doi.org/10.1037/xlm0000571. Acesso em: 13 mar. 2023.

UNGEMACH, C.; CAMILLERI, A.; JOHNSON, E.; LARRICK, R.; WEBER, E. *Translated attributes*: aligning consumers' choices and goals through signposts. 2014. Disponível em: https://doi.org/10.1287/mnsc.2016.2703. Acesso em: 13 mar. 2023.

URSU, R. *The power of rankings*: quantifying the effect of rankings on online consumer search and purchase decisions. 2018. Disponível em: https://doi.org/10.1287/mksc.2017.1072. Acesso em: 13 mar. 2023.

VALENTINO-DEVRIES, J. *How e-commerce sites manipulate you into buying things you may not want*. 2019. Disponível em: https://www.nytimes.com/2019/06/24/technology/e-commerce-dark-patterns-psychology.html. Acesso em: 13 mar. 2023.

WAKABAYASHI, D.; NICAS, J. *Apple, Google, and a deal that controls the internet*. 2020. Disponível em: https://www.nytimes.com/2020/10/25/technology/apple-google-search-antitrust.html. Acesso em: 13 mar. 2023.

WALL, D.; CROOKES, R.; JOHNSON, E.; WEBER, E. *Risky choice frames shift the structure and emotional valence of internal arguments*: a query theory account of the unusual disease problem. 2020. Disponível em: http://journal.sjdm.org/20/200604a/jdm200604a.pdf. Acesso em: 13 mar. 2023.

WANSINK, B.; LOVE, K. *Slim by design*: menu strategies for promoting high-margin, healthy foods. 2014. Disponível em: https://doi.org/10.1016/j.ijhm.2014.06.006. Acesso em: 13 mar. 2023.

WATERS, M. *Meet the "menu engineers" helping restaurants retool during the pandemic*. 2020. Disponível em: https://thehustle.co/meet-the-menu-engineers-helping-restaurants-retool-during-the-pandemic. Acesso em: 13 mar. 2023.

WEBER, E.; JOHNSON, E.; MILCH, K.; CHANG, H.; BRODSCHOLL, J.; GOLDSTEIN, D. *Asymmetric discounting in intertemporal choice*. 2007. Disponível em: http://dx.doi.org/10.1111/j.1467-9280.2007.01932.x. Acesso em: 13 mar. 2023.

WICHTER, Z.; MAIDENBERG, M. *More jobs will be cleared for takeoff*. Aspiring pilots are ready. 2018. Disponível em: https://www.nytimes.com/2018/05/27/business/airlines-jobs-aspiring-pilots.html. Acesso em: 13 mar. 2023.

WIKIPEDIA. *300-page iPhone bill*. 2020. Disponível em: https://en.wikipedia.org/wiki/300-page_iPhone_bill. Acesso em: 13 mar. 2023.

WODTKE, C. *Sully speaks out*. 2016. Disponível em: https://www.historynet.com/sully-speaks-out.htm. Acesso em: 13 mar. 2023.

WURTZ, P.; REBER, R.; ZIMMERMANN, T. *The feeling of fluent perception*: a single experience from multiple asynchronous sources. 2008. Disponível em: https://doi.org/10.1016/j.concog.2007.07.001. Acesso em: 13 mar. 2023.

YADAV, K.; GABLER, N.; COONEY, E.; KENT, S.; KIM, J.; HERBST, N. *et al. Approximately one in three US adults completes any type of advance directive for end-of-life care*. 2017. Disponível em: https://doi.org/10.1377/hlthaff.2017.0175. Acesso em: 13 mar. 2023.

YANG, S. *Eye movements on restaurant menus*: a revisitation on gaze motion and consumer scanpaths. 2012. Disponível em: https://doi.org/10.1016/j.ijhm.2011.12.008. Acesso em: 13 mar. 2023.

ZAVAL, L.; KEENAN, E.; JOHNSON, E.; WEBER, E. *How warm days increase belief in global warming*. 2014. Disponível em: http://dx.doi.org/10.1038/nclimate2093. Acesso em: 13 mar. 2023.

ZAZULIA, N. *Early college high school a strong path for IBM's Radcliffe Saddler*. 2016. Disponível em: https://www.usnews.com/news/stem-solutions/articles/2016-05-06/early-college-high-school-a-strong-path-for-ibms-radcliffe-saddler. Acesso em: 13 mar. 2023.

ZINK, S.; WERTLIEB, S. *A study of the presumptive approach to consent for organ donation*: a new solution to an old problem. 2006. Disponível em: https://doi.org/10.4037/ccn2006.26.2.129. Acesso em: 13 mar. 2023.

ZLATEV, J.; DANIELS, D.; KIM, H.; NEALE, M. *Default neglect in attempts at social influence.* 2017. Disponível em: http://dx.doi.org/10.1073/pnas.1712757114. Acesso em: 13 mar. 2023.

ZWANK, M.; KENNEDY, S.; STUCK, L.; GORDON, B. *Removing default dispense quantity from opioid prescriptions in the electronic medical record.* 2017. Disponível em: https://doi.org/10.1016/j.ajem.2017.04.002. Acesso em: 13 mar. 2023.

ZÚÑIGA-FAJURI, A. *Increasing organ donation by presumed consent and allocation priority*: Chile. 2015. Disponível em: https://doi.org/10.2471/blt.14.139535. Acesso em: 13 mar. 2023.

Índice remissivo

ABBA, 184
Abdulkadiroğlu, Atila, 147
acessibilidade, 51-52, 56-62, 68, 278, 280
    Derren Brown, demonstração de, 49-51
    Irwin Levin, experimento de, 52-55
    Ken Jennings e *Jeopardy!*, 67
ações fracionárias, 258
Acorn, 257
Agência de Projetos de Pesquisa Avançada de Defesa (DARPA), 38
    Agência de Proteção Ambiental (EPA, na sigla em inglês), 201
        etiqueta de consumo de combustível, 211, 212, 213
Agência de Proteção das Finanças dos Consumidores, 5, 219
Agência Nacional de Pesquisas Econômicas (NBER), 177-179
Agência Reguladora do Mercado Financeiro (FINRA), 262
Airbus A320, 22, 24, 30, 39, 91
Alemanha e doação de órgãos, 100, 101
"álgebra moral", 66
Allegra, 8-9
Alter, Adam, 39
Amazon, 26, 137, 241-242
    vales-presente, 31-32, 34, 36, 37
America First Energy Plan, 237

anuidades fixas, 71, 364*n*
anúncios, rastreamento de, 15
aposentadoria, 1, 2, 35, 117-118, 121
    benefícios de Previdência Social, 79-87
    expectativa de vida e decisões financeiras, 68-72
    fundos de data-alvo, 139, 250
apostas, 89-90, 260-261
Apple, 259-260, 261. *Ver também* iPhone
    aplicativo Covid-19, 78
    privacidade e, 15-17, 358*n*
Apple Music, 250
"apocalipse de neve", 59
apresentações sequenciais, 173, 183-184, 187
apresentações simultâneas, 183-184, 187
aquecimento global, 59-60
aquecimento local, 60-61
Ariely, Dan, 192-193
Arono, plano de dieta para perda de peso da, 56-57
arquitetos da escolha (*designers*)
    como escritores de mentes, 51
    conversas entre escolhedores e, 76-79
    se aprimorando, 393-396
    transparência, 280-281
    uso do termo, 2
arquitetura comparada com arquitetura da escolha, 6-7
arquitetura da escolha
    comparação com arquitetura, 6-7
    negligência, 281-286
    panorama de, 1-6
    uso do termo, 10-11
arquitetura da escolha maliciosa, 17, 286-290
    configurações de privacidade da Verizon, 287-288

    expectativa de vida e decisões financeiras, 68-72
    padrões obscuros, 17, 115-117, 243, 287
    rastreamento de anúncios da Apple, 15-16
    sludge, 17, 243
arquitetura da escolha ruim. *Ver* arquitetura da escolha maliciosa
"truques estúpidos", 4
assimetrias, 287
assinaturas de jornal, 286-287
associações de palavras, 54, 214
AT&T, 112-114
Atlantic, The, 189
atributos, 209-210
    conversão em objetivos, 210-217
    estabelecimento de métricas, 217-218
    experimento com hambúrgueres, 52-55, 67-68
    por ordem, 191-193
atualidade, 172-173, 184-187, 197-198, 377*n*
autocontrole, 31
aversão à perda, 382*n*

bancos
    cartões de crédito, 222
    cartões pré-pagos, 5, 115
    cheque especial, 5
    taxas de juros, 87, 219-222
Bank of America, 222
Bannister, Roger, 224
Bar-Hillel, Maya, 197
Baruch College Campus High School, 150
Becker, Gary, 106
Bell, Ruth Greenspan, 225
Benefícios da Previdência Social, 79-80, 282-283, 364-356*n*

Simulador de aposentadoria, 86
Benjamin Franklin, lista de prós e contras de, 65-67
Bhargava, Saurabh, 157
Bhatt, Baiju, 257
Biden, Joe, 157
Böckenholt, Ulf, 163, 165
bombardeios de Zoom, 141
Brennan Center for Justice, 142
Brewster, Bill, 263
Brignull, Harry, 15, 17
Brown, Derren, 49-51, 276-278, 280, 390*n*
Bruch, Elizabeth E., 45-46
Bruine de Bruin, Wändi, 184-185
Bush, George W., 167-170
Bush, John Ellis "Jeb," 167-168
Busse, Meghan, 61

Câmara dos Comuns britânica, 6-7, 94, 356*n*
Camilleri, Adrian, 213
caminho(s)/caminhar, 27, 110, 111, 188
caminhos plausíveis, 26-48, 240, 291
    busca pela fluência, 37-40
    comparação de caminhos, 31-32, 33
    integração de caminhos, 31-35, 33
    médicos e genéricos, 10
    Netflix, 244-245
    para a paciência, 30-37
    plano de saúde, 163-164
    resultado maior – mais demorado 31, 32, 34
    resultado menor-mais rápido, 31, 32, 34, 35
    saída do aeroporto de Copenhague, 27-29, 28
    sites de namoro, 40-47

Sullenberger e voo 1549, 19-22
   uso do termo, 20, 26-27
   vales-presente da Amazon, 31, 35-36, 37
   ver com clareza, 47-48
Camry Hybrid, 204
"Canção de Mim Mesmo" (Whitman), 56
capacidade cúbica em litros, 214
cardápio
   calorias em, 216-217
   projeto de, 173-175, 193-199, 379n, 380n
   psicologia de, 194-198
   de sorvetes, 172-173
Cardona, Rani, 201-203
Carlson, Kurt, 174-175
carteiras de habilitação e doação de órgãos, 99, 106-108
cartões de crédito, 5, 222
cartões pré-pagos, 5, 115
cavalos, 232
cédulas borboleta, 167-170
Centros de Controle e Prevenção de Doenças (CDC), 79, 289
Charles Schwab Corporation, 256
cheque especial, 5
Chernev, Alex, 163
Churchill, Winston, 6-7, 94
Cingapura e doação de órgãos, 103
classificação de atributos, 191-193
classificação de gases de efeito estufa, 213-214
classificações, 180-182
"clientes misteriosos," 93
Clinton, Hillary, 171, 265-266
Clooney, George, 43
Coffee Meets Bagel, 40, 42-44

Comissão de Táxis e Limosines da cidade de Nova York, 11
Comissão de Títulos e Câmbios (SEC), 262
Comissão Federal de Comunicações (FCC), 274
Comissão Federal do Comércio (FTC), 114-115
comparações de caminhos, 31-35, 33
compatibilistas, 275
composição de preferências. *Ver* preferências compostas
compras de alimentos, 137-138, 189-190
compras de automóveis
    clima e, 61
    conversa entre vendedor e comprador, 75
    estabelecimento de opção-padrão correta, 132-136, 248-249, 276
    Grande Fabricante Alemã de Automóveis (GFAA), 5, 14, 132-136, 248-249
    personalização e modelos de usuários, 247-250
compreensão, 242, 255-270
condição de escolha obrigatória, 102
configuradores, 132-133, 134-135
conjuntos de escolhas, 151-156
Conlin, Michael, 61
consentimento explícito, 103, 105
consentimento presumido, 103, 105, 114
consistência, 88-91
consultores financeiros, 93-94
Consumer Reports, 209
contagens de citações, 178
contas de eletricidade, 121-122, 382n
conversas, 75-82
    benefícios de Previdência Social, 79-83
    discutindo decisões, 94
coparticipação, 159-, 253

Copenhague, Aeroporto de, 27-28, 29, 38
cores de semáforos, 229, 233, 234, 235, 236
corretoras de desconto, 257
"correr atrás" de retornos, 93-94
corte de carga, 21, 24, 25, 39, 54
créditos de carbono, 215
crença popular, 275-276
crise financeira de 2007–2008, 260
Critical Care Nurse, 105
cuidados paliativos, 283-285
cuidados para a extensão da vida, 283
curvas-p, 372*n*

data-alvo, fundos de, 138-139, 250
Dayan, Eran, 197
decisão por distorção, 174
decisões de fim de vida, 283-285
democratas, 170, 215, 239
derivativos, 260
desatenção racional, 360*n*
descrição de opções, 201-240
    conversão de atributos em objetivos, 210-217
    economia de combustível, 01-209, 211-214
    facilitação de decisões difíceis, 239-240
    metas, 223-228
    Netflix, 245
desembolsos diretos, 158-160
design de mercado, 147-148
design de prateleiras de varejo, 189-190
design de sites 5, 12-14
    compras de automóveis, 132-136
    fundos, 58

plano de saúde, 12-14, 157-164, 254-255
desigualdade, 294
Deutsche Bahn, 120
Dinamarca e doação de órgãos, 100
Dinner, Isaac, 124
Dion, Celine, 184
DirectTV, 114, 118
diretrizes antecipadas, 283-285
doadores de rins, 98, 367*n*
Doerfler, William, 379*n*
dominância, 88
dotação, 111, 121-127, 142
doutores. *Ver* médicos
Duncan, Shannon, 128, 165

E-Trade, 256, 264
Ebeling, Felix, 122, 129-130, 131
Ebert, Roger, 229
economia comportamental, 3, 11-12, 89, 126
economia de combustível e economia, 191, 201-209, 210-214
efeito do salto, 46
efeito dotação, 126-127, 292
eleições
    de 2000, 167-170
    de 2016, 171, 265-267
    de 2020, 176
    ordem nas cédulas, 167-168
    previsão, 265-266
    registro automático de eleitores, 142-143
eleições presidenciais. *Ver* eleições
eletricidade, geração de, 121-124
empréstimos de dia do pagamento, 115

endosso, 111, 118-121, 142
energia cinza, 122, 123-124
energia renovável. *Ver* energia verde
    replicabilidade, 12, 128
energia verde, 122-124, 130-131
Envision, 226-227
escala "polegares para cima, polegares para baixo", 218, 229, 246
escalas categóricas, 230-233
escalas de classificação, 217
escalas categóricas, 217, 227, 228, 232, 233, 245
escalas para métricas, 236-239
escolha de escolas, 145-151, 152-156, 163, 165-166, 191-192
escolha estimulada, 107
escolhas de filmes, 1, 182-184, 241
    Netflix, 243-247
Escolhedores
    controle por, 242, 252-255
    conversas entre designers e, 75-79
    livre arbítrio e, 274--275
    melhores interesses de, 16-17
    transparência com, 280-281
    uso do termo, 2
escritor de mentes, 51
espaço em prateleira, 190
Espanha e doação de órgãos, 104, 368*n*
Estados Unidos, estados, 65
estudo das decisões, 2-3, 89
etiquetas de eficiência energética, 229-231
etiquetas de nutrição. *Ver* rótulos de alimentos
Eurovisão, Festival de Canção da, 183-184, 188
exercício, 110
Exército da Salvação, 64

expectativa de vida, 68-72
    anuidades fixas, 71-72, 365n
    benefícios de Previdência Social, 80-87
Expedia, ordem das buscas, 179-182, 209
experimento com hambúrgueres, 52-55, 67
Ezarik, Justine, 111-114

facilidade, 111-118, 142
facilitadores, 45
fadiga de alerta, 9
Federal Reserve, 221, 257
Feenberg, Daniel, 178
Feinberg, Fred, 45
ferramentas da arquitetura da escolha, uso de, 4-5, 14
Feynman, Richard, 237
Fidelity Investments, 386n
filosofia empírica, 275
filtragem, 43-46, 150
    sites de namoro, 43-46, 150
    uso do termo, 43-46
    Zappos, 252
filtragem colaborativa, 250-251, 385n
filtragem por altura e sites de namoro, 40, 45, 46
filtros baseados em conteúdo, 251, 385n
Flórida e cédula eleitoral de 2000, 167-168, 169-170
fluência, 37-40, 55
    conta telefônica da AT&T, 113-114
    conversas sobre a Covid-19, 75-77
    efeitos sobre as decisões, 39, 360n
    escolha de escolas, 152-153, 155-156
    fontes, 38-39
    plano de saúde, 160
    serviços de assinatura, 286-287

    uso do termo, 37
fontes, 38-39
fontes, contraste de, 38
fontes, tamanho de, 39
força da sugestão mental, 278, 291
forçar, 276-278
formadores de mercado, 261, 262, 386*n*
França e doação de órgãos, 100, 104
Franklin, Benjamin, 65-66
franquias, 161, 255

gases de efeito estufa, 121, 203, 207, 211-214
generosidade, 279
Gerdes, Wayne, 203-207, 209
Goldstein, Dan, 5, 100, 103, 120, 124, 266-267, 388*n*
Goodman, Joseph, 163
Google Flights, 89, 191
Google Trends, 141
Google, receita de anunciantes, 16-17
Gore, Al, 167-170
gorjetas e táxis, 11, 115, 294
gráficos de floresta, 129, 371*n*
gráficos de funil, 372*n*
gráficos de resultados simulados, 267, 268
gráficos-espaguete, 268, 269, 270
Grande Fabricante de Automóveis Alemães (GFAA), 5, 14
    estabelecimento de opção-padrão certa, 132-136, 276
    personalização e modelos de usuários, 247-252
Grant, Darren, 169
Greifeneder, Rainer, 151

H&R Block, 64-67
Halpern, Scott, 283-285

Hardisty, David, 215
Häubl, Gerald, 127
Hearsay, 38
Heitmann, Mark, 134
Henckel, 188
Hermann, Andreas, 134
Hershey, Jack, 119
heterogeneidade, 84
heurística(s), 3, 359n
heurísticas da escolha, 3-4, 359n
hipotermia, 25
Hodgkin, doença de, 97
Honda Civic Hybrid, 201
Hospital Presbiteriano de Nova York, 97-98
Hoyle, Lindsay, 356n
Hybridfest MPG Challenge, 202
hypermiling (hypermilers), 201-205, 213, 240

idade de aposentadoria plena, 81, 365n
idade de equilíbrio, 282
"identificador de publicidade", 15
ilusão km/l, 205-207, 209
impacto médio, 152
impeditivos, 45-46
impostos de carbono, 215, 295
impostos, 215
incentivos, 294
    doação de órgãos e, 100, 103, 369n
incerteza, 264-271
incompatibilistas, 275
inconsistência, 89-91
incremento inteligente (I.I.), 252

índice *h*, 178
índices de Sharpe, 266-267
inferências, 266, 360*n*
inflação de notas, 229, 230-231
Inhofe, James, 59
inibição, 62-72, 123, 174
    expectativa de vida e decisões financeiras, 68-72
    Ken Jennings e *Jeopardy*!, 63-64, 67
    lista de prós e contras de Benjamin Franklin, 65-67
    uso do termo, 62
Instituto de Infraestrutura Sustentável, 226
integração de caminhos, 31-35
inteligência artificial (IA), 38, 250-251
investimento. *Ver também* aposentadoria
    consultores financeiros, 93
    fundos de data-alvo, 138-139, 250
    Robinhood, 256-264
Investment Writing Handbook, The (Kedem), 40
iPhone, 111
    anúncios, rastreamento de, 15-17
    faturamento e facilidade e opção-padrão, 112-114
Irã e doação de órgãos, 106
Israel e doação de órgãos, 107

Jachimowicz, Jon, 128
janelas *pop-ups*, 9, 242
Jeep Cherokee, 205
Jennings, Ken, 63-64, 67
Jeopardy! (programa de TV), 63, 67
jogo do ditador, 279
juros compostos, 87, 220-221
justiça social, 290

Kahneman, Daniel, 126
Kang, Arum, 42
Kearns, Alexander, 256-257, 263-264, 386*n*
Kedem, Assaf, 40-43, 92
Kienen, Anat, 127
Kipchoge, Eliud, 223
Klotz, Leidy, 225
Knetsch, Jack, 126
Krosnick, Jon, 168-168, 171
Kuhn, Gustav, 278
Kunreuther, Howard, 119

lâmpadas, 124-125, 232
lâmpadas fluorescentes compactas, 125, 232
LaGuardia, Aeroporto de, 19
Larrick, Rick, 204-209, 211-213
LEDs (diodos emissores de luz), 232
Lee, Kee Yeun, 45
LEED (Leadership in Energy and Environment Design), 226
Lei CAN-Spam de 2003, 117
Lei de Lauren, 369*n*
Lei de Proteção de Aposentadorias de 2006, 117
Lei de Proteção e Cuidado Acessível ao Paciente (Obamacare), 13, 157-160, 164, 357*n*
leis de usura, 221
Letterman, David, 4
Levin, Irwin, 52-55
Li, Ye, 60
Lichtenstein, Sarah, 90
links de cancelamento de assinatura, 117
listas de prós e contras, 65-67

livre arbítrio, 274-275
livros de recrutamento da liga de futebol estadunidense profissional, 209
    localização do produto, 189-190
    Loewenstein, George, 157
    Lotz, Sebastian, 122, 129, 130-131
    Lui, Kaiya, 124
    Lulu, 184
    lumens, 232
    Lyft, 294
    Lynch, John, 192-193

Mandel, Naomi, 58-59
maratonistas e tempos-meta, 223-225
Martin Van Buren High School, 148
Match.com, 41
Mathematica, 191-192
McCabe, Jenny, 247
mecanismos de escolha, 241-270
    compreensão, 242-243, 255-270
    controle pelo consumidor, 242, 252-253
    incerteza, 264-270
    Netflix, 242-247
    personalização e modelos de usuários, 242, 247-252
    uso do termo, 16, 241
medicamentos de marca, 8-10
medicamentos genéricos, 8-10, 288-290
médicos
    escolha de cuidados de fim de vida, 285
    doação de órgãos, 107
    medicamentos genéricos e prontuários de saúde eletrônicos, 8-10

Mellers, Barbara, 390*n*
Meloy, Margaret, 174
mentalistas, 50, 276
mercado de compatibilidades, 148-150
Meszaros, Jacqueline, 119
metanálise, 12, 128-131, 151
métricas, 149, 216-218
    de linha reta, 219-223
    em escala, 236-239
    metas, 223-228
    numéricas, 233, 237
    tornar significativas, 228-236
Microsoft
    Bing, 16
    mouse de computador, 210-211
Millennium High School, 153
modelos de usuário, 242, 247-252
mostrador de velocidade, 22, 23-24
mostradores de cabine de comando de aviões, 26, 39
mudança climática, 59-61, 294
Mullainathan, Sendhil, 93
Music Genome Project, 251

namoro on-line. *Ver* sites de namoro
National Public Radio, 287
navegação, 45
negligência, 133, 281-286
    e decisões de fim de vida, 283-285
negociação de *spread*, 261-262
Netflix, 242-247
nevasca norte-americana de 2010, 59

New York High School Directory, 149, 153
Nike Vaporfly, 223
Noeth, Markus, 93
notícias falsas, 294-295
Nova York, cidade de
    escolha de escolas, 145-146, 147-151, 152-153, 165-167
    rótulos de aviso de sal, 233-236, 235
    notas de restaurantes, 231
    táxis e gorjetas, 11, 115
Nudge (Thaler e Sunstein,10, 193, 364*n*
nudge, 364*n*
nudging, 85

O'Donoghue, Ted, 61
Obama, Barack, 166
Obamacare (Lei de Proteção), 13, 157-164, 254-255, 357*n*
objetivos da arquitetura, 75-95
    benefícios de Previdência, 79-87
    conversas, 75-79
    encontrar a caixa certa, 83-85
    traduzir atributos em metas, 223-228
OkCupid, 41
opções dominadas, 88-89, 156, 158
opções dominantes, 88-89
opções negativas, 114
opções sobre ações, 258-263
opções, descrição. *Ver* descrição de opções
opções, negociação de, 258-263
opções-padrão, 11, 12, 97-143
opções-padrão benignas, 136
opções-padrão inteligentes, 138-139, 140, 242, 249-250
opções-padrão inteligentes o suficiente, 249

opções-padrão massificadas, 136, 139-140, 249
opções-padrão persistentes, 137-138, 140
opções-padrão personalizadas, 136-140
opções-padrão sem ação. *Ver* opções-padrão
opções precisas, 75-77
OpenTable, 36
Oppenheimer, Danny, 39
ordem (ordenamento), 167-199
    atualidade, 172-174, 182-187
    busca na Expedia, 179-182
    cédulas eleitorais, 167-171
    em cardápios, 173-175, 193-199
    Netflix, 244-245
    por atributos, 191-193
    primazia, 172-179, 186, 188
    visuais, 187-190
ordem de classificação, 192, 252-253
ordem em cédulas eleitorais, 167-171
ordenação da primeira escolha, 174, 177-179
órgãos, doação de, 97-110, 142-143, 369*n*
    alternativas, 106-110
    condição de optar por não ser doador, 101-105, 106, 108, 109, 115
    condição de optar por ser doador, 101, 103, 104, 105, 108, 109
    em países diferentes, 99-100, 101, 102-103
    incentivos e, 106
    opções-padrão, 101-106, 109, 135-138
"overdose de neve", 59
OxyContin, 289-290

Packard, Vance, 274

padrões obscuros, 17, 115-117, 243, 287
Pailhès, Alice, 278
Países Baixos e doação de órgãos, 100, 103
Pandora, Music Genome Project, 251
papéis de parede, fundos de, 58-59
"paradoxo da escolha", 152
Parag, Pathak, 147
passagens aéreas, 214
Pathways to Technology School, 165
patinação artística, 173, 183, 185
percepção subliminar, 273
personalização e modelos de usuários, 152, 247-252
p-hacking, 372*n*
Picwell, Inc., 255
plano de saúde, 159-162, 163
planos de benefícios definidos, 81
polarização, 294-295
"política de esconde-esconde" (Wilson), 168
pontos de parada, 176
Pope, Devin, 61
Pope, Jaren, 61
Posner, Richard, 106
Poterba, James, 179
Practice Fusion, 288
prateleiras de supermercado, 189-190
precisão, 87-94, 152
    benefícios de Previdência Social, 82
    compradores de automóveis, 135-136
    conversas sobre a Covid-19, 77
    escolha de escolas, 153, 155, 156
    mercado de planos de saúde, 164-165
preços, 191

    assinaturas, 286-287
    caneca, 126
    cardápio, 197-198
    compradores de automóveis, 135
    quartos de hotel, 182
    plano de saúde, 13
    vinho, 192-193
preferências compostas, 55-56, 237
    acessibilidade, 56-57, 280
    como memórias, 72-73
    decisões de fim de vida, 283-286
    Derren Brown, demonstração de, 49-51
    doações de órgãos, 100, 105, 105-106
    efeito dotação, 126-127, 292
    escolha de escolas, 150-151
    Irwin Levin, experimento de, 62-72
    Ken Jennings e *Jeopardy!*, 63-64, 67
    lista de prós e contras de Benjamin Franklin, 65-67
    médicos e medicamentos genéricos, 10
    plano de dieta para perda de peso da Arono, 57
    uso do termo, 51
preferências heterogêneas, 137
prestidigitação, 50
previsões de investimento, 266-267
previsões políticas, 265-266
Priestley, Joseph, 65-66
primazia, 172-179, 186, 188, 198, 377*n*
privacidade
    Apple, 15-16, 358*n*
    Verizon, 287-288
problema de escolhas intertemporais, 34-35, 36
Proctor & Gamble, 188

prontuários de saúde eletrônicos, 8-10, 288-289
Purdue Pharma, 289

Qobuz, 6356
qualidade das conversas, e Twitter, 295
quilômetro por litro (km/l), 206, 207-209, 212-214, 236-237
    etiquetas de consumo de combustível, 212, 212-214

rastreamento ocular, 31, 32, 33, 47, 188, 196
reconhecimento de fala, 38
Reeck, Crystal, 31
registro automático de eleitores, 142-143
registro de eleitores, 142-143
regressão de variáveis instrumentais, 362n, 367n
regulamentações ambientais, 237-238
Reisch, Lucia, 122, 281
religião e doação de órgãos, 101, 102
republicanos, 123, 215, 238, 239, 281
"Reserve a Última Dança para Mim" (Bruine de Bruin), 185
restaurantes, escolhas de, 25, 36, 151, 175
restaurantes, cardápios de, 55, 173, 193-199, 216
restaurantes, notas de, 231
resultado maior e mais demorado, 31-32, 34
resultado menor e mais rápido, 31-32, 34
resultados de buscas, ordenamento de, 180
Roberts, H. Armstrong, 189
Robinhood, 256-264, 386n
Roth, Al, 147-148, 150
rótulo alimentar "híbrido", 233
rótulos de advertência, 234
rótulos de alimentos, 53-55, 190-191, 233-235
rótulos de aviso de sal, 233-235, 235

rótulos de economia de combustível, 211-214, 212
Russo, Jay, 174-175

Saddler, Claudette, 149
Saddler, Radcliffe, 145-146, 149, 150, 153, 165-166
Sanders, Bernie, 41
Scheibehenne, Benjamin, 151
Schoar, Antoinette, 93
Schwartz, Barry, 152
seguro de automóveis, 4, 118
sensibilidade ao preço, 191, 253
serviços de assinaturas, 114
Sharpe, William, 266-267, 388*n*
Shealy, Tripp, 225
Silva-Risso, Jorge, 61
Simulador de aposentadoria, 86-88
simuladores de voo, 22, 91
sinal de alerta, 236
SiriusXM, 251
Siskel, Gene, 229
Sistema 1, processos de, 291
Sistema de desconto subsidiado para carros, 208
sistemas de recomendação, 248
    Netflix, 243-247
sites de namoro, 45-47
    Coffee Meets Bagel, 40, 42, 43
    impeditivos e facilitadores, 45
    simuladores de decisão, 366*n*
    filtragem, 47, 150
Skiles, Jeff, 21, 24, 25
Slovic, Paul, 90
sludge, 17, 243

sobrecarga de escolha, 151-156
Soll, Jack, 204-209
Stango, Victor, 221
Starbucks, 137
Stash Financial, Inc., 257
subgrupo Robinhood no Reddit, 259
Sullenberger, Chesley "Sully," 20-25, 39, 91, 359*n*
    corte de carga, 21, 22, 24, 39, 54
Sunstein, Cass, 10, 85, 107, 109, 122, 281
sustentabilidade e objetivos, 225-228
Sydnor, Justin, 157

taxas de alocação, 189
taxas de juros, 87, 219-222, 359*n*
táxis e gorjetas, 11, 115, 294
clima, 58-61
    mudança climática e, 58-60
    vendas de automóveis e, 60-61
Tenev, Vlad, 257
teoria da consulta, 68-72, 123, 125, 174
    expectativa de vida e decisões financeiras, 68-72
    uso do termo, 68
teoria leiga, 275
Tesla, 214, 258, 259, 262
teste gratuito, 17, 57
testes A/B, 59, 180, 246, 286
    Arono, 56-57
Tetlock, Phil, 390*n*
Thaler, Richard, 10, 85, 107, 109, 126, 193, 194, 195
The New York Times, 16, 40, 223, 264
    "Matrimônios", seção de, 40
Tinder, 41-43, 250

Tinder, polegar de, 41
"tirania da escolha", 151
Todd, Peter, 151
Toyota RAV4, 205-206
trajetos de furacões, 268-270
trajetos de tempestades, 268-270
transparência, 280-281
transplantes de células-tronco, 97-100
Trump, Donald, 171, 238, 265-267
Twitter, 250, 269, 295

Uber e gorjetas, 115-117, 294
Uber, avaliação de, 217, 218
Ungemach, Christoph, 213
Universidade Carnegie Mellon, 3, 31, 38
Universidade Columbia, 100, 148
Universidade Cornell, 174, 196
Universidade da Pensilvânia, 119, 279
Universidade de Basel, 151
Universidade de Califórnia-Riverside, 60
Universidade de Chicago, 106
Universidade de Indiana, 151
Universidade de Iowa, 52
Universidade de Londres, 278
Universidade de Michigan, 45
Universidade de Nebraska, 256, 263
Universidade de Nova York, 180
Universidade Duke, 192, 204
Universidade Emory, 65
Universidade Estadual do Arizona, 58
Universidade Harvard, 128, 147, 150
Universidade Johns Hopkins, 168

Universidade Princeton, 128
Universidade Sam Houston, 169
Universidade Stanford, 3
Universidade Temple, 35
Ursu, Raluca, 180-182
US Airways, voo 1549 da, 19-26

velas, 232
velocidade do ponto verde, 22, 23, *359n*
vendas de automóveis. *Ver* compras de automóveis
Verizon, configurações de privacidade, 287, 288
Vicary, James H., 273, 274
viés de crescimento exponencial, 219, 221, 232
viés de projeção, 363*n*
viés do presente, 35, 37
viés do *status quo*, 370*n*
vinho, degustações de, 183, 185-186, 187
"visão em túnel", 359*n*
visuais, 187-190
Vogelsang, Timothy, 61

Wall, Dan, 31
Watt, James, 232
Weber, Elke, 40, 390*n*
    bilhetes de avião e taxas, 215
    classificação de gases de efeito estufa, 213-214
    decisão por distorção, 174
    estudos sobre opções-padrão, 127-128
    regulamentações ambientais, 238
    sustentabilidade de construções, 225-227
    teoria da consulta, 68
Weill Cornell Medical College, 9

Wertlieb, Stacey, 105
Wharton School, 4, 128, 165
Whitman, Walt, 56
Whole Foods, 189
Wilson, Woodrow, 168, 176
wireframe, 12
Wonderlic, 209
Woods, Erika, 40-43, 92

Yang, Sybil, 196
Yelp, 36, 241

Zappos, 252-253
Zaval, Lisa, 60
Zink, Sheldon, 105
Zinman, Jonathan, 221
Zoológico de Londres, 50
Zoom, 140-141

Notas

Moldando escolhas

1   Para ler o discurso, veja UK PARLIAMENT. *House of Commons rebuilding*. 1943. Disponível em: https://api.parliament.uk/historic-hansard/commons/1943/oct/28/house-of-commons-rebuilding. Acesso em: 13 mar. 2023. A história é discutida em "Bomb Damage" e "Churchill and Commons Chamber". A importância de uma casa cheia ficou bem evidente quando o distanciamento social limitou o comparecimento dos membros. Lindsay Hoyle, o porta-voz da câmara, disse: "Não há nada melhor do que ver uma câmara lotada, com todos lutando para estar lá. É isso que dá vida a esta casa, é o que a faz ser o que é. Mas isso não acontecerá até que tenhamos certeza de que é seguro". Veja ELGOT, J. *Commons may never return to packed chamber debates, says speaker*. 2020. Disponível em: https://www.theguardian.com/politics/2020/jul/26/lindsay-hoyle-commons-may-never-return-to-packed-chamber-debates-says-speaker-coronavirus. Acesso em: 13 mar. 2023.

2   Os resultados na área de saúde estão documentados em SHRANK, W.; HOANG, Y.; ETTNER, S.; GLASSMAN, P.; NAIR, K.; DELAPP, D. *et al*. *The implications of choice*: prescribing generic or preferred pharmaceuticals improves medication adherence for chronic conditions. 2006. Disponível em: http://dx.doi.org/10.1001/archinte.166.3.332. Acesso em: 13 mar. 2023. Já o fracasso dos incentivos encontra-se em O'MALLEY, J.; FRANK, R.; KADDIS, A.; ROTHENBERG, B.; MCNEIL, B. *Impact of alternative interventions on changes in generic dispensing rates*. 2006. Disponível em: http://dx.doi.org/10.1111/j.1475-6773.2006.00579.x. Acesso em: 13 mar. 2023.

3   MALHOTRA, S.; CHERIFF, A.; GOSSEY, T.; COLE, C.; KAUSHAL, R.; ANCKER, J. *Effects of an e-prescribing interface redesign on rates of generic drug prescribing*: exploiting default options. 2016. Disponível em: http://dx.doi.org/10.1093/jamia/ocv192. Acesso em: 13 mar. 2023; MEEKER, D.; LINDER, J.; FOX, C.; FRIEDBERG, M.; PERSELL, S.; GOLDSTEIN, N. et al. *Effect of behavioral interventions on inappropriate antibiotic prescribing among primary care practices*: a randomized clinical trial. 2016. Disponível em: https://doi.org/10.1001/jama.2016.0275. Acesso em: 13 mar. 2023.

4   HAGGAG, K.; PACI, G. *Default tips*. 2014. Disponível em: http://dx.doi.org/10.1257/app.6.3.1. Acesso em: 13 mar. 2023.

5   Em relação às bolsas estabelecidas pela Lei de Proteção e Cuidado Acessível ao Paciente, os estados diferem bastante: por exemplo, Alasca e Alabama oferecem 6 opções, ou menos, no total. Ohio oferece 63. Esses números são embasados em visitas às bolsas de um local (por exemplo, Juneau, Alasca, ou Columbus, Ohio) e em uma análise das opções para um homem de 40 anos com cônjuge e filho, sem cobertura odontológica, em outubro de 2020. Meus agradecimentos à Benedict Dellaert, da Escola de Economia da Erasmus University Rotterdam.

6   ROSENBLATT, S. *Ad tracking "Blocker" comes to iOS 6*. 2012. Disponível em: https://www.cnet.com/news/ad-tracking-blocker-comes-to-ios-6. Acesso em: 13 mar. 2023.

7   BRIGNULL, H. *Dark patterns*: inside the interfaces designed to trick you. 2013. Disponível em: https://www.theverge.com/2013/8/29/4640308/dark-patterns-inside-the-interfaces-designed-to-trick-you. Acesso em: 13 mar. 2023. Os dados foram extraídos de um estudo conduzido pela empresa de consultoria Tune, relatado em KAYE, K. *Use of limit ad tracking drops as ad blocking grows*. 2016. Disponível em: https://adage.com/article/privacy-and-regulation/limit-ad-tracking-drops-ad-blocking-grows/303911. Acesso em: 13 mar. 2023.

8   AUXIER, B.; RAINIE, L.; ANDERSON, M.; PERRIN, A.; KUMAR, M.; TURNER, E. *Americans concerned, feel lack of control over personal data collected by both companies and the government*. 2019. Disponível em: https://www.pewresearch.org/internet/2019/11/15/americans-concerned-feel-lack-of-control-over-personal-data-collected-by-both-companies-and-the-government. Acesso em: 13 mar. 2023.

9   LESWIG, K. *Apple makes billions from Google's dominance in search – and it's a bigger business than iCloud or Apple Music*. 2018. Disponível em: https://www.busi

nessinsider.com/aapl-share-price-google-pays-apple-9-billion-annually-tac-gol dman-2018-9. Acesso em: 13 mar. 2023; WAKABAYASHI, D.; NICAS, J. *Apple, Google, and a deal that controls the internet*. 2020. Disponível em: https://www.nytimes.com/2020/10/25/technology/apple-google-search-antitrust.html. Acesso em: 13 mar. 2023. Mais recentemente, a Apple tentou promover a privacidade como um de seus valores centrais em sua concorrência com as empresas de mídia social.

Caminhos plausíveis

1   Kenneth P. Byrnes, presidente do Departamento de Treinamento de Voo da Embry-Riddle Aeronautical University, em WICHTER, Z.; MAIDENBERG, M. *More jobs will be cleared for takeoff*. Aspiring pilots are ready. 2018. Disponível em: https://www.nytimes.com/2018/05/27/business/airlines-jobs-aspiring-pilots.html. Acesso em: 13 mar. 2023.

2   WODTKE, C. *Sully speaks out*. 2016. Disponível em: https://www.historynet.com/sully-speaks-out.htm. Acesso em: 13 mar. 2023.

3   CROFT, J. *Connectivity, human factors drive next-gen cockpit*. 2013. Disponível em: https://aviationweek.com/connectivity-human-factors-drive-next-gen-cockpit. Acesso em: 13 mar. 2023.

4   Adaptado da Figura 3 de NATIONAL TRANSPORTATION SAFETY BOARD. *Loss of thrust in both engines after encountering a flock of birds and subsequent ditching on the Hudson River, US Airways Flight 1549 Airbus A 320-214, N106US, Weehawken, New Jersey, January 15, 2009*. 2010. Disponível em: http://i2.cdn.turner.com/cnn/2016/images/09/07/flight.1548.ntsb..pdf. Acesso em: 13 mar. 2023.

5   Veja LANGEWIESCHE, W. *Anatomy of a Miracle*. 2009. Disponível em: https://archive.vanityfair.com/article/2009/6/anatomy-of-a-miracle. Acesso em: 13 mar. 2023; NATIONAL TRANSPORTATION SAFETY BOARD, 2010. A figura, as estatísticas sobre desempenho e as transcrições foram retiradas do relatório do NTSB.

6   Na verdade, Sullenberger pensou que estava bem próximo da velocidade do ponto verde e acima da velocidade de estol durante a descida. O gravador de dados de voo indicou que ele estava de fato voando mais devagar (e, portanto, descendo

mais rápido) do que a velocidade do ponto verde e abaixo da velocidade de estol sugerida no final. O Conselho Nacional de Segurança nos Transportes (NTSB, na sigla em inglês) compreensivelmente atribui esse fato à "visão em túnel" que ocorre nessa situação de alto estresse. Mas como será verificado mais de uma vez ao longo deste livro, isso ilustra como os relatos dos próprios decisores podem ser enganosos.

7   Dois nomes comuns na literatura de tomada de decisão para decisões como esta são *estratégias de escolha* ou *heurísticas de escolha*. Não usarei esses termos para não confundir o leitor. Kahneman e outros tornaram famoso um conjunto de heurísticas de escolha, mas aquelas de que falo são diferentes em vários aspectos. Mais importante, elas não são processos automáticos: uma vez escolhidas, em geral ocorrem com consciência. As pessoas podem falar a respeito, bem como elas podem ser interrompidas. Como veremos, o processo de escolha de uma estratégia tende a ser automático, o que Kahneman denomina de *Pensamento de Sistema 1*. Para uma análise aprofundada da heurística de escolha, veja JOHNSON, E.; PAYNE, J. *Effort and accuracy in choice*. 1985. Disponível em: https://doi.org/10.1287/mnsc.31.4.395. Acesso em: 13 mar. 2023; PAYNE, J., BETTMAN, J.; JOHNSON, E. *The adaptive decision maker*. Cambridge: Cambridge University Press, 1993.

8   Adaptado das Figuras 1 e 2 em HULGAARD, K.; HERRICK, E.; MADSEN, T.; SCHULDT-JENSEN, J.; MALTESEN, M.; HANSEN, P. *Nudging passenger flow in CPH airports*. 2016. Disponível em: https://inudgeyou.com/wp-content/uploads/2017/08/OP-ENG-Passenger_Flow.pdf. Acesso em: 13 mar. 2023.

9   HULGAARD; HERRICK; MADSEN; SCHULDT-JENSEN; MALTE HANSEN, 2016.

10   As evidências de que as pessoas não calculam as taxas de juros foram extraídas de estudos que fornecem essa taxa. Quando ela é informada, as pessoas se tornam mais pacientes. Para ler uma discussão sobre o assunto, veja READ, D.; FREDERICK, S.; SCHOLTEN, M. *DRIFT*: an analysis of outcome framing in intertemporal choice. 2012. Disponível em: http://dx.doi.org/10.1037/a0029177. Acesso em: 13 mar. 2023.

11   Para escolhas mais complexas, as decisões de mudar caminhos plausíveis são mais comuns e tomadas com mais frequência. Veja SHI, S.; WEDEL, M.; PIETERS, F. *Information acquisition during online decision making*: a model-based exploration using eye-tracking data. Disponível em: http://dx.doi.org/10.1287/mnsc.1120.1625. Acesso em: 13 mar. 2023.

12	No início, pesquisas sobre como as pessoas selecionavam caminhos plausíveis discutiam o relacionamento antagônico entre precisão e esforço. Mais recentemente, surgiram muitos trabalhos em economia que sugerem que as decisões sobre o gasto de esforço privilegiam o presente: veja AUGENBLICK, N.; NIEDERLE, M.; SPRENGER, C. *Working over time*: dynamic inconsistency in real effort tasks. 2015. Disponível em: https://doi.org/10.1093/qje/qjv020. Acesso em: 13 mar. 2023; AUGENBLICK, N.; RABIN, M. *An experiment on time preference and misprediction in unpleasant tasks*. 2019. Disponível em: https://doi.org/10.1093/restud/rdy019. Acesso em: 13 mar. 2023. Isso contrasta com outros trabalhos em economia, em geral rotulados como *desatenção racional*, os quais assumem que as pessoas selecionam estratégias consistentes com a teoria econômica padrão, levando em consideração o esforço envolvido em fazer a escolha. Esses modelos, por exemplo, sugerem que os vieses diminuirão porque as pessoas trabalham com mais afinco quando os riscos são maiores.

13	Existe uma literatura ampla e um tanto desconexa sobre os efeitos da fluência sobre o julgamento. Fornecem uma boa revisão ALTER, A.; OPPENHEIMER, D. *Uniting the tribes of fluency to form a metacognitive nation*. 2009. Disponível em: https://doi.org/10.1177/1088868309341564. Acesso em: 13 mar. 2023. Veja também OPPENHEIMER, D. *The secret life of fluency*. 2008. Disponível em: https://doi.org/10.1016/j.tics.2008.02.014. Acesso em: 13 mar. 2023. A ideia de que a fluência é calculada rapidamente e sem consciência, bem como que ela inclui muitas características do objeto em consideração é encontrada em REBER, R.; WURTZ, P.; ZIMMERMANN, T. *Exploring "fringe" consciousness*: the subjective experience of perceptual fluency and its objective bases. 2004. Disponível em: https://doi.org/10.1016/S1053-8100(03)00049-7. Acesso em: 13 mar. 2023; WURTZ, P.; REBER, R.; ZIMMERMANN, T. *The feeling of fluent perception*: a single experience from multiple asynchronous sources. 2008. Disponível em: https://doi.org/10.1016/j.concog.2007.07.001. Acesso em: 13 mar. 2023. A influência dessa ideia na escolha está documentada em NOVEMSKY, N. *Preference fluency in choice*. 2007. Disponível em: http://dx.doi.org/10.1509/jmkr.44.3.347. Acesso em: 13 mar. 2023. Descrevem uma ideia muito semelhante aplicada à inferência MAREWSKI, J.; SCHOOLER, L. *Cognitive niches*: an ecological model of strategy selection. 2011. Disponível em: http://dx.doi.org/10.1037/a0024143. Acesso em: 13 mar. 2023. Faz parte de uma literatura mais ampla sobre metacognição, ou o que pensamos sobre nosso próprio pensamento. Não pretendo revisar essa literatura extensa e suas controvérsias, mas acho que o conceito é um rótulo útil para o sentimento subjetivo que temos sobre o processo de fazer uma escolha.

14	Um estudo relevante é UNDORF, M.; ZIMDAHL, M. *Metamemory and memory for a wide range of font sizes*: what is the contribution of perceptual fluency? 2019. Disponível em: http://dx.doi.org/10.1037/xlm0000571. Acesso em: 13 mar. 2023. Se você pensar sobre a fluência do tamanho das fontes, ela pode acontecer porque palavras grandes parecem ser mais fáceis de ler e porque acreditamos que assim seja (mesmo que não sintamos da mesma forma). Embora essa seja uma distinção teórica importante, o que é central para nossa discussão é que ela afeta a facilidade com que pensamos que algo é lembrado, mesmo quando não existe diferença.

15	ROSENFELD, M.; THOMAS, R.; HAUSEN, S. *Disintermediating your friends*: how online dating in the United States displaces other ways of meeting. 2019. Disponível em: https://www.pnas.org/doi/full/10.1073/pnas.1908630116. Acesso em: 13 mar. 2023.

16	BernieSingles mais tarde se tornou o loveawake.com. Veja CESAR, M. Of *love and money*: the rise of the online dating industry. 2016. Disponível em: https://www.nasdaq.com/articles/love-and-money-rise-online-dating-industry-2016-02-13. Acesso em: 13 mar. 2023.

17	ETHERINGTON, D. *Daily dating site Coffee Meets Bagel lands $600K from Lightbank, Match.com co-founder*. 2012. Disponível em: https://techcrunch.com/2012/09/26/daily-dating-site-coffee-meets-bagel-lands-600k-from-lightbank-match-com-co-founder. Acesso em: 13 mar. 2023.

18	BRUCH, E.; FEINBERG, F.; LEE, K. *Extracting multistage screening rules from online dating activity data*. 2016. Disponível em: https://doi.org/10.1073/pnas.15224941135. Acesso em: 13 mar. 2023.

Preferências compostas

1	GREEN, A. *How Derren Brown remade mind reading for skeptics*. 2019. Disponível em: https://www.newyorker.com/magazine/2019/10/07/how-derren-brown-remade-mind-reading-for-skeptics. Acesso em: 13 mar. 2023.

2	Por exemplo, veja LEVIN, I.; JOHNSON, R. *Estimating price-quality tradeoffs using comparative judgments*. 1984. Disponível em: http://dx.doi.org/10.1086/208995. Acesso em: 13 mar. 2023.

3   Até agora, o Small World of Words tem dados para mais de 12 mil palavras, representando 3,6 milhões de respostas. Você pode visitar o site e ver o que vem à sua mente com suas palavras favoritas, enquanto também vê como outras pessoas responderam. Veja SMALL WORLD OF WORDS. Disponível em: https://smallworldofwords.org/en/project. Acesso em: 13 mar. 2023.

4   KRISTENSEN, E. *8 e-commerce A/B testing examples you can learn from.* 2019. Disponível em: https://sleeknote.com/blog/a-b-testing-examples. Acesso em: 13 mar. 2023.

5   Mandel usou outros produtos e papéis de parede além dos sofás. Veja MANDEL, N.; JOHNSON, E. *When web pages influence choice*: effects of visual primes on experts and novices. 2002. Disponível em: http://dx.doi.org/10.1086/341573. Acesso em: 13 mar. 2023.

6   Os cientistas rapidamente apontaram que a variação do clima em pequena escala em uma cidade por um período curto praticamente não tem nada a ver com a mudança climática.

7   Uma razão pela qual esta é uma afirmação causal, e não apenas correlacional, é o uso de uma técnica econométrica chamada *regressão de variáveis instrumentais*. Veja também ZAVAL, L.; KEENAN, E.; JOHNSON, E.; WEBER, E. *How warm days increase belief in global warming.* 2014. Disponível em: http://dx.doi.org/10.1038/nclimate2093. Acesso em: 13 mar. 2023. Os experimentos que variam a temperatura são descritos em RISEN, J.; CRITCHER, C. *Visceral fit*: while in a visceral state, associated states of the world seem more likely. 2011. Disponível em: https://doi.org/10.1037/a0022460. Acesso em: 13 mar. 2023. Outros estudos mostram o resultado correlacional, veja EGAN, P.; MULLIN, M. *Turning personal experience into political attitudes*: the effect of local weather on Americans' perceptions about global warming. 2012. Disponível em: http://dx.doi.org/10.1017/S0022381612000448. Acesso em: 13 mar. 2023; HAMILTON, L.; STAMPONE, M. *Blowin' in the wind*: short-term weather and belief in anthropogenic climate change. 2013. Disponível em: http://dx.doi.org/10.1175/WCAS-D-12-00048.1. Acesso em: 13 mar. 2023.

8   Conduziram o estudo sobre automóveis BUSSE, M.; POPE, D.; POPE, J.; SILVA-RISSO, J. *The psychological effect of weather on car purchases.* 2015. Disponível em: https://doi.org/10.1093/qje/qju033. Acesso em: 13 mar. 2023. Busse e seus colegas têm uma explicação sutilmente diferente, denominada *viés de projeção*. Nossa história sobre acessibilidade está mais próxima de outra explicação que eles consideram – a *saliência* – e, como observam, seus dados não conseguem distinguir entre esses dois efeitos.

9   Para obter mais detalhes, veja CONLIN, M.; O'DONOGHUE, T.; VOGELSANG, T. *Projection bias in catalog orders*. 2007. Disponível em: https://doi.org/10.1257/aer.97.4.1217. Acesso em: 13 mar. 2023.

10   Existe outra maneira surpreendente de aumentar a inibição e reduzir a recordação nesse teste: mostre aos participantes um mapa em branco dos 50 estados. A maioria, inclusive eu, teria apostado que isso seria um auxílio útil. Na realidade, o mapa em branco reduziu o número de estados lembrados. Se os participantes tiverem que colocar os nomes dos estados no mapa, eles costumam "perder" 9 estados, lembrando apenas 31, em vez dos 40 lembrados sem o mapa. Veja BROWN, J. *Reciprocal facilitation and impairment of free recall*. 1968. Disponível em: https://psycnet.apa.org/doi/10.3758/BF03331397. Acesso em: 13 mar. 2023; KARCHMER, M.; WINOGRAD, E. *Effects of studying a subset of familiar items on recall of the remaining items*: the John Brown effect. 1971. Disponível em: https://doi.org/10.3758/BF03329100. Acesso em: 13 mar. 2023.

11   LABEREE, L.; BELL, W. *Mr. Franklin*: a selection from his personal letters. New Haven: Yale University Press, 1956.

12   Usaremos a teoria da consulta mais adiante neste livro, mas se quiser ler mais a respeito, você pode consultar JOHNSON, E.; HÄUBL, G.; KEINAN, A. *Aspects of endowment*: a query theory of value construction. 2007. Disponível em: http://dx.doi.org/10.1037/0278-7393.33.3.461. Acesso em: 13 mar. 2023; WEBER, E.; JOHNSON, E.; MILCH, K.; CHANG, H.; BRODSCHOLL, J.; GOLDSTEIN, D. *Asymmetric discounting in intertemporal choice*. 2007. Disponível em: http://dx.doi.org/10.1111/j.1467-9280.2007.01932.x. Acesso em: 13 mar. 2023.

13   PAYNE, J.; SAGARA, N.; SHU, S.; APPELT, K.; JOHNSON, E. *Life expectancy as a constructed belief*: evidence of a live-to or die-by framing effect. 2012. Disponível em: https://psycnet.apa.org/doi/10.1007/s11166-012-9158-0. Acesso em: 13 mar. 2023. As anuidades fixas usam os pagamentos daqueles que morrem jovens para pagar os benefícios daqueles que morrem velhos. É preciso conhecer bem a atuária para vender anuidades fixas.

14   PARTNERS ADVANTAGE. *Getting your prospect to think about longevity, and longevity calculators*. 2018. Disponível em: https://blog.partnersadvantage.com/getting-your-prospect-to-think-about-longevity-and-longevity-calculators. Acesso em: 13 mar. 2023.

Objetivos da arquitetura da escolha

1   APP ANNIE. *Apple Covid-19*. Disponível em: https://www.appannie.com/apps/ios/app/1504132184/ratings/?countries=US. Acesso em: 3 abr. 2020.

2   O sucesso do rastreador de Covid-19 está documentado em MENNI, C.; VALDES, A.; FREIDIN, M.; SUDRE, C.; NGUYEN, L.; DREW, D. et al. *Real-time tracking of self-reported symptoms to predict potential Covid-19*. 2020. Disponível em: https://doi.org/10.1038/s41591-020-0916-2. Acesso em: 13 mar. 2023.

3   Isso é verdade se a decisão diz respeito a benefícios de aposentadoria da Previdência Social ou a outros benefícios públicos estruturados de forma semelhante, ou então a benefícios de programas de empregadores. Os planos públicos de previdência de outros países (da Alemanha, por exemplo) possuem uma estrutura semelhante.

4   Essa discussão é baseada em KNOLL, M.; APPELT, K.; JOHNSON, E.; WESTFALL, J. *Time to retire*: why Americans claim benefits early and how to encourage delay. Disponível em: http://dx.doi.org/10.1353/bsp.2015.0003. Acesso em: 13 mar. 2023; MULDOON, D.; KOPCKE, R. *Are People Claiming Social Security Benefits Later?* 2008. Disponível em: https://crr.bc.edu/briefs/are-people-claiming-social-security-benefits-later. Acesso em: 13 mar. 2023; SONG, J.; MANCHESTER, J. *Have people delayed claiming retirement benefits?* Responses to changes in social security rules. 2007. Disponível em: https://pubmed.ncbi.nlm.nih.gov/18457082. Acesso em: 13 mar. 2023.

5   Embora a abordagem no livro de Thaler e Sunstein seja muito mais matizada, o significado comum de *nudge* evoluiu para significar qualquer manipulação que mude o comportamento em direção a um resultado predefinido, descartando a importante ressalva de que esse resultado deve objetivar o melhor interesse dos decisores.

6   Foram feitas outras sugestões sobre como aumentar a idade de solicitação de aposentadoria da Previdência Social. Por exemplo, poderíamos usar o termo *idade de aposentadoria plena* para nos referirmos à aposentadoria aos 70 anos, em vez da idade atual de 66 para as pessoas que estão se aposentando agora.

7   Veja a página SOCIAL SECURITY ADMINISTRATION. *How the Retirement Estimator works*. Disponível em: https://www.ssa.gov/benefits/retirement/esti

mator.html. Acesso em: 13 mar. 2023. Ela ainda existia em março de 2021, mas um conjunto de páginas mais fluentes foi adicionado ao site.

8   Há pouquíssimas pesquisas sobre esse tópico importante, mas para obter mais detalhes, veja NOVEMSKY, N. *Preference fluency in choice*. 2007. Disponível em: http://dx.doi.org/10.1509/jmkr.44.3.347. Acesso em: 13 mar. 2023.

9   Para ler sobre fatos recentes sobre o tempo gasto no planejamento da aposentadoria e os sentimentos que tudo isso desperta, veja MACDONALD, J. *How long do workers consider retirement decision*? 2008. Disponível em: https://www.ebri.org/crawler/view/how-long-do-workers-consider-retirement-decision. Acesso em: 13 mar. 2023; HELMAN, R.; COPELAND, C.; VANDERHEI, J. *The 2015 Retirement Confidence Survey*: having a retirement savings plan a key factor in americans' retirement confidence. 2015. Disponível em: https://www.ebri.org/content/the-2015-retirement-confidence-survey-having-a-retirement-savings-plan-a-key-factor-in-americans-retirement-confidence-5513. Acesso em: 13 mar. 2023.

10   No caso da Previdência Social, existe um benefício adicional que a maioria das pessoas não valoriza: ela continua pagando, em princípio, enquanto você estiver vivo. Se você tem um montante de dinheiro guardado para a aposentadoria – digamos, os 76 mil dólares possuídos pelo estadunidense médio –, seu dinheiro pode acabar se viver muito. Com a Previdência Social, você não corre esse risco. Esse benefício é conhecido nessa área como *anuidade fixa* ou *seguro de longevidade*: a cobertura continua ainda que você viva muito. Claramente, esse benefício adicional vale alguma coisa; não o incluímos em nossos cálculos monetários, mas poderia ser feito.

Se você acha que isso muda a ideia de que a maioria das pessoas está cometendo um erro, existem estudos sobre pessoas que possuem anuidades fixas e solicitam aposentadoria antecipadamente. Veja BRONSHTEIN, G.; SCOTT, J.; SHOVEN, J.; SLAVOV, S. *Leaving big money on the table*: arbitrage opportunities in delaying social security. 2020. Disponível em: https://doi.org/10.1016/j.qref.2020.03.006. Acesso em: 13 mar. 2023. Esses pesquisadores descobriram que isso tem um custo de até 250 mil dólares para essas famílias e que milhões delas podem estar cometendo esse erro.

11   Grande parte da história é descrita em LICHTENSTEIN, S.; SLOVIC, P. *The construction of preference*. Cambridge: Cambridge University Press, 2006.

12   Outra forma de usar simuladores de decisão é medir o que o escolhedor está procurando. No exemplo do site de relacionamento, poderíamos tentar descobrir seu tipo ideal. Para fazer isso, os pesquisadores usam técnicas que modelam

suas preferências. Felizmente, existem formas de avaliar ganhos e perdas, as quais costumam ser usadas no desenvolvimento de novos produtos.

Há dois desafios nessa abordagem. Primeiro, quando as preferências são de fato compostas, é impossível modelá-las com precisão de forma estável ao longo do tempo e em diferentes situações. Em segundo lugar, os modelos acabam se baseando em premissas que talvez não se sustentem. (Esse é um argumento técnico que não descreverei em detalhes aqui, mas que você pode explorar no documento referenciado, caso esteja interessado.) Esses desafios são descritos em MEYER, R.; JOHNSON, E. *Empirical generalizations in the modeling of consumer choice*. 1995. Disponível em: http://www.jstor.org/stable/184160. Acesso em: 13 mar. 2023.

13   Veja MULLAINATHAN, S.; NOETH, M.; SCHOAR, A. *The market for financial advice*: an audit study. 2012. Disponível em: https://www.nber.org/system/files/working_papers/w17929/w17929.pdf. Acesso em: 13 mar. 2023.

Decisões por opção-padrão

1   JOHNSON, E.; GOLDSTEIN, D. *Do defaults save lives*? 2003. Disponível em: https://doi.org/10.1126/science.1091721. Acesso em: 13 mar. 2023.

2   THALER, R.; SUNSTEIN, C. *Nudge*: como tomar melhores decisões sobre saúde, dinheiro e felicidade. Rio de Janeiro: Objetiva, 2019.

3   ABADIE, A.; GAY, S. *The impact of presumed consent legislation on cadaveric organ donation*: a cross-country study. 2006. Disponível em: https://doi.org/10.1016/j.jhealeco.2006.01.003. Acesso em: 13 mar. 2023.

4   O estudo de Abadie e Gay usa uma técnica mais sofisticada e um conjunto maior de países do que o artigo original de Johnson e Goldstein. Uma revisão sistemática foi feita na Grã-Bretanha pouco antes de os britânicos avaliarem a mudança de política: veja RITHALIA, A.; MCDAID, C.; RODGERS, S.; MYERS, L.; SOWDEN, A. *Impact of presumed consent for organ donation on donation rates*: a systematic review. 2009. Disponível em: http://dx.doi.org/10.1136/bmj.a3162. Acesso em: 13 mar. 2023. Esse relatório analisou estudos que compararam países, inclusive aqueles que haviam mudado sua política, e concluíram que as opções-padrão aumentaram as doações em certos casos. Eles reiteram o alerta de que os países que mudam as opções-padrão também podem aumentar a divulgação e a publicidade.

SHEPHERD, L.; O'CARROLL, R.; FERGUSON, E. *An international comparison of deceased and living organ donation/transplant rates in opt-in and opt-out systems*: a panel study. 2014. Disponível em: http://dx.doi.org/10.1186/s12916-014-0131-4. Acesso em: 13 mar. 2023. Esses estudiosos examinam o efeito combinado das opções-padrão sobre as doações após o falecimento e em vida, o que os economistas chamam *crowding out*, ou seja, efeito de deslocamento: as pessoas, sabendo que a opção-padrão mudou, podem deixar de doar. Esses pesquisadores encontram algumas evidências disso, mas o efeito não é grande o suficiente para superar o impacto das opções-padrão. Afirma que os efeitos das opções-padrão dependem desses outros fatores BILGEL, F. *The impact of presumed consent laws and institutions on deceased organ donation*. 2010. Disponível em: https://doi.org/10.1007/s10198-010-0277-8. Acesso em: 13 mar. 2023.

Um desafio em toda essa literatura é que é impossível atribuir aleatoriamente opções-padrão a países. Contudo, algumas técnicas econométricas avançadas tentam inferir causalidade por meio do uso da regressão de variáveis instrumentais e afirmam que o efeito da opção-padrão realmente causa um aumento de transplantes, mas essa é uma evidência mais fraca do que uma demonstração causal.

5   STEFFEL, M.; WILLIAMS, E.; TANNENBAUM, D. *Does changing defaults save lives*? Effects of presumed consent organ donation policies. 2019. Disponível em: https://doi.org/10.1353/bsp.2019.0005. Acesso em: 13 mar. 2023.

6   A lei original de Cingapura aplicava-se apenas aos rins disponíveis após mortes acidentais e a não muçulmanos. Por exemplo, o número de transplantes renais aumentou de cerca de 5 ao ano antes da lei original de 1987 para mais de 49 após a revisão de 2004; veja LOW, H.; DA COSTA, M.; PRABHAKARAN, K.; KAUR, M.; WEE, A.; LIM, S.; WAI, C. *Impact of new legislation on presumed consent on organ donation on liver transplant in Singapore*: a preliminary analysis. 2006. Disponível em: https://doi.org/10.1097/01.tp.0000236720.66204.16. Acesso em: 13 mar. 2023. A experiência chilena está documentada em ZÚÑIGA-FAJURI, A. *Increasing organ donation by presumed consent and allocation priority*: Chile. 2015. Disponível em: https://doi.org/10.2471/blt.14.139535. Acesso em: 13 mar. 2023. A experiência galesa seguiu um longo estudo no Reino Unido; veja BBC NEWS. *Wales' organ donation opt-out law has not increased donors*. 2017. Disponível em: http://www.bbc.com/news/uk-wales-42213813. Acesso em: 13 mar. 2023. Os franceses criaram um Cadastro Nacional de Rejeições, veja ELEFTHERIOU-SMITH, L. *All french citizens are now organ donors unless they opt out*. 2017; PROVINCE OF NOVA SCOTIA. *Changes to organ and tissue donation*. Disponível em: https://novascotia.ca/organ-and-tissue-donation-changes. Acesso em: 13 mar. 2023.

7   Obviamente, a infraestrutura médica precisa estar pronta. Na maioria dos lugares, a família deve ser consultada, mesmo que o doador potencial tenha concordado ativamente em doar. O modelo espanhol é discutido em uma entrevista em BADCOCK, J. *How Spain became the world leader in organ donations.* 2015. Disponível em: https://www.newsweek.com/2015/02/20/spain-has-become-world-leader-organ-donations-305841.html. Acesso em: 13 mar. 2023; e em MATESANZ, R. *Factors influencing the adaptation of the Spanish Model of organ donation.* 2003. Disponível em: https://doi.org/10.1007/s00147-003-0623-1. Acesso em: 13 mar. 2023. Curiosamente, em alguns hospitais, os médicos são pagos por obter taxas altas de concordância. É claro que isso levanta questões éticas, sobre as quais escrevemos no Capítulo 10 e em SMITH, C.; GOLDSTEIN, D.; JOHNSON, E. *Choice without awareness*: ethical and policy implications of defaults. 2013. Disponível em: https://doi.org/10.1509/jppm.10.114. Acesso em: 13 mar. 2023.

8   FABRE, J.; MURPHY, P.; MATESANZ, R. *Presumed consent*: a distraction in the quest for increasing rates of organ donation. 2010. Disponível em: https://doi.org/10.1136/bmj.c4973. Acesso em: 13 mar. 2023.

9   ZINK, S.; WERTLIEB, S. *A study of the presumptive approach to consent for organ donation*: a new solution to an old problem. 2006. Disponível em: https://doi.org/10.4037/ccn2006.26.2.129. Acesso em: 13 mar. 2023.

10   Veja GLAZIER, A.; MONE, T. *Success of opt-in organ donation policy in the United States.* 2019. Disponível em: https://doi.org/10.1001/jama.2019.9187. Acesso em: 13 mar. 2023.

11   Em 2019, pesquisas mostraram que 56% dos estadunidenses apoiam as políticas da necessidade de uma opção explícita pela exclusão, um aumento de 5,2% em relação a 2012, embora haja preocupação de que os participantes da pesquisa na internet sejam os responsáveis pelo aumento. No entanto, cerca de 50% apoiam o esquema opção explícita pela exclusão, com os mais jovens sendo mais propensos a apoiar esse tipo de política. Cerca de 30% dos entrevistados disseram que optariam por não participar se tal esquema fosse adotado. Veja HEALTH RESOURCES AND SERVICES ADMINISTRATION. *2019 National Survey of Organ Donation Attitudes and Practices*: report of findings. 2020. Disponível em: https://www.organdonor.gov/about-dot/grants/research-reports. Acesso em: 13 mar. 2023. O impacto dessa possível mudança é discutido em DEROOS, L. et al. *Estimated association between organ availability and presumed consent in solid organ transplant.* 2019. Disponível em: https://doi.org/10.1001/jamanetworkopen.2019.12431. Acesso em: 13 mar. 2023.

12   ACAMS TODAY. *Organ trafficking*: the unseen form of human trafficking. 2018. Disponível em: https://www.acamstoday.org/organ-trafficking-the-unseen-form-of-human-trafficking. Acesso em: 13 mar. 2023.

13   BECKER, G.; ELIAS, J. Introducing incentives in the market for live and cadaveric organ donations. 2007. Disponível em: https://doi.org/10.1257/jep.21.3.3. Acesso em: 13 mar. 2023. Isso não precisa ser pago explicitamente em dinheiro. Mesmo no caso de doação após a morte, a família pode receber uma indenização. Os economistas sugerem, por exemplo, que a família dos doadores receba pagamentos para cobrir as despesas funerárias.

14   No entanto, simplesmente forçar as pessoas a responder provavelmente não funcionará. Em 2012, o estado de Nova York adotou a Lei de Lauren, uma forma de escolha ativa. As pessoas são perguntadas se desejam ser doadoras ou têm a opção de pular esta pergunta. Os esforços não parecem ter sido eficazes, com apenas 28% de seus cidadãos dispostos a ser doadores, ocupando o 48º lugar entre os 50 estados. Já em Montana, 89% dos adultos são registrados como doadores.

15   JOHNSON, S. *Apple, AT&T shares fall on fewer-than-expected iPhone subscriptions*. 2007. Disponível em: https://www.mercurynews.com/2007/07/24/apple-att-shares-fall-on-fewer-than-expected-iphone-subscriptions. Acesso em: 13 mar. 2023. POSNER, M.; SNYDER, C. Attention and Cognitive Control. In: BALOTA, D.; MARSH, E. *Cognitive psychology*: key readings. London: Psychology Press, 2004.

16   O vídeo pode ser visto em EZARIK, J. *iPhone Bill*. 2007. Disponível em: https://youtu.be/UdULhkh6yeA. Acesso em: 13 mar. 2023. Os detalhes da reação, incluindo a foto da conta de Ezarik, estão documentados em HAFNER, K. *AT&T's overstuffed iPhone bills annoy customers*. 2007. Disponível em: https://www.nytimes.com/2007/08/23/business/23bill.html?%20em&%20ex=%201188014400&%20en=%20de1fe8dde56cab98&%20ei=%205087%%200A. Acesso em: 13 mar. 2023. O artigo da *Computerworld* é HASKIN, D. *Technology's 10 most mortifying moments*. 2007. Disponível em: https://www.computerworld.com/article/2539067/technology-s-10-most-mortifying-moments.html?page=2. Acesso em: 13 mar. 2023. A reação da AT&T está documentada em PERENSON, M. *The 300-page iPhone bill to disappear*. 2007. Disponível em: http://web.archive.org/web/20070903205536/http://www.networkworld.com/news/2007/082307-the-300-page-iphone-bill-to.html. Acesso em: 13 mar. 2023.

17   BENARTZI, S.; THALER, R. *Behavioral economics and the retirement savings crisis*. 2013. Disponível em: https://doi.org/10.1126/science.1231320. Acesso em: 13 mar. 2023.

18   Para obter mais detalhes, veja JOHNSON, E.; HERSHEY, J.; MESZAROS, J.; KUNREUTHER, H. *Framing, probability distortions, and insurance decisions*. 1993. Disponível em: http://dx.doi.org/10.1007/BF01065313 Acesso em: 13 mar. 2023.

19   Trabalhos anteriores analisaram o fenômeno abrangente chamado *viés do status quo*, o que significa que uma opção foi pré-selecionada de alguma forma, inclusive por decisões anteriores do escolhedor. O clássico estudo é SAMUELSON, W.; ZECKHAUSER, R. *Status quo bias in decision making*. 1988. Disponível em: http://dx.doi.org/10.1007/BF00055564. Acesso em: 13 mar. 2023.

20   DINNER, I.; JOHNSON, E.; GOLDSTEIN, D.; LIU, K. *Partitioning default effects*: why people choose not to choose. 2011. Disponível em: https://doi.org/10.1037/a0024354. Acesso em: 13 mar. 2023. Veja também McKENZIE, C.; LIERSCH, M.; FINKELSTEIN, S. *Recommendations implicit in policy defaults*. 2006. Disponível em: https://doi.org/10.1111/j.1467-9280.2006.01721.x. Acesso em: 13 mar. 2023. O exemplo da ferrovia no parágrafo a seguir é de GOLDSTEIN, D.; JOHNSON, E.; HERRMANN, A.; HEITMANN, M. *Nudge your customers toward better choices*. 2008. Disponível em: https://hbr.org/2008/12/nudge-your-customers-toward-better-choices. Acesso em: 13 mar. 2023.

21   PICHERT, D.; KATSIKOPOULOS, K. *Green defaults*: information presentation and pro-environmental behaviour. 2008. Disponível em: http://dx.doi.org/10.1016/j.jenvp.2007.09.004. Acesso em: 13 mar. 2023.

22   Para ler uma revisão dos estudos subsequentes, veja KAISER, M.; BERNAUER, M.; SUNSTEIN, C.; REISCH, L. *The power of green defaults*: the impact of regional variation of opt-out tariffs on green energy demand in Germany. 2020. Disponível em: https://doi.org/10.1016/j.ecolecon.2020.106685. Acesso em: 13 mar. 2023.

23   Verificamos se a facilidade e o endosso não teriam influenciado as decisões perguntando às pessoas se elas achavam que o empreiteiro queria que tomassem uma decisão ou outra, e verificamos a facilidade ao medir o tempo que elas demoravam para tomar uma decisão. Nada disso afetou suas escolhas.

24   Essa pesquisa é de DINNER, I.; JOHNSON, E.; GOLDSTEIN, D.; LIU, K. *Partitioning default effects*: why people choose not to choose. 2011. Disponível em: https://doi.org/10.1037/a0024354. Acesso em: 13 mar. 2023.

25   Por exemplo, veja SUNSTEIN, C.; REISCH, L. *Automatically green*: behavioral economics and environmental protection. 2014. Disponível em: http://dx.doi.org/10.2139/ssrn.2245657. Acesso em: 13 mar. 2023.

26   Para ler uma discussão e os resultados similares, veja HEDLIN, S.; SUNSTEIN, C. *Does active choosing promote green energy use*: experimental evidence. 2016. Disponível em: http://dx.doi.org/10.2139/ssrn.2624359. Acesso em: 13 mar. 2023; PICHERT, D.; KATSIKOPOULOS, K. *Green defaults*: information presentation and pro-environmental behaviour. 2008. Disponível em: http://dx.doi.org/10.1016/j.jenvp.2007.09.004. Acesso em: 13 mar. 2023. SUNSTEIN, C.; REISCH, L. *Green by default*. 2013. Disponível em: https://doi.org/10.1111/kykl.12028. Acesso em: 13 mar. 2023.

27   A demonstração original do efeito de dotação está em KAHNEMAN, D.; KNETSCH, J.; THALER, R. *Experimental tests of the endowment effect and the coase theorem*. 1990. Disponível em: http://www.jstor.org/stable/2937761. Acesso em: 13 mar. 2023. Exploraram a explicação da teoria da consulta em JOHNSON, E.; HÄUBL, G.; KEINAN, A. *Aspects of endowment*: a query theory of value construction. 2007. Disponível em: http://dx.doi.org/10.1037/0278-7393.33.3.461. Acesso em: 13 mar. 2023.

28   Isso difere do gráfico de floresta padrão. Alterei a posição do gráfico de maneiras que considero uma boa arquitetura da escolha: mais alto aqui significa um efeito mais positivo. Os gráficos de floresta são apresentados normalmente rotacionados, de forma que os efeitos fluem da direita para a esquerda. Também incluí no gráfico a distribuição do intervalo de confiança, e não apenas o intervalo de confiança de 95%, pois isso enfatizava que os resultados provavelmente estarão mais próximos da média e retratam a variabilidade de forma contínua. Na análise completa, há um estudo que tem um pequeno efeito significativo e negativo, mas a média que apresento abrange todos os estudos.

29   Os gráficos de floresta não são tudo. Precisamos nos preocupar com, pelo menos, duas coisas adicionais. Primeiro, como selecionamos os estudos incluídos no gráfico? Se olharmos apenas para estudos publicados, é provável que deixemos de incluir aqueles que não "funcionaram" – isto é, que têm resultados que não são diferentes de zero. Por quê? Por causa do viés de publicação: os pesquisadores submetem e os periódicos aceitam principalmente artigos que não descrevem falhas. Os pesquisadores superam essa questão ao pesquisar todos os bancos de dados on-line em busca de resultados e ao pedir sistematicamente às pessoas que compartilhem esses estudos.

A segunda advertência sobre os gráficos de floresta é que eles não necessariamente detectam quais experimentos inflaram seus resultados e/ou encolheram seus intervalos de confiança por meio daquilo que é chamado de *p-hacking* – essencialmente, fazendo muitas análises possíveis e relatando apenas aquelas que tiveram bons resultados.

Existem gráficos e análises que podem ajudar a detectar isso, chamados *gráficos de funil e curvas-p*.

30   Veja JACHIMOWICZ, M.; DUNCAN, S.; WEBER, E.; JOHNSON, E. *When and why defaults influence decisions*: a meta-analysis of default effects. 2019. Disponível em: http://dx.doi.org/10.1017/bpp.2018.43. Acesso em: 13 mar. 2023.

31   Para ler uma revisão desse trabalho e de outros relacionados, veja GOLDSTEIN, D.; JOHNSON, E.; HERRMANN, A.; HEITMANN, M. *Nudge your customers toward better choices*. 2008. Disponível em: https://hbr.org/2008/12/nudge-your-customers-toward-better-choices. Acesso em: 13 mar. 2023. Discutimos em detalhes especificamente as condições que favorecem a escolha de uma opção-padrão em detrimento de outra.

32   INVESTMENT COMPANY FACT BOOK. *Characteristics of US mutual fund owners*. 2020. Disponível em: https://www.icifactbook.org/pdf/2022_factbook_ch7.pdf. Acesso em: 13 mar. 2023.

33   SMITH, C.; GOLDSTEIN, D.; JOHNSON, E. Choice without awareness: ethical and policy implications of defaults. 2013. Disponível em: https://doi.org/10.1509/jppm.10.114. Acesso em: 13 mar. 2023. JOHNSON, E.; GOLDSTEIN, D. Decisions by default. In: SHAFIR, E. *The behavioral foundations of public policy*. Princeton: Princeton University Press, 2012.

34   PETERS, J. *Zoom adds new security and privacy measures to prevent Zoombombing*. 2020. Disponível em: https://www.theverge.com/2020/4/3/21207643/zoom-security-privacy-zoombombing-passwords-waiting-rooms-default. Acesso em: 13 mar. 2023. GARBER, J. *A company called Zoom Technologies is surging because people think it's zoom Video Communications*. 2019. Disponível em: https://markets.businessinsider.com/news/stocks/publicly-listed-zoom-video-communications-traders-buying-zoom-technologies-2019-4-1028122561?op= 1. Acesso em: 13 mar. 2023.

35   BRATER, J. *Automatic voter registration in Oregon a huge success*. 2016. Disponível em: https://www.brennancenter.org/our-work/analysis-opinion/automatic-voter-registration-oregon-huge-success. Acesso em: 13 mar. 2023.

Quantas opções?

1   ROBBINS, L. *Lost in the school choice maze.* 2019. Disponível em: https://www.nytimes.com/2011/05/08/nyregion/in-applying-for-high-school-some-8th-graders-find-a-maze.html. Acesso em: 13 mar. 2023.

2   Outros exemplos incluem a combinação de residentes com hospitais e a de rins com doadores em potencial.

3   NATHANSON, L.; CORCORAN, S.; BAKER-SMITH, C. *High school choice in New York City*: a report on the school choices and placements of low-achieving students. 2013. Disponível em: https://files.eric.ed.gov/fulltext/ED541824.pdf. Acesso em: 13 mar. 2023.

4   THE ECONOMIST. *The tyranny of choice*: you choose. 2010. Disponível em: https://economist.com/christmas-specials/2010/12/16/you-choose. Acesso em: 13 mar. 2023.

5   SCHEIBEHENNE, B.; GREIFENEDER, R.; TODD, P. *What moderates the too-much-choice effect?* 2009. Disponível em: http://dx.doi.org/10.1086/651235. Acesso em: 13 mar. 2023.

6   SCHEIBEHENNE, B.; GREIFENEDER, R.; TODD, P. *Can there ever be too many options?* A meta-analytic review of choice overload. 2010. Disponível em: http://dx.doi.org/10.1086/651235. Acesso em: 13 mar. 2023.

7   SCHWARTZ, B. *The paradox of choice*: why more is less. Nova York: HarperCollins, 2004.

8   Poderíamos também observar a probabilidade de apresentar uma das 2, 3, 4 melhores etc., ou a qualidade das melhores opções do conjunto. A matemática fica muito mais complicada do que este exemplo simples, mas o ponto básico é válido: ter mais opções que são avaliadas com cuidado aumenta a qualidade da melhor opção no conjunto. Também estamos presumindo que nenhuma das opções é dominada ou dominante no sentido abordado no Capítulo 4.

9   BHARGAVA, S.; LOEWENSTEIN, G.; SYDNOR, J. *Choose to lose*: health plan choices from a menu with dominated option. 2017. Disponível em: https://doi.org/10.1093/qje/qjx011. Acesso em: 13 mar. 2023.

10   JOHNSON, E.; HASSIN, R.; BAKER, T.; BAJGER, A.; TREUER, G. *Can consumers make affordable care affordable?* The value of choice architecture. 2013. Disponível em: https://doi.org/10.1371/journal.pone.0081521. Acesso em: 13 mar. 2023. Esta discussão é baseada principalmente no Experimento 6 deste artigo.

11   Em comparação com os casos em que não pagávamos às pessoas, envolver dinheiro de verdade fazia com que elas trabalhassem por um tempo maior em cerca de 30%, mas curiosamente não as levava a tomar decisões melhores.

12   BARNES, A.; HANOCH, Y.; RICE, T.; LONG, S. *Moving beyond blind men and elephants*: providing total estimated annual costs improves health insurance decision making. 2016. Disponível em: https://doi.org/10.1177/1077558716669210. Acesso em: 13 mar. 2023. JOHNSON, E.; HASSIN, R.; BAKER, T.; BAJGER, A.; TREUER, G. *Can consumers make affordable care affordable?* The value of choice architecture. 2013. Disponível em: https://doi.org/10.1371/journal.pone.0081521. Acesso em: 13 mar. 2023.

13   LOGIURATO, B. *Meet the 16-year-old kid who got to introduce President Obama in Brooklyn.* 2013. Disponível em: https://www.businessinsider.com/radcliffe-saddler-obama-brooklyn-speech-p-tech-2013-10. Acesso em: 13 mar. 2023. SADDLER, R. *The day I introduced Barack Obama.* 2013. Disponível em: https://www.wnyc.org/story/day-i-introduced-barack-obama. Acesso em: 13 mar. 2023. ZAZULIA, N. *Early college high school a strong path for IBM's Radcliffe Saddler.* 2016. Disponível em: https://www.usnews.com/news/stem-solutions/articles/2016-05-06/early-college-high-school-a-strong-path-for-ibms-radcliffe-saddler. Acesso em: 13 mar. 2023.

Colocando as coisas em ordem

1   Esta discussão e a citação de Wilson podem ser encontradas em KROSNICK, J.; MILLER, J.; TICHY, M. An unrecognized need for ballot reform: the effects of candidate name order on election outcome. In: CRIGLER, A.; JUST, M.; MCCAFFER, E. *Rethinking the vote*: the politics and prospects of american election reform. Oxford: Oxford University Press, 2003.

2   GRANT, D. *The ballot order effect is huge*: evidence from Texas. 2017. Disponível em: https://ideas.repec.org/a/kap/pubcho/v172y2017i3d10.1007_s11127-017-0454-8.html. Acesso em: 13 mar. 2023.

3 A maioria dos estudos encontra evidências que apoiam essa noção, veja MILLER, J.; KROSNICK, J. *The impact of candidate name order on election outcomes*. 1998. Disponível em: http://dx.doi.org/10.1086/297848. Acesso em: 13 mar. 2023; KOPPELL, J.; STEEN, A. *The effects of ballot position on election outcomes*. 2004. Disponível em: https://doi.org/10.1046/j.1468-2508.2004.00151.x. Acesso em: 13 mar. 2023; MEREDITH, M.; SALANT, Y. *On the causes and consequences of ballot order effects*. 2012. Disponível em: https://doi.org/10.1007/s11109-011-9189-2. Acesso em: 13 mar. 2023; e KROSNICK, J.; MILLER, J.; TICHY, M. An unrecognized need for ballot reform: the effects of candidate name order on election outcome. In: CRIGLER, A.; JUST, M.; MCCAFFER, E. *Rethinking the vote*: the politics and prospects of american election reform. Oxford: Oxford University Press, 2003. Veja também HO, D.; IMAI, K. *Estimating causal effects of ballot order from a randomized natural experiment*: the California Alphabet Lottery, 1978-2002. 2008. Disponível em: https://doi.org/10.1093/poq/nfn018. Acesso em: 13 mar. 2023. Krosnick, Miller e Tichy, em "An Unrecognized Need for Ballot Reform," especulam que a razão pela qual o efeito foi tão grande em 2000 é que as pessoas eram mais ambivalentes em relação aos 2 candidatos presidenciais.

Há também evidências experimentais que demonstram esses efeitos, veja KIM, N.; KROSNICK, J.; CASASANTO, D. *Moderators of candidate name-order effects in elections*: an experiment. 2014. Disponível em: http://dx.doi.org/10.1111/pops.12178. Acesso em: 13 mar. 2023. Esta é uma área merecedora de uma metanálise.

Os efeitos da ordem permeiam ainda mais a política. Krosnick descobriu que diferenças devidas à ordenação podem explicar, em parte, por que os resultados das pesquisas e as votações podem ser diferentes. Os pesquisadores misturam, cuidadosa e aleatoriamente, a ordem dos nomes dos candidatos quando pedem preferências. Veja ADAMS, R. *How the pollsters got it so wrong in New Hampshire*. 2008. Disponível em: https://www.theguardian.com/world/2008/jan/10/uselections2008.richardadams. Acesso em: 13 mar. 2023. Em 2008, previa-se que Barack Obama venceria as primárias de New Hampshire, pois liderava as pesquisas de opinião pública por 3 a 13%. No entanto, Hillary Clinton surpreendeu a todos ao vencer por 3%. Krosnick diz: "Aposto que Clinton recebeu pelo menos 3% mais votos do que Obama simplesmente porque o nome dela estava listado perto do topo".

4 BBC NEWS. *Did Trump win because his name came first in key states*? 2017. Disponível em: https://www.bbc.com/news/magazine-39082465. Acesso em: 13 mar. 2023; KAM, D. *No, Donald Trump's name will not appear automatically at the*

top of your ballot. 2019. Disponível em: https://www.orlandoweekly.com/Blogs/archives/2019/11/18/no-donald-trumps-name-will-not-appear-automatically-at-the-top-of-your-ballot-ending-a-70-year-old-state-law. Acesso em: 23 dez. 2020; e SAUNDERS, J. *Court refuses to reconsider ballot order ruling*. 2020. Disponível em: https://cbs12.com/news/local/court-refuses-to-reconsider-ballot-order-ruling. Acesso em: 13 mar. 2023.

5   Muitos artigos discutem esse efeito, veja BROWNSTEIN, A. *Biased predecision processing*. 2003. Disponível em: https://doi.org/10.1037/0033-2909.129.4.545. Acesso em: 13 mar. 2023; CARLSON, K.; MELOY, M.; LIEB, D. *Benefits leader reversion*: how a once-preferred product recaptures its standing. 2013. Disponível em: https://repository.library.georgetown.edu/handle/10822/707940?show=full. Acesso em: 13 mar. 2023; BLANCHARD, S.; CARLSON, K.; MELOY, M. *Biased predecisional processing of leading and nonleading alternatives*. 2014. Disponível em: https://doi.org/10.1177/0956797613512663. Acesso em: 13 mar. 2023; RUSSO, J.; CARLSON, K.; MELOY, M. *Choosing an inferior alternative*. 2006. Disponível em: http://dx.doi.org/10.1111/j.1467-9280.2006.01800.x. Acesso em: 13 mar. 2023; SIMON, D.; KRAWCZYK, D.; HOLYOAK, K. *Construction of preferences by constraint satisfaction.*" 2004. Disponível em: https://doi.org/10.1111/j.0956-7976.2004.00678.x. Acesso em: 13 mar. 2023; SIMON, D.; HOLYOAK, K. *Structural dynamics of cognition*: from consistency theories to constraint satisfaction. 2002. Disponível em: http://dx.doi.org/10.2139/ssrn.318722. Acesso em: 13 mar. 2023; e SIMON, D.; PHAM, L.; LEE, Q.; HOLYOAK, K. *The emergence of coherence over the course of decision making*. 2001. Disponível em: https://doi.org/10.1037/0278-7393.27.5.1250. Acesso em: 13 mar. 2023.

6   A pesquisa original é de FEENBERG, D.; GANGULI, I.; GAULÉ, P; GRUBER, J. *It's good to be first*: order bias in reading and citing NBER working papers. 2017. Disponível em: https://www.nber.org/papers/w21141. Acesso em: 13 mar. 2023. Veja também IRWIN, N. *How economists can be just as irrational as the rest of us*. 2015. Disponível em: http://nyti.ms/1N7iyXZ. Acesso em: 13 mar. 2023.

7   Este trabalho é descrito em URSU, R. *The power of rankings*: quantifying the effect of rankings on online consumer search and purchase decisions. 2018. Disponível em: https://doi.org/10.1287/mksc.2017.1072. Acesso em: 13 mar. 2023.

8   Acabamos de falar sobre os efeitos de ordem na escolha. Para ler uma tentativa mais ambiciosa de discutir uma gama maior de efeitos de ordem, veja BAR-HILLEL, M. Position *effects in choice from simultaneous displays*: a conundrum solved.

2015. Disponível em: https://doi.org/10.1177/1745691615588092. Acesso em: 13 mar. 2023. Seu autor desenvolveu alguns dos argumentos que uso aqui.

Há outras evidências para efeitos de atualidade, veja BRUINE DE BRUIN, W.; KEREN, G. *Order effects in sequentially judged options due to the direction of comparison.* 2003. Disponível em: https://doi.org/10.1016/S0749-5978(03)00080-3. Acesso em: 13 mar. 2023; BRUINE DE BRUIN, W. *Save the last dance for me*: unwanted serial position effects in jury evaluations. 2005. Disponível em: https://doi.org/10.1016/j.actpsy.2004.08.005. Acesso em: 13 mar. 2023; e BRUINE DE BRUIN, W. *Save the last dance II*: unwanted serial position effects in figure skating judgments. 2006. Disponível em: https://doi.org/10.1016/j.actpsy.2006.01.009. Acesso em: 13 mar. 2023.

Por fim, devemos notar que os termos *primazia e atualidade* têm sua origem em trabalhos sobre a memória que parecem semelhantes. Aqui, os pesquisadores estudaram o quão bem as pessoas aprendem uma lista de palavras ou dígitos quando os recebem um de cada vez e, em seguida, são solicitados a relembrá-los. Embora os termos sejam semelhantes, os resultados dessa literatura não são relevantes. Essas decisões são baseadas em informações (e gostos) que estão bem na frente do escolhedor e não dependem diretamente da memória. O trabalho com degustação de vinhos é descrito e a figura adaptada de MANTONAKIS, A.; RODERO, P.; LESSCHAEVE, I.; HASTIE, R. *Order in choice*: effects of serial position on preferences. 2009. Disponível em: http://dx.doi.org/10.1111/j.1467-9280.2009.02453.x. Acesso em: 13 mar. 2023.

9   ATALAY, A.; BODUR, H.; RASOLOFOARISON, D. *Shining in the center*: central gaze cascade effect on product choice. 2012. Disponível em: https://doi.org/10.1086/665984. Acesso em: 13 mar. 2023. Esse efeito parece ser mais forte para exibições verticais do que para horizontais, veja KIM, J.; HWANG, E.; PARK, J.; LEE, J.; PARK, J. *Position effects of menu item displays in consumer choices*: comparisons of horizontal versus vertical displays. 2018. Disponível em: http://dx.doi.org/10.1177/1938965518778234. Acesso em: 13 mar. 2023. Fortes efeitos da primazia são apresentados em NGUYEN, T.; ROBINSON, J.; KANEKO, S.; CHINH, N. *Examining ordering effects in discrete choice experiments*: a case study in Vietnam. 2015. Disponível em: https://doi.org/10.1016/j.eap.2015.01.003. Acesso em: 13 mar. 2023; e RAGHUBIR, P.; VALENZUELA, A. *Center-of-inattention*: position biases in decision-making. 2006. Disponível em: http://dx.doi.org/10.1016/j.obhdp.2005.06.001. Acesso em: 13 mar. 2023. Para ler sobre efeitos da primazia, veja também LI, Y.; EPLEY, N. *When the best appears to be saved for last*: serial position

effects on choice. 2009. Disponível em: https://doi.org/10.1002/bdm.638. Acesso em: 13 mar. 2023.

10   DRÈZE, X.; HOCH, S.; PURK, M. *Shelf management and space elasticity*. 1994. Disponível em: https://doi.org/10.1016/0022-4359(94)90002-7. Acesso em: 13 mar. 2023.

11   Para entender melhor o que é saliente, o designer pode observar o rastreamento ocular ou empregar algoritmos que analisam uma versão digital de uma imagem. Veja BARTELS, M. *How eye tracking can unlock consumer insights*. 2018. Disponível em: https://progressivegrocer.com/how-eye-tracking-can-unlock-consumer-insights. Acesso em: 13 mar. 2023; e CHANDON, P.; HUTCHINSON, J.; BRADLOW, E.; YOUNG, S. *Does in-store marketing work?* Effects of the number and position of shelf facings on brand attention and evaluation at the point of purchase. 2009. Disponível em: https://doi.org/10.1509/jmkg.73.6.1. Acesso em: 13 mar. 2023.

12   LYNCH, J.; ARIELY, D. *Wine online*: search costs affect competition on price, quality, and distribution. 2000. Disponível em: http://dx.doi.org/10.1287/mksc.19.1.83.15183. Acesso em: 13 mar. 2023; DIEHL, K. *When two rights make a wrong*: searching too much in ordered environments. 2005. Disponível em: https://doi.org/10.1509/jmkr.2005.42.3.313. Acesso em: 13 mar. 2023; e DIEHL, K.; KORNISH, L.; LYNCH, J. *Smart agents*: when lower search costs for quality information increase price sensitivity. 2003. Disponível em: https://doi.org/10.1086/374698. Acesso em: 13 mar. 2023.

13   Os detalhes podem ser encontrados em GLAZERMAN, S.; NICHOLS-BARRER, I.; VALANT, J.; CHANDLER, J.; BURNETT, A. *The choice architecture of school choice websites*. 2020. Disponível em: https://doi.org/10.1080/19345747.2020.1716905. Acesso em: 13 mar. 2023.

14   Steve Miller, que ensina em um seminário sobre a elaboração de cardápios e é presidente do Miller Resource Group, em Grafton, Massachusetts, citado em PANITZ, B. *Does Your Menu Attract or Repel Diners?* 2000. Disponível em: https://docplayer.net/39320682-Reading-between-the-lines-the-psychology-of-menu-design.html. Acesso em: 13 mar. 2023.

15   REYNOLDS, D.; MERRITT, E.; PINCKNEY, S. *Understanding menu psychology*: an empirical investigation of menu design and consumer response. 2005. Disponível em: https://doi.org/10.1300/J149v06n01_01. Acesso em: 13 mar. 2023. Outro exemplo mais contemporâneo é WATERS, M. *Meet the "menu engineers" helping restaurants*

retool during the pandemic. 2020. Disponível em: https://thehustle.co/meetthe-menu-engineers-helping-restaurants-retool-during-the-pandemic. Acesso em: 13 mar. 2023.

William Doerfler, o designer de cardápios, identificou a posição de poder como uma posição ideal na edição de novembro de 1978 do *Cornell Hotel and Restaurant Administration Quarterly*. Durante anos, os designers de cardápios trabalharam com a premissa de que o layout do cardápio afeta diretamente as vendas. Pesquisas concordantes nessa área, no entanto, têm sido esparsas. Para avaliar essa relação empiricamente, um experimento foi conduzido em uma lanchonete independente localizada em uma grande universidade do nordeste dos Estados Unidos. O primeiro tratamento integrou manipulações da localização dos preços em cardápios, mas não resultou em faturas totais médias significativamente diferentes. O segundo testou os efeitos de exibir itens específicos com mais destaque no cardápio. Novamente, ao contrário da hipótese, isso não afetou a probabilidade de os frequentadores comprarem qualquer um dos itens selecionados. Veja DOERFLER, W. Menu design for effective merchandising. *Cornell Hotel and Restaurant Administration Quarterly*, v. 19, n. 3, Nova York, 1978.

16   KINCAID, C.; CORSUN, D. *Are consultants blowing smoke?* An empirical test of the impact of menu layout on item sales. 2003. Disponível em: https://doi.org/10.1108/09596110310475685. Acesso em: 13 mar. 2023.

17   Ambas as figuras são de YANG, S. *Eye movements on restaurant menus*: a revisitation on gaze motion and consumer scanpaths. 2012. Disponível em: https://doi.org/10.1016/j.ijhm.2011.12.008. Acesso em: 13 mar. 2023.

18   DAYAN, E.; BAR-HILLEL, M. *Nudge to nobesity II*: menu positions influence food orders. 2011. Disponível em: http://dx.doi.org/10.1017/S1930297500001947. Acesso em: 13 mar. 2023. Mas lembre-se de que esses efeitos dependem da maneira como as pessoas alocam a atenção. Um cardápio não é como um bufê de saladas. Tornar as coisas difíceis de alcançar também as tornará menos populares. Rozin e colegas mostram que mudar a "acessibilidade" de alimentos diferentes em uma salada paga por peso de uma lanchonete que atende adultos no período do almoço muda a escolha dos alimentos. Deixar um alimento um pouco mais difícil de alcançar (variando sua proximidade em cerca de 25 cm) ou mudar o utensílio de servir (colher ou pinça) reduz modestamente, mas de forma consistente, a ingestão, na faixa de 8 a 16%, veja em ROZIN, P.; SCOTT, S.; DINGLEY, M.; URBANEK, J. *Nudge to nobesity I*: minor changes in accessibility decrease food intake. 2011. Disponível em: https://psycnet.apa.org/doi/10.1017/S1930297500001935. Acesso em: 13 mar. 2023. Para ler uma revisão recente de como os nudges afetam a alimentação, veja

CADARIO, R.; CHANDON, P. *Which healthy eating nudges work best?* A meta-analysis of behavioral interventions in field experiments. 2020. Disponível em: https://doi.org/10.1287/mksc.2018.1128. Acesso em: 13 mar. 2023.

Descrevendo opções

1   Para obter informações sobre *hypermiling*, veja GAFFNEY, D. *This guy can get 59 MPG in a plain old accord*. Beat that, punk. 2007. Disponível em: https://www.motherjones.com/politics/2007/01/guy-can-get-59-mpg-plain-old-accord-beat-punk. Acesso em: 13 mar. 2023; MOSKOWITZ, C. *Hypermiling*: driving tricks stretch miles per gallon. 2008. Disponível em: https://www.livescience.com/5031-hypermiling-driving-tricks-stretch-miles-gallon.html. Acesso em: 13 mar. 2023. A quilometragem do Honda de Cardona é do U.S. DEPARTMENT OF ENERGY. *Gas mileage of 2008 Honda Civic*. Disponível em: https://www.fueleconomy.gov/feg/bymodel/2008_Honda_Civic.shtml. Acesso em: 13 mar. 2023. A pesquisa é descrita e a figura é baseada em LARRICK, R.; SOLL, J. *The MPG illusion*. 2008. Disponível em: http://dx.doi.org/10.1126/science.1154983. Acesso em: 13 mar. 2023.

2   Adaptado de https://www.epa.gov/sites/production/files/styles/large/public/2016-08/label_pre2008_650_0.gif. Acesso em: [s/d].

3   Isso é demonstrado em UNGEMACH, C.; CAMILLERI, A.; JOHNSON, E.; LARRICK, R.; WEBER, E. *Translated attributes*: aligning consumers' choices and goals through signposts. 2014. Disponível em: https://doi.org/10.1287/mnsc.2016.2703. Acesso em: 13 mar. 2023.

4   Esse exemplo foi extraído do Estudo 2 de HARDISTY, D., JOHNSON, E.; WEBER, E. *A dirty word or a dirty world?* Attribute framing, political affiliation, and query theory. 2010. Disponível em: http://dx.doi.org/10.1177/0956797609355572. Acesso em: 13 mar. 2023. Essas diferenças costumam ser descritas como aversão à perda – a observação de que as pessoas têm um horror maior de perdas do apreciam ganhos equivalentes. No entanto, a aversão à perda é mais um rótulo para a observação do que uma explicação. A teoria da consulta complementa a explicação tradicional da aversão à perda ao envolver a recuperação da memória como um processo essencial, veja em WALL, D.; CROOKES, R.; JOHNSON, E.; WEBER, E. *Risky choice frames shift the structure and emotional valence of internal arguments*: a query theory account of the unusual disease problem. 2020. Disponível em: http://journal.sjdm.

org/20/200604a/jdm200604a.pdf. Acesso em: 13 mar. 2023.

5   A figura e os resultados são de DOWRAY, S.; SWARTZ, J.; BRAXTON, D.; VIERA, A. *Potential effect of physical activity-based menu labels on the calorie content of selected fast-food meals.* 2013. Disponível em: https://doi.org/10.1016/j.appet.2012.11.013. Acesso em: 13 mar. 2023. Tomei conhecimento desse conjunto de pesquisas pela primeira vez em um verbete do *Decision Science News*. Veja ANTONELLI, R.; VIERA, A. *Potential effect of physical activity calorie equivalent (PACE) labeling on adult fast-food ordering and exercise.* 2015. Disponível em: https://doi.org/10.1371/journal.pone.0134289. Acesso em: 13 mar. 2023; DEERY, C.; HALES, D.; VIERA, L.; LIN, F.; LIU, Z.; OLSSON, E.; GRAS-NAJJAR, J. et al. *Physical activity calorie expenditure (PACE) labels in worksite cafeterias*: effects on physical activity. 2019. Disponível em: https://doi.org/10.1186/s12889-019-7960-1. Acesso em: 13 mar. 2023; e LONG, M.; TOBIAS, D.; CRADOCK, A.; BATCHELDER, H.; GORTMAKER, S. *Systematic review and meta-analysis of the impact of restaurant menu calorie labeling.* 2015. Disponível em: https://doi.org/10.2105/ajph.2015.302570. Acesso em: 13 mar. 2023.

6   Muitas contas de serviços públicos (como TV a cabo, internet, eletricidade e telefone) fazem o oposto; fornecem muitos atributos para um único objetivo: o escolhedor se preocupa com o preço total de um mês de serviço, mas acompanhado desse preço existe uma série de componentes, como taxas obrigatórias de franquia da TV a cabo ou de manutenção. Como elas não atendem a um objetivo diferente, o escolhedor prefere ver apenas o preço total. O provedor pode ter o objetivo razoável de comunicar o valor dessas taxas, mas adicioná-las torna o total menos óbvio e, a menos que o escolhedor perceba que todas elas são idênticas, as taxas listadas desencorajam a comparação entre elas. Veja THALER, R.; JOHNSON, E. *Gambling with the house money and trying to break even*: the effects of prior outcomes on risky choice. 1990. Disponível em: http://dx.doi.org/10.1287/mnsc.36.6.643. Acesso em: 13 mar. 2023; GABAIX, X.; LAIBSON, D. *Shrouded attributes, consumer myopia, and information suppression in competitive markets.* 2006. Disponível em: https://pages.stern.nyu.edu/~xgabaix/papers/shrouded.pdf. Acesso em: 13 mar. 2023; MORWITZ, V.; GREENLEAF, E.; JOHNSON, E. *Divide and prosper*: consumers' reactions to partitioned prices. 1998. Disponível em: https://doi.org/10.2307/3152164. Acesso em: 13 mar. 2023; e GREENLEAF, E.; JOHNSON, E.; MORWITZ, V.; SHALEV, E. *The price does not include additional taxes, fees, and surcharges*: a review of research on partitioned pricing. 2016. Disponível em: https://doi.org/10.1016/j.jcps.2015.04.006. Acesso em: 13 mar. 2023.

7   Veja O'DONOVAN, C. *An invisible rating system at your favorite chain restaurant is costing your server*. 2018. Disponível em: https://www.buzzfeednews.com/article/carolineodonovan/ziosk-presto-tabletop-tablet-restaurant-rating-servers#.ygDPa9EW2. Acesso em: 13 mar. 2023; DESHONG, T. *Do drivers think you're a 'Ridezilla'?* Better check your uber rating. 2019. Disponível em: https://www.washingtonpost.com/lifestyle/do-drivers-think-youre-a-ridezilla-better-check-your-uber-rating/2019/07/18/8b441588-a291-11e9-b732-41a79c2551bf_story.html. Acesso em: 13 mar. 2023; SHABAN, H. *Uber will ban passengers with low ratings*. 2019. Disponível em: https://www.washingtonpost.com/technology/2019/05/29/uber-will-ban-passengers-with-low-ratings. Acesso em: 13 mar. 2023; e COOK, J. *Uber's internal charts show how its driver-rating system actually* works. 2015. Disponível em: https://www.businessinsider.com/leaked-charts-show-how-ubers-driver-rating-system-works-2015-2?op=1. Acesso em: 13 mar. 2023.

8   A forma correta de calcular isso é dada pela fórmula (log(2)/log(1 +(taxa de juros)/100). Mas há um truque que gera um resultado bastante próximo, chamado de *regra de 72*. Para descobrir quanto tempo demora para dobrar uma quantia à taxa de juros r, 10 no exemplo em questão, simplesmente divida 72 por r. Portanto, 72/10 em nosso exemplo significa que o dinheiro dobrará em 7,2 anos. Em 7,2 anos, você terá 20 mil dólares. Isso significa que em 45 anos o dinheiro dobrará 6,2 vezes, ou totalizará 760 mil dólares, uma aproximação bastante precisa. Quando aplico esse experimento em meus alunos de MBA, cerca de 10% daqueles que acertam usam esta regra de 72.

9   Essa é uma área bastante bem explorada, mas isso não significa que as pessoas tenham mudado a forma como apresentam os custos dos empréstimos. Um dos primeiros artigos experimentais (EISENSTEIN, E.; HOCH, S. *Intuitive compounding*: framing, temporal perspective, and expertise. 2008. Disponível em: https://www.researchgate.net/publication/240631477_Intuitive_Compounding_Framing_Temporal_Perspective_and_Expertise. Acesso em: 13 mar. 2023) foi seguido por meio de uma análise de dados de pesquisas governamentais (o Survey of Consumer Finances), pelo estudo de Stango e Zinman (STANGO, V.; ZINMAN, J. *Exponential growth bias and household* finance. 2009. Disponível em: https://doi.org/10.1111/j.1540-6261.2009.01518.x. Acesso em: 13 mar. 2023), o qual tem uma amostra representativa *e* um retrato do "balanço" demográfico e financeiro do agregado familiar em questão. O artigo também fornece uma boa história desse tópico. A incapacidade de entender as taxas de juros é importante. Todas essas relações são correlacionais, mas preocupantes. As famílias que cometem erros maiores tendem a ter menos ações (o

que significa, segundo a teoria econômica, um crescimento menor de seus ativos no longo prazo) e têm mais dívidas de curto prazo. O viés também é maior para afrodescendentes e mulheres, mesmo quando ajustes são introduzidos para coisas óbvias como educação e patrimônio atual.

Outros artigos relevantes incluem SOLL, J.; KEENEY, R.; LARRICK, R. *Consumer misunderstanding of credit card use, payments, and debt*: causes and solutions. 2013. Disponível em: http://dx.doi.org/10.1509/jppm.11.061. Acesso em: 13 mar. 2023; SONG, C. Financial illiteracy and pension contributions: a field experiment on compound interest in China. 2020. Disponível em: https://doi.org/10.1093/rfs/hhz074. Acesso em: 13 mar. 2023; e McKENZIE, C.; LIERSCH, M. *Misunderstanding savings growth: implications* for retirement savings behavior. 2011. Disponível em: http://dx.doi.org/10.2307/23033461. Acesso em: 13 mar. 2023.

10   A descrição da conquista de Kipchoge encontra-se em KEH, A. *Eliud Kipchoge breaks two-hour marathon barrier*. 2019. Disponível em: https://www.nytimes.com/2019/10/12/sports/eliud-kipchoge-marathon-record.html. Acesso em: 13 mar. 2023; POPE, D.; SIMONSOHN, U. *Round numbers as goals*. 2011. Disponível em: https://doi.org/10.1177/0956797610391098. Acesso em: 13 mar. 2023; e HEATH, C.; LARRICK, R.; WU, G. *Goals as reference points*. 1999. Disponível em: http://dx.doi.org/10.2139/ssrn.2523510. Acesso em: 13 mar. 2023. A figura e os resultados das maratonas são de ALLEN, E.; DECHOW, P.; POPE, D.; WU, G. *Reference-dependent preferences:* evidence from marathon runners. 2016. Disponível em: https://doi.org/10.1287/mnsc.2015.2417. Acesso em: 13 mar. 2023.

11   INSTITUTE FOR SUSTAINABLE INFRASTRUCTURE. *Envision Version 2.0*: a Rating System for Sustainable Infrastructure. 2012. Disponível em: https://sustainable-infrastructure-tools.org/tools/envision-rating-system. Acesso em: 13 mar. 2023. SHEALY, T.; KLOTZ, L.; e WEBER, E.; JOHNSON, E.; BELL, R. *Using framing effects to inform more sustainable infrastructure design decisions*. 2016. Disponível em: http://dx.doi.org/10.1061/(ASCE)CO.1943-7862.0001152. Acesso em: 13 mar. 2023.

12   BEKO. *Freestanding 7kg condenser tumble dryer DCX71100*. Disponível em: https://www.beko.co.uk/7kg-condenser-tumble-dryer-dcx71100-silver-white. Acesso em: 13 mar. 2023.

13   MUSICUS, A.; MORAN, A.; LAWMAN, H.; ROBERTO, C. *Online randomized controlled trials of restaurant sodium warning labels*. 2019. Disponível em: https://doi.org/10.1016/j.amepre.2019.06.024. Acesso em: 13 mar. 2023.

14   Veja REYES, M.; GARMENDIA, M.; OLIVARES, S.; AQUEVEQUE, C.; ZACARÍAS, I.; CORVALÁN, C. *Development of the chilean front-of-package food warning label*. 2019. Disponível em: https://doi.org/10.1186/s12889-019-7118-1. Acesso em: 13 mar. 2023; e TAILLIE, L.; REYES, M.; e COLCHERO, M.; POPKIN, B.; CORVALÁN, C. *An evaluation of chile's law of food labeling and advertising on sugar-sweetened beverage purchases from 2015 to 2017*: a before-and-after study. 2020. Disponível em: https://doi.org/10.1371/journal.pmed.1003015. Acesso em: 13 mar. 2023.

15   THE WHITE HOUSE. *President Trump's Energy Independence Policy*. 2017. Disponível em: https://trumpwhitehouse.archives.gov/briefings-statements/president-trumps-energy-independence-policy. Acesso em: 13 mar. 2023. Para ler uma discussão sobre esse assunto, veja PETERS, E.; VÄSTFJÄLL, D.; SLOVIC, P.; MERTZ, C.; MAZZOCCO, K.; DICKERT, S. *Numeracy and decision making*. 2006. Disponível em: https://doi.org/10.1111/j.1467-9280.2006.01720.x. Acesso em: 13 mar. 2023; e JOHNSON, E.; SHU, S; DELLAERT, B.; FOX, C.; GOLDSTEIN, D.; HÄUBL, G.; LARRICK, R. et al. *Beyond nudges*: tools of a choice architecture. 2012. Disponível em: http://dx.doi.org/10.1007/s11002-012-9186-1. Acesso em: 13 mar. 2023. Veja também PETERS, E. *Innumeracy in the wild*: misunderstanding and misusing numbers. Oxford: Oxford University Press, 2020.

Construindo mecanismos de escolha

1   HARDWICK, J. *Top 100 Most Visited Websites (US and Worldwide)*. 2020. Disponível em: https://ahrefs.com/blog/most-visited-websites. Acesso em: 13 mar. 2023.

2   CARR, D. *Giving viewers what they want*. 2013. Disponível em: https://www.nytimes.com/2013/02/25/business/media/for-house-of-cards-using-big-data-to-guarantee-its-popularity.html. Acesso em: 13 mar. 2023.

3   McALONE, N. *The exec who replaced Netflix's 5-star rating system with "thumbs up, thumbs down" explains why*. 2017. Disponível em: https://finance.yahoo.com/news/netflix-replaced-5-star-rating-130000006.html. Acesso em: 13 mar. 2023.

4   CIANCUTTI, J. *Does Netflix add content based on your searches?* 2012. Disponível em: https://www.quora.com/Netflix-product/Does-Netflix-add-content-based-on-your-searches/answer/John-Ciancutti. Acesso em: 13 mar. 2023.

5   GOMEZ-URIBE, C.; HUNT, N. *The Netflix recommender system*: algorithms, business value, and innovation. 2015. Disponível em: https://doi.org/10.1145/2843948. Acesso em: 13 mar. 2023; e CARR, D. 2013.

6   São precisos, por exemplo, grandes bancos de dados de comportamento de usuários para realizar a filtragem colaborativa, bem como um grande banco de dados que descreva as características das opções de filtros baseados em conteúdo. Uma empresa nova talvez tenha um desses bancos de dados, mas não o outro; no entanto, pode desenvolver tipos de dados novos à medida que o negócio cresce.

7   GIOVANELLI, J.; CURRAN, E. *Efforts to support consumer enrollment decisions using total cost estimators*: lessons from the Affordable Care Act's marketplaces. 2017. Disponível em: https://www.commonwealthfund.org/publications/issue-briefs/2017/feb/efforts-support-consumer-enrollment-decisions-using-total-cost. Acesso em: 13 mar. 2023. BARNES, A.; HANOCH, Y.; RICE, T.; LONG, S. *Moving beyond blind men and elephants*: providing total estimated annual costs improves health insurance decision making. 2016. Disponível em: https://doi.org/10.1177/1077558716669210. Acesso em: 13 mar. 2023.

8   PICWELL. *About Picwell*. 2020. Disponível em: https://www.picwell.com/about. Acesso em: 13 mar. 2023. Transparência total: atualmente não tenho nenhuma afiliação com a Picwell, embora tenha prestado serviços de consultoria a ela na época de sua fundação. Não possuo interesse financeiro nessa empresa.

9   Chien e Morris (CHIEN, Y.; MORRIS, P. *Household participation in stock market varies widely by state*. 2017. Disponível em: https://www.stlouisfed.org/~/media/publications/regional-economist/2017/third_quarter_2017/stock_market.pdf. Acesso em: 13 mar. 2023) e muitos outros documentam a diferença nos retornos e a falta de participação. Ela parece variar sistematicamente. Além dos efeitos da riqueza, pessoas com menos conexões sociais investem menos em ações, e alguns estados são sistematicamente piores do que outros, mesmo quando ajustes são feitos para levar em conta fatores como renda e riqueza. Os habitantes de Nevada, por exemplo, são muito menos propensos a ter ações em carteira do que os de Vermont.

10   Essas páginas foram editadas em 17 e 30 de junho de 2020, de acordo com o site, e acessadas em 12 de setembro de 2020. As datas são importantes. Após o suicídio de Kearns e a polêmica em torno dos eventos no início de 2021, elas foram radicalmente alteradas para ser mais completas e complexas.

11   A mecânica de como as transações são feitas é bastante complexa. O formador de mercado pode vender a ação por um preço um pouco mais alto, digamos 100,01 dólares, e comprar por um preço um pouco mais baixo, digamos 99,99 dólares. Nesse caso, o *spread* é 0,02 dólar. Parece pouco, mas mais de 200 milhões de ações podem mudar de mãos em um dia e, se o *spread* for de 0,02 dólar, os formadores de mercado podem receber 4 milhões de dólares apenas naquela data. Esse dinheiro é dividido entre o fabricante, o varejista (como a Robinhood) e o cliente. O que isso significa para os clientes é complexo, mas o que está claro é que esse acordo significa que a Robinhood (e, potencialmente, outras corretoras sem comissão) ganha mais dinheiro quanto mais você negociar ações e mais ainda se você negociar opções.

Nem todo mundo recebe um pagamento pelo fluxo de pedidos. A Fidelity Investments repassa toda a sua parcela do *spread* para seus clientes, e no Reino Unido os pagamentos por fluxo de pedidos são proibidos pela Autoridade de Conduta Financeira.

12   POPPER, N.; DE LA MERCED, M. *Robinhood pays $65 million fine to settle charges of misleading customers.* 2020. Disponível em: https://www.nytimes.com/2020/12/17/business/robinhood-sec-charges.html. Acesso em: 13 mar. 2023.

13   Assim como acontece em muitas empresas de serviços financeiros, é preciso ser certificado pela Robinhood para negociar certos tipos de opções, mas uma simples declaração de que você tem experiência na negociação de opções costuma bastar para obter a certificação, e a aprovação pode acontecer em menos de 10 minutos.

14   HOLLADAY, B. *Alexander Kearns remembered by UNL community as positive, always willing to help.* 2020. Disponível em: http://www.dailynebraskan.com/news/alexander-kearns-remembered-by-unl-community-as-positive-always-willing-to-help/article_774332ec-b575-11ea-80de-6f15d51a3087.html. Acesso em: 13 mar. 2023.

15   Alexander Kearns tirou a própria vida em 12 de junho de 2020. Os executivos do Robinhood explicaram que ficaram pessoalmente angustiados com a morte dele, fizeram uma contribuição de 250 mil dólares para um fundo de prevenção ao suicídio e disseram que estavam "considerando critérios adicionais e informações para usuários que buscam autorização nível 3 para negociar opções para ajudar a garantir que eles entendam a negociação mais sofisticada de opções". Eles também afirmaram que iriam melhorar as informações oferecidas, expandir seu conteúdo informativo relacionado a opções e que estavam "trabalhando em mudanças na interface com o usuário".

16   Isso foi bem relatado em POPPER, N. *Robinhood has lured young traders, sometimes with devastating results*. 2020. Disponível em: https://www.nytimes.com/2020/07/08/technology/robinhood-risky-trading.html. Acesso em: 13 mar. 2023. Para estudos que relacionam negociação e resultados, veja também BARBER, B.; LEE, Y.; LIU, Y.; ODEAN, T. *The cross-section of speculator skill*: evidence from day trading. 2014. Disponível em: https://doi.org/10.1016/j.finmar.2013.05.006. Acesso em: 13 mar. 2023; e CHOY, S. *Retail clientele and option returns*. 2015. Disponível em: https://doi.org/10.1016/j.jbankfin.2014.11.004. Acesso em: 13 mar. 2023. O efeito das ações com maior variação está documentado em BARBER, B.; HUANG, X.; ODEAN, T.; SCHWARZ, C. *Attention induced trading and returns*: evidence from Robinhood users. 2020. Disponível em: https://dx.doi.org/10.2139/ssrn.3715077. Acesso em: 13 mar. 2023.

17   Adaptado de FIVETHIRTYEIGHT. *2016 election forecast*. Disponível em: https://projects.fivethirtyeight.com/2016-election-forecast. Acesso em: 13 mar. 2023.

18   Os mesmos dados da figura anterior redistribuídos em forma de um gráfico de densidade de pontos, formato adotado pelo FiveThirtyEight.com para as eleições de 2020.

19   Gráfico adaptado de resultados simulados para 2016 usando gráficos de THE ECONOMIST. *Forecasting the US elections*. 2020. Disponível em: https://projects.economist.com/us-2020-forecast/president. Acesso em: 13 mar. 2023.

20   Tive a sorte de estar envolvido em um aspecto desse trabalho. Mostramos que as estimativas de risco geradas por essa técnica são confiáveis e funcionaram melhor na previsão das carteiras de ações das pessoas em SHARPE, W.; GOLDSTEIN, D.; BLYTHE, P. *The distribution builder*: a tool for inferring investor preferences. 2000. Disponível em: http://web.stanford.edu/~wfsharpe/art/qpaper/qpaper.pdf. Acesso em: 13 mar. 2023.

Talvez a parte mais importante da ideia de Goldstein e Sharpe seja que as pessoas poderiam construir distribuições de resultados para expressar suas preferências pelo risco. Concentro-me aqui na segunda fase: experimentar os resultados. Para outros testes e aplicações, veja também HOFMAN, J.; GOLDSTEIN, D.; HULLMAN, J. *How visualizing inferential uncertainty can mislead readers about treatment effects in scientific results*. 2020. Disponível em: https://doi.org/10.1145/3313831.3376454. Acesso em: 13 mar. 2023; KAUFMANN, C.; WEBER, M.; HAISLEY, E. *The role of experience sampling and graphical displays on one's investment risk appetite*. 2013. Disponível em: https://doi.org/10.1287/mnsc.1120.1607. Acesso em: 13 mar. 2023; e GOL-

DSTEIN, D.; ROTHSCHILD, D. *Lay understanding of probability distributions*. 2014. Disponível em: http://journal.sjdm.org/13/131029/jdm131029.pdf. Acesso em: 13 mar. 2023.

21 Veja HOFMAN, J.; GOLDSTEIN, D.; HULLMAN, J. *How visualizing inferential uncertainty can mislead readers about treatment effects in scientific results*. 2020. Disponível em: https://doi.org/10.1145/3313831.3376454. Acesso em: 13 mar. 2023; KAUFMANN, C.; WEBER, M.; HAISLEY, E. *The role of experience sampling and graphical displays on one's investment risk appetite*. 2013. Disponível em: https://doi.org/10.1287/mnsc.1120.1607. Acesso em: 13 mar. 2023; e HULLMAN, J.; RESNICK, P.; ADAR, E. *Hypothetical outcome plots outperform error bars and violin plots for inferences about reliability of variable ordering*. 2015. Disponível em: https://doi.org/10.1371/journal.pone.0142444. Acesso em: 13 mar. 2023.

22 RUGINSKI, I.; BOONE, A.; LIU, L.; HEYDARI, N.; KRAMER, H.; HEGARTY, M. *et al. Non-expert interpretations of hurricane forecast uncertainty visualizations*. 2016. Disponível em: http://dx.doi.org/10.1080/13875868.2015.1137577. Acesso em: 13 mar. 2023; MEYER, R.; BROAD, K.; ORLOVE, B.; PETROVIC, N. *Dynamic simulation as an approach to understanding hurricane risk response*: insights from the Stormview Lab. 2013. Disponível em: https://doi.org/10.1111/j.1539-6924.2012.01935.x. Acesso em: 13 mar. 2023; e MEYER, R.; BAKER, J.; BROAD, K.; CZAJKOWSKI, J.; ORLOVE, B. *The dynamics of hurricane risk perception*: real-time evidence from the 2012 Atlantic Hurricane Season. 2014. Disponível em: https://doi.org/10.1175/BAMS-D-12-00218.1. Acesso em: 13 mar. 2023. O gráfico-espaguete é adaptado de https://www.weathernerds.org/tc_guidance/images/AL19_2020091318_ECENS_0-120h_large.png, disponível em Weathernerds.org. Acesso em: 16 jun. 2023.

Tornando-nos melhores arquitetos da escolha

1 ROGERS, S. *How a publicity blitz caused the myth of subliminal advertising*. 1992. Disponível em: http://www.repiev.ru/doc/subliminal.pdf. Acesso em: 13 mar. 2023; SALSA, R. *Subliminal advertising doesn't exist*. 2020. Disponível em: https://medium.com/better-marketing/subliminal-advertising-doesnt-exist-d67c0249d646. Acesso em: 13 mar. 2023. SMITH, C.; GOLDSTEIN, D.; JOHNSON, E. *Choice without awareness*: ethi-

cal and policy implications of defaults. 2013. Disponível em: https://doi.org/10.1509/jppm.10.114. Acesso em: 13 mar. 2023.

2   NICHOLS, S. *Experimental philosophy and the problem of free will.* 2011. Disponível em: http://dx.doi.org/10.1126/science.1192931. Acesso em: 13 mar. 2023. NICHOLS, S.; KNOBE, J. *Moral responsibility and determinism*: the cognitive science of folk intuitions. 2007. Disponível em: http://dx.doi.org/10.1111/j.1468-0068.2007.00666.x. Acesso em: 13 mar. 2023.

3   Você pode ver o vídeo com sugestões e a versão sem sugestões nos materiais suplementares de PAILHÈS, A.; KUHN, G. *Influencing choices with conversational primes*: how a magic trick unconsciously influences card choices. 2020. Disponível em: http://dx.doi.org/10.1073/pnas.2000682117. Acesso em: 13 mar. 2023. Estes são de PAILHÈS, A. *Mental priming force.* 2020. Disponível em: osf.io/2z6rw. Acesso em: 13 mar. 2023.

4   Ainda não existe metanálise formal, mas há muitos estudos cujos resultados são consistentes com essa ideia.

5   DHINGRA, N.; GORN, Z.; KERNER, A.; DANA, J. *The default pull*: an experimental demonstration of subtle default effects on preferences. 2012. Disponível em: http://dx.doi.org/10.1017/S1930297500001844. Acesso em: 13 mar. 2023. Para obter uma introdução ao uso de jogos para estudar preferências, veja HENRICH, J.; BOYD, R.; BOWLES, S.; CAMERER, C.; FEHR, E.; GINTIS, H. *Foundations of human sociality*: economic experiments and ethnographic evidence from fifteen small-scale societies. 2004. Disponível em: http://dx.doi.org/10.1093/0199262055.001.0001. Acesso em: 13 mar. 2023. No estudo da Penn, os entrevistados fizeram 4 divisões. Estou falando do efeito da primeira opção-padrão, mas os demais ensaios mostraram efeitos semelhantes.

6   BANG, H.; Suzanne B.; WEBER, E. *The role of perceived effectiveness on the acceptability of choice architecture.* 2018. Disponível em: https://doi.org/10.1017/bpp.2018.1. Acesso em: 13 mar. 2023. Esses pesquisadores realmente fizeram as pessoas experimentarem os efeitos. Por exemplo, elas avaliaram a carne moída duas vezes, uma vez descrita como uma porcentagem de gordura e, mais tarde, como uma porcentagem de carne magra. Mesmo após ver os dois rótulos e que o efeito ocorria em seus próprios casos, achavam que os outros seriam mais afetados.

7   BRUNS, H.; KANTOROWICZ-REZNICHENKO, E.; KLEMENT, K.; LUISTRO JONSSON, M.; RAHALI, B. *Can nudges be transparent and yet effective?* 2018. Disponível em: https://doi.org/10.1016/j.joep.2018.02.002. Acesso em: 13 mar.

2023. Veja também LOEWENSTEIN, G.; BRYCE, C.; HAGMANN, D.; RAJPAL, S. *Warning*: you are about to be nudged. 2015. Disponível em: https://www.cmu.edu/dietrich/sds/docs/loewenstein/WarningAboutNudged.pdf. Acesso em: 13 mar. 2023. O relatório da Câmara dos Lordes está em HOUSE OF LORDS. *Behavior change*. 2011. Disponível em: https://publications.parliament.uk/pa/ld201012/ldselect/ldsctech/179/179.pdf. Acesso em: 13 mar. 2023.

8   Nem todo mundo desconhece. Fui ao show mais recente de Derren Brown na Broadway com Elke Weber e dois amigos que têm conhecimentos sofisticados sobre ilusionismo, Barbara Mellers e Phil Tetlock. Bárbara é uma ilusionista e faz parte da Irmandade dos Mágicos. Ela sabe como as ilusões funcionam. Elke e eu ficamos fascinados por Brown e, na melhor das hipóteses, tivemos uma vaga ideia de como o truque era feito. Phil e Barbara ficaram menos impressionados, pois sabiam como a ilusão acontecia. Não é de admirar que a Irmandade dos Mágicos tenha um código rígido de não compartilhamento.

9   REISCH, L.; SUNSTEIN, C. *Do Europeans like nudges?* 2016. Disponível em: https://papers.ssrn.com/sol3/papers.cfm?abstract_id=2739118. Acesso em: 13 mar. 2023; e SUNSTEIN, C.; REISCH, L.; RAUBER, J. *A world-wide consensus on nudging?* Not quite, but almost. 2018. Disponível em: https://doi.org/10.1111/rego.12161. Acesso em: 13 mar. 2023.

10   Os experimentos foram feitos por um grupo em Stanford e Hong Kong, veja ZLATEV, J.; DANIELS, D.; KIM, H.; NEALE, M. *Default neglect in attempts at social influence*. 2017. Disponível em: http://dx.doi.org/10.1073/pnas.1712757114. Acesso em: 13 mar. 2023. O trabalho adicional, usando outros contextos, não mostrou negligência total das opções-padrão; cerca de 69% dos entrevistados escolheram a opção-padrão. Veja em JUNG, M.; SUN, C.; NELSON, L. *People can recognize, learn, and apply default effects in social influence*. 2018. Disponível em: https://doi.org/10.1073/pnas.1810986115. Acesso em: 13 mar. 2023. Veja também ZLATEV, J.; DANIELS, D.; KIM, H.; NEALE, M. *Default neglect in attempts at social influence*. 2017. Disponível em: http://dx.doi.org/10.1073/pnas.1712757114. Acesso em: 13 mar. 2023.

Para outros exemplos de negligência da opcão-padrão, veja ROBINSON, C.; PONS, G.; DUCKWORTH, A.; ROGERS, T. *Some middle school students want behavior commitment devices (but take-up does not affect their behavior)*. 2018. Disponível em: https://doi.org/10.3389/fpsyg.2018.00206. Acesso em: 13 mar. 2023; e BERGMAN, P.; LASKY-FINK, J.; ROGERS, T. *Simplification and defaults affect adoption and impact of technology, but decision makers do not realize it*. 2020. Disponível em: https://doi.org/10.1016/j.obhdp.2019.04.001. Acesso em: 13 mar. 2023.

11   Este resultado está descrito em BROWN, J.; KAPTEYN, A.; MITCHELL, O. *Framing effects and social security claiming behavior*. 2011. Disponível em: https://www.nber.org/papers/w17018. Acesso em: 13 mar. 2023.

12   O estudo original é de HALPERN, S., LOEWENSTEIN, G.; VOLPP, K.; COONEY, E.; VRANAS, K.; QUILL, C. et al. *Default options in advance directives influence how patients set goals for end-of-life care*. 2013. Disponível em: https://doi.org/10.1377/hlthaff.2012.0895. Acesso em: 13 mar. 2023. O resultado foi amplamente replicado em HALPERN, S.; SMALL, D.; TROXEL, A.; COONEY, E.; BAYES, B.; CHOWDHURY, M. et al. *Effect of default options in advance directives on hospital-free days and care choices among seriously ill patients*. 2020. Disponível em: https://doi.org/10.1001/jamanetworkopen.2020.1742. Acesso em: 13 mar. 2023. A fonte das estatísticas sobre a frequência das diretrizes antecipadas é de YADAV, K.; GABLER, N.; COONEY, E.; KENT, S.; KIM, J.; HERBST, N. et al. *Approximately one in three US adults completes any type of advance directive for end-of-life care*. 2017. Disponível em: https://doi.org/10.1377/hlthaff.2017.0175. Acesso em: 13 mar. 2023. As evidências do desejo de cuidados paliativos foram extraídas de FRIED, T.; BRADLEY, E.; TOWLE, V.; ALLORE, H. *Understanding the treatment preferences of seriously ill patients*. 2002. Disponível em: https://doi.org/10.1056/nejmsa012528. Acesso em: 13 mar. 2023.

13   MATHUR, A.; ACAR, G.; FRIEDMAN, M.; LUCHERINI, E.; MAYER, J.; CHETTY, M.; NARAYANAN, A. *Dark patterns at scale*: findings from a crawl of 11K shopping websites. 2019. Disponível em: https://doi.org/10.1145/3359183. Acesso em: 13 mar. 2023; VALENTINO-DEVRIES, J. *How e-commerce sites manipulate you into buying things you may not want*. 2019. Disponível em: https://www.nytimes.com/2019/06/24/technology/e-commerce-dark-patterns-psychology.html. Acesso em: 13 mar. 2023. BRIGNULL, H. *Dark patterns*: inside the interfaces designed to trick you. 2013. Disponível em: https://www.theverge.com/2013/8/29/4640308/dark-patterns-inside-the-interfaces-designed-to-trick-you. Acesso em: 13 mar. 2023.

14   OBAR, J.; OELDORF-HIRSCH, A. *The biggest lie on the internet*: ignoring the Privacy Policies and Terms of Service Policies of social networking services. 2016. Disponível em: http://dx.doi.org/10.2139/ssrn.2757465. Acesso em: 13 mar. 2023.

15   EMPSON, R. *Practice fusion continues to reach beyond digital health records, adds free expense tracking to new booking engine*. 2013. Disponível em: https://techcrunch.com/2013/05/22/practice-fusion-continues-to-reach-beyond-digital-health-records-adds-free-expense-tracking-to-new-booking-engine. Acesso em: 13 mar. 2023. U.S. DEPARTMENT OF JUSTICE. *United States of America v. Practice Fusion, Inc.*,

no. 2:20-cr-00011 (United States District Court for the District of Vermont). 2020. Disponível em: https://www.justice.gov/usao-vt/press-release/file/1488141/download. Acesso em: 13 mar. 2023.

16   U.S. DEPARTMENT OF JUSTICE. 2020; U.S. U.S. DEPARTMENT OF HEALTH AND HUMAN SERVICES. *Checklist for prescribing opioids for chronic pain.* 2016. Disponível em: https://www.cdc.gov/drugoverdose/pdf/pdo_checklist-a.pdf. Acesso em: 13 mar. 2023; COURT, E. *Health-records company pushed opioids to doctors in secret deal with drugmaker.* 2020. Disponível em: https://www.bloomberg.com/news/articles/2020-01-29/health-records-company-pushed-opioids-to-doctors-in-secret-deal. Acesso em: 13 mar. 2023; LOPEZ, G. *Purdue Pharma pleads guilty to criminal charges in $8 billion settlement with the Justice Department.* 2020. Disponível em: https://www.vox.com/2020/10/21/21526868/purdue-pharma-oxycontin-opioid-epidemic--department-of-justice. Acesso em: 13 mar. 2023; EMPSON, 2013; FARZAN, A. *A tech company gave doctors free software — rigged to encourage them to prescribe opioids, prosecutors say.* 2020. Disponível em: https://www.washingtonpost.com/nation/2020/01/28/pioid-kickback-software/. Acesso em: 13 mar. 2023.

17   SANTISTEVAN, J.; SHARP, B.; HAMEDANI, A.; FRUHAN, S.; LEE, A.; PATTERSON, B. *By default*: the effect of prepopulated prescription quantities on opioid prescribing in the Emergency Department. 2018. Disponível em: http://dx.doi.org/10.5811/westjem.2017.10.33798. Acesso em: 13 mar. 2023; DELGADO, M.; SHOFER, F.; PATEL, M.; HALPERN, S.; EDWARDS, C.; MEISEL, Z.; PERRONE, J. *Association between electronic medical record implementation of default opioid prescription quantities and prescribing behavior in two emergency departments.* 2018. Disponível em: https://doi.org/10.1007/s11606-017-4286-5. Acesso em: 13 mar. 2023; CROTHERS, G.; EDWARDS, D.; EHRENFELD, J. ; WOO, E.; MCCLUGGAGE L.; LOBO, B. *Evaluating the impact of auto-calculation settings on opioid prescribing at an academic medical center.* 2019. Disponível em: https://doi.org/10.1016/j.jcjq.2019.02.010. Acesso em: 13 mar. 2023; JENA, A.; BARNETT, M.; GOLDMAN, D. *How health care providers can help end the overprescription of opioids.* 2017. Disponível em: https://hbr.org/2017/10/how-health-care-providers-can-help-end-the-overprescription-of-opioids. Acesso em: 13 mar. 2023; ZWANK, M.; KENNEDY, S.; STUCK, L.; e GORDON, B. *Removing default dispense quantity from opioid prescriptions in the electronic medical record.* 2017. Disponível em: https://doi.org/10.1016/j.ajem.2017.04.002. Acesso em: 13 mar. 2023.

18   Os dados sobre alfabetização financeira são de FERNANDES, D.; LYNCH, J.; NETEMEYER, R. *Financial literacy, financial education, and downstream financial behaviors*. 2014. Disponível em: https://doi.org/10.1287/mnsc.2013.1849. Acesso em: 13 mar. 2023. Os resultados de Mrkva e outros estão em MRKVA, K.; POSNER, N.; REECK, C.; JOHNSON, E. *Do nudges reduce disparities*? Choice Architecture compensates for low consumer knowledge. 2021. Disponível em: http://dx.doi.org/10.1177/0022242921993186. Acesso em: 13 mar. 2023.

19   Nas palavras de Pailhès e Kuhn (PAILHÈS, A.; KUHN, G. *Influencing choices with conversational primes*: how a magic trick unconsciously influences card choices. 2020. Disponível em: http://dx.doi.org/10.1073/pnas.2000682117. Acesso em: 13 mar. 2023.), "Primeiro, a sensação de liberdade dos participantes é um dos elementos-chave de uma técnica de força bem-sucedida. Se o ilusionista conseguir forçar uma carta, mas a pessoa se sente constrangida e não livre para fazer sua escolha, o truque deixa de funcionar".

20   WEBER, E.; JOHNSON, E.; MILCH, K.; CHANG, H.; BRODSCHOLL, J.; GOLDSTEIN, D. *Asymmetric discounting in intertemporal choice*. 2007. Disponível em: http://dx.doi.org/10.1111/j.1467-9280.2007.01932.x. Acesso em: 13 mar. 2023.